RECURSOS HUMANOS

Estratégia e gestão de pessoas na sociedade global

O GEN | Grupo Editorial Nacional reúne as editoras Guanabara Koogan, Santos, Roca, AC Farmacêutica, Forense, Método, LTC, E.P.U. e Forense Universitária, que publicam nas áreas científica, técnica e profissional.

Essas empresas, respeitadas no mercado editorial, construíram catálogos inigualáveis, com obras que têm sido decisivas na formação acadêmica e no aperfeiçoamento de várias gerações de profissionais e de estudantes de Administração, Direito, Enfermagem, Engenharia, Fisioterapia, Medicina, Odontologia, Educação Física e muitas outras ciências, tendo se tornado sinônimo de seriedade e respeito.

Nossa missão é prover o melhor conteúdo científico e distribuí-lo de maneira flexível e conveniente, a preços justos, gerando benefícios e servindo a autores, docentes, livreiros, funcionários, colaboradores e acionistas.

Nosso comportamento ético incondicional e nossa responsabilidade social e ambiental são reforçados pela natureza educacional de nossa atividade, sem comprometer o crescimento contínuo e a rentabilidade do grupo.

RECURSOS HUMANOS

Estratégia e gestão de pessoas na sociedade global

Antonio Cesar Amaru Maximiano

O autor e a editora empenharam-se para citar adequadamente e dar o devido crédito a todos os detentores dos direitos autorais de qualquer material utilizado neste livro, dispondo-se a possíveis acertos caso, inadvertidamente, a identificação de algum deles tenha sido omitida.

Não é responsabilidade da editora nem do autor a ocorrência de eventuais perdas ou danos a pessoas ou bens que tenham origem no uso desta publicação.

Apesar dos melhores esforços do autor, do editor e dos revisores, é inevitável que surjam erros no texto. Assim, são bem-vindas as comunicações de usuários sobre correções ou sugestões referentes ao conteúdo ou ao nível pedagógico que auxiliem o aprimoramento de edições futuras. Os comentários dos leitores podem ser encaminhados à **LTC — Livros Técnicos e Científicos Editora** pelo e-mail ltc@grupogen.com.br.

Direitos exclusivos para a língua portuguesa
Copyright © 2014 by
LTC — Livros Técnicos e Científicos Editora Ltda.
Uma editora integrante do GEN | Grupo Editorial Nacional

Reservados todos os direitos. É proibida a duplicação ou reprodução deste volume, no todo ou em parte, sob quaisquer formas ou por quaisquer meios (eletrônico, mecânico, gravação, fotocópia, distribuição na internet ou outros), sem permissão expressa da editora.

Travessa do Ouvidor, 11
Rio de Janeiro, RJ — CEP 20040-040
Tels.: 21-3543-0770 / 11-5080-0770
Fax: 21-3543-0896
ltc@grupogen.com.br
www.ltceditora.com.br

Capa: Design Monnerat
Editoração Eletrônica: Design Monnerat

CIP-BRASIL. CATALOGAÇÃO NA PUBLICAÇÃO
SINDICATO NACIONAL DOS EDITORES DE LIVROS, RJ.

M419r

Maximiano, Antonio Cesar Amaru
Recursos humanos: estratégia e gestão de pessoas na sociedade global / Antonio Cesar Amaru Maximiano. - 1. ed. - Rio de Janeiro : LTC, 2014.
il. ; 24 cm.

Inclui bibliografia e índice
ISBN 978-85-216-2589-6

1. Administração de pessoal. 2. Recursos humanos. I. Título.

14-08670   CDD: 658.3
                            CDU: 005.95/.96

Para João Antunes Maximiano.

Prefácio

Este é um livro escrito para estudantes que trabalham ou pretendem trabalhar, como generalistas ou especialistas, nos diferentes processos e áreas de atuação da gestão de pessoas. O texto tem a seguinte proposta:

Modelo

O livro segue o modelo dos processos da gestão de pessoas e está dividido em cinco partes.

As três primeiras partes tratam do contexto organizacional e social da gestão de pessoas. O cenário é a sociedade global do Terceiro Milênio. Nessa sociedade, as profissões da gestão de pessoas estão sistematizadas e exigem o domínio de diversas competências. A principal é a própria capacidade de compreender esse cenário. As profissões e as práticas são universais, impulsionadas por diversos vetores:

- Conceitos e ferramentas das empresas globais e organismos multilaterais, como a OIT.
- Legislação e soluções criadas por governos e instituições de alguns países, como o Departamento do Trabalho e a SHRM dos Estados Unidos e o CIPD da Inglaterra.
- Acordos dentro de blocos econômicos, em especial a União Europeia.

Administrar pessoas, na sociedade global, significa administrar pessoas dentro do esquema de referências criadas por essas organizações, mesmo que a operação seja estritamente local.

As duas últimas partes compreendem seis capítulos que tratam dos processos da gestão de pessoas, começando com estratégia e terminando pelas recompensas, passando por planejamento de RH, R&S e T&D.

Estrutura do livro

O livro compreende quinze capítulos, distribuídos em cinco partes – Parte I: Organização, Parte II: Trabalho, Parte III: Cargos e Competências, Parte IV: Planejamento e Parte V: Processos. A seguir, a descrição sintética do conteúdo de cada capítulo:

Capítulo 1 Processos da gestão de pessoas

Visão panorâmica do macroprocesso e dos processos da gestão de pessoas, da atração e retenção ao desenvolvimento organizacional, no contexto das demais funções organizacionais.

Capítulo 2 Áreas do conhecimento e globalização

Áreas do conhecimento envolvidas na gestão de pessoas. Diferentes dimensões do tempo e seus impactos na gestão de pessoas. Gestão de pessoas no contexto da sociedade global.

Capítulo 3 Organização para a gestão de pessoas

Diferentes níveis da gestão de pessoas nas organizações: estratégico, administrativo e operacional. Estruturas organizacionais para a gestão de pessoas.

Capítulo 4 Profissionais da gestão de pessoas

Gestão de pessoas como domínio de profissões generalistas e especializadas. Diferentes partes interessadas e atores da gestão de pessoas.

Capítulo 5 Trabalho: da pré-história ao renascimento

Breve história do trabalho e das profissões, dos caçadores-coletores ao homem polimático do Renascimento.

Prefácio

Capítulo 6 Trabalho: da revolução industrial à revolução digital

Breve história do trabalho e das profissões, do homem fabril da revolução industrial ao homem informático da sociedade digital.

Capítulo 7 Relações entre empregados e empregadores

Diferentes tipos de relações de emprego e trabalho nas organizações e legislação que os afeta.

Capítulo 8 Cargos

Desenho e redesenho de cargos usando a estrutura das tarefas e as competências para avaliar e aprimorar o impacto sobre o desempenho.

Capítulo 9 Gestão de pessoas com base em competências

Descrição das diferentes classificações das competências e seus usos nos processos da gestão de pessoas.

Capítulo 10 Fundamentos de estratégia empresarial

Análise de quatro modelos para o entendimento da estratégia corporativa e sua conversão em estratégias de recursos humanos.

Capítulo 11 Estratégias de gestão de pessoas

Três modelos de estratégias de recursos humanos, enfatizando o modelo do capital humano.

Capítulo 12 Planejamento de recursos humanos

Várias técnicas qualitativas e quantitativas de projeção da demanda e da oferta de RH são analisadas neste capítulo.

Capítulo 13 Recrutamento e seleção de pessoas

Descrição dos processos, das técnicas e dos procedimentos para atrair e selecionar as pessoas que preencherão as vagas da empresa.

Capítulo 14 Aprendizagem e desenvolvimento

Visão panorâmica dos processos e estilos de aprendizagem, aplicados às atividades de desenvolvimento de competências nas organizações.

Capítulo 15 Recompensa

Análise dos mecanismos da remuneração e de seus impactos. Análise da composição das recompensas e dos métodos para determinar a hierarquia dos cargos.

Recursos

Além do texto projetado para facilitar a leitura, o livro oferece, ao final de cada capítulo, uma série de exercícios de aplicação dos conceitos e técnicas, e estudos de caso em alguns deles. Esses casos e exercícios são orientados para a fixação dos conceitos e técnicas e para o desenvolvimento da capacidade analítica dos leitores.

Em alguns capítulos, diferentes modelos são apresentados para os mesmos conceitos, reforçando essa ênfase na capacidade de análise. Por exemplo, dois modelos de estilos de aprendizagem, dois modelos de competências para profissionais da gestão de pessoas, quatro modelos de estratégia.

Para os mestres

Este livro foi concebido para apoiar cursos semestrais, com 15 aulas, sobre gestão de pessoas. Trata-se de um livro compacto, que abrange os conceitos e técnicas essenciais para esses cursos. Como material suplementar, encontra-se disponível no site da LTC Editora o Guia do Professor, com proposta de plano de curso e de aulas, comentários e sugestões de respotas ou de encaminhamento dos exercícios e questões de cada capítulo.

Agradecimentos

Apresento meu reconhecimento e meus agradecimentos aos colegas e amigos que me ajudaram a concretizar este projeto:

ALESSANDRA GINANTE

Alessandra é formada em Análise de Sistemas. Fez mestrado em Administração de RH na Universidade Mackenzie e MBA na EAESP-FGV. É vice-presidente de RH da Avon no Brasil e presidente do Conselho Deliberativo do Instituto Avon. Desenvolveu trajetória de 20 anos de carreira em RH nos segmentos de Serviços Financeiros, Ciências da Vida, Automotivo e de Bens de Consumo, na América Latina. Tem vivência internacional na Holanda em Gestão Global de Talentos e nos EUA em M&A e integração de aquisições.

ANA CAROLINA MESSIAS SHINODA

Carol é mestre em Administração pela FEA-USP, com dissertação defendida na área de Gestão do Conhecimento em Projetos. É graduada em Administração de Empresas pela EAESP-FGV e certificada PMP – Project Management Professional pelo PMI (Project Management Institute). Trabalhou na DuPont, P&G, Qmetrics Portugal e Integration Consultoria. Atualmente é consultora do grupo DMRH na área de Desenvolvimento e Carreira. Professora no curso de especialização em Gerenciamento de Projetos do INPG e professora convidada na graduação da FEA-USP na disciplina de Gerenciamento de Projetos.

Agradecimentos

CARLOS FERREIRA MANAIA

Carlos é executivo e tem longa carreira em todas as especialidades da administração de recursos humanos na Mercedes-Benz do Brasil. É graduado em Engenharia Elétrica, com ênfase em Eletrônica, pela Escola de Engenharia Mauá. Tem mestrado em Administração de Empresas, pela UNISA, e completou o Curso de Graduação de Professores da FATEC/SP. É professor de cursos tecnológicos e de pós-graduação na UNISA e na Universidade Presbiteriana Mackenzie.

SAMANTHA S. DUTRA

Samantha desenvolve projetos de mudança organizacional, transformação cultural e gestão de talentos para diferentes indústrias no Brasil. Com 19 anos de experiência na área de Recursos Humanos, é executiva graduada em Psicologia, tem formação em Coaching e MBA em Administração de Projetos pela FIA e cursa mestrado em Administração de Empresas na área Gestão Humana e Social nas Organizações, na Universidade Mackenzie.

Agradeço ainda a Ângela Maria Braido e Ana Vitória Stachoviak, que no início deste projeto me acolheram na Mercedes-Benz do Brasil.

Também apresento meus agradecimentos a Silvia R. Silva e a Sérgio Luiz Bartolomucci pelas discussões sobre a ideia do livro.

And many thanks to Kari R. Strobel, Ph.D., SHRM Director, for the invaluable help with the SHRM Competency Model.

Sobre o autor

Antonio Cesar Amaru Maximiano tem longa carreira como professor de administração na Universidade de São Paulo (USP), onde completou toda sua formação. Ao terminar a graduação, deixou o SESC-SP, onde trabalhava em projetos de orientação social, para ingressar na Fundação Instituto de Administração (FIA), como responsável pelo treinamento gerencial de pesquisadores paulistas em instituições dos Estados Unidos. Atualmente, é supervisor de programas e projetos e um dos coordenadores do MBA em Administração de Projetos da FIA. É também um dos responsáveis pelo programa Advanced Topics in Project Management, conduzido pela University of La Verne, nos Estados Unidos. É ainda professor da Universidad ESAN, de Lima, para o Diplomado Internacional em Gerência de Projetos. Maximiano fez parte de seu doutoramento na França e foi professor convidado na Université François Rabelais, de Tours. Tem extenso currículo como autor de livros de administração, em Português e Espanhol, adotados em instituições de ensino superior.

Material Suplementar

Este livro conta com os seguintes materiais suplementares:

- Ilustrações da obra em formato de apresentação (restrito a docentes);
- Guia do Professor, com sugestão de plano de curso e de aulas, comentários e sugestões de respostas ou de encaminhamento dos exercícios e questões.

O acesso ao material suplementar é gratuito, bastando que o leitor se cadastre em: http://gen-io.grupogen.com.br.

GEN-IO (GEN | Informação Online) é o repositório de materiais suplementares e de serviços relacionados com livros publicados pelo GEN | Grupo Editorial Nacional, maior conglomerado brasileiro de editoras do ramo científico-técnico-profissional, composto por Guanabara Koogan, Santos, Roca, AC Farmacêutica, Forense, Método, LTC, E.P.U. e Forense Universitária. Os materiais suplementares ficam disponíveis para acesso durante a vigência das edições atuais dos livros a que eles correspondem.

Sumário

PARTE I
Organização 1

CAPÍTULO 1 Processos da gestão de pessoas 3
Objetivos do capítulo 3
Introdução 4
   1   Processos da gestão de pessoas 6
   2   Contexto, estratégia e prioridades 9
   3   Pessoas e outras funções da empresa 11
Em resumo 18
Exercícios e questões para fixação e reflexão 19
Referências 20

CAPÍTULO 2 Áreas do conhecimento e globalização 21
Objetivos do capítulo 21
Introdução 22
   1   Áreas do conhecimento 22
   2   Tempo e gestão de pessoas 27
   3   Globalização e gestão de pessoas 30
Em resumo 40
Exercícios e questões para fixação e reflexão 40
Referências 42

CAPÍTULO 3 Organização para a gestão de pessoas 43
Objetivos do capítulo 43
Introdução 44
   1   Níveis da gestão de pessoas 44
   2   Estrutura organizacional para a gestão de pessoas 46
   3   Estudo de caso 52
Em resumo 58
Exercícios e questões para fixação e reflexão 58
Estudo de caso: recursos humanos na Daimler 59
Referências 61

Sumário

CAPÍTULO 4 Profissionais da gestão de pessoas 63

Objetivos do capítulo 63
Introdução 64
1   O que é profissionalismo? 64
2   Generalistas da gestão de pessoas 67
3   Especialistas da gestão de pessoas 72
4   Mapa de profissões do CIPD 72
5   Atores da gestão de pessoas 72
Em resumo 78
Exercícios e questões para fixação e reflexão 79
Referências 82

PARTE II
Trabalho 83

CAPÍTULO 5 Trabalho: da pré-história ao renascimento 85

Objetivos do capítulo 85
Introdução 86
1   Natureza do trabalho 86
2   Sentido do trabalho para as pessoas 90
3   Impactos sociais do trabalho 92
4   Evolução do trabalho 94
Em resumo 103
Exercícios e questões para fixação e reflexão 104
Referências 105

CAPÍTULO 6 Trabalho: da revolução industrial à
                        revolução digital 107

Objetivos do capítulo 107
Introdução 108
1   Revolução industrial 109
2   Revolução gerencial dentro da revolução industrial 112
3   Revolução digital 116
4   Em que mundo você vive? 120
Em resumo 122
Exercícios e questões para fixação e reflexão 122
Referências 123

CAPÍTULO 7 Relações entre empregados e empregadores 125

Objetivos do capítulo 125
Introdução 126
  1   Dimensões da relação de emprego 127
  2   Sistemas legais na sociedade global 132
  3   Legislação do trabalho na sociedade global 133
  4   Relação de emprego no Brasil 143
Em resumo 146
Exercícios e questões para fixação e reflexão 147
Referências 148

PARTE III
Cargos e Competências 151

CAPÍTULO 8 Cargos 153

Objetivos do capítulo 153
Introdução 154
  1   Projeto de cargos: de que se trata 154
  2   Tarefas e suas características 155
  3   Características das competências 158
  4   Características sociais 160
  5   Características do contexto 161
  6   Métodos de análise de cargos 163
  7   Descrição de cargo 169
  8   O*NET© 170
  9   Desenho, redesenho e enriquecimento 175
Em resumo 178
Exercícios e questões para fixação e reflexão 179
Referências 180

CAPÍTULO 9 Gestão de pessoas com base em
                    competências 183

Objetivos do capítulo 183
Introdução 184
  1   O que são competências? 185
  2   Limitações da ideia de competência 187
  3   Tipos de competências 188

4	Graduação das competências	192
5	Modelos de competências	193
6	Exemplos de competências	195
7	Competências em gestão de pessoas	197

Em resumo 204
Exercícios e questões para fixação e reflexão 204
Referências 205

PARTE IV
Planejamento 207

CAPÍTULO 10 Fundamentos de estratégia empresarial 209

Objetivos do capítulo 209
Introdução 210

1	Modelo da organização do ramo de negócios	212
2	Visão baseada em recursos	212
3	Modelo de negócios	216
4	Perspectiva da administração estratégica	223

Em resumo 224
Exercícios e questões para fixação e reflexão 225
Referências 225

CAPÍTULO 11 Estratégias de gestão de pessoas 227

Objetivos do capítulo 227
Introdução 228

1	Modelos de estratégias de recursos humanos	229
2	Estratégias genéricas associadas ao modelo universalista	232
3	Usando o modelo situacional para o alinhamento estratégico	234
4	Bases da estratégia do capital humano	237
5	Estratégias específicas de recursos humanos	243

Em resumo 245
Exercícios e questões para fixação e reflexão 246
Referências 247

CAPÍTULO 12 Planejamento de recursos humanos 249

Objetivos do capítulo 249

Introdução 250
1   Etapa 1: projeção da demanda de recursos humanos 252
2   Etapa 2: estudo da oferta de recursos humanos 262
3   Etapa 3: planejamento e execução de ações de RH 268
Em resumo 270
Exercícios e questões para fixação e reflexão 271
Referências 273

PARTE V
Processos 275

CAPÍTULO 13 Recrutamento e seleção de pessoas 277
Objetivos do capítulo 277
Introdução 278
1   Recrutamento 279
2   Processo de recrutamento 280
3   Seleção 286
4   Etapas do processo de seleção 286
5   Atividades de recrutamento e seleção 294
Em resumo 296
Exercícios e questões para fixação e reflexão 296
Estudo de caso: seleção de um executivo 297
Estudo de caso: recrutamento de gerentes de contas 299
Referências 301

CAPÍTULO 14 Aprendizagem e desenvolvimento 303
Objetivos do capítulo 303
Introdução 304
1   Aprendizagem 304
2   Atividades que promovem aprendizagem 305
3   Gestão de atividades educacionais 306
4   Perspectivas sobre aprendizagem 312
5   Como as aptidões se transformam em competências 316
6   Estilos de aprendizagem 320
7   Planejamento de programas de T&D 327
Em resumo 334
Exercícios e questões para fixação e reflexão 334
Referências 336

CAPÍTULO 15 Recompensa 337
Objetivos do capítulo... 337
Introdução 338
 1 Impactos da recompensa 339
 2 Gestão das recompensas 342
 3 Remuneração... 345
 4 Como definir a remuneração 352
 5 Benefícios... 358
 6 Recompensa na sociedade global 360
Em resumo 362
Exercícios e questões para fixação e reflexão 362
Referências 364

PARTE I
Organização

Capítulo 1
PROCESSOS DA GESTÃO DE PESSOAS

Capítulo 2
ÁREAS DO CONHECIMENTO E GLOBALIZAÇÃO

Capítulo 3
ORGANIZAÇÃO PARA A GESTÃO DE PESSOAS

Capítulo 4
PROFISSIONAIS DA GESTÃO DE PESSOAS

CAPÍTULO 1

Processos da gestão de pessoas

OBJETIVOS DO CAPÍTULO

Ao completar o estudo deste capítulo, você deverá ser capaz de compreender e explicar:

- Os conceitos de processos e funções organizacionais.
- O macroprocesso da gestão de pessoas.
- Os processos específicos da gestão de pessoas e as principais atividades em cada um.
- Como são estabelecidas as prioridades nos processos da gestão de pessoas.
- A gestão de pessoas no contexto das outras funções organizacionais.

Capítulo 1

INTRODUÇÃO

Pessoas e trabalho são o domínio da gestão de pessoas. Todas as organizações, desde as microempresas até os grandes conglomerados com atuação global, são, essencialmente, sistemas de trabalho operados por pessoas. O trabalho nas organizações divide-se em conjuntos de tarefas especializadas chamadas funções: função de operações, de *marketing* e vendas, finanças, compras, tecnologia da informação e outras. Uma das funções mais importantes para qualquer organização é a gestão de pessoas.

Funções administram processos

Processo é sequência de atividades ou de operações (ou de outros processos menores) que têm objetivos e produzem resultados. A função de gestão de pessoas opera o macroprocesso que tem a finalidade de atrair, reter, desenvolver e manter um contingente ou quadro de pessoas qualificadas, motivadas, integradas e produtivas – o capital humano da organização. O objetivo final é viabilizar a eficácia dos processos de negócios, que fornecem bens e serviços para os clientes e usuários da organização (Figura 1). Esse quadro de pessoas tem de ser continuamente renovado – as organizações crescem e precisam de mais pessoas, ou elas são promovidas, transferidas, se aposentam, ou procuram outras oportunidades de emprego.

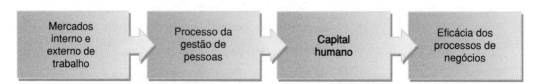

Figura 1 Macroprocesso da gestão de pessoas.

Todas as organizações operam os processos da gestão de pessoas

Observe os processos da gestão de pessoas nas empresas de pequeno porte: as barracas da feira livre, as lojas do comércio em seu bairro, as pequenas fábricas de roupas ou alimentos, a cantina de sua escola. Essas empresas precisam recrutar, selecionar, remunerar, capacitar e administrar o desempenho de suas pessoas, que sejam apenas duas ou três, da mesma forma como os grandes conglomerados empresariais – Philips, Google, Basf, Coca-Cola, Petrobras, Disney, Alstom – que possuem centenas de milhares de empregados cada um.

Processos da gestão de pessoas

Também é o que ocorre nas grandes organizações locais, que estão na linha de frente da educação, do desenvolvimento tecnológico e da prestação de serviços – NASA, Centro Europeu de Pesquisa Nuclear, MIT, Universidade de Harvard, Prefeitura de Paris, Smithsonian Institution, Hospital Albert Einstein e o Corpo de Bombeiros. Todas elas admiradas, na verdade, pela qualidade do serviço proporcionado por suas pessoas.

Unidade especializada

Para administrar os processos da função da gestão de pessoas, as organizações contam com uma unidade ou área especializada (Figura 2), da qual trataremos nos Capítulos 5 e 6. Neste capítulo, estudaremos os processos da gestão de pessoas e seu contexto organizacional.

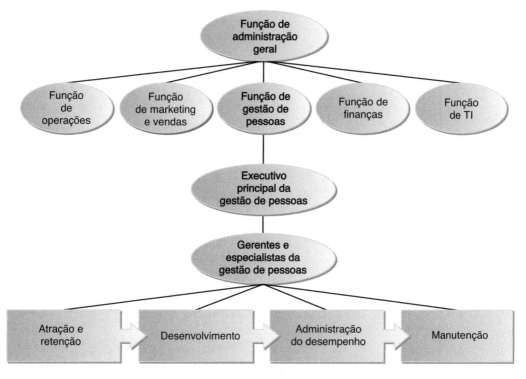

Figura 2 Função, organização e processos da gestão de pessoas.

5

Capítulo 1

1 Processos da gestão de pessoas

A gestão de pessoas consiste em quatro processos básicos e interligados (também chamados de funções), que se dividem sucessivamente em outros processos e funções. Esses processos acompanham o ciclo de vida das pessoas como empregados: começam antes de as pessoas ingressarem na organização, quando são identificadas no mercado de trabalho, e prosseguem quando elas saem ou se aposentam. Sua finalidade, repetindo, é assegurar que a organização encontre, atraia, retenha e aprimore as pessoas de que necessita para realizar seus objetivos.

As organizações fazem funcionar esses quatro processos básicos (resumidos na Figura 3) por meio do trabalho da área de gestão de pessoas, com a participação dos gerentes de linha e outras partes interessadas. Adiante, o estudo da colaboração dos gerentes de linha com a gestão de pessoas será ampliado.

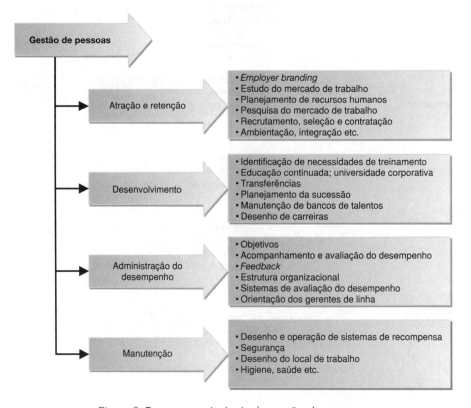

Figura 3 Processos principais da gestão de pessoas.

1.1 Atração e retenção

Também chamados de *captação*, são os processos que procuram, encontram, atraem e trazem para dentro as pessoas com as competências de que a organização precisa para assegurar a continuidade das operações e sua evolução. Os processos de atração e retenção compreendem:

- *Employer branding*.
- Estudo de cenários do mercado de trabalho.
- Planejamento estratégico e operacional de recursos humanos.
- Pesquisa do mercado de trabalho.
- Recrutamento, seleção e contratação de pessoas.
- Ambientação e integração dentro da organização etc.

1.2 Desenvolvimento

São os processos que promovem a aquisição e o aumento das competências, para que as pessoas possam evoluir, desenvolvendo seu potencial, e assumir responsabilidades cada vez mais complexas, seja nas carreiras técnicas ou nas gerenciais. Alguns dos processos do desenvolvimento de pessoas são:

- Identificação de necessidades de treinamento.
- Educação continuada em suas diferentes modalidades.
- Administração de Universidade Corporativa ou de centros de formação ou educação continuada.
- Transferências.
- Planejamento da sucessão (preparação de pessoas para assumir o lugar de outras, que são promovidas).
- Manutenção de bancos de talentos.
- Desenho de carreiras, englobando a identificação e sistematização das competências necessárias nas diversas carreiras da organização.
- Comunicação.

1.3 Administração do desempenho

São os processos utilizados para definir as responsabilidades e atividades das pessoas e para assegurar que seu desempenho esteja alinhado com as expectativas da organização em relação a seu trabalho. Dos processos da gestão de pessoas, este é o que mais exige a participação do gerente de linha. É ele quem administra diretamente e quem será responsabilizado na hierarquia acima pelo desempenho das pessoas de sua equipe. Por parte do gerente de linha, a administração do desempenho compreende:

- Definição de objetivos.
- Acompanhamento e avaliação do desempenho.
- Fornecimento de *feedback* e, eventualmente, ação disciplinar.

Do lado da área de gestão de pessoas, envolve atividades como:

- Definição de responsabilidades e da estrutura organizacional.
- Desenho e redesenho de cargos.
- Desenho e implantação de sistemas de avaliação do desempenho.
- Orientação dos gerentes de linha para administrar o desempenho de suas equipes.

1.4 Manutenção

São os processos utilizados para promover o atendimento das necessidades, especialmente as necessidades básicas das pessoas, promovendo motivação e a satisfação com o trabalho em si e com as condições de trabalho. É o processo que cria as condições materiais e psicológicas favoráveis para o trabalho das pessoas e engloba outros processos como:

- Desenho, implantação e operação de sistemas de recompensa, incluindo remuneração, benefícios e serviços sociais, segurança, desenho do local de trabalho, higiene e saúde, entre outros.

1.5 Desenvolvimento organizacional

Dentro do escopo da gestão de pessoas, além dos processos básicos, estão os projetos de *desenvolvimento organizacional* (DO). DO é um conceito que nasceu na década de 1960, com a missão de aprimorar todos os aspectos do desempenho da organização, por meio de mudanças planejadas para lidar com desafios internos e externos e criar efeitos positivos de longo prazo. Redução de conflitos, introdução de novas tecnologias, mudanças estruturais e desenvolvimento de competências são exemplos de mudanças planejadas que respondem a desafios. Os métodos de DO sustentam-se sobre bases fortemente comportamentais, compreendendo, principalmente:

- **Participação das pessoas em todas as fases da mudança.** Identificação da necessidade e da natureza da mudança, planejamento da solução, implantação e acompanhamento da mudança. DO é uma abordagem de compartilhamento, que contrasta com as soluções propostas e implantadas por meio de intervenções diretivas.
- **Educação e aprendizagem como pré-requisito para envolver as pessoas.** Não se trata apenas de envolver ou consultar, mas engajar as pessoas, expandindo sua base de conhecimentos e ferramentas para que possam conduzir a mudança ativamente.
- **Aumento da base de conhecimentos da organização.** Além das pessoas envolvidas nos projetos de mudança. Gestão do conhecimento e mudança planejada são conceitos inter-relacionados.[1]

Todos esses princípios foram preservados nas práticas de DO da atualidade. Um exemplo importante de desafio que os departamentos de RH enfrentam por meio de projetos de DO é o redesenho e aprimoramento dos processos produtivos e dos processos de negócios, especialmente por meio da implantação dos conceitos e métodos de produção enxuta em todas as áreas.

2 Contexto, estratégia e prioridades

Nas atividades de gestão de pessoas, há prioridades, ou todas têm a mesma importância? A resposta é: há prioridades, que dependem de vários fatores, entre eles a estratégia da organização, a conjuntura e a oferta ou escassez de mão de obra. Quando, por exemplo, há escassez de mão de obra, captação e recompensa tornam-se prioritárias. A própria gestão de pessoas pode ser a prioridade, à frente de outros temas da gestão das organizações e dos negócios. Um levantamento realizado no início de 2012, com 24 executivos de grandes organizações brasileiras, avaliou suas "preocupações imediatas", dentre uma lista de seis itens: mão de obra, demanda fraca, inflação, câmbio, custo do crédito e inadimplência dos clientes. A disponibilidade, o custo de pessoal e suas qualificações receberam as notas máximas. Para todos os respondentes, a escassez de mão de obra qualificada tinha como consequências a concorrência entre as empresas no mercado de trabalho, o aumento nos salários e a dificuldade de realizar estratégias.[2]

Uma forma de definir prioridades é avaliar, simultaneamente, a importância e a dificuldade de realizar um processo. Assim, se um processo é muito importante, mas a organização enfrenta dificuldade para realizá-lo, ele se torna prioritário ou crítico. Desde 2007, a Associação Europeia para a Gestão de Pessoas

Capítulo 1

(EAPM – European Association for People Management), em colaboração com o Boston Consulting Group, vem realizando um levantamento anual de prioridades com base nesse princípio. Em 2011, o levantamento mostrou quatro áreas importantes para os anos seguintes, nas quais, ao mesmo tempo, os respondentes (2039 pessoas de 35 países europeus) julgaram ser necessários aprimoramentos. Como o levantamento trabalhou com opiniões, é a opinião da maioria que define os desafios ou necessidades de aprimoramento. A maior parte das pessoas que participaram do levantamento entende que as organizações nas quais trabalham enfrentam esses problemas. A menor parte, representada pelas empresas de melhor desempenho, enfrenta eficazmente esses desafios.

2.1 Gestão de talentos

Talento é palavra-chave na moderna gestão de pessoas, especialmente quando associada a *jovem*. Um jovem talento tem aptidões acima da média, reforçadas por educação de primeira linha. É um jovem de alto potencial para se tornar líder ou especialista. Todas as empresas desejam trazer os jovens talentos, mas, primeiro, não há abundância deles, nem vai haver – a demografia não ajuda. A taxa de crescimento está diminuindo e a população envelhecendo. Em suma, haverá menor quantidade de jovens talentos que o contingente necessário para atender às necessidades de todas as empresas. Pior, em muitos países, as projeções indicam que será difícil dispor do contingente de trabalhadores necessários para manter a economia. Em segundo lugar, as empresas não sabem exatamente como atrair, incorporar e manter os jovens talentos.

2.2 Desenvolvimento de lideranças

As grandes empresas são mais competentes neste quesito que as outras, porque dispõem de áreas especializadas para cuidar desse assunto e também porque são mais capazes em atrair talentos para desenvolver. Além disso, as empresas de melhor desempenho têm programas mais estruturados de carreira, que conduzem os jovens talentos para as posições de liderança.

2.3 Gestão de pessoas como parceiro estratégico

Isto não é tanto um processo de gestão de pessoas quanto uma prioridade organizacional. Como parceiro estratégico, a gestão de pessoas desenvolve os referenciais e viabiliza os negócios em todo o mundo, agregando valor às decisões corporativas sobre planejamento de recursos humanos, desenvolvimento de lideranças, gerenciamento de talentos e ajuste às condições de cada local em que a empresa faz negócios. No entanto, o papel de parceiro estratégico ainda não está totalmente realizado, segundo o levantamento.

2.4 Planejamento estratégico da força de trabalho

As empresas de melhor desempenho também são mais competentes neste quesito. O planejamento estratégico da força de trabalho engloba a previsão das competências do futuro e a quantidade de pessoas necessárias para sustentar a manutenção e o crescimento das operações. Muitas empresas ainda trabalham com o planejamento da força de trabalho de maneira operacional, considerando o curto prazo, sem integrar a estratégia ao processo.[3]

3 Pessoas e outras funções da empresa

Todas as funções da organização influenciam umas às outras. Provavelmente, a função de gestão de pessoas está no centro da mais complexa rede de influências mútuas, porque fornece pessoas para todas as demais funções da empresa (Figura 4). Para desempenhar eficazmente esse papel, as pessoas de RH precisam entender e atender as especificidades de cada função: mercado de trabalho onde buscar e requisitos para selecionar candidatos a emprego, tipos de treinamento, sistemas de avaliação de desempenho e planos de carreira necessários em cada caso. Vem daí o interesse primário no entendimento das relações entre a função da gestão de pessoas e as demais funções da empresa.

3.1 Pessoas e operações

A função de operações é o instrumento primário para executar a estratégia da organização (assunto do qual trataremos). Para realizar a estratégia, sempre é necessário transformar recursos e insumos em bens e serviços e oferecê-los aos clientes, para gerar receitas. Um galpão, por exemplo, é um recurso que pode ser usado sucessivamente por diferentes organizações para produzir diferentes bens e serviços. Pode-se dele fazer uma instalação para abrigar uma orquestra, igreja ou lanchonete de comida rápida. O galpão é apenas uma instalação; são as pessoas que fazem dele um sistema de transformação e criam valor para os clientes e para a própria organização. O principal problema, desse modo, é viabilizar as operações por meio de pessoas.

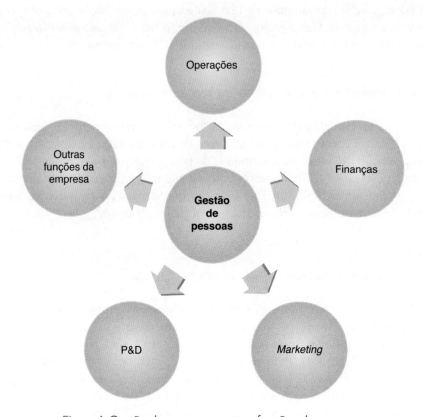

Figura 4 Gestão de pessoas e outras funções da empresa.

Os processos de transformação são muito variados e afetam as pessoas e a gestão de pessoas de diferentes maneiras. Vão desde a produção por processo (entra caldo de cana, saem açúcar e álcool), em que a interferência humana é mínima, até os serviços personalizados por encomenda do cliente, fornecidos por terapeutas, *personal trainers*, clínicas e hospitais e aconselhamento legal, nos quais as próprias pessoas são os resultados. De uma situação para outra, variam a necessidade de relações humanas, do trabalhador com outros trabalhadores e com o cliente; a dependência de conhecimentos técnicos; a flexibilidade dos horários; a possibilidade de teletrabalho; a intensidade da fadiga e outras condições em que o trabalho é realizado.

O impacto é muito claro: todos os processos de gestão de pessoas têm de ser calibrados em função do tipo de mão de obra necessária para operar o sistema de transformação. O tipo de mão de obra, por sua vez, depende da medida em que o trabalho é burocrático e mecanicista ou personalizado e criativo.

3.1.1 Trabalho burocrático e mecanicista

Quanto mais mecanicista o trabalho, quanto mais próximo da linha de montagem e da produção por processo, menor a flexibilidade em relação aos compromissos de trabalho – relativos ao volume de produção dentro do tempo estabelecido para isso. A gestão de pessoas deve manter o contingente necessário para cumprir o programa de produção dentro desses requisitos. Quanto maior a empresa, mais numeroso é o contingente e maior a atenção que a gestão de pessoas deve dedicar a esse problema, que se repete em inúmeras situações. A insuficiência de garçons no restaurante, por exemplo, tem como consequência o aumento no tempo de atendimento, impactando negativamente a satisfação e a fidelidade dos clientes.

3.1.2 Trabalho personalizado e criativo

Quanto menos rotinizado e mais personalizado o trabalho, maior a necessidade de qualificações técnicas e relacionais. É preciso executar a tarefa de forma competente, usando técnicas que exigem treinamento avançado, em regime de colaboração com o cliente e com os colegas. O mesmo acontece na produção por encomenda, que muitas vezes é realizada por equipes. Essas condições variáveis dão ênfase a necessidades muito específicas de atração, capacitação e retenção de pessoas.

3.1.3 Evolução da tecnologia

Além disso, as tendências provocadas pela evolução da tecnologia e pelos modelos de produção também impactam os processos humanos. Com o advento do sistema Toyota e seus métodos de produção enxuta, mudaram as concepções sobre gestão da qualidade e da eficiência.[4,5] A eficiência passou a ser questão de aprimoramento dos processos, não de esforço do trabalhador; a qualidade passou a ser responsabilidade do trabalhador, não dos inspetores de qualidade. O trabalhador operacional assumiu tarefas gerenciais (como planejamento e organização do próprio trabalho) e de trabalho em equipe; o número de níveis hierárquicos foi drasticamente reduzido, popularizando a ideia de *managing without managers* (gerenciamento sem gerentes); os engenheiros passaram a trabalhar mais próximos dos montadores; o inspetor de qualidade desapareceu. O nível de qualificação exigido dos montadores subiu e algumas empresas colocaram engenheiros nessa posição. As atividades de produção fabril, hoje, exigem menos pessoas, em comparação com as práticas de produção de 25 anos antes. Os trabalhadores são mais qualificados, participam do processo gerencial, são capazes de autogestão e recebem parte dos resultados que ajudam a empresa a conseguir.

A função de gestão de pessoas não apenas teve que mudar para acompanhar essas mudanças, mas desempenhou e continua desempenhando um papel ativo como agente dessas mudanças. Essa é uma das tarefas dos processos de desenvolvimento organizacional.

3.2 Pessoas e finanças

A função financeira faz o papel de sistema circulatório, que irriga as demais funções com a energia do dinheiro. O dinheiro desempenha papel central na vida de qualquer organização, assim como das pessoas e famílias. Há inúmeras implicações da função financeira na gestão das pessoas – e vice-versa. Para uma empresa privada, talvez a mais importante relação entre as duas funções seja a noção da origem do dinheiro. Uma empresa é uma iniciativa que atende a necessidades de pessoas e mercados, para produzir receitas e obter lucro. O lucro é a medida básica do desempenho de qualquer organização de negócios. O lucro depende de muitos fatores. Um deles é o desempenho das pessoas, que, por sua vez, depende das qualificações, dos padrões de eficiência e da qualidade de vida no trabalho. Um dos principais papéis da função de gestão de pessoas é fortalecer essa relação entre o desempenho das pessoas e o desempenho da organização.

Uma segunda implicação importante da função financeira na gestão de pessoas é o valor representado pelas pessoas como patrimônio da organização. Não se trata de quantificá-las financeiramente, mas de avaliar, subjetivamente, sua participação no valor da empresa. Suponha que uma empresa esteja à venda e alguém a compre, para descobrir, no dia seguinte, que os funcionários mais valiosos foram embora com os antigos donos ou para outras ocupações. E se esses funcionários levaram junto também os clientes? Quanto vale a empresa agora? Certamente, bem menos do que ontem, quando a compraram.

3.2.1 Patrimônio intangível e custos ocultos

Não teria sido melhor fazer uma avaliação antes, para descobrir qual o patrimônio intangível da organização – sua experiência, seus conhecimentos e suas realizações, como o valor da marca, a carteira de clientes, os direitos intelectuais? No mundo empresarial moderno, ninguém deixa de fazer isso ao comprar uma empresa. Da mesma forma como há um patrimônio intangível, há os custos ocultos – uma tradução para a ideia de desperdício. Custos ocultos, na função de gestão de pessoas, são, por exemplo:

- Elevada taxa de rotação da mão de obra, não justificada pela atividade da empresa.
- Elevada taxa de absenteísmo.
- Baixo índice de produtividade.
- Acidentes de trabalho.
- Qualidade deficiente dos produtos e serviços.
- Cultura refratária a mudanças e à inovação.

Os custos ocultos têm diversas causas, todas relacionadas com gerenciamento de baixo padrão: falta de qualificações ou qualificação muito especializada da mão de obra, que impede a transferência de pessoas de uma função para outra, processos de trabalho ineficientes, estrutura organizacional inadequada, arranjo mal feito dos locais de trabalho e assim por diante.

3.2.2 Balanço social

Uma ferramenta para aproximar a função financeira da função de RH é o balanço social, que consiste na divulgação das informações e de indicadores dos investimentos e da contribuição que as empresas fazem quando empregam e cumprem suas obrigações ou praticam liberalidades: salários e impostos sobre a folha de pagamento, número de funcionários empregados, proporção de minorias no quadro e despesas com alimentação, educação e desenvolvimento profissional, previdência complementar, saúde e segurança do trabalho etc.

Nos últimos anos, a função financeira, já altamente regulamentada, ficou enquadrada dentro de novas normas de conduta, derivadas da legislação e das práticas de governança corporativa e *compliance*. Assim como aconteceu com a função de operações, a financeira também passou a viver uma realidade movida a novas ideias, regulamentações e certificações profissionais, entre outras mudanças. Todas elas com implicações importantes para a educação continuada, não apenas dos profissionais de finanças, mas também para todas as áreas das empresas.

3.3 Pessoas e *marketing*

Você com certeza conhece algo de *marketing*. Como consumidor, está sujeito à propaganda e outras formas de promoção de vendas, de inúmeros fornecedores dos produtos e serviços. Como vendedor, está sempre disputando a atenção dos consumidores, tentando convencê-los a escolher seus produtos e serviços e não os da concorrência. Certamente, é consumidor mais informado e exigente que os consumidores de meados do século passado. Tem, inclusive, mais escolhas que eles. Provavelmente, está acostumado a ler rótulos para verificar a data de validade do produto e sabe que, se tiver algum problema, o Código de Defesa do Consumidor está a seu lado. Tudo isso é *marketing* – e muito mais. A função de *marketing* vai muito além da propaganda e da promoção de vendas e compreende todas as formas de relacionamento com os clientes.

O conceito de cliente é central em *marketing*, assim como o de transformação para operações e o de dinheiro para finanças. A base das transformações que se processaram na função de operações, enfatizando a qualidade e a eficiência, foi o interesse do cliente. Para acompanhar essa mudança, a função de *marketing* passou a desempenhar papel de fornecedora de *inputs* para outras funções – projeto de produto não é mais apenas uma questão de engenharia, mas também de trazer para dentro da empresa a *voz do cliente*. Os fundamentos de *marketing*, como a ênfase no cliente, integram agora o conteúdo da formação dos profissionais e dos dirigentes de outras áreas.

O trabalho em *marketing* é diferenciado dentro da empresa. Tem muito mais conteúdo relacional que as outras áreas – *marketing* é uma questão de relacionamento, de persuasão, de inteligência emocional, de entendimento dos mecanismos do comportamento humano. Essa ênfase no estudo do cliente reflete-se no componente técnico nas competências profissionais, especialmente no uso das ferramentas da estatística na pesquisa de *marketing*. Mesmo quando essa competência é terceirizada, os profissionais de *marketing* precisam dialogar com os fornecedores. *Marketing* é uma área essencialmente externa – os profissionais vão a campo participar de eventos, fazer promoções, estudar os pontos de vendas, distribuir peças promocionais, fazer entrevistas com representantes de grupos de consumidores etc. É uma atividade frequentemente realizada ao ar livre e por meio de projetos – empreendimentos por encomenda, como eventos promocionais, contrastando com as atividades funcionais, contínuas e internas, de produção e finanças. Assim, as competências necessárias para trabalhar em *marketing* englobam relações humanas, estatística e comportamento humano, especialmente no que tange ao comportamento de consumo.

3.4 Pessoas e pesquisa e desenvolvimento

O conceito central, a palavra-chave, na função de pesquisa e desenvolvimento (P&D) é inovação. Para muitos ramos de negócios – aeronáutica, farmacêutica, energia, cosméticos e tecnologia da informação, entre outros –, o desenvolvimento de produtos por meio de pesquisa está diretamente ligado à estratégia. É a área que tem implicações muito especiais para a gestão de pessoas, que começam com a necessidade de pessoal criativo, com qualificações avançadas, trabalhando nas fronteiras do conhecimento e pensando além da realidade presente. Não é incomum as paredes de uma área de P&D se parecerem com cenários de ficção científica – o que está hoje na imaginação dos *designers* pode ser o produto de amanhã. Nas feiras de produtos, essas ideias se transformam em propostas – cozinha do futuro, carro do futuro, casa do futuro. Ainda não existe, mas os pesquisadores já estão pensando nelas. Vem daí também a ligação com *marketing* – se você gostar, pode ser que a ideia se transforme em investimento.

As pessoas com essa visão, ao mesmo tempo prática e conceitual, precisam ser encontradas, recrutadas e, muitas vezes, disputadas com outras empresas e até com outros países. A evasão de cérebros é um fenômeno bem conhecido, que leva a mão de obra já qualificada para bons empregos no exterior e para outras empresas. Em 2008, por exemplo, a Bombardier "roubou" engenheiros da Embraer e os levou para trabalhar em seus aviões no Canadá. Esse movimento não apenas permitiria à Bombardier viabilizar seus projetos, mas inviabilizaria os da Embraer. Para serem contratadas, essas pessoas requerem políticas especiais de carreira e recompensa.

3.4.1 Carreira dupla

Para os pesquisadores e cientistas, há um tipo especial de carreira, a carreira em Y, que privilegia tanto o progresso técnico quanto o gerencial. Aumentos salariais são possíveis quando o profissional cresce na profissão. Por exemplo, um título de mestrado ou doutorado, ou a participação em congressos técnicos, representa possibilidades de aumento. Ao contrário do que ocorre nas carreiras convencionais, não é necessário ocupar cargos de chefia para ganhar aumentos ou participar dos resultados. A recompensa pode ir além da remuneração na carreira específica e abranger recompensas pela produção de conhecimento – na forma de participação nos resultados da venda de patentes e novos produtos.

3.4.2 Condições diferenciadas de trabalho

Em seguida, é preciso implantar condições especiais de trabalho para P&D – a produção de conhecimentos não começa às 9h00min e termina às 5h00min, nem se interrompe aos sábados, domingos e feriados. As atividades de P&D são realizadas frequentemente por meio de projetos desenvolvidos conforme suas conveniências e não as das funções de finanças e operações, com as quais interferem. Os projetos de P&D têm natureza intrinsecamente interdisciplinar e envolvem diferentes funções da empresa. A montagem das equipes e a programação dos projetos, articulando todas as interfaces dos projetos com as demais funções, é um complicado jogo de xadrez organizacional que o RH deve enfrentar.

3.4.3 Relações humanas

A inovação não resulta somente da competência técnica, das perspectivas de carreira e de condições especiais de trabalho, mas também de relações humanas. O mundo de P&D é altamente relacional – não se limita ao ambiente imediato das equipes de trabalho, mas se estende ao universo dos congressos técnicos, dos projetos interinstitucionais, das equipes virtuais e das redes mundiais de contatos. Muito antes de inventarem as redes sociais mediadas por tecnologia da informação, os cientistas já tinham criado o colégio invisível e o faziam funcionar por meio de correspondência convencional.

EM RESUMO

Você terminou a leitura do Capítulo 1. Chegando a este ponto, você deve ter alcançado uma compreensão clara dos seguintes conceitos:

- Papel e importância da função da gestão de pessoas para a empresa e cada uma de suas funções.
- Processos realizados para que esse papel seja cumprido.
- Necessidade de estrutura organizacional para operar os processos.
- Importância relativa (prioridades) dos processos, em função do contexto (estratégia, concorrência, demografia etc.).
- Relações da gestão de pessoas com as outras funções organizacionais.

Responda agora aos exercícios e questões propostas para este capítulo e avance, em seguida, para o estudo das áreas do conhecimento envolvidas na gestão de pessoas.

EXERCÍCIOS E QUESTÕES PARA FIXAÇÃO E REFLEXÃO

1. "O Brasil é o segundo maior consumidor de *pizzas* do mundo, mas falta mão de obra para as *pizzarias*. Jornada de trabalho pesada, que se estende até a madrugada, de terça a domingo, falta de valorização e perspectivas de carreira e baixa remuneração são alguns dos fatores que desestimulam os brasileiros a se dedicarem à profissão de *pizzaiolo*. O problema não é exclusivo do Brasil. Na Itália, estima-se que faltem 6000 *pizzaiolos*. A escassez da mão de obra mais importante para esse negócio leva os empresários a escolher entre dois modelos: (a) as *pizzarias gourmet*, que têm forno a lenha, formam a própria mão de obra, oferecem planos de carreira, investem na qualidade das matérias-primas e no atendimento personalizado dos clientes e (b) as *pizzarias* com produção de larga escala e preço mais atraente, que investem em tecnologia, fazem a massa em máquinas e assam as *pizzas* em fornos de esteira. No primeiro caso, o *pizzaiolo* é artesão; no segundo, é operador de um processo produtivo."[6] Você é um especialista em gestão de pessoas, sendo consultado por um potencial empresário, interessado em investir no ramo de *pizzarias*. Ele quer saber de você quais as diferenças na gestão de pessoas entre o modelo (a) e o modelo (b) e que aspectos são mais importantes para o sucesso em cada caso, tendo a gestão de pessoas como foco.

2. De forma geral, no ramo da alimentação, quando a empresa segue o modelo (a), aqui descrito, quais devem ser as práticas em cada processo de gestão de pessoas? No quadro a seguir, indique e explique pelo menos uma prática que você recomendaria para cada um dos processos.

Processos	Suas recomendações
Captação	
Desenvolvimento	
Administração do desempenho	
Manutenção	

3. No quadro a seguir, dê pelo menos um exemplo específico de atividades de gestão de pessoas para as organizações e profissões indicadas. Indique quem gerencia (RH, gerentes de linha) e qual processo predomina em cada caso. Nem todas as células do quadro precisam ser preenchidas.

Processos	Professores de sua escola	Atletas de equipe esportiva	Entidade filantrópica
Captação			
Desenvolvimento			
Administração do desempenho			
Manutenção			

4. Explique quais são os componentes que formam o contexto e como esses elementos influenciam a determinação de prioridades para a gestão de pessoas.

5. Escolha um par de funções organizacionais (como P&D e finanças) e explique as diferenças nos processos de gestão de pessoas entre as duas.

6. Explique o que é e indique como os processos da gestão de pessoas devem ser calibrados para atrair e reter os "jovens talentos".

7. Que outras profissões são similares às das pessoas que trabalham em P&D e requerem o mesmo tipo de tratamento?

REFERÊNCIAS

[1] ROTHWELL, William; STAVROS, Jacqueline M.; SULLIVAN, Roland L. Organization development and change. In: ROTHWELL, William; STAVROS, Jacqueline M.; SULLIVAN, Roland L.; SULLIVAN, Arielle. *Practicing organization development*: a guide for leading change. San Francisco: John Wiley and Sons, 2010.

[2] JORNAL VALOR ECONÔMICO. *Mão de obra vira principal dor de cabeça de executivos*. Caderno Especial, 8 mai. 2012, p. A16.

[3] THE BOSTON CONSULTING GROUP, Inc.; EUROPEAN ASSOCIATION FOR PEOPLE MANAGEMENT. *Creating people advantage 2011*. Boston: The Boston Consulting Group, Inc., 2011.

[4] WOMACK, James P.; JONES, Daniel T.; ROOS, Daniel. *The machine that changed the world*. New York: Rawson Associates, 1990.

[5] OHNO, Taiichi. *Toyota Production System*. Cambridge, Massachussetts: Productivity Press, 1998.

[6] JORNAL VALOR ECONÔMICO. *Caderno Especial Pequenas e Médias Empresas*, ago.-set. 2013, p. F6.

CAPÍTULO 2

Áreas do conhecimento e globalização

OBJETIVOS DO CAPÍTULO

Ao completar o estudo deste capítulo, você deverá ser capaz de compreender e explicar:

- As áreas do conhecimento envolvidas na gestão de pessoas.
- As diferentes dimensões do tempo e seus impactos sobre a gestão de pessoas.
- O que é globalização e o que são as empresas globais.
- Impactos da globalização sobre a gestão de pessoas.
- Gestão da empresa local de acordo com padrões da empresa global.

Capítulo 2

INTRODUÇÃO

Nos processos da gestão de pessoas, trabalham diferentes tipos de profissionais.

- Em primeiro lugar, estão executivos, gerentes e operadores especializados nos próprios processos: pessoas que administram e trabalham para fazer funcionar atividades de planejamento estratégico e operacional, recrutamento e seleção, treinamento e desenvolvimento etc. Para o desempenho dessas atividades, há formação especializada – faculdades, associações profissionais e centros educacionais oferecem desde cursos de curta duração (sobre procedimentos operacionais da administração de pessoal) até programas de pós-graduação, formais ou do tipo *lato sensu*, que cobrem praticamente todo o espectro dos processos e conhecimentos da gestão de pessoas.

- Em segundo lugar, estão profissionais especializados em partes específicas do processo. Psicólogos na área de recrutamento e seleção, pedagogos na área de treinamento e desenvolvimento, médicos e engenheiros do trabalho para cuidar de higiene, saúde e segurança, advogados no departamento jurídico para tratar dos contratos de trabalho e negociações trabalhistas. Alguns desses profissionais podem ascender naturalmente para as posições de chefia na gestão de pessoas e/ou buscar uma formação de pós-graduação para isso.

Todos esses profissionais compartilham a necessidade não só de conhecimento específico para fazer seu próprio trabalho, assim como de outros conhecimentos envolvidos nos diferentes processos. Entender a globalização e saber como operar esses processos no mundo globalizado são conhecimentos – e competências – adicionais. Neste capítulo, analisaremos esses conhecimentos dentro de uma perspectiva panorâmica. No Capítulo 4, abriremos espaço para analisar a profissionalização das pessoas que trabalham na área da gestão de pessoas.

1 Áreas do conhecimento

Entre as principais áreas do conhecimento envolvidas na gestão de pessoas estão: processos gerenciais, eficiência e produtividade, direito do trabalho, ergonomia, ciências do comportamento, filosofia e ética e áreas de aplicação.

1.1 Processos gerenciais

Em essência, gestão de pessoas é um problema de gestão (Figura 1). Gestão, administração, gerenciamento, gerência e *management* (palavra de uso corrente em vários idiomas e que tem o sentido de *manejar*) são sinônimos. São palavras antigas, que indicam o conjunto de processos de planejar, organizar, executar e controlar a utilização e o desenvolvimento de recursos de todos os tipos: pessoas, tempo, dinheiro, máquinas, espaço etc.

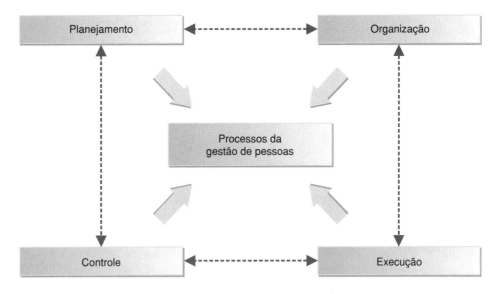

Figura 1 Processos gerenciais da gestão de pessoas.

Na área da gestão de pessoas, os processos gerenciais começam com o planejamento estratégico de recursos humanos, passam pela implementação de estratégias por meio dos processos de R&S, T&D etc. e vão até o controle dos resultados alcançados por meio de pessoas. Esses processos não terminam e formam um ciclo contínuo, que se renova a cada revisão da estratégia organizacional. As pessoas são a principal forma de colocar a estratégia em ação, e a gestão de pessoas é um domínio estratégico em si. O domínio dos conceitos e das técnicas dos processos gerenciais é uma competência necessária para a eficaz gestão de pessoas, em todas suas especialidades e para todas as profissões.

1.2 Eficiência e produtividade

O estudo da eficiência é a área do conhecimento que estuda a relação entre o uso de recursos e os resultados obtidos. Produtividade é a forma de medir eficiência. Essa definição simplificada oculta muitas medidas específicas e inúmeras dificuldades práticas. Por exemplo, se alguém disser que o fornecimento de produtos e serviços aumentou, sem que o número de funcionários tivesse aumentado, podemos concluir, corretamente, que a produtividade aumentou. Os funcionários, então, poderão pedir um aumento de salário. Se dissermos que o lucro dos bancos aumentou, ao mesmo tempo em que o número de funcionários diminuiu, a conclusão é mais incisiva – menos pessoas estão produzindo mais lucro. Com isso, é mais do que justa uma reivindicação de aumento dos salários. Os banqueiros, no entanto, alegam que o aumento de produtividade se deve ao aprimoramento da qualidade das decisões, à implantação de métodos da qualidade total e ao uso intensivo de TI. E agora, quem está com a razão? Como profissional de gestão de pessoas, esteja preparado para dar uma resposta.

1.3 Direito do trabalho

O trabalho nas organizações (assim como o trabalho doméstico) gera direitos e obrigações. O contrato de trabalho, entre patrões e empregados, é uma instituição social sujeita a inúmeras regras. Tão vasta e cheia de especificidades é essa legislação, mais complexa ainda em escala internacional, que é assunto para especialistas – os especialistas em direito do trabalho. Consulte sempre um advogado – é uma recomendação extremamente pertinente em se tratando de gestão de pessoas (e de muitos outros assuntos).

1.4 Ergonomia

Ergonomia é uma palavra que vem do grego *ergon* (trabalho) e *nomos* (leis, regras). É a ciência do trabalho, que tem por objetivo adaptar o trabalho ao homem (aprimoramento das condições de trabalho). Esse objetivo implica considerar todos os aspectos do trabalho: fisiológicos, psicológicos, sociais, objetivos e subjetivos. A melhor adaptação do trabalho ao homem terá por resultado a satisfação dos trabalhadores, seu conforto, sua saúde e, também, a eficácia de suas operações. A ergonomia focaliza dois grandes tipos de problemática:

1.4.1 Ergonomia física

É a adaptação do equipamento às características fisiológicas e morfológicas do ser humano ou de determinada população.

1.4.2 Ergonomia cognitiva

É a adaptação do equipamento ao funcionamento cognitivo dos usuários. Como exemplo, a ergonomia informática situa-se dentro da ergonomia cognitiva. Seu objetivo é aprimorar a interação homem-computador, de tal maneira que as aplicações informáticas entregues aos usuários sejam: úteis (atendimento de necessidades) e utilizáveis ou manejáveis (facilidade de uso).[1]

1.5 Ciências do comportamento

Gestão de pessoas é uma atividade com fundamentos fortemente comportamentais. Liderança, motivação, dinâmica de grupo, cultura e política são exemplos dos temas comportamentais envolvidos na gestão de pessoas. Desses temas ocupam-se diferentes ciências do comportamento: psicologia, sociologia, psicologia social, antropologia e ciência política. Cada ciência oferece uma contribuição especializada para cada tema e nenhuma delas tem a propriedade exclusiva de qualquer deles. No estudo da liderança, pode-se usar a perspectiva da psicologia ou da sociologia. A psicologia estuda a liderança do ponto de vista das motivações e habilidades do líder e dos liderados. Já a sociologia estuda a liderança do ponto de vista do processo social, da ligação entre o líder e os liderados. Nessa ligação, a missão ou tarefa, as motivações dos liderados, as competências do líder e o contexto social formam um sistema que determina o desempenho das pessoas.

Na gestão de pessoas, uma das áreas mais importantes que exigem sólida compreensão das ciências do comportamento é a ideia de *competência*. Embora as competências sejam traduzidas em comportamentos observáveis, seus fundamentos encontram-se em constructos complexos, especialmente o constructo da inteligência. No Capítulo 9, aprofundaremos esta discussão.

As ciências comportamentais padecem de fragilidades fundamentais e há quem acredite que não sejam ciências, mas disciplinas ou constructos que tentam explicar uma realidade abstrata. Personalidade, inteligência, atitudes e sentimentos, bem como inúmeros outros aspectos, não são tangíveis nem mensuráveis objetivamente, podendo apenas ser inferidos a partir do comportamento aberto das pessoas. Ninguém até hoje viu uma personalidade ou uma inteligência andando por aí, à solta, apesar de Platão ter dito "chegou a inteligência", quando Aristóteles entrava na Academia. Além disso, o peso de cada um dos aspectos sobre o comportamento das pessoas e dos grupos é de difícil, senão impossível, mensuração. Por isso, não há verdades absolutas nem conhecimentos definitivos sobre o comportamento humano de forma geral e se diz que "Deus deixou os problemas mais fáceis para os estudiosos das ciências exatas". De fato, é possível prever o comportamento do Universo dentro de um bilhão de anos, mas é impossível prever o comportamento de uma pessoa no próximo momento.

1.6 Filosofia e ética

A filosofia, da qual a ética é um ramo, ocupa-se de assuntos intangíveis. Dignidade, bem e mal, felicidade, certo e errado, estética e muitos outros conceitos abstratos, mas que interferem concretamente nas diferentes situações de trabalho, interessam à filosofia e à ética.

A ética ocupa-se das ações humanas de fundo moral, que afetam a dignidade, os direitos naturais e as necessidades fundamentais das pessoas e o bem-estar da sociedade. A ética, nominalmente definida, é a ciência do ethos,[2] palavra que, entre os gregos, indicava tanto (1) o modo de ser ou caráter de uma pessoa, quanto (2) o alinhamento da conduta ao que era costume, ao que tinha validade consagrada e era, portanto, convencional na antiga polis ou cidade-estado (com grafias diferentes em cada um dos dois significados). A ética se ocupa das ações humanas; as ações morais do ser humano. Por meio de um enfoque normativo, a ética examina como as coisas deveriam ser; como as pessoas deveriam agir, em relação a si mesmas e em relação aos outros.[3] Em essência, a ética é domínio das relações humanas.

A dignidade constitui a base da criação e do desenvolvimento da ética como prática da relação da pessoa consigo mesma e com a sociedade, e também como corpo de conceitos e preceitos sobre a vida. A dignidade é o critério básico para que a ética assuma seu papel normativo. Quando a ação humana viola a dignidade, é a ética que está sendo comprometida.

> "A dignidade (...) é o fundamento dos direitos humanos universais. Cada homem, mesmo limitado pela matéria, pelo tempo e pelo espaço, que o tornam precário, finito e mortal, possui uma dignidade ontológica absoluta e irrenunciável, é sempre um fim e nunca somente um meio a ser usado, explorado ou traficado" (MEZZOMO, 2010).[4]

Por essa razão, a ética cristã adota a perspectiva da invariabilidade. Segundo Bonhoeffer (2005), a ética cristã é a ética absoluta.[5] É a ética da bondade, que não admite escolhas.[6] Não há meio termo; não há relatividade.

Nos processos da gestão de pessoas, praticamente não há tema que escape ao alcance da ética. Sempre que as decisões envolverem uma combinação das possibilidades a seguir, a ética está envolvida.

1.6.1 Dois pesos, duas medidas

Significa tomar a mesma decisão de forma diferente para diferentes partes interessadas. Por exemplo: decidir quem será promovido com base em critérios que não sejam os da competência ou do potencial, privilegiando relações pessoais e interesses próprios, como admitir ou promover um empregado porque ele é filho do amigo.

1.6.2 Efeitos sobre pessoas

Significa que algumas decisões afetam a vida e a dignidade das pessoas. Por exemplo: tarefas que comprometem a segurança e a saúde das pessoas; decisões de demissão de pessoas em condição de saúde frágil.

1.6.3 Efeitos sobre a comunidade

Significa que algumas decisões afetam toda a comunidade no entorno e até mesmo a sociedade e não apenas a comunidade imediata dos funcionários. Por exemplo, fechar uma fábrica e transferi-la para a China afeta o emprego e o bem-estar da comunidade na qual ela está instalada.

Para determinar se a decisão está sendo tomada de forma ética, é preciso considerar se estão sendo atendidas as leis, os padrões de conduta que a organização eventualmente defenda, os códigos de ética da profissão e, acima de tudo, os padrões da ética absoluta, que se baseiam nos valores definidos pelos grandes líderes da filosofia e da religião.

1.7 Áreas de aplicação

Áreas de aplicação são as áreas específicas de realização do trabalho. São os diferentes ramos de negócios e de atividades nos quais se faz a gestão de pessoas. As pessoas que trabalham em um hospital têm qualificações diferentes das que trabalham em uma montadora robotizada, embora haja alguma sobreposição. Assim, para fazer a gestão de pessoas, é preciso entender o tipo de trabalho e a organização em que elas estão envolvidas. Nas áreas de aplicação, estão as competências de negócios das pessoas e da gestão de pessoas.

2 Tempo e gestão de pessoas

Consideremos agora o impacto do tempo na gestão de pessoas. Tempo é um dos recursos intangíveis, assim como as competências e as redes de contatos. Não pode ser acumulado, mas pode ser economizado e usado com eficiência. Os profissionais da gestão de pessoas devem incluir no elenco de suas competências o conhecimento dos efeitos do tempo e das ferramentas para manejá-lo.

2.1 Tempo e lugar

Na sociedade global, há diversos processos da gestão em que o tempo é uma das dimensões cruciais. Um desses processos é a formação de equipes virtuais, cujos integrantes trabalham em diferentes fusos horários. Essas equipes transformam o conceito de dia de trabalho. São 18 horas em São Paulo; o dia de trabalho aparentemente terminou. Há três horas, terminou em Paris. Daqui a duas horas, terminará em Lima. Daqui a duas horas, estará começando em Tóquio. Para a equipe de desenvolvimento de sistemas, formada por pessoas das quatro cidades, o horário é irrelevante. Há implicações legais, motivacionais e mesmo éticas, na necessidade de trabalhar de forma irregular durante as horas do dia. Eis aqui um dos problemas que a globalização e a tecnologia da informação criaram para a gestão de pessoas.

2.2 Tempo e cultura

A emergência da globalização evidenciou as diferenças culturais no tratamento do tempo e reforçou a necessidade de entender e lidar com essas diferenças. Segundo Anbari *et al.* (2010), a forma de lidar com o tempo produz duas culturas: sequencial e sincrônica. Nas culturas que estruturam o tempo sequencialmente, as pessoas fazem uma coisa de cada vez. O tempo é visto como uma linha estreita, constituída de segmentos consecutivos e distintos, na qual as atividades podem ser planejadas. Os planos devem, em seguida, ser respeitados. Os compromissos relativos ao tempo são levados extremamente a sério. Nas culturas sincrônicas, as pessoas fazem várias coisas ao mesmo tempo. O tempo é uma faixa ampla, na qual diversas coisas podem ser realizadas simultaneamente. O tempo é flexível e intangível. Os compromissos que envolvem o tempo são desejáveis, não absolutos, e os planos mudam com facilidade.[7] Pense agora em como gerenciar grupos permanentes e equipes formadas com pessoas das duas culturas.

2.3 Tempo e gestão de pessoas

Em seguida, há a relação entre o tempo das pessoas e o tempo da gestão das pessoas. As considerações a esse respeito, assim como sobre lugar e cultura, afetam os conceitos e técnicas analisadas nos próximos capítulos. Segundo Thévenet (2007), há quatro impactos do tempo que devem ser considerados quando se trata de gestão de pessoas:

2.3.1 Tempo imediato

O tempo imediato é o dia a dia. É o tempo em que se verifica se estão presentes todas as pessoas que precisam estar, em que se recebem as notícias, se analisam os problemas e se executam as tarefas. É o tempo das decisões de curtíssimo prazo – como reorganizar a equipe caso alguém tenha faltado, resolver os conflitos e enfrentar o imprevisto, um acidente de trabalho, um incêndio ou um roubo. Como veremos no Capítulo 3, este é o tempo cotidiano da execução das tarefas operacionais da gestão de pessoas – as tarefas rotinizadas, que não podem ser prorrogadas. É o tempo que requer organização e eficiência.

2.3.2 Tempo dos resultados

O tempo dos resultados é o tempo da elaboração, execução e avaliação dos planos. É o tempo das decisões que permanecem, por meio dos planos, políticas, procedimentos e contratos. É o tempo dos planos de capacitação, dos planos de cargos e salários, do orçamento de mão de obra e das políticas de compensação. É o tempo das decisões de médio e longo prazo, que são postas em prática no tempo imediato. Esse tempo define como o tempo imediato será usado.

2.3.3 Tempo das pessoas

O tempo das pessoas é determinado por sua existência – sua idade, experiência prévia, expectativa de vida, tempo de trabalho, estágio na carreira, tempo restante antes da aposentadoria, tempo da motivação para adquirir novas competências. Muito da gestão de pessoas é afetado pelo tempo das pessoas. Decisões sobre contratação, promoção e investimentos em capacitação, por exemplo, são influenciadas por esse tempo. A disposição das pessoas para aceitar desafios, ou para fazer a escolha entre dedicar-se a projetos ou a atividades de retaguarda, depende desse tempo.

2.3.4 Tempo da organização

O tempo da organização abrange sua história e suas perspectivas de existência. É o tempo de decisões que também permanecem, por meio dos planos estratégicos, dos valores e da cultura da organização. O tempo da organização, em geral, ultrapassa o tempo das pessoas e o tempo dos resultados.[8] A organização, assim como a sociedade, exigem que as pessoas adotem uma perspectiva que supera em muito seu tempo de existência.

2.4 Tempo e funções da empresa

Uma implicação do tempo é a diferença entre os tempos da gestão das pessoas e os das outras funções da empresa. Os tempos da função financeira são ritmados pelo calendário; os tempos da produção, também; os tempos da função de marketing são determinados pela concorrência e pelas flutuações nas preferências dos consumidores e pela mudança tecnológica. Os tempos dos resultados na gestão de pessoas são difíceis de harmonizar com as demandas de outras funções.

Uma mudança no mercado (preferência dos consumidores pelos automóveis híbridos) ou na tecnologia (televisão de alta definição) não se consegue resolver com decisões do tempo imediato. Não é possível administrar o desempenho para que as pessoas, de hoje para amanhã, comecem a fazer automóveis híbridos ou a produzir aparelhos de TV com tecnologia de alta definição. Nem se consegue recrutar pessoas com as qualificações necessárias com a mesma rapidez. Essas mudanças ocorrem com investimentos no tempo dos resultados – tempo de retornos demorados. Trinta anos, da década de 1950 a de 1980, é o tempo que os fabricantes japoneses investiram para se tornarem produtores de classe mundial, tomando o lugar dos americanos e europeus. Muitas vezes, quando se vê uma mudança "rápida", na verdade o que se está vendo é o resultado de um investimento de muitos anos em educação e capacitação. Isso significa que, se a organização pretende atingir determinados resultados estratégicos, ou precisará esperar o tempo de retorno dos investimentos necessários em recrutamento e qualificação, ou terá que adquirir rapidamente as competências necessárias – por exemplo, por meio da compra de uma organização concorrente.

A administração do tempo é um dos processos mais importantes a considerar quando se adota um modelo de estratégia de recursos humanos orientada para a formação e manutenção do *capital humano*, como veremos no Capítulo 9.

3 Globalização e gestão de pessoas

O desenvolvimento das práticas e dos conceitos da gestão de pessoas sempre é influenciado pelas circunstâncias do momento histórico. No início do século XXI, administrar pessoas significa administrar pessoas na sociedade globalizada. Esse é o momento histórico que define o modo de vida, e dentro dele, a gestão de pessoas. Repetindo o que falamos na Introdução, todos os processos da gestão de pessoas devem ser analisados contra o pano de fundo da globalização, que, para os profissionais de RH, tornou-se uma área adicional de conhecimentos. Entender e saber trabalhar dentro da sociedade globalizada são competências típicas do século XXI para o profissional de RH.

O que significa globalização, mundialização, internacionalização, internacionalização dos mercados – como você prefere chamar? É claro que você já ouviu falar – você e todo o mundo. Essa é a primeira característica da globalização – é um fenômeno globalmente conhecido, com inúmeras facetas, que foge a uma definição singular. O mundo tornou-se referência para todo mundo e o que é local não é mais isolado; faz parte dessa referência. Pode-se definir globalização de diferentes maneiras. Neste capítulo, definiremos a globalização sob o ângulo organizacional.

3.1 Empresas globais

Em primeiro lugar, a sociedade é global porque está dominada por empresas globais. Você pode achar que é a facilidade de se comunicar ou viajar para qualquer lugar do planeta, ou de consumir produtos importados pelo comércio eletrônico, ou de assistir aos programas de TV do mundo todo, ou de comprar, em qualquer *shopping center*, um par de tênis de marca americana, fabricado na Malásia ou na China. Por trás de cada uma dessas vantagens da globalização, está uma empresa global, com capacidade de entregar produtos e serviços em qualquer lugar do mundo, de acordo com as necessidades dos mercados e clientes locais. Em muitos casos, trata-se de *business to business* – empresas globais vendendo para outras empresas globais, em todo o mundo, para fazer o produto chegar até você. Essas empresas operam como se não existissem fronteiras nacionais, por meio de estruturas integradas de produção, comercialização e suprimentos. Tudo sustentado por estratégias e práticas de gestão de pessoas. Uma implicação importante dessa expansão é a universalização das práticas de gestão de pessoas. Não importa que a empresa seja uma operação estritamente local. Na disputa por mão de obra, concorre com as empresas globais e, para isso, precisa usar os padrões globais de gestão de pessoas.

Não é de hoje que existem organizações multinacionais. A primeira grande empresa multinacional foi o Império Romano (em seus diferentes regimes de governo). Em seu lugar ficou a Igreja Católica, que se expandiu e criou bases em todo o mundo, por meio de pessoas recrutadas em todos os lugares, para trabalhar em todos os lugares. Vieram, em seguida, os impérios coloniais que, como Roma, usaram a força para se estabelecer e atuaram, em certos casos, por meio das companhias das Índias – diversas delas foram fundadas na Europa do século XVII.[9] O uso da força consome recursos e gera ressentimentos. Esse modelo de negócios desapareceu e em seu lugar ficaram as companhias multinacionais.

Capítulo 2

Hoje, essas empresas não precisam mandar centuriões comandando legiões para cobrar impostos nem construir prisões para os rebeldes. Você, alegre, consciente e voluntariamente, dá seu dinheiro para elas, em troca de automóveis, sapatos e roupas fabricadas na China, sanduíches com alface, *pickles* e um pão com gergelim, *tablets*, relógios digitais, roupas e calçados de grife e muitos outros produtos, alguns deles indispensáveis; outros, nem tanto. Mais: você trabalha decididamente para isso. Quer mais? O exército e a polícia de seu país defendem o patrimônio dessas empresas – no território de seu país.

O processo desenrola-se em três estágios principais (Figura 2): comércio internacional, empresa multinacional e empresa global. O impulso para a internacionalização, até chegar ao estágio da empresa global, vem da busca de fontes de matéria-prima, de locais em que os custos de mão de obra são mais baixos e de crescimento em novos mercados. Analisemos agora os três estágios.

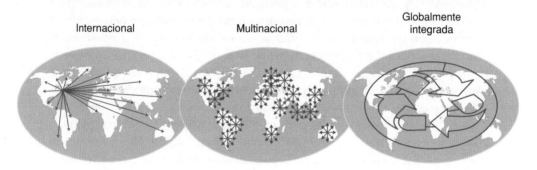

Figura 2 Três estágios da internacionalização das empresas (Boudreau, 2010).[10]

3.1.1 Comércio internacional

A atividade internacional mais simples consiste em vender em outros países, seja por meio de exportação ou da construção de instalações para operações industriais e comerciais. Esse processo já acontecia desde muito antes da Revolução Industrial e foi acelerado na transição para o século XX. O controle é mantido no país de origem, a matriz, na qual os produtos são fabricados, às vezes usando matérias-primas de outros países. Da matriz, os produtos são exportados. Na década de 1920, por exemplo, a Ford exportava peças de seu Modelo T, montado no Brasil e em outros países. Até hoje, o Brasil exporta minério de ferro para outros países e o recebe de volta, na forma de aço transformado em máquinas, equipamentos e automóveis prontos.

3.1.2 Empresa multinacional

No estágio da multinacional, a empresa tem instalações relativamente autônomas em diferentes países. A tecnologia, na forma de máquinas, equipamentos e projetos de produtos, é fornecida pela matriz e adaptada a cada país. Os fornecedores de peças e matérias-primas são locais, usando tecnologia importada ou desenvolvida localmente. As fronteiras da empresa multinacional são definidas pelas fronteiras dos países-estados.

3.1.3 Empresa globalmente integrada

A empresa globalmente integrada faz de tudo em todos os lugares: pesquisa, desenha, fabrica, vende, compra e distribui em qualquer lugar do mundo, usando os recursos e concentrando as operações onde há mais vantagens. As fronteiras nacionais não delimitam as operações dessas empresas. Elas são integradas no sentido de que operam em escala global, como organização singular. Um exemplo é a Honda.

A Honda (Honda Motor Company), que completou 65 anos em 2013, é um fabricante global de motocicletas, automóveis, motores estacionários, embarcações, aviões, robôs e outros produtos. A Honda compreende cerca de 180 mil pessoas trabalhando em 507 empresas em todo o mundo, 67 unidades de produção em 13 países e 43 unidades de pesquisa e desenvolvimento (P&D) em 13 países. As operações globais da Honda estão divididas em seis blocos: Japão; América do Norte e Central; América do Sul; Europa, Oriente Médio e África; Ásia e Oceania; e China.[11] Na Europa, a Honda aproveitou as facilidades do livre comércio para integrar suas operações em uma rede. Fábricas em diferentes países produzem motocicletas de tamanhos diferentes para todo o mercado europeu e outros países do mundo. Cerca de 60% da produção são exportados, principalmente para o Oriente Médio e a África. Algumas fábricas fornecem componentes para outras fábricas em outros países. Da Peugeot, a Honda compra motores para scooters. No Brasil, a Honda fabrica motos e motores de tamanho médio. Nos Estados Unidos, motos de grande porte; no Japão, são fabricados motores grandes. A Montessa Honda, na Espanha, usa motores fabricados na Itália e na França. Na Alemanha, no Reino Unido e na Itália ficam as atividades de P&D.[12] O Brasil é a sede da Honda South America Ltda., *holding* criada no ano 2000. Reúne diferentes empresas, detém participação acionária em companhias de componentes e é responsável pelo desenvolvimento das operações em toda a América do Sul. Sua sede está localizada em São Paulo, na qual centraliza os departamentos administrativos e comerciais das três áreas de negócios – motocicletas, produtos de força e automóveis – bem como as empresas da área financeira do grupo. A Honda tem subsidiárias localizadas na Argentina, Chile, Peru e Venezuela, além do Brasil. Nos demais países, uma rede de 14 distribuidores oficiais e independentes representa a marca em praticamente toda América do Sul.[13] Em 1972, foi criada a Honda Trading, para cuidar de operações de exportação e importação dentro e fora do grupo Honda, além de desenvolver outras atividades. Por exemplo, a Honda Trading importa componentes como catalisadores e revestimentos de bancos de carros da América do Norte, componentes elétricos da Europa, peças para motocicletas e equipamentos de força da Ásia, inclusive da China. A Honda Trading é um fornecedor das empresas do grupo Honda e de outras de fora do grupo.[14] A Honda tem ainda seu próprio banco, para financiar os clientes e a própria empresa. Um mosaico de negócios e operações, exemplo de sistema – partes que formam um todo integrado – e que assim se mantém graças a sistemas administrativos, entre eles a gestão das pessoas.

Na empresa globalmente integrada, o fluxo de produtos, pessoas e dinheiro não vem do centro (a base doméstica da empresa) em direção aos outros países; o centro também não é o destino único do fluxo. Em resumo, a empresa global é uma cadeia de suprimentos, interligada com as cadeias de suprimentos de outras empresas, para que o produto ou serviço chegue ao cliente final. Essa é a definição de empresa global do ponto de vista organizacional e do modelo de negócios. Do ponto de vista legal e financeiro, há outras definições, que fogem ao escopo deste livro.[15]

3.2 Gestão de pessoas nas empresas globais

A gestão de pessoas nas empresas globais começa com a compreensão das categorias de mão de obra empregada em operações internacionais:

3.2.1 Expatriados

Pessoas transferidas, seja do país de origem da empresa, seja de outro país em que ela opera, para outro país. A Alstom transfere franceses para o Brasil e brasileiros para a França ou para a Venezuela, para projetos de curta duração ou para incumbências de longa duração; a Petrobras envia brasileiros para os Estados Unidos e o Oriente Médio.

3.2.2 Empregados locais

Pessoas nativas dos países em que a empresa opera, contratadas para trabalhar nesses países: americanos contratados por uma construtora brasileira instalada em Miami; brasileiros contratados pela General Motors do Brasil; franceses trabalhando para a Arcelor Mittal, na França.

3.2.3 Empregados estrangeiros

Empregado local com outra nacionalidade: pessoas de qualquer nacionalidade contratadas por empresas brasileiras para trabalhar no Brasil; brasileiros trabalhando na China para empresas calçadistas. O conceito de estrangeiro é relativo, pelo menos em parte do mundo. Na União Europeia, os nativos de cada país desfrutam da oportunidade de emprego em todos os outros. A circulação da mão de obra é totalmente livre e ninguém que tenha passaporte de país europeu é estrangeiro quando se trata de trabalhar dentro das fronteiras da Europa. Os brasileiros (e cidadãos de outros países) descendentes de europeus podem conseguir um segundo passaporte, do país de origem de seus antepassados, e desfrutar dessa política. Trabalhando na Europa, com passaporte europeu, você é europeu.

No quadro de funcionários das empresas globais, essas três categorias combinam-se com o *expert* internacional, que mora e trabalha no país de origem da empresa, cuida de operações internacionais e viaja com frequência para outros países. Além dessas pessoas, há as que integram equipes transnacionais de projetos – como indica o nome, equipes formadas por pessoas de diferentes países, que trabalham em diferentes países, raramente ou nunca se encontram e se comunicam por meio da tecnologia da informação para realizar os mais variados tipos de projetos.

3.3 Contexto da sociedade global

Para as empresas globais, é importante manter a uniformidade, mas, ao mesmo tempo, ser flexível para se adaptar à variedade de contextos do cenário internacional – ser a mesma empresa em todos os lugares, mas específica em cada um deles. As soluções para esse e outros problemas das operações internacionais envolvem a compreensão e a capacidade de trabalhar em diferentes contextos – envolvem variáveis político-institucionais, socioeconômicas e culturais que influenciam umas às outras.

3.3.1 Política e instituições

O contexto político-institucional abrange os fundamentos institucionais de cada país e sua estabilidade (estrutura de poder, regime de governo, Constituição, existência de forças políticas em confronto legal ou não), a legalidade ou ilegalidade da discriminação contra pessoas (oportunidades iguais de emprego em contraposição à discriminação contra mulheres nos países islâmicos, por exemplo), grau de corrupção, exigências burocráticas para o trabalho de estrangeiros, obrigatoriedade da participação de nativos ou minorias na força de trabalho, poder dos sindicatos, facilidade ou dificuldade para admitir e demitir. Crucial no contexto político-institucional é a relação de um país com outros países.

Pense, por exemplo, nos eventos conhecidos como "Primavera Árabe" e suas implicações para a gestão de pessoas. Apesar de alguns países envolvidos não serem árabes, "Primavera Árabe" é a sequência de rebeliões populares que depuseram governos no Egito, na Tunísia e na Líbia, além de perturbações sérias e continuadas da ordem em outros países. Caso específico da Líbia: o regime autoritário do Coronel Kadafi teve a simpatia e relações amistosas com o governo brasileiro, enquanto a Líbia era boicotada por outros países. Com base nessa amizade, os negócios de algumas construtoras brasileiras e da Petrobras prosperaram na Líbia. Quando a revolta na Líbia começou, todos os negócios foram paralisados e foi preciso remover os funcionários brasileiros no país, para preservar sua segurança. Somente a Odebrecht evacuou 5000 funcionários. Durante o conflito, a comunidade internacional apoiou publicamente os rebeldes, enviando armas e aviões para atacar as posições de Kadafi. Enquanto isso, a hesitante diplomacia brasileira absteve-se de manifestar seu apoio aos rebeldes, nas reuniões da ONU, como que esperando o desfecho dos combates. Quando Kadafi caiu, os negócios das empresas brasileiras não foram renovados automaticamente. Os rebeldes, agora no poder, declararam que dariam prioridade às empresas dos países que os haviam apoiado e que os negócios com o Brasil seriam reavaliados. Apesar de não terem sido excluídas de negócios na Líbia, as empresas brasileiras e toda sua força de trabalho tornaram-se dependentes da reconstrução das relações entre os dois países.

3.3.2 Sociedade e economia

O contexto socioeconômico abrange o nível da atividade econômica, que favorece ou desfavorece os negócios, tipo de atividade econômica predominante, posição do país entre as economias mundiais, vantagens competitivas entre as economias mundiais, distribuição da população empregada entre as profissões, nível de emprego, distribuição da renda, distribuição da população entre faixas etárias e proporção de jovens, tendência ao crescimento ou diminuição da população, propensão ao consumo, concorrência no mercado de trabalho, concorrência entre empresas, intensidade e tipo de violência (sequestros, terrorismo, drogas, assaltos, roubo de carros), formas preferidas de lazer, qualidade da educação (principalmente da educação pública), infraestrutura (água, esgoto, eletricidade, hospitais, estradas, aeroportos), qualidade do atendimento médico, preços comparados com os de outros países (por exemplo, de alimentos, alojamentos, transportes = custo de vida), estrutura tributária, oferta de produtos culturais (teatro, música, museus).

Considere o que aconteceu na Europa em 2012 – uma crise econômica, explicada principalmente pela dívida pública, que tem como uma de suas consequências o desemprego, em um contexto de envelhecimento da população e falta de jovens. Veja:

> "Enquanto o desemprego explode no sul da Europa, a Alemanha precisa desesperadamente de empregados altamente qualificados. Nas pequenas cidades alemãs, os cérebros mais brilhantes do continente, espanhóis, gregos, italianos e portugueses, muitos deles estão sendo recrutados aos milhares. Na região de Bade-Wurtemberg, há inúmeras empresas familiares de pequeno e médio porte, os motores das exportações industriais da Alemanha, o coração da economia do país. Em uma das localidades, há 7500 postos procurando ocupantes. A migração poderá castigar ainda mais os países que mais sofrem com a crise, dando à Alemanha uma vantagem suplementar. A livre circulação de trabalhadores é um princípio fundador da União Europeia. No entanto, os migrantes, os empregadores e os governos começam a descobrir que essa movimentação de trabalhadores produz tensões. Os europeus do Sul ficam aliviados por encontrar refúgio na Alemanha, mas muitos deles hesitam em assumir compromissos de longo prazo (como transferir a licença do veículo ou assinar um contrato de telefonia móvel de dois anos), devido às diferenças de língua e cultura. No sul da Europa, teme-se que a fuga dos cérebros complique ainda mais a situação dos países em crise. A geração que se vai é a mais qualificada que já houve. O custo para formá-la foi alto. Se a economia da Espanha se recuperar, pode ser que voltem 90% dos que se foram. Se a recessão continua, os migrantes se casarão, terão filhos e não voltarão mais. O receio é que as economias do Norte fiquem com a indústria e, as do Sul, com a agricultura e o turismo. Mas a experiência alemã, com a integração de trabalhadores estrangeiros, tem se revelado difícil. Hoje em dia, os alemães tentam fazer o melhor que conseguem para ser mais acolhedores, mas reconhecem que nem sempre foi assim. Por enquanto, a situação é conveniente para a Alemanha e para os países em crise. Os problemas começarão quando a economia espanhola se recuperar e Madrid precisar de seus engenheiros de volta" (*Mon Figaro*, 4 maio 2012).[16]

3.3.3 Cultura

O contexto cultural compreende todo o repertório de soluções criadas pelos grupos ao longo de sua história: patrimônio artístico e técnico, hábitos, crenças, valores, heróis, calendário de comemorações, lendas, tradições, vestimentas e alimentos típicos, amizades e inimizades históricas com outros povos, estilo de analisar problemas e executar soluções, arquitetura, atitudes (em relação aos forasteiros, à autoridade, ao futuro, às diferenças de comportamento, ao respeito à lei, ao consumo de recursos), preferência pelo *ser* em relação ao *ter* ou vice-versa, provincianismo em contraposição à abertura para o mundo, distância social, paixão por esportes. Todos os grupos criam culturas, das pequenas comunidades às grandes organizações e aos países, por uma conjunção de fatores que amadurecem ao longo da história. Tamanho do território, abundância ou escassez de recursos, composição étnica, religião predominante, histórico de conflitos e até mesmo o clima influenciam a maneira como a cultura se desenvolve. Por exemplo, a religião protestante influenciou o desenvolvimento do capitalismo nos Estados Unidos; o tamanho do território e a escassez de recursos influenciaram o modelo de produção enxuta no Japão.

3.3.4 Transculturalismo

Alguns componentes da cultura são, na realidade, transculturais – estão presentes em diferentes grupos, independentemente de geografia e nacionalidade. Ideias como respeito à diversidade das pessoas, criminalização do preconceito racial e do assédio sexual e moral, medidas de segurança, proteção do ambiente e saúde no trabalho, responsabilização dos executivos por práticas de gestão que prejudiquem os acionistas ou a sociedade, adoção dos princípios da empresa de classe mundial ("todo o mundo quer ser a Toyota"), certificação com base em padrões criados por associações profissionais e outras se afirmam cada vez mais como valores universais. As empresas multinacionais promovem a disseminação dessas ideias, que encontram terreno fértil por causa de sua força intrínseca. Assim também ocorre com o hábito do café com leite e pão com manteiga de manhã...

Grupos que compartilham os mesmos valores são similares do ponto de vista cultural, embora possam divergir em outros assuntos. As pessoas que têm a mesma religião, ou as pessoas que trabalham em propaganda, por exemplo, têm traços culturais similares em todos os países ou em todas as organizações, conforme o caso. As empresas são miniaturas culturais de seus países de origem, quando seus funcionários são predominantemente nativos desses países.

Em determinadas circunstâncias, as diferenças entre culturas tornam-se evidentes. Isso aconteceu na DaimlerChrysler, a empresa surgida da fusão entre a Mercedes e a Chrysler. Alemães e americanos tiveram grandes dificuldades com suas diferenças culturais – salários executivos muito altos nos Estados Unidos, em comparação com os da Alemanha, o que os americanos achavam natural e escandalizava os alemães; estilo decisório analítico predominante entre os alemães e pragmático entre os americanos; os alemães davam mais valor à hierarquia do que os americanos – estes muito mais liberais. O fracasso da fusão não se deveu à incompatibilidade das culturas, mas a convivência foi difícil enquanto o empreendimento durou.[17]

3.4 Principais decisões

As decisões sobre a gestão de pessoas, em uma empresa global, são tomadas dentro do enquadramento desses e de outros componentes do contexto, como o momento que a empresa e os países estão atravessando e a concorrência com outras empresas. Algumas das principais decisões são as seguintes:

- Combinação dos diferentes tipos de empregados – expatriados, nativos, estrangeiros – no quadro de funcionários da empresa em cada país e no quartel-general.
- Desenvolvimento de competências para operar no cenário internacional e dentro das especificidades de cada local.
- Uniformização e calibragem dos processos de recrutamento, seleção, capacitação, movimentação, compensação etc.
- Definição do pacote de compensação para os expatriados e suas famílias – salários, benefícios (casa, escola, nivelamento de impostos, segurança, alimentação, lazer etc.).
- Gerenciamento da carreira dos expatriados.
- Pagamento dos custos de transferência e dos custos de retorno e substituição nos casos de inadaptação.

Capítulo 2

EM RESUMO

Você terminou a leitura do Capítulo 2. Chegando a este ponto, você deve ter alcançado uma compreensão clara dos seguintes conceitos:

- As áreas do conhecimento envolvidas nos diferentes processos da gestão de pessoas: processos gerenciais, direito do trabalho, ciências comportamentais etc.
- As diferentes dimensões do tempo na gestão de pessoas: tempo e lugar, diferentes perspectivas do tempo para as funções organizacionais, tempo e pessoas, tempo das pessoas e tempo da organização.
- Globalização e empresas globais: estágios e características da globalização; empresas globalmente integradas.
- Os principais tipos de mão de obra empregada nas empresas globais.
- As diferentes dimensões da globalização e seus impactos sobre a gestão de pessoas.
- As principais decisões envolvidas na gestão de pessoas nas empresas globais.

Responda agora aos exercícios e questões propostas para este capítulo e avance, em seguida, para o estudo da organização do departamento de recursos humanos.

EXERCÍCIOS E QUESTÕES PARA FIXAÇÃO E REFLEXÃO

1. Indique, no quadro a seguir, atividades específicas de gestão de pessoas cuja execução exige ou envolve os tipos de conhecimentos assinalados. Por exemplo, ciências do comportamento (psicologia) são exigidas ou estão envolvidas nos processos de seleção.

Áreas do conhecimento e globalização

Processos da gestão de pessoas	Atração e retenção	Desenvolvimento	Administração do desempenho	Manutenção
Processos gerenciais				
Eficiência e produtividade				
Direito do trabalho				
Ergonomia				
Ciências do comportamento				
Filosofia e ética				

2. Você trabalha no Brasil, para uma empresa europeia de equipamento pesado. A empresa está se instalando na China. O projeto de instalação está sendo conduzido por uma equipe de cinco países: Brasil, França (na qual fica a sede da empresa), Inglaterra, Estados Unidos e China. Que dificuldades mais importantes essa equipe vai enfrentar, do ponto de vista da gestão de pessoas? Quais suas sugestões para superá-las?

3. Que diferenças existem, do ponto de vista cultural, na forma de lidar com o tempo?

4. Explique como a noção de tempo varia, de uma função para outra da empresa.

5. Usando suas próprias palavras, defina globalização. Explique como a globalização afeta o modo como as pessoas e as empresas são administradas.

6. Explique, com exemplos, o que são empresas globalmente integradas.

7. A empresa ACME, de Piracanjuba, SP, é fabricante de autopeças para todas as montadoras instaladas no Brasil. Em 2004, tinha 1200 funcionários. As vendas começaram a crescer e o quadro de funcionários aumentou para 2000 pessoas, nos dois anos seguintes. Em 2008, com a crise, a empresa demitiu 400 funcionários, na expectativa de diminuir a produção. As vendas e a produção não diminuíram, para surpresa dos dirigentes. Os 1600 funcionários remanescentes estavam produzindo o mesmo que os 2000 de antes. Quais áreas do conhecimento da gestão de pessoas ajudam a explicar esses dados. Há um problema a ser resolvido? Se houver, o que você propõe como solução?

REFERÊNCIAS

[1] Disponível em: http://www.dsi.cnrs.fr/methodes/ergonomie/definition.htm.

[2] VAZ, Pe. Henrique C. de Lima. *Escritos de filosofia IV*: introdução à ética filosófica 1. São Paulo: Edições Loyola, 2002.

[3] GARCIA, Santiago Roldán. *Teologia e bioética*. São Leopoldo, RS: UNISINOS, Cadernos Teologia Pública, ano 2, n. 14, 2005, p. 1-21.

[4] MEZZOMO, Dr. Pe. Augusto Antonio. *Humanização hospitalar*: fundamentos antropológicos e teológicos. São Paulo: Edição do autor, 2010.

[5] BONHOEFFER, Dietrich. *Ética*. São Leopoldo, RS: Sinodal, 2005.

[6] JOSAPHAT, Carlos. *Ética mundial* – Esperança da humanidade globalizada. Rio de Janeiro: Vozes, 2010.

[7] ANBARI, Frank T.; KHILKHANOVA, Erzhen; ROMANOVA, Maria V.; RUGGIA, Mateo; TSAY, Crystal Han-Huey; UMPLEBY, Stuart A. *Cultural differences in projects*. Washington, DC: PMI 2010 Research and Education Conference, 2010.

[8] THÉVENET, Maurice. L'entreprise, la gestion et les ressources humaines. In: THÉVENET, Maurice; DEJOUX, Cécile; MARBOT, Éléonore; BENDER, Anne-Françoise. *Fonctions RH –* Politiques, métiers et outils des ressources humaines. Paris: Pearson Education France, 2007.

[9] ROBINS, Nick. *A corporação que mudou o mundo*. Rio de Janeiro: Difel, 2005.

[10] BOUDREAU, John W. *IBM's global talent management strategy*: the vision of the globally integrated enterprise. Alexandria: SHRM Academic Initiatives, 2010.

[11] Disponível em: <http://www.honda.com.br>.

[12] CULLEN, John B.; PARBOTEEAH, K. Praveen. *Multinational management*. Mason: Thomson Higher Education, 2008.

[13] Disponível em: <http://www.honda.com.br>.

[14] Disponível em: <http://www.hondatrading-jp.com/english/business/index.shtml>.

[15] Disponível em: <http://archive.unctad.org/Templates/Page.asp?intItemID=3148&lang=1>.

[16] Mon Figaro Digital, matéria de Suzanne Daley e Nicholas Kulish, em 4 maio 2012.

[17] Businessweek Online: 5 jun. 2000.

CAPÍTULO 3

Organização para a gestão de pessoas*

OBJETIVOS DO CAPÍTULO

Ao completar o estudo deste capítulo, você deverá ser capaz de compreender e explicar:

- A função e o departamento de gestão de pessoas.
- Quais são as atribuições e a estrutura de um departamento de gestão de pessoas.
- O macropapel e os papéis do *Chief Human Resource Officer* (CHRO – Executivo Principal da Gestão de Pessoas).
- A divisão de papéis nos processos da gestão de pessoas.
- Como é feita a gestão matricial de pessoas nas grandes corporações globais.

---

* O autor registra seus agradecimentos e sua dívida intelectual com Alessandra Ginante, pela inestimável colaboração na preparação deste capítulo. Quando de sua preparação, era Vice-Presidente de Recursos Humanos da Philips para a América Latina.

Capítulo 3

INTRODUÇÃO

Retomando o Capítulo 1, as organizações operam os processos da gestão de pessoas por meio de uma unidade, área ou órgão especializado. Essa área recebe diferentes nomes: *pessoal, relações industriais, relações humanas, recursos humanos, pessoas, talentos, competências, capital humano*. Esses nomes estão associados à evolução histórica da área. As primeiras áreas criadas chamavam-se *departamentos de pessoal*; hoje, *pessoas, capital humano* e *talentos* são designações de vanguarda – embora *recursos humanos*, provavelmente, seja a mais frequente.

O nome da área vem acompanhado de diferentes indicações de posição na estrutura: gerência, diretoria, supervisão, divisão, departamento, vice-presidência. Neste capítulo e no restante do livro, esta área será indicada como departamento de recursos humanos, DRH, RH ou gestão de pessoas, indiferentemente.

1 Níveis da gestão de pessoas

As atividades dessa área acionam os processos da gestão de pessoas e classificam-se em três níveis principais (Figura 1): operacional, administrativo e estratégico. Anote a evolução: os primeiros departamentos de pessoal tinham funções primariamente operacionais; os modernos departamentos de recursos humanos, ou de gestão de pessoas, desempenham funções nos três níveis. Dentro desses departamentos, a administração de pessoal continua sendo uma subunidade incumbida das tarefas operacionais.

1.1 Atividades de nível estratégico

As atividades de nível estratégico relacionam-se com a viabilização continuada do modelo de negócios da organização. Neste nível, a gestão de pessoas olha para o futuro e para o ambiente, estudando as tendências sociais, competitivas, tecnológicas etc., procurando determinar quais competências serão necessárias para fazer face às ameaças e oportunidades, de quantas pessoas a organização precisará e que programas deverão ser colocados em prática para atraí-las, desenvolvê-las e mantê-las. As atividades mais importantes de nível estratégico são participar do processo de definir a estratégia corporativa e definir políticas de gestão de pessoas para toda a organização, realizar programas de desenvolvimento organizacional, desenhar carreiras e planos de competências, e implementar programas e projetos inovadores – por exemplo, na área de sustentabilidade ou governança corporativa.

1.2 Atividades de nível administrativo

No nível administrativo, a gestão de pessoas se organiza para executar as estratégias, os planos e projetos corporativos e de recursos humanos. Em essência, neste nível estão as ações gerenciais que fazem funcionar os processos da gestão de pessoas: as atividades que movimentam a captação, o desenvolvimento, a gestão do desempenho e a manutenção das pessoas. A realização de programas e projetos de recrutamento e seleção, treinamento e desenvolvimento, compensação e benefícios, e movimentação de pessoas em suas carreiras são atividades características deste nível de trabalho. Algumas atividades do nível administrativo são contratadas com fornecedores de serviços de gestão de pessoas, como agências de recrutamento, seleção e treinamento.

1.3 Atividades de nível operacional

No nível operacional, estão as atividades do tempo que, no Capítulo 1, foi chamado de tempo imediato. É o dia a dia da gestão de pessoas, a rotina da administração burocrática de pessoal, envolvendo as tarefas de documentação, tratamento dos arquivos, atualização de dados, processamento de pagamentos e assim por diante, que exigem eficiência, precisão e pontualidade mecânica. Parte importante dessas atividades é feita por meio de TI e algumas são terceirizadas.

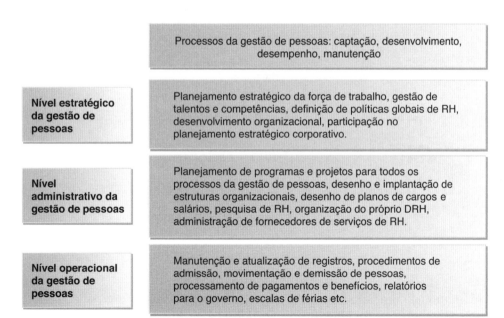

Figura 1 Níveis da gestão de pessoas.

Capítulo 3

Como se organiza o departamento de gestão de pessoas para cuidar dessas atividades? É o que estudaremos em seguida.

2 Estrutura organizacional para a gestão de pessoas

A maneira básica de organizar a gestão de pessoas é usar o critério funcional, que consiste em definir atividades dentro dos quatro processos ou funções principais. Segundo esse princípio, o DRH é dividido em subunidades, cada uma responsável por um processo ou por um grupo de processos ou funções: recrutamento, seleção e desenvolvimento, compensação e benefícios, serviços de administração de pessoal e assim por diante (Figura 2).

Esse modo de organização, assim como qualquer outro, depende do modelo de negócios, dos objetivos estratégicos e do tamanho da empresa. Um DRH completo, com todas as funções, é um modelo usado em organizações de atuação local e no serviço público, de médio a grande porte. Nas microempresas, não há departamento de gestão de pessoas a ser organizado: o proprietário ou gerente geral cuida de todas as funções, enquanto um escritório de contabilidade contratado realiza as atividades operacionais. Nas empresas de pequeno e médio portes, é provável haver um responsável pelas tarefas operacionais, que também conta com o apoio de um escritório externo.

Figura 2 Organização funcional da gestão de pessoas.

2.1 Modelo de Ulrich

Um modelo funcional mais elaborado, para organizações diversificadas e de grande porte, foi identificado por Ulrich (2008) e colegas por meio do estudo de grandes corporações (Figura 3).[1] Este modelo, descrito a seguir, tem por base a premissa de que a organização do DRH deve estar alinhada com a estrutura da empresa, que, por sua vez, está alinhada com o modelo de negócios. Gestão de pessoas é uma função de apoio que cria valor e, para isso, precisa estruturar-se em cinco papéis (resumo na Figura 4 mais adiante).

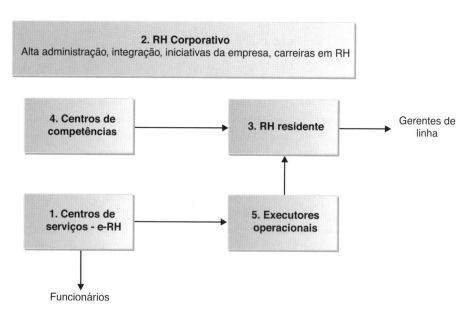

Figura 3 Modelo de organização de RH.
Adaptado de Ulrich, Younger, Brockbank (2008).

2.1.1 Centros de serviços/e-RH

Os centros de serviços dedicam-se aos processos relacionados com a administração de pessoal, tais como:

- Administração de programas de assistência médica (88 % de uma amostra de centros de serviços estudada pela SHRM).
- Administração da prestação de contas em sistemas de remuneração flexível (68 %).
- Administração de benefícios de aposentados (66 %).
- Administração da folha de pagamento (65 %).

- Administração de afastamentos (60 %).
- Coleta e manutenção de dados sobre empregados (48 %).
- Aconselhamento e orientação de empregados (47 %).
- Administração de pensões e aposentadorias (39 %).
- Administração de benefícios (38 %).
- Administração do desempenho (37 %).
- Treinamento e desenvolvimento (36 %).
- Etc.[2]

Os centros de serviço foram criados para aproveitar as economias de escala da centralização, os baixos custos nas localidades em que foram instalados e atender à necessidade de simplificação e padronização de procedimentos. Muitos são terceirizados para empresas especializadas na prestação de serviços de RH.

A designação *e-RH* vem da estreita ligação com a tecnologia da informação, que viabilizou sua implantação e seu modo de funcionamento. Graças à tecnologia da informação, os centros de serviço funcionam em período integral, sete dias por semana, e grande parte dos processos é operada diretamente pelos próprios empregados – um sistema *self-service*. A precisão aumenta, já que cada funcionário cuida das informações que lhe dizem respeito. Os gerentes também têm acesso às informações sobre os empregados – por exemplo, trajetória profissional e histórico de cursos frequentados. Podem, em função disso, tomar decisões sobre movimentações e promoções, entre outras. A qualidade do serviço desses centros é avaliada de forma positiva, porque os centros podem ser acessados a qualquer momento.

2.1.2 RH corporativo

De acordo com Ulrich (2008) e seus colegas, os profissionais que trabalham no nível corporativo de recursos humanos atendem a seis tipos principais de necessidades:

- *Primeiro*, eles precisam criar cultura e identidade com abrangência para toda a organização. Não importa a diversificação da estratégia; sempre há partes externas interessadas que se relacionam com a organização como um todo: acionistas querendo saber do desempenho global, grandes clientes e fornecedores fazendo negócios com diferentes divisões, empregados potenciais avaliando a imagem do empregador. Para uniformizar a percepção de todos esses interessados, os profissionais do RH corporativo trabalham com o desenvolvimento de valores e princípios. Os gerentes de linha fazem os princípios funcionar, mas os profissionais corporativos os institucionalizam. Esse tipo de responsabilidade envolve muito mais do que redigir e divulgar cartas de intenções; envolve orientar continuamente todas as partes interessadas, dentro e fora da organização.

- *Segundo*, os profissionais de RH, no nível corporativo, formatam os programas que permitem implementar a agenda estratégica do executivo principal, que pode envolver intenções de: globalização, inovação dos produtos, serviço ao cliente ou responsabilidade social, entre outras. Os profissionais corporativos de RH têm a responsabilidade de converter essa agenda em planos de investimentos e de ações, mobilizando pessoas e práticas de RH que permitem transformá-los em realidade.

- *Terceiro*, eles têm a responsabilidade de assegurar o alinhamento de todas as atividades de RH dentro da empresa com o modelo e os objetivos de negócios. Isso não significa interferir nas iniciativas das unidades de negócios, que ficam a cargo dos *business partners*, mas trabalhar pela uniformização de procedimentos. Por exemplo, promovendo a sintonia entre os objetivos e as medidas de medição de desempenho de RH, das unidades de negócios com as da corporação.

- *Quarto*, os profissionais corporativos de RH arbitram os conflitos entre os centros de competências e os *business partners*. São conflitos entre a tendência corporativa à uniformização e a busca de autonomia nas unidades de negócios. Essa arbitragem pode ser encaminhada pela definição de maneiras de criar valor para diferentes partes interessadas, ao mesmo tempo em que o alinhamento com a estratégia é assegurado.

- *Quinto*, os profissionais de RH no nível corporativo têm a responsabilidade primária de cuidar dos funcionários de nível corporativo. Por exemplo, orientando as transições e a evolução da carreira, a comunicação com o público interno e o externo, a resolução dos problemas de liderança, a formação e a escolha de sucessores.

- Finalmente, *sexto*, o RH corporativo é responsável pelo desenvolvimento profissional das pessoas que trabalham em RH. Frequentemente, essas pessoas trabalham para os outros e se esquecem delas próprias. O RH corporativo tem a responsabilidade de ajudar os profissionais de RH a crescer, esquecer as velhas práticas e aprender as novas. Incorporar novas competências, trazer sangue novo e investir em T&D são as estratégias para conseguir essa renovação constante.

2.1.3 RH residente

Nas organizações diversificadas, há profissionais de RH que trabalham nas unidades de negócios, implantadas para lidar com as especificidades de regiões, linhas de produtos, clientes ou funções como engenharia e P&D. Esses profissionais, que Ulrich e seus colegas chamam de residentes (*embedded*), têm diversos títulos. *Business partner* é um título consagrado. Eles trabalham diretamente com os gerentes de linha e as lideranças das unidades de negócios, desempenhando papéis como:

- Participação nas discussões sobre estratégia de negócios. Este papel faz do RH residente um "arquiteto estratégico".
- Representação dos interesses dos empregados.
- Definição de requisitos e identificação de problemas para a realização dos objetivos de negócios.
- Seleção e aplicação de práticas de RH mais apropriadas para a implementação do modelo e da estratégia de negócios.
- Avaliação do desempenho, para conferir se os investimentos de RH alcançam o valor esperado.

No próximo capítulo, aprofundaremos o estudo do papel do *business partner*.

2.1.4 Centros de competências

Os centros de competências ou excelência (*centers of expertise, excellence*) funcionam como empresas especializadas de consultoria dentro da organização. Dependendo do tamanho da empresa, podem ter abrangência para toda a organização, para uma região ou um país. Seus "clientes" são as unidades de negócios que utilizam seus serviços e que, em certas empresas, pagam por eles, na base das horas consumidas e de uma taxa de custos indiretos (*overhead*). Um levantamento realizado pela SRHM (Society for Human Resource Management) constatou que os centros de competências oferecem serviços nas seguintes áreas:

- Planejamento e administração de programas de treinamento, educação, *mentoring* e *coaching* (75 % da amostra).
- Administração de atividades de recrutamento e seleção e desenvolvimento de políticas de recrutamento e contratação (73 %).

- Relações com empregados (63 %).
- Desenvolvimento de políticas de RH (58 %).
- Planejamento de compensação e benefícios (53 %).
- Desenho da estrutura organizacional e processos de mudança (51 %).
- Programas de diversidade (50 %).
- Questões legais (46 %).
- Planejamento da sucessão (45 %).[3]

No modelo de Ulrich, os centros de competências criam e oferecem *menus de serviços* aos RH residentes e os ajudam a escolher e usar os itens desse menu. O menu é modificado e aprimorado, conforme surjam necessidades que exijam novos serviços ou novas formas de operá-los.

2.1.5 Executores operacionais

Ulrich constatou em suas pesquisas que os *business partners* consomem grande parte de seu tempo com atividades operacionais, como: organizar e realizar entrevistas de recrutamento, administrar casos de revisão salarial, elaborar programas de desenvolvimento e montar e implantar novas estruturas organizacionais. Essas atividades consomem tempo, o que prejudica a dedicação

Centros de serviços - e-RH	RH corporativo	RH residente	Centros de competências	Executores operacionais
Processos relacionados com a administração de pessoal	Gestão estratégica de pessoas	Gestão de pessoas orientada para os gerentes de linha	Serviços especializados de RH para toda a empresa	Atividades operacionais
• Folha de pagamentos • Benefícios • Aposentadorias e pensões • Afastamentos • Assistência médica	• Cultura e identidade • Implementação da agenda estratégica • Alinhamento com o modelo de negócios • Desenvolvimento do próprio RH	• Apoio ao gerente de linha • Representação dos empregados • Participação nas discussões sobre estratégias de negócios • Avaliação do desempenho	• Recrutamento e seleção • Treinamento e desenvolvimento • Políticas de RH • Compensação e benefícios	• Entrevistas de recrutamento • Administração de casos de revisão salarial • Criação de programas de desenvolvimento • Montagem e implantação de novas estruturas organizacionais

Figura 4 Resumo das funções no modelo de Ulrich.

às questões estratégicas. Para resolver esse problema e evitar a perda do foco estratégico, a empresa pode empregar as seguintes soluções:

- Equipes integradas de projetos com uma pessoa claramente responsável pelos resultados práticos da operacionalização das estratégias.
- Assistentes dos *business partners* (chamados de *junior business partners*).
- Equipes de consultores operacionais alocados temporariamente a uma unidade de negócios.
- Consultores individuais, transferidos temporariamente dos centros de serviços.

Os papéis operacionais requerem de seus ocupantes competências nas áreas de gerenciamento de projetos, definição de prioridades e foco no modelo de negócios, além da capacidade de estabelecer e medir resultados.

2.2 Estrutura matricial nas grandes empresas

À medida que a empresa cresce, se diversifica e adota uma estrutura organizacional divisionalizada, por unidades de negócios, é preciso organizar um DRH em cada uma dessas unidades. Se a empresa se expande para os negócios internacionais, é preciso prever a instalação de um DRH em cada país e a forma de relacionamento com o RH central. A estrutura da gestão de pessoas e das outras funções corporativas (finanças, negócios, operações) torna-se matricial (Figura 5). Nessa matriz, a gestão de pessoas em cada país reporta-se diretamente ao executivo principal da gestão de pessoas da empresa. Ao executivo de RH em cada país reportam-se os gerentes e especialistas das diversas funções e processos da gestão de pessoas, que estão sob a autoridade funcional dos gerentes corporativos correspondentes. A administração local dos fornecedores globais também é matricial.

3 Estudo de caso

Consideremos o caso real de uma grande corporação multinacional diversificada, que exemplifica alguns pontos do modelo de Ulrich: Philips.[*] Empresa de grande porte, atuando em diferentes ramos de negócios, em todo o mundo, seu modelo de negócios é exemplo de "pensar globalmente e agir localmente".

---

[*] Os dados do estudo de caso Philips são de 2012.

Organização para a gestão de pessoas

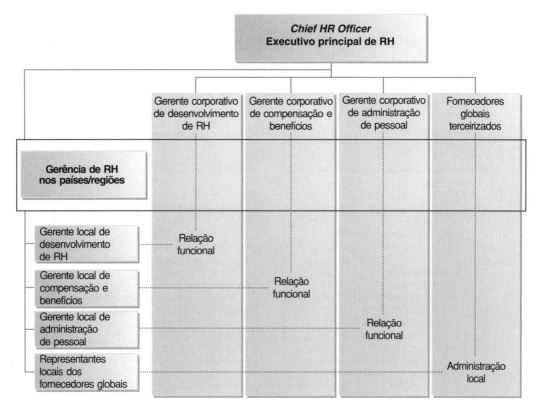

Figura 5 Organização matricial da gestão de pessoas, combinando a dimensão funcional (vertical) e a dimensão geográfica (horizontal).

Além disso, o modelo de negócios tem objetivos estratégicos que se renovam: entrar em novos mercados, manter-se na liderança da inovação e lançar novos produtos, descontinuar linhas de produtos que perderam a atratividade e tornar os processos mais eficientes por meio de projetos de aprimoramento contínuo. A estratégia principal e os objetivos estratégicos são viabilizados pelo RH com a definição de responsabilidades e autoridade no nível da matriz, nas áreas de negócios e nos países e regiões em que esses negócios são desenvolvidos. As funções e decisões são simultaneamente centralizadas, para garantir uniformidade, e descentralizadas, para atender às especificidades de cada local.

3.1 Blocos de construção

A empresa atende a todas essas demandas organizando seu RH em torno de quatro "blocos de construção" (Figura 6).

Business partners (interfaces com as unidades de negócios)	**Gerências locais de RH** (países, regiões)
• "Generalistas-especialistas", que desempenham todas as funções de RH em cada unidade de negócios.	• Apoiam as operações dos negócios em cada área geográfica de atuação (Ex.: Brasil, América do Norte, China).
Líderes de áreas funcionais de RH	**Serviços de RH**
• Funções centrais de administração e alocação de talentos, aprendizagem e comprometimento, compensação, RH para RH, PPM.	• Funções centrais de administração e folha de pagamentos, recrutamento, mobilidade internacional, aprendizagem = desempenhadas pelas gerências locais, nos casos das grandes áreas geográficas.

Figura 6 Quatro "blocos de construção" de RH de grande porte (cortesia da Philips).

Esses blocos agrupam os componentes do sistema de gestão de pessoas da empresa. Dentro de cada bloco, estão as funções centrais e locais (por exemplo, os executivos globais e os executivos locais do sistema de *business partners*). É nesse conceito de blocos de construção que a estrutura organizacional tem sua base. Eles são usados para construir o *Board* (Comitê) central de RH, o organograma central e os organogramas locais. Comecemos pela descrição dos blocos de construção.

3.1.1 Business partners

São generalistas que atuam em todos os processos da gestão de pessoas e trabalham nas unidades de negócios da empresa, como produtos de consumo ou equipamentos para saúde, ou para uma função corporativa, como logística e TI. Os *business partners* estão tanto nas funções centrais como nas áreas geográficas. Repetindo, no próximo capítulo daremos um tratamento detalhado para o papel dos *business partners*.

3.1.2 Gerências locais de RH

São responsáveis por todas as funções de RH em cada região ou país em que a empresa atua. Aqui está a linha de frente do RH da empresa. No caso das regiões e países de grande porte, a gerência local assume as tarefas da área de serviços de RH (em 3.1.4 adiante).

3.1.3 Líderes de áreas funcionais de RH

Como função central, na matriz, são responsáveis por atividades como definição de políticas para treinamento e remuneração, além do desenvolvimento e operação dos sistemas de informação para RH. São os especialistas na operação dos processos da gestão de pessoas para toda a corporação.

3.1.4 Serviços de RH

São os serviços de apoio à gestão de pessoas, conhecidos como administração de pessoal – folha de pagamento e mobilidade, principalmente.

3.2 Organização do RH

Vejamos agora como esses blocos de construção são usados na estrutura organizacional do RH para toda a corporação. A estrutura organizacional global do RH (Figura 7), na matriz, divide-se em quatro partes, abaixo do executivo principal de RH.

Além do organograma descrito na Figura 7, a empresa tem uma Comissão Central de RH, formada por executivos das gerências centrais de RH. Seu papel consiste em formular e apoiar a execução das políticas, processos e programas de RH da empresa em todo o mundo, além de definir as estratégias de RH que sustentam a estratégia corporativa (por exemplo, expandir os negócios nos mercados emergentes). A comissão também exerce autoridade funcional sobre as atividades de RH nas regiões e nas unidades de negócios, garantindo trabalho de equipe e uniformidade de conduta.

3.2.1 Gestão local de RH

Na extrema esquerda do organograma, estão as pessoas responsáveis pelo RH em cada local de atuação da empresa. A gestão de RH em cada local tem como responsabilidades aplicar as políticas e processos globais da empresa de

Capítulo 3

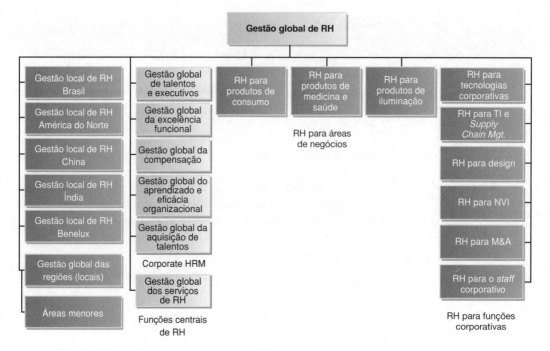

Figura 7 Estrutura organizacional central do RH de empresa global (cortesia da Philips).

acordo com as necessidades do mercado local e seus requisitos legais; assegurar a prestação dos serviços de RH de forma orientada para o cliente; assegurar o suprimento e o desenvolvimento de talentos; administrar a equipe local de RH buscando a maximização da sinergia e a excelência funcional; e alinhar a atuação do RH com a liderança da empresa no país/região. Juntamente com a pessoa responsável pelo RH em cada local, trabalham especialistas em RH: remuneração e relações trabalhistas, talentos, expatriação, desenvolvimento e administração de fornecedores de serviços de RH (terceirizados). Essas pessoas formam o centro de competências de cada região ou país.

Os especialistas locais em *compensação e relações trabalhistas* têm como responsabilidades aplicar a política global de remuneração, assim como as políticas, processos e ferramentas globais de RH de acordo com as exigências fiscais, legais e trabalhistas de cada país; executar a política de remuneração dos executivos da empresa em cada país; assessorar os executivos locais na administração das relações trabalhistas; alinhar as políticas locais com a legislação trabalhista e manter a equipe local de RH informada e capacitada para operar dentro dessas políticas. Também é tarefa desses especialistas estruturar o sistema local de compensação e benefícios, de acordo com as expectativas dos colaboradores.

Os especialistas locais em *gestão de talentos* têm como responsabilidade básica cuidar da qualidade e da quantidade de pessoas no banco de talentos do país ou região. Pilotam o processo de estimativa de demanda e planejamento juntamente com os responsáveis pelos negócios; aplicam as políticas relativas às pessoas de alto potencial; ajudam as equipes de recrutamento de talentos; prestam serviços de orientação individual de carreiras e de movimentação, no caso de transferências internacionais; atuam como gerentes de programas em centros de desenvolvimento de altos potenciais e ajudam os líderes locais do negócio a cuidar de todo o escopo da administração de talentos da empresa na região ou país.

3.2.2 Gestão global de RH

Na segunda coluna do organograma, da esquerda para a direita, estão as pessoas responsáveis pelas funções de RH em todo o mundo. Aqui estão as funções ou processos clássicos da gestão de pessoas, que analisamos no capítulo anterior: aquisição de talentos, remuneração e benefícios, aprendizagem e desenvolvimento organizacional, administração de talentos e lideranças, administração de pessoal (rotinas e folha de pagamentos) e outras funções (projetos e programas, comunicações, relações trabalhistas). O organograma mostra essas funções ou processos em seu nível mais alto, na matriz da empresa, na qual ficam as pessoas responsáveis pela gestão global. Nas regiões e países, estabelecem-se os especialistas que trabalham nessas mesmas funções, subordinados diretamente ao executivo local de RH. A matriz exerce autoridade funcional sobre os especialistas locais.

3.2.3 *Business partners*

Em seguida, à direita, estão as pessoas responsáveis pelo sistema de *business partners* para cada área de negócios, em todo o mundo. O *business partner* é especializado em gestão das pessoas de uma área de negócios: produtos de consumo, medicina e saúde, iluminação. Ele deve falar a linguagem da área de negócios na qual trabalha – produtos e aplicações, mercados, legislação que se aplica, especificidades do cliente etc. Ao mesmo tempo, é generalista – sua tarefa é ajudar os executivos das áreas de negócios a tomar decisões sobre a gestão de sua equipe e, para isso, deve dominar todas as funções, políticas e ferramentas de RH. Há *business partners* que trabalham com os executivos de nível mais alto de cada área de negócios e os que trabalham com os executivos de cada área de negócios em cada país ou região. Estes últimos são subordinados diretamente ao executivo local de RH, mas subordinados funcionalmente aos executivos de nível mais alto.

3.2.4 Apoio de RH às funções corporativas

Finalmente, na extrema direita, na última coluna do organograma, estão as pessoas responsáveis pelo apoio de RH às funções corporativas: P&D, *design*, *supply chain* e assim por diante. Nas funções corporativas centrais e em suas equivalentes em cada região ou país, há uma estrutura de *business partners* idêntica à que existe para as áreas de negócios. Subordinação direta ao gerente local de RH; subordinação funcional aos executivos da última coluna do organograma.

EM RESUMO

Você terminou a leitura do Capítulo 3. Chegando a este ponto, você deve ter alcançado uma compreensão clara dos seguintes conceitos:

- A diferença entre função organizacional de RH e departamento (ou divisão, vice-presidência, diretoria etc.) de RH. A função é a tarefa (ou conjunto de tarefas ou processos) que a empresa deve realizar. O departamento é a unidade organizacional responsável por essa tarefa.

- Os três níveis da gestão de pessoas nas organizações: estratégico, administrativo e operacional.

- A organização funcional do departamento de RH.

- O modelo de organização de Ulrich, com as cinco funções.

- A aplicação das ideias de Ulrich em um caso real.

Responda agora aos exercícios e questões propostas para este capítulo e avance, em seguida, para o estudo dos profissionais de gestão de pessoas.

EXERCÍCIOS E QUESTÕES PARA FIXAÇÃO E REFLEXÃO

1. Liviana é o nome de uma rede de casas de alimentação. Tem uma pizzaria, dois restaurantes e uma lanchonete, todos em São Paulo. O objetivo agora é abrir casas similares no Rio de Janeiro e em Belo Horizonte, em um primeiro movimento de expansão. O proprietário quer adotar modelos de gestão como os da multinacional na qual trabalhava antes de abrir esse

negócio. Desenhe a estrutura do departamento de RH que você acha apropriada para a empresa em seu novo estágio.

2. Dê exemplos específicos de atividades de nível estratégico, que sejam realizadas, implícita ou explicitamente, em uma empresa de pequeno porte.
3. Explique a que situações se aplica o modelo proposto por Ulrich.
4. Descreva o papel do *business partner* e explique a quais situações se aplica.
5. Explique o que é uma estrutura matricial para a gestão de pessoas.
6. No estudo de caso a seguir, identifique as similaridades e diferenças da administração de RH com o caso relatado na Seção 3 deste capítulo. Que fatores explicam essas diferenças e similaridades?

ESTUDO DE CASO:
Recursos Humanos na Daimler[4]

Os departamentos de recursos humanos da Daimler estão subordinados ao membro do Conselho de Administração (*Board of Management*) responsável pelos Recursos Humanos. Há aproximadamente 6700 empregados nesses departamentos, em todo o mundo, que são responsáveis por todas as funções e processos relacionados com os empregados da empresa. O membro do Conselho de Administração responsável pelos Recursos Humanos também é Diretor de Relações de Trabalho do Grupo.

A Daimler tem uma estratégia de recursos humanos alinhada com seus objetivos. Essa estratégia sustenta-se em quatro pilares: lucratividade, força de trabalho competitiva, competência gerencial orientada para o futuro, elevada atratividade como empregador e organização profissional. A organização de Recursos Humanos está dividida em três áreas principais (Figura 8):

- Funções corporativas (*group functions*), responsáveis por estratégia, política e diretrizes de RH em toda a empresa.

- Funções divisionais de recursos humanos, responsáveis pelas atividades de pessoal dentro das divisões e nos negócios locais, bem como pela implementação da estratégia de recursos humanos.

- Centros de serviços, que oferecem serviços de recursos humanos no nível regional.

Capítulo 3

> A instância mais alta de decisão na estrutura de Recursos Humanos é o Comitê Executivo de Recursos Humanos. O Comitê abrange os chefes das funções corporativas, divisionais e de serviços da estrutura de RH e é coordenado pelo membro do Conselho de Administração responsável pelos Recursos Humanos.

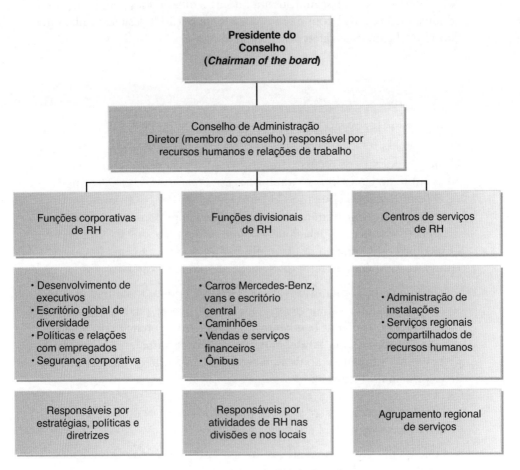

Figura 8 Estrutura de RH da Daimler.

REFERÊNCIAS

[1] ULRICH, Dave; YOUNGER, Jon; BROCKBANK, Wayne. *The Twenty-First-Century HR Organization*. Human Resource Management, v. 47, n. 4, 2008, p. 829-850.

[2] Disponível em: <http://www.shrm.org/Research/SurveyFindings/Articles/Pages/shared-services.aspx>.

[3] Disponível em: <http://www.shrm.org/Research/SurveyFindings/Articles/Pages/shared-services.aspx>.

[4] Adaptado de <http://sustainability.daimler.com/reports/daimler/annual/2010/nb/English/2040/human-resources-management.html>.

CAPÍTULO 4

Profissionais da gestão de pessoas

OBJETIVOS DO CAPÍTULO

Ao completar o estudo deste capítulo, você deverá ser capaz de compreender e explicar:

- O que significa profissionalismo.
- A gestão de pessoas como profissão.
- Quais são os especialistas e os generalistas da gestão de pessoas.
- Quais são os participantes dos processos da gestão de pessoas.

Capítulo 4

INTRODUÇÃO

Até aqui, estudamos a gestão de pessoas sob um ângulo técnico, enfatizando processos e estruturas. Neste capítulo, colocamos os holofotes nas pessoas que operam os processos, trabalhando nas caixinhas dos organogramas da gestão de pessoas e fora delas.

- Quem são essas pessoas?
- Quem mais está envolvido com a gestão de pessoas, além das que estão no organograma do RH?
- É a gestão de pessoas uma profissão, mais que uma ocupação?

O principal objetivo deste capítulo é dar respostas a essas perguntas.

1 O que é profissionalismo?

Consideremos inicialmente a ideia de profissionalismo e como defini-lo. É uma discussão de particular interesse para os profissionais de RH, que lidam com a formação de profissionais e, para isso, precisam de profissionalismo (redundante, mas – pronto! – a pergunta já foi respondida).

1.1 Modelo de Freidson

Para ter ideia do que seja profissionalismo, considere um mundo hipotético, sem regras para o exercício de qualquer atividade – qualquer um poderia ser médico, engenheiro ou jurista sem necessidade de formação completa especializada, nem de certificação ou de filiação a uma associação profissional. Esse mundo de amadores já existiu. Teria você confiança para se tratar com os médicos de um mundo assim? O oposto disso é o mundo do profissionalismo, mas esse oposto precisa de um tipo ideal, como Weber fez com a burocracia, abstraindo as características das organizações do mundo real. O tipo ideal para o profissionalismo, da mesma forma, não é proposição prescritiva, é a interpretação das profissões do mundo real, que com ele podem ser comparadas. Por meio da comparação, avalia-se até que ponto uma ocupação é profissionalizada: mais ou menos distante do tipo ideal. No tipo ideal construído por Freidson (2001), em trabalho seminal, há duas categorias de componentes:

- Constantes institucionais, que definem a própria ocupação.
- Circunstâncias críticas, que definem o contexto no qual a ocupação é desempenhada.

Formação especializada, certificação e código de ética, por exemplo, são constantes institucionais, enquanto regulamentação governamental e a forma como as profissões estão organizadas são circunstâncias críticas (Figura 1).[1]

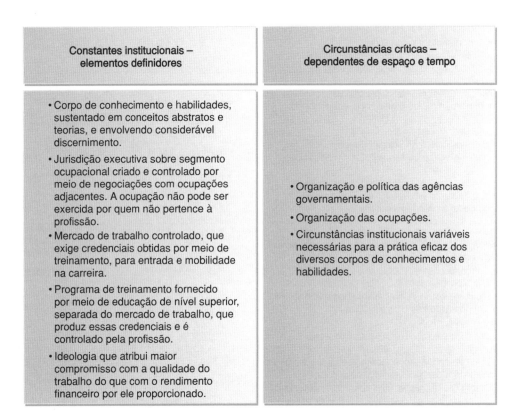

Figura 1 Constantes e variáveis (circunstâncias críticas) do profissionalismo.

1.2 Profissionalização da gestão de pessoas

Com base no tipo ideal de Freidson, a Society for Human Resource Management (SHRM) fez um exaustivo estudo sobre o grau de profissionalismo da gestão de pessoas em 23 países. Na média, o corpo de conhecimentos e habilidades foi julgado o fator mais importante para o profissionalismo na área de RH.[2] A Figura 2 mostra os resultados obtidos no Brasil, na América do Norte, na China e no Japão. Os dados revelam similaridades e diferenças na percepção dos respondentes dos quatro locais e sugerem que o campo das atividades de gestão de pessoas é, efetivamente, uma profissão.

Capítulo 4

Afirmações	% de respondentes que concordam com a afirmação em cada país/região			
	Brasil[3]	América do Norte[4]	Japão[5]	China[6]
RH representa um corpo de conhecimentos e habilidades.	92	96,7	40,3	95,8
Para trabalhar em RH, é preciso ter conhecimento e/ou experiência em negócios.	81,4	81,5	89,5	81,5
Para avançar na carreira de RH, é preciso ter conhecimento e/ou experiência em negócios.	87,7	88,4	95,7	79,8
Para trabalhar em RH, é preciso ter algum tipo de formação universitária.	71,1	56,6	25	79,1
Para avançar na carreira de RH, é preciso ter algum tipo de formação universitária.	76,6	71	32,7	78,4
RH, como corpo de conhecimentos e habilidades, é reconhecido como profissão pela sociedade em geral.	60,2	64,7	40,9	65,6
Os empregados reconhecem que os praticantes de RH têm conhecimentos e habilidades específicas que agregam valor para a organização.	67,7	61,3	47,4	63,2
Os gerentes de linha reconhecem que os praticantes de RH têm conhecimentos e habilidades específicas que agregam valor para a organização.	59,6	64,3	50	62,4
Os respondentes são tidos em alta conta pelos integrantes da administração superior.	49	40,9	44,4	53,8

Figura 2 Resultados de pesquisa sobre o profissionalismo da gestão de pessoas.

Brasil

No Brasil, de uma amostra de 2500 pessoas, o estudo conseguiu 101 respostas, fornecidas, em sua maioria (73 pessoas), por diretores, gerentes e supervisores de RH. Dos respondentes brasileiros, 41,4 % eram formados em administração; 9,2 %, em pedagogia; 16,1 %, em RH e 46,6 %, em diferentes modalidades de psicologia.

América do Norte

Na América do Norte (Estados Unidos, Canadá e México), de uma amostra de 9636 pessoas, o estudo obteve 1643 respostas, fornecidas, em sua maioria (1072 pessoas), por diretores, gerentes e generalistas de RH. Nos três países, 29,9 % dos praticantes de RH eram formados em administração de empresas; 30,6 %, em RH; 11,1 %, em psicologia; 20,2 %, em relações de trabalho.

China

Na China, de uma amostra de 4348 pessoas, o estudo conseguiu 245 respostas, fornecidas, em sua maioria (184 pessoas), por diretores, gerentes, supervisores e representantes de RH. Dos praticantes de RH na China, 23,2 % eram formados em administração; 23,2 %, em inglês; 6,3 %, em engenharia; 11,2 %, em RH.

Japão

No Japão, retornaram 116 questionários de uma amostra de 560 pessoas, em sua maioria (75) vice-presidentes, diretores, gerentes, supervisores e consultores de RH. No Japão, 25,7 % dos respondentes eram formados em administração de empresas; 25,7 %, em direito; 7,9 %, em RH; em ciência política, 6,9 %.

Observe: o que está em discussão é a gestão de pessoas, como domínio separado do conhecimento e como profissão. Ou, para usar outra palavra à qual retornaremos, gestão de pessoas, ou gestão de RH, como *ocupação*, à qual se dedicam profissionais especializados que dela fazem uma *carreira*. De fato, no plural, carreiras, porque a gestão de pessoas, ou gestão de recursos humanos, é um conjunto de profissões e não uma profissão singular. Quem são, então, os profissionais de gestão de pessoas? Como em qualquer outro campo de atividade humana, há duas categorias de profissionais: generalistas e especialistas.

2 Generalistas da gestão de pessoas

Os generalistas são responsáveis pela gestão de todos os processos. Generalistas são (1) os ocupantes de todos os tipos de posições gerenciais, a começar pelos executivos (diretor, gerente, supervisor, vice-presidente de RH ou de gestão de pessoas) e (2) os consultores internos (consultores internos de RH ou *business partners*, também chamados *generalistas*; são os *residentes* no modelo de Ulrich).

Capítulo 4

Como vimos no Capítulo 3, esses consultores internos colaboram com os gerentes de linha nas unidades de negócios ou nas áreas funcionais corporativas, nas questões relacionadas com gestão de pessoas. Generalistas são também os gerentes de linha, que administram as pessoas de sua equipe imediata.[7]

Analisemos esses profissionais generalistas, para passar, em seguida, aos diferentes tipos de especialistas.

2.1 Gerentes de recursos humanos

Há diferentes tipos de gerentes de recursos humanos. O principal é o diretor geral, o *Chief Human Resources Officer* (CHRO – Executivo Principal da Gestão de Pessoas), a primeira instância (ou a última, quando se olha a escada de baixo para cima) da gestão de pessoas nas grandes organizações, o topo da pirâmide, a pessoa a quem se reportam outros executivos. No caso estudado no capítulo anterior, esse executivo principal é chamado *Global Head*. Ele é responsável pela função de recursos humanos em todo o mundo. Abaixo dele, há os executivos locais, responsáveis pela função de recursos humanos em cada país ou região (chamados de *Area Human Resources Managers* nessa empresa): esses executivos locais são CHROs em seus territórios.

Nas organizações de atuação local, sem filiais, por exemplo, nos grandes hospitais, há um Diretor de Recursos Humanos ou Chefe da Divisão de Recursos Humanos. Algumas grandes empresas têm Vice-Presidentes de RH ou de Gestão de Pessoas, tanto na corporação quanto nas filiais. Nas empresas de pequeno e médio portes, repetindo, há um responsável por todo o RH, com atividades de natureza predominantemente operacional.

Diversos estudos focalizam os papéis dos executivos de RH, identificados com base na interpretação de dados de pesquisa. Agora, estudaremos duas interpretações desses papéis: a de Ulrich e a da Cornell University.

2.1.1 Papéis gerenciais segundo Ulrich

Dave Ulrich, em 1997, apresentou uma proposição com quatro papéis dos profissionais da gestão de pessoas (dos gerentes de RH de forma geral, não especificamente do executivo principal), que influenciou significativamente as ideias sobre esse assunto: campeão dos empregados, especialista administrativo, agente de mudanças e parceiro estratégico. O desempenho desses papéis determina a eficácia do papel global dos executivos de RH: é preciso trabalhar bem nos papéis administrativos e operacionais, para sustentar os papéis estratégicos. Também é preciso equilibrar compromissos antagônicos – a defesa dos empregados e a defesa dos interesses da administração. Essa concepção evoluiu para um modelo com cinco papéis, com títulos modificados. A Figura 3 apresenta a comparação entre os papéis originais de Ulrich, de 1997, e os de 2005, que ele desenvolveu com Brockbank. O papel de campeão dos empregados foi desdobrado, refletindo a importância crescente da capacitação das pessoas, e incorporando a nova nomenclatura do capital humano; os papéis de agente de mudanças e parceiro estratégico foram fundidos.[8, 9]

2005	Significado do papel em 2005	1997
Defensor (*advocate*) dos empregados	Cuidar, ouvir, entender e atender as necessidades dos empregados, a respeito de assuntos como reclamações, impactos da estratégia nos empregados, igualdade, diversidade, saúde e segurança, disciplina, levando em conta os interesses da empresa.	Campeão dos empregados.
Desenvolvedor do capital humano	As pessoas são ativos críticos da organização e precisam ser desenvolvidas proativamente, para maximizar seu potencial e contribuição.	Campeão dos empregados.
Parceiro estratégico	Papel com múltiplas dimensões: parceiro de negócios, agente de mudanças, gestor do conhecimento e consultor.	Parceiro estratégico + agente de mudanças.
Especialista funcional	Papel que envolve a aplicação de conhecimento especializado aos processos de gestão de pessoas.	Versão expandida do especialista administrativo.
Líder	Liderança da função de recursos humanos e contribuição para a liderança da organização.	Similar ao *business partner*, por demandar o desempenho dos outros papéis, mas é mais amplo.

Figura 3 Comparação entre duas versões dos papéis gerenciais – Ulrich (1997) e Ulrich e Brockbank (2005).[10]

2.1.2 Papéis gerenciais segundo a Cornell University

Um estudo periódico da Cornell University baseia-se em sete papéis dos executivos principais de RH. Na edição de 2011, o estudo consultou CHROs dos Estados Unidos e da Europa, para avaliar a dedicação de tempo a esses papéis, bem como

Capítulo 4

outros aspectos do cargo. Confirmando os resultados do estudo da Associação Europeia para a Gestão de Pessoas (EAPM – European Association for People Management), discutidos no Capítulo 1, a gestão de talentos aparece no topo da agenda dos executivos – é o principal problema que a gestão de pessoas deve atacar. A Figura 4 faz uma síntese dos papéis, de seu foco e da ênfase em cada um.[11]

Papel	Foco	Dedicação
Consultor estratégico da diretoria	Formulação e implementação da estratégia da empresa.	Terceiro papel que consome mais tempo nos EUA.
Confidente e orientador (*coach*) da diretoria	Aconselhamento e orientação dos colegas executivos ou resolução de conflitos pessoais e políticos entre os colegas.	Quarto papel que consome mais tempo nos EUA; terceiro na Europa, mas os europeus, em comparação, consomem mais tempo com este papel do que os americanos.
Ligação com a diretoria	Preparação de reuniões da diretoria, conversas por telefone com os colegas diretores, participação em reuniões da diretoria.	Papel que consome menos tempo dos europeus; quinto lugar na lista dos americanos.
Arquiteto de talentos	Identificação e construção do capital humano crítico para o presente e o futuro da empresa.	Nas duas regiões, segundo papel que consome mais tempo dos CHROs e exprime a maior preocupação de seus chefes, os CEOs.
Líder da função de RH	Trabalhar com os membros da equipe de RH no projeto, desenvolvimento e execução de serviços de RH.	Nos Estados Unidos e na Europa, papel que consome mais tempo dos CHROs.
Monitor da força de trabalho	Identificação e solução de problemas de motivação dos funcionários.	Penúltimo lugar na frequência de desempenho, mas os europeus consomem mais tempo aqui que os americanos.
Representante da empresa	Atividades com partes interessadas externas – defesa de interesses da empresa, conversação, negociação etc.	É o papel que consome menos tempo nos EUA; um dos que consome menos tempo na Europa, mas mais que nos EUA.

Figura 4 Papéis do executivo principal de recursos humanos.

2.2 Business partners

O papel de *business partner* de RH,* também chamado de *generalista de RH* ou *consultor interno de RH*, é uma das inovações criadas pelas grandes empresas globais. Foi descrito pioneiramente por Ulrich.[12] O *business partner* é um generalista porque domina todos os processos da gestão de pessoas e trabalha em uma unidade de negócios ou função corporativa, em colaboração com os gerentes de linha e os funcionários. Ele ou ela é o gerente local ou *residente* de RH e, assim, é também especialista, na medida em que seu trabalho requer o conhecimento dos conceitos e ferramentas da unidade de negócios em que está alocado.

No caso estudado no capítulo anterior, há *business partners* para as unidades de negócios (como produtos de consumo) e para as funções corporativas (como P&D). Também nesse caso, sua tarefa principal é "habilitar o desempenho da equipe gerencial do negócio ou função por meio das pessoas". Não faltam ofertas de emprego para *business partners*. Veja várias delas no endereço a seguir: https://www.linkedin.com/job/q-senior-hr-business-partner-jobs. Analise agora parte de uma oferta de emprego para esse profissional, na Figura 5.

Nesta posição, você deve oferecer liderança em RH para um Gerente de Mercado e para seus Líderes de Lojas, que são responsáveis por diversas lojas dentro de uma área específica. Você fará parcerias com esses líderes para criar práticas de RH de alto nível dentro de cada mercado, assegurando que o "ritmo" de RH das lojas de varejo da Microsoft seja executado: desde a integração de todos os funcionários de uma nova loja, passando pelo apoio à contratação de um novo empregado em uma loja existente e pela administração do processo de revisão do desempenho, até a introdução de novos programas de desenvolvimento dos empregados. Os candidatos a esta posição devem ter forte orientação para negócios, habilidades refinadas de influência e experiência comprovada no campo da consultoria interna de RH. As responsabilidades principais incluem:

- Trabalhar de maneira independente e com outros consultores de RH para resolver problemas e buscar oportunidades alinhadas com as necessidades do negócio.
- Procurar e ficar disponível para as opiniões, ideias e preocupações dos empregados das lojas.
- Visitar as lojas frequentemente.
- Contribuir para o desenvolvimento de estratégias de RH para as lojas de varejo da Microsoft e executar essas estratégias.
- Compreender com clareza o negócio, a missão, os desafios, as iniciativas e o modelo de negócios do varejo.
- Conversar com os líderes da área geográfica para influenciar e facilitar o desenvolvimento de prioridades organizacionais e as iniciativas de mudança.
- Identificar, de modo proativo, os problemas mais importantes e desenvolver soluções eficazes.
- Capacitar outros membros da equipe de RH para que os objetivos de negócios sejam alcançados.

Figura 5 Parte de uma oferta de emprego para *business partner*.[13]

---

* HR *business partner* significa parceiro de RH para negócios. No Brasil, é chamado de consultor interno de RH. Esta expressão é usada também em sentido mais amplo – parceiro de negócios propriamente dito, como são os revendedores, fornecedores e outras partes interessadas nos negócios da empresa.

O papel do *business partner* é recém-nascido no mundo da gestão de pessoas e, assim como ocorre com todas as inovações organizacionais, está em processo de consolidação. Tem sido objeto de estudos e publicações, que definem as competências necessárias para o desempenho do papel. No capítulo 9, estudaremos as competências indicadas para este papel ou profissão.

3 Especialistas da gestão de pessoas

Os especialistas cuidam dos diferentes processos da gestão de pessoas: planejamento de recursos humanos, recrutamento e seleção, capacitação e assim por diante.[14]

Assim como ocorre com os executivos de RH, com assento na diretoria, os especialistas são empregados pelas grandes organizações, que precisam de pessoas com habilidades e conhecimentos técnicos para administrar os processos. A Figura 6 apresenta uma síntese das cinco áreas de especialidade dentro da gestão de pessoas, segundo a SHRM.

4 Mapa de profissões do CIPD

O CIPD (Chartered Institute of Personnel and Development), do Reino Unido, propõe um *mapa das profissões de RH*, que integra as profissões generalistas e as especializadas. Esse mapa (Figura 7) identifica 10 áreas profissionais – 10 áreas de gestão de pessoas nas quais se pode trabalhar. Duas dessas áreas são centrais no modelo. Elas estão *"no centro da profissão e se aplicam a todos os profissionais de RH, independentemente de papel, posição ou estágio na carreira, como empregado ou prestador de serviços."*[15] Sem essas áreas centrais, segundo o CIPD, a profissão torna-se estritamente técnica. Em outras palavras, as áreas centrais têm natureza estratégica e gerencial; as outras oito áreas são as especialidades técnicas, muito similares às do modelo da SHRM. As pessoas que trabalham com a gestão de pessoas podem dedicar-se a atividades puramente estratégicas e gerenciais, a atividades puramente técnicas ou à estratégia e liderança das atividades técnicas.

5 Atores da gestão de pessoas

Na gestão de pessoas, há outros participantes, além dos generalistas e especialistas que analisamos até aqui. Para enxergar todos os participantes dos

Área/Processo/ Especialidade	Atividades	Títulos do cargo
Planejamento e aplicação da força de trabalho	Executar a estratégia de recrutamento, entrevistar candidatos, aplicar testes de admissão, avaliar currículos; administrar transferências, promoções e demissões.	Gerente de talentos, especialista ou gerente de recrutamento e retenção.
Desenvolvimento de RH	Ministrar sessões de treinamento, avaliar programas de treinamento, administrar a participação dos funcionários em programas de treinamento, fazer planejamento e aconselhamento de carreiras, fazer o planejamento de RH, implementar programas de DO (desenvolvimento organizacional).	Treinador, gerente ou especialista em desenvolvimento, especialista ou gerente de desenvolvimento de liderança, especialista ou gerente de DO.
Compensação	Analisar cargos, escrever descrições de cargos, fazer avaliações de cargos, fazer pesquisas de salários; supervisionar o trabalho de fornecedores de serviços de RH.	Especialista e gerente de compensação e benefícios.
Relações com empregados, relações de trabalho	Interpretar contratos com sindicatos, ajudar a negociar convenções coletivas, resolver conflitos e assessorar os gerentes de linha a lidar com relações com sindicatos.	Especialistas e gerentes de relações com empregados ou relações trabalhistas.
Administração de riscos	Administrar programas de saúde e segurança, fazer inspeções de segurança, administrar registros de acidentes, preparar relatórios para o governo, manter o local de trabalho seguro e saudável.	Gerentes e especialistas de segurança, saúde e higiene do trabalho.

Figura 6 Especialidades e profissionais da gestão de pessoas.[16]

processos da gestão de pessoas, é preciso visão sistêmica. As caixinhas do organograma do DRH mostram apenas aqueles que estão diretamente envolvidos, com responsabilidade formal pela operação dos processos. No entanto, dentro e fora da organização, há outros *stakeholders* ou *atores* (também chamados de *interessados* ou *partes interessadas*) que se envolvem direta e indiretamente com esses processos. Os mais importantes, apresentados na Figura 8, serão analisados a seguir.[17] Esta análise não é exaustiva. Outras partes interessadas, como provedores de serviços que complementam o trabalho interno de gestão de pessoas, devem ser consideradas: escritórios de contabilidade e advocacia, que elaboram folhas de pagamentos e administram aspectos legais, consultorias que fazem recrutamento e seleção, fornecedores de benefícios etc.

Capítulo 4

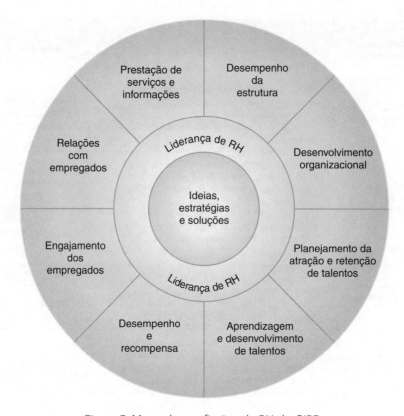

Figura 7 Mapa das profissões de RH do CIPD.

5.1 Acionistas

Os acionistas, diretamente ou por meio dos conselhos de administração, desempenham diversos papéis na gestão de pessoas, seja por iniciativa própria ou respondendo a propostas dos executivos e de outros atores. O papel de acionistas no serviço público é representado pelas instâncias do poder legislativo – câmaras de vereadores e assembleias de deputados, que também decidem por iniciativa própria ou por reivindicações do funcionalismo.

Tanto no serviço público quanto na iniciativa privada, os acionistas interferem na gestão de pessoas por meio de:

- Decisões sobre a remuneração dos executivos.
- Aprovação das políticas de gestão de pessoas, em particular dos planos de carreiras e salários.
- Governança das políticas e práticas de gestão de pessoas.

- Decisões e/ou avaliação e aprovação de decisões executivas sobre a orientação e os objetivos de longo prazo da função de gestão de pessoas.

Figura 8 Principais atores da gestão de pessoas.

5.2 Executivo principal da empresa

O executivo principal da empresa (CEO – *Chief Executive Officer*) é quem tem as responsabilidades mais importantes pela gestão de pessoas, em particular no que diz respeito ao desempenho da organização e de seus funcionários. Essas responsabilidades são exercidas, em sua maior parte, por meio do executivo de RH e sua equipe. No entanto, em última instância, é o executivo principal quem responde pelo que as pessoas de sua empresa fazem ou deixam de fazer. O executivo principal envolve-se nos seguintes papéis da gestão de pessoas, entre outros:

- Implementar as diretrizes dos acionistas.
- Ouvir o DRH sobre as maneiras de implementar a estratégia da empresa por meio das pessoas.
- Mobilizar as pessoas para a implementação da estratégia da empresa.
- Informar as pessoas sobre o desempenho da empresa.
- Avaliar e aprovar os planos propostos pelo DRH.
- Avaliar o desempenho do DRH e dos diretores ou vice-presidentes.
- Tomar decisões sobre a remuneração dos cargos mais importantes.

5.3 Outros executivos e gerentes

Em uma grande organização, abaixo do executivo principal há os diretores ou vice-presidentes de finanças, operações, aquisições, *marketing* e vendas, desenvolvimento de produtos e outras funções. Abaixo desses executivos de primeiro nível, estão os gerentes de departamentos e, abaixo destes, os líderes de grupos operacionais – supervisores, coordenadores, chefes de projetos ou equipes. Essas pessoas formam o corpo gerencial, ou corpo de dirigentes ou gestores da organização. São também chamados de *gerentes de linha* e têm as mesmas responsabilidades do executivo principal, mas limitadas ao âmbito da unidade que dirigem.

- Os gerentes de linha cuidam de tarefas operacionais como admissões, promoções, transferências, disciplina, planejamento do trabalho, desligamentos, acolhida e orientação de novos funcionários etc. Entre elas, a mais simples e mais frequente é o controle da presença dos funcionários.[18] Eles são os responsáveis primários pela administração do desempenho das pessoas de suas unidades. As tarefas relativas à administração do desempenho das pessoas englobam avaliação e *feedback* do desempenho, liderança, orientação, desenvolvimento de competências e administração de fatores de motivação e satisfação.

- Na dimensão administrativa, os gerentes de linha participam de projetos da área de gestão de pessoas. Projetos, por exemplo, de planejamento periódico de mão de obra e recrutamento de *trainees* (triagem de candidatos na fase final). Todo gerente de linha, em suma, é um gestor de pessoas, para sua própria área e, em certos casos, para toda a empresa: é o elo entre a organização e as pessoas de sua equipe.

- Os gerentes de linha podem ter dificuldades com as tarefas de gestão de pessoas. Ele pode ter dificuldades de falar sobre assuntos desconfortáveis, porque afetam os sentimentos e expectativas de sua equipe: avaliação de desempenho, conflitos entre funcionários, pedidos que não podem ser atendidos, decisões difíceis que precisam ser tomadas. Os gerentes de linha, para não enfrentar esses problemas, preferem transferi-los para o RH.[19] Essa é uma das causas para a criação da figura do *business partner*.

5.4 Representantes sindicais

Os representantes sindicais, em tese, são eleitos para defender os interesses dos empregados. Os representantes locais, que se envolvem diretamente nas relações entre as empresas e seus empregados, exercem uma espécie de cogestão desses empregados, principalmente por meio de negociações sobre salários, carreiras e condições de trabalho. Acima da operação local, os sindicatos e as centrais sindicais de trabalhadores interagem com os agentes do Estado e com as representações patronais, definindo políticas e ações de maior abrangência. Os sindicatos e centrais sindicais nacionais, além disso, procuram formas de colaboração e definição de diretrizes comuns com seus homólogos de outros países.

5.5 Estado

O Estado interfere na gestão de pessoas, primeiro, por meio de legislação. Em diferentes países, há leis específicas sobre trabalho, formalização das relações de trabalho, acidentes de trabalho, obrigações (como emprego para minorias) e proibições (como discriminação ou assédio moral), licença-maternidade, salário mínimo, horas extras e muitos outros aspectos das relações entre a empresa e seus empregados.

Segundo, o Estado interfere por meio de diversos órgãos que se incumbem de controlar a aplicação dessas leis – como a fiscalização das condições de trabalho e as comissões de controle das oportunidades iguais de emprego. Em muitos países, há um ministério do trabalho, no qual ficam abrigados vários desses órgãos. No caso do Brasil, há ainda um ramo do poder judiciário para se ocupar exclusivamente dos conflitos entre empregados e empregadores.

5.6 Empregados

Como também vimos no Capítulo 3, os empregados participam da gestão de pessoas – de sua própria gestão, frequentemente – de diferentes maneiras, nos três níveis: estratégico, administrativo e operacional. Consideremos algumas formas de participação dos empregados:

- Os próprios funcionários operam sistemas de gestão de pessoas, acessando os centros informatizados de serviços para obter informações ou solicitar benefícios, como vimos no capítulo anterior. Os empregados também podem ajudar a aprimorar esses centros, sugerindo novas funcionalidades ou o acréscimo de serviços.

- Cada empregado é também responsável por seu próprio *capital humano*. Isso compreende a administração de sua carreira e dos recursos necessários para se desenvolver: postos que quer alcançar, oportunidades de formação que deve aproveitar, associações profissionais e redes de contatos das quais deve participar, atividades de avaliação e controle de seu desempenho e suas realizações.

- Empregados também participam dos processos de ambientação e integração de novos colegas – acolhendo-os, orientando-os e solucionando dúvidas sobre como navegar dentro da organização.

- E possível ainda a participação em atividades de natureza estratégica. Em alguns países, como Alemanha e Canadá, os funcionários participam dos conselhos de administração. Na França, devem ser consultados sobre o planejamento de recursos humanos (que estudaremos adiante, no Capítulo 12). Outras atividades estratégicas compreendem a participação em grupos de trabalho formados pela empresa, para fazer recomendações sobre políticas e ferramentas de gestão de pessoas.

- Frequentemente, os empregados se envolvem em projetos de aprimoramento de processos de gestão e de negócios: círculos da qualidade, equipes de redesenho e de aumento da eficiência etc.

5.7 Executivo principal de recursos humanos e sua equipe

As pessoas que trabalham dentro da unidade especializada na gestão de pessoas têm papéis complexos em todas as dimensões dessa função. Para a complexidade, contribui o compartilhamento de responsabilidades e autoridade. Em resumo, a gestão de pessoas é função de gestão compartilhada, da qual participam diversos atores – entre eles, o executivo principal de recursos humanos e sua equipe de gerentes e especialistas. É importante conhecer essa rede de atores e saber operar dentro dela. Além disso, o executivo principal e sua equipe são também empregados, que precisam administrar sua carreira com base em seu próprio *capital humano*.

EM RESUMO

Você terminou a leitura do Capítulo 4. Chegando a este ponto, você deve ter alcançado uma compreensão clara dos seguintes conceitos:

- Diferença entre amadorismo e profissionalismo.
- As duas dimensões do profissionalismo: constantes institucionais e variáveis críticas.

- Os elementos específicos dessas duas dimensões que definem a gestão de pessoas como profissão: formação, experiência, habilidades específicas, reconhecimento da sociedade etc.
- Os dois tipos de profissionais da gestão de pessoas: generalistas e especialistas.
- O papel e os papéis específicos do executivo principal e dos diferentes tipos de gerentes da gestão de pessoas.
- Os principais participantes dos processos da gestão de pessoas.

Responda agora aos exercícios e questões propostas para este capítulo e avance, em seguida, para o estudo do trabalho e sua história.

EXERCÍCIOS E QUESTÕES PARA FIXAÇÃO E REFLEXÃO

1. Usando suas próprias palavras, compare as características de um mundo de amadorismo com as de um mundo de profissionalismo.
2. Pense na situação em que alguém diz que "qualquer formação serve" e você quer defender a ideia do profissionalismo na gestão de pessoas. Quais seriam seus argumentos?
3. Analise a Figura 2. Em que país/região a gestão de pessoas é mais prestigiada como profissão? Em que país/região é menos prestigiada? Em sua opinião, como se explica essa diferença?
4. Quais são os papéis desempenhados pelos generalistas (todos os tipos de gerentes) da gestão de pessoas?
5. Compare o modelo das profissões da SHRM com o do CIPD. Identifique as similaridades e as diferenças.
6. No quadro a seguir, identifique as atividades das quais participam os interessados nos processos da gestão de pessoas dos profissionais indicados. Para facilitar seu trabalho, três células estão preenchidas.

Capítulo 4

Partes interessadas	Professores universitários	Jogadores de futebol	Escriturários de um grande banco estatal	Trainees de gerência de uma multinacional
Empregados	Administram seu próprio capital humano, por meio de programas de mestrado e doutorado, com apoio dos gerentes de linha (chefes acadêmicos).			
Sindicatos				
Acionistas				
Executivo principal da empresa				
Executivo principal de RH				

Profissionais da gestão de pessoas

Partes interessadas	Professores universitários	Jogadores de futebol	Escriturários de um grande banco estatal	Trainees de gerência de uma multinacional
Equipe de RH				Administram o processo seletivo (planejamento, organização, execução, controle).
Outros executivos				
Gerentes de linha				
Estado				
Fornecedores de serviços				Consultorias especializadas fornecem serviços de recrutamento e seleção.

81

Capítulo 4

REFERÊNCIAS

[1] FREIDSON, Eliot. *Professionalism, the third logic*: on the practice of knowledge. Chicago: The University of Chicago Press, 2001.

[2] Disponível em: <http://www.shrm.org/Research/SurveyFindings/Articles/Pages/Country ReportsTOC.aspx>.

[3] Disponível em: < http://www.shrm.org/Research/SurveyFindings/Articles/Documents/HR%20Profession%20Brazil%20final.pdf>.

[4] Disponível em: <http://www.shrm.org/Research/SurveyFindings/Articles/Documents/HR%20Profession%20North%20America%20final.pdf>.

[5] Disponível em: <http://www.shrm.org/Research/SurveyFindings/Articles/Documents/HR%20Profession%20Japan%20final.pdf>.

[6] Disponível em: <http://www.shrm.org/Research/SurveyFindings/Articles/Documents/HR%20Profession%20China%20final.pdf>.

[7] Disponível em: <http://www.shrm.org/Communities/StudentPrograms/Pages/careersinHRM.aspx>.

[8] ULRICH, Dave; BROCKBANK, Wayne. *The HR Value Proposition*. Boston: Harvard Business School Publishing, 2005.

[9] TORRINGTON, Derek; HALL, Laura; TAYLOR, Stephen; ATKINSON, Carol. *Human Resource Management*. 8th edition. Harlow, England: Pearson Education, 2011.

[10] _____. *op. cit.*

[11] WRIGHT, Patrick M.; STEWART, Mark; MOORE, Ozias A. *The 2011 CHRO Challenge*: Building Organizational, Functional, and Personal Talent. Ithaca: Cornell University, IRL School, Center for Advanced Human Resource Studies, 2011.

[12] ULRICH, David. *Human resource champions*. Boston: Harvard Business School Press, 1996.

[13] Disponível em: <http://www.microsoft-careers.com/job/Chicago-HR-Business-Partner-Job-IL-60290/2609269/>. Acesso em: 15 jun. 2013.

[14] Disponível em: <http://www.shrm.org/Communities/StudentPrograms/Pages/careersinHRM.aspx>.

[15] CHARTERED INSTITUTE FOR PERSONNEL DEVELOPMENT. *HR Profession Map* – Our professional standards. London: CIPD, 2012. Disponível em: <www.cipd.co.uk>.

[16] Disponível em: <http://www.shrm.org/Communities/StudentPrograms/Pages/careersinHRM.aspx>.

[17] LE LOUARN, Jean-Yves. *Gestion stratégique des ressources humaines*. Rueil-Malmaison: Éditions Liaisons, 2010.

[18] ARMSTRONG, Michael. *A handbook of human resource management practice*. London: Koogan Page, 2007.

[19] _____. *op. cit.*

PARTE II
Trabalho

Capítulo 5
TRABALHO: DA PRÉ-HISTÓRIA AO RENASCIMENTO

Capítulo 6
TRABALHO: DA REVOLUÇÃO INDUSTRIAL À REVOLUÇÃO DIGITAL

Capítulo 7
RELAÇÕES ENTRE EMPREGADOS E EMPREGADORES

CAPÍTULO 5

Trabalho: da pré-história ao renascimento

OBJETIVOS DO CAPÍTULO

Ao completar o estudo deste capítulo, você deverá ser capaz de compreender e explicar:

- Qual é o significado da palavra *trabalho*.
- Quais são os componentes básicos do conteúdo e do contexto do trabalho.
- Quais são os componentes do macrocontexto do trabalho.
- Que sentido tem o trabalho para as pessoas que o executam.
- Os impactos sociais do trabalho.
- A evolução do trabalho, dos caçadores-coletores ao homem polimático do Renascimento.

Capítulo 5

INTRODUÇÃO

No centro de todos os processos da gestão de pessoas, está o trabalho. Nas organizações, as pessoas são recrutadas, selecionadas, contratadas e remuneradas para trabalhar – em regime de emprego permanente ou outras modalidades de relação de trabalho. Por exemplo, como consultores temporários. Gestão de pessoas, nas organizações, é o mesmo que gestão do trabalho. Fora das organizações e dos diferentes tipos de regime de emprego, as pessoas trabalham como estudantes, donas de casa, artistas, profissionais liberais e voluntários em iniciativas sociais, entre muitas outras possibilidades. Trabalho, em suma, é atividade que não se resume às atividades nas organizações.

Trabalho é esforço que produz resultados, embora uma definição universalmente aceita de trabalho seja impossível e certamente desnecessária, já que o conceito é autoevidente (veja na Figura 1 uma discussão sobre a origem da palavra *trabalho*). Se o trabalho envolve dispêndio de energia, a maioria das pessoas trabalha durante a maior parte do tempo. Trabalham todos os profissionais e as pessoas que são livres para fazê-lo ou não. Também trabalhavam (ou ainda o fazem) os escravos e os prisioneiros dos campos de concentração, mas sem liberdade de escolha. Será que também podemos estender o conceito de trabalho ao que fazem os malfeitores, quando dizem "apenas faço o meu trabalho" ou "estava apenas cumprindo ordens"? Era trabalho o que faziam os guardas dos campos de concentração, os belgas que mutilavam crianças no Congo, os soldados turcos quando massacraram os armênios ou os carrascos que torturam dissidentes em todas as ditaduras? Era trabalho o que fazia Joseph Mengele? Infelizmente, sim; esses criminosos sempre são empregados assalariados. Ironia cruel, *"Arbeit macht frei"*, estava escrito na entrada de Auschwitz: *trabalho liberta*. Então, o trabalho produz o bem e o mal. Este é um dos aspectos éticos na instituição do trabalho.

1 Natureza do trabalho

Os cientistas sociais vão além da definição do trabalho como esforço que produz resultados e oferecem dimensões para o entendimento da *natureza do trabalho* e de suas mudanças. Em essência, o trabalho consiste em duas dimensões: (1) conteúdo ou trabalho em si e (2) circunstâncias ou contexto dentro do qual o trabalho é realizado (Figura 2). O contexto compreende as relações sociais, mas há quem prefira considerá-las separadamente.[13] Um dos pioneiros na explicação dessas duas dimensões do trabalho foi Herzberg (1959), em seu estudo seminal sobre os fatores de motivação e higiene.[14]

A palavra *trabalho*

- Qual a origem da palavra *trabalho*, cujos equivalentes são *travail*, em inglês e francês, *travaglio*, em italiano, e *trabajo*, em espanhol? Não há consenso. O dicionário Houaiss indica que se trata da palavra latina *tripalium*, instrumento de tortura com três estacas.[1] O mesmo ocorre em alguns dicionários franceses, novos e antigos, que usam a grafia *trepalium*[2] ou *tripalium*.[3] No entanto, *travail* (francês) pode vir do latim *tribulum* ou *tribulare*, *tribulatio* (aflição), do gaélico *treabh* ou de vocábulos similares em outras línguas antigas, sendo válidas todas as conjecturas.[4] Um dicionário espanhol indica a palavra gótica *dreiban* (impelir, exercitar) como etimologia de *trabajar*.[5]
- *Travail* (inglês) significa dificuldade e sua origem pode estar no italiano arcaico *trauaglio*, que por sua vez vem do latim *travare* – que significa travar, criar obstáculo, dificuldade ou fazer uma armação com traves de madeira, para imobilizar gado e cavalos, ou de *trabaculum*, pequena trava, derivado de *trabs*, *trabem*, trave ou viga.[6] *Travel* (viajar) tem a mesma origem – explica-se pela dificuldade de viajar na época em que começou a ser usada com essa acepção. *Trouble* (encrenca, problema) tem a mesma etimologia.[7]
- Em dicionários de latim, não se encontra a palavra *tripalium*, mas *tripalis*, que designava armação com três paus ou estacas,[8,9,10] e *trabalis*, relativo a trave.[11] Havia, no latim, inúmeras palavras para designar trabalho: *artificium*, *exerceo-exercere*, *exercito-exercitare*, *laboro-laboris*, *elaboro-elaborare*, *opus-operis*, *operare*, *operarium*. Não faltavam palavras sobre trabalho aos romanos, tendo muitas delas sobrevivido praticamente intactas. Basta lembrar *lavoro*, *labor*, *labour*, laborar, ópera, obra, operar, operário etc. Nenhuma delas está associada a tortura.
- Faltam evidências definitivas de instrumento de tortura como raiz de trabalho, *travail* ou outras palavras de origem latina. É polêmico interpretar desse modo o trabalho, porque, em outras línguas, a etimologia é completamente outra. Os gregos tinham duas palavras: *ergon*, que designava não apenas o trabalho, como também seus resultados, as obras; e *ponós*, que, igualmente, significava esforço penoso. *Work*, que se traduz como trabalho, assim como o alemão *werk*, significa dispêndio de energia física ou mental para se produzir ou realizar algo. Tem sua origem provável em *werg*, uma antiga palavra que significa *fazer*, ou no anglo-saxônico *weorgan*, trabalhar. *Arbeit* (alemão) significa quase exclusivamente trabalho humano.[12] *Arbet*, *arbete*, *arbeite* são variantes em outros idiomas. Em japonês, *shigoto*, fazer algo. Em hebraico, *avoda* ou *avodah*; na Bíblia, *melakha*, esforço ou produto do esforço.
- Sempre o mesmo significado – esforço ou resultado, mas não tortura. Em resumo, carece de fundamento a noção de trabalho como sinônimo de aparelho de tortura.
- Finalmente, o trabalho provavelmente é anterior a qualquer palavra inventada para designá-lo.

Figura 1 Qual a origem da palavra *trabalho*?

Conteúdo do trabalho	Contexto do trabalho
Atividades que consomem energia física, intelectual e social e produzem resultados	Situação dentro da qual o trabalho é realizado: ambiente físico, outras pessoas, políticas da organização etc.
Associado a fatores de motivação	Associado a fatores higiênicos

Figura 2 Duas dimensões para analisar o trabalho.

1.1 Conteúdo do trabalho

O conteúdo do trabalho consiste na execução de atividades que consomem energia física, intelectual e interpessoal, em diferentes combinações. Mesmo a atividade que se considera puramente intelectual, como leitura, digitação ou magistério, consome energia física e interpessoal. É o conteúdo do trabalho que produz resultados, na forma de bens e serviços, e que utiliza tecnologia e competências dos trabalhadores. No conteúdo do trabalho, pode-se examinar até que ponto estão presentes os seguintes atributos:

- Tensão, ansiedade, fadiga e conforto proporcionados pelo trabalho em si.
- Possibilidade de movimentação, de andar de um lado para outro.
- Manuseio ou manipulação de ferramentas de qualquer espécie.
- Variedade das tarefas, em contraposição à especialização extrema.
- Possibilidade de o trabalhador fazer as coisas à sua maneira, em contraposição a seguir rotinas; capacidade de exercitar responsabilidade, julgamento e decisão.
- Possibilidade de o trabalhador ter seu próprio espaço e organizá-lo a seu critério.
- Liberdade de horário.
- Possibilidades de aprendizado e desenvolvimento de competências.

1.1.1 Conteúdo e satisfação

O conteúdo do trabalho é fonte primária de satisfação para os trabalhadores de qualquer tipo, quando há sintonia com suas competências e motivações. A satisfação aumenta quando o trabalho oferece a oportunidade de desenvolvimento pessoal e autorrealização. Aos fatores pertencentes ao conteúdo do trabalho, capazes de produzir satisfação, Herzberg deu o nome de *motivacionais* ou *intrínsecos*.[15] O desempenho do trabalhador é influenciado, em princípio, por uma combinação de fatores motivacionais e competência: quanto mais motivado pelo próprio trabalho e quanto mais competente, mais alto será o nível de seus resultados.

1.1.2 Extensão e profundidade

A *variedade* ou *extensão* do conteúdo é medida pela diversidade das tarefas no trabalho. A profundidade é medida pela autonomia e pelo poder de decisão de quem executa o trabalho. O trabalho do gerente de supermercado tem mais variedade e profundidade do que o do caixa. Variedade e profundidade afetam os fatores motivacionais, a satisfação e o desempenho. Aumentar a variedade e a profundidade é a essência da técnica do *enriquecimento do trabalho*. A este assunto retornaremos no Capítulo 8, que trata de cargos.

1.2 Contexto do trabalho

O contexto consiste nas condições dentro das quais o trabalho é realizado. Compreende tanto o ambiente físico quanto os colegas, as políticas da empresa, o chefe e seu estilo de liderança, o salário e qualquer outra circunstância externa ao trabalho em si. Para os profissionais das ocupações que Herzberg estudou, os atributos do contexto estavam associados à insatisfação, ao passo que o conteúdo produzia satisfação. Herzberg deu aos fatores de insatisfação o nome de *extrínsecos* ou *higiênicos*.[16]

1.2.1 Macrocontexto do trabalho

Todos esses fatores fazem parte da organização dentro da qual o trabalho é realizado. No lado de fora da organização e do contexto imediato, há outros fatores que compõem o macrocontexto do trabalho (Figura 3):[17,18]

- Tecnologia.
- Demografia – oferta de mão de obra, diversidade étnica, pirâmide etária.
- Competitividade entre empresas, que afeta o custo da mão de obra e, consequentemente, os salários e o regime de emprego.
- Legislação e ação do governo.
- Prestígio social do produto que resulta do trabalho e da ocupação que fornece esse produto.
- Expectativa de eficácia e durabilidade do trabalho que está sendo feito: o sentido de que o trabalho tem utilidade duradoura.

1.2.2 Efeito do grupo sobre o desempenho

Assim como ocorre com o conteúdo, os fatores extrínsecos também influenciam o desempenho. Um deles é o grupo de colegas. Nas décadas de 1920-1930, os estudos de Hawthorne verificaram que o esforço despendido pelo trabalhador dependia do padrão definido pelo grupo. A organização não era apenas sistema técnico, constituído exclusivamente de tarefas e métodos, mas também sistema social. A quantidade correta de trabalho dependia tanto do sistema técnico quanto do social.[19]

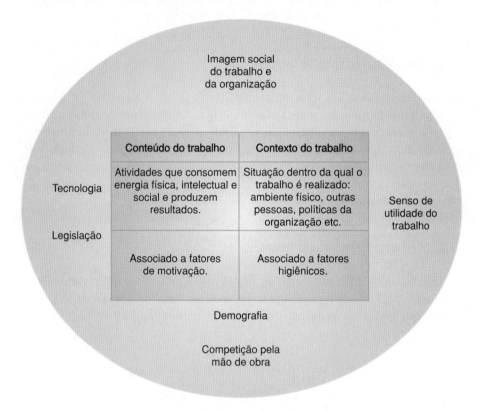

Figura 3 Macrocontexto do trabalho.

2 Sentido do trabalho para as pessoas

O que significa o trabalho para as pessoas? Talvez você já tenha ouvido, ou dado, uma das respostas a seguir: "é minha realização", "só faço porque preciso; se pudesse faria outra coisa", "é uma oportunidade para enriquecer meu currículo; dentro de algum tempo, estarei preparado para um trabalho mais bem remunerado"; "é missão, não é trabalho"; "gosto de meu trabalho, porque posso ajudar os outros"; "gosto de ser empregado; não queria ser empresário, dá muito trabalho", "trabalho? Que trabalho? Para mim, é diversão" e assim por diante.

Não há sentido universal para o trabalho, mas sentidos, que variam de pessoa para pessoa. De forma geral, para as pessoas consideradas indivíduos, sejam empregados, profissionais liberais, autônomos ou empresários, o trabalho tem diversas finalidades e consequências:

- É fonte de renda e de subsistência. Mesmo que se queira viver uma vida de mera subsistência, é o trabalho que proporciona o acesso a todas as formas de satisfação de necessidades.
- Define parte da identidade. As pessoas frequentemente se apresentam com seus títulos profissionais: sou professor, médico, psicólogo e assim por diante. Não se identificar com um trabalho, ou estar sem trabalho em determinado momento, significa invariavelmente uma situação de desconforto e de dificuldades.
- Fornece base para as relações sociais. O trabalho possibilita fazer colegas e amigos, trocar informações, conversar e avançar para iniciativas de caráter formal ou informal, como criar associações, grupos de estudos, equipes esportivas etc.
- Define significativamente a posição social, ou seja, a importância relativa das pessoas na sociedade. Para entender este ponto, pense na seguinte questão: quem parece mais importante na sociedade em que você vive, ou seja, quem desfruta de mais prestígio ou prosperidade: jogadores de futebol, carnavalescos, cantores sertanejos, atores de telenovelas ou cientistas, professores, artistas e médicos?
- Regula o uso do tempo e o ritmo da vida. A divisão das horas do dia é profundamente influenciada pelo tempo que o trabalho ocupa. Há decisões para o ano que são tomadas em função do trabalho, como sair de férias ou assumir dívidas.[20] Os franceses usam um verso do poeta Pierre Béarn para representar o impacto do trabalho no dia a dia, que se tornou símbolo de um estilo de vida: métro-boulot-dodo (tomar o metrô, trabalhar, dormir). A vida, exagerando, resume-se a isso.

Para Freud, o trabalho é o vínculo do ser humano com a realidade:

> "Enfatizar a importância do trabalho é mais eficaz do que qualquer outra técnica para ligar o indivíduo mais estreitamente com a realidade. Em seu trabalho ele está, no mínimo, ligado de forma segura a uma parte da realidade, que é a comunidade humana. O trabalho (...) é indispensável para a subsistência e justifica a existência na sociedade. O trabalho diário de ganhar a vida produz grande satisfação, quando foi escolhido livremente (...)."[21]

Capítulo 5

A natureza e a importância da ligação com a realidade por meio do trabalho são demonstradas em diversos níveis. Primeiro, o trabalho dá sentido à passagem do tempo – as pessoas que não têm trabalho perdem o sentido do tempo. Segundo, o trabalho encoraja a busca do conhecimento objetivo da realidade. Terceiro, o trabalho possibilita experimentar as competências. Quarto, o trabalho permite à pessoa agregar conhecimentos, especialmente o conhecimento que vem da convivência para realizar objetivos coletivos. Quinto, o trabalho enriquece o mundo da experiência imediata, assim como o reforço mútuo entre o prazer e a realidade, como reguladores do comportamento adulto.[22]

Em diferentes culturas e momentos históricos, o trabalho teve e continua tendo diferentes significados. Em muitas sociedades, o trabalho, especialmente o trabalho manual, era visto como algo degradante, reservado para os escravos e para as pessoas "inferiores". A própria associação com instrumento de tortura diz muito sobre o que o trabalho significa, pelo menos para algumas pessoas. É associação exclusiva com trabalho físico penoso, que ignora as possibilidades de prazer e satisfação que se encontram em muitas ocupações. A condenação bíblica "ganharás o pão com o suor do teu rosto" é uma alegoria da relação do trabalho com o esforço necessário para expiar pecados; uma consequência da "queda", da "perda do paraíso".[23] E para você – o que o trabalho significa?

3 Impactos sociais do trabalho

O trabalho desempenha papel central para as próprias pessoas, para a sociedade, a cultura, o desenvolvimento tecnológico, o avanço do conhecimento e o próprio processo civilizatório. Para a sociedade e a cultura, tem efeitos de inúmeras ordens, alguns dos quais exigem análise crítica.

- O trabalho, em particular o modo de produção, tem importantes efeitos sobre a organização da sociedade. Antes das revoluções tecnológicas dos séculos XVIII e XIX, a família era uma importante unidade de produção. Não havia fábricas, sindicatos ou legislação social, nem compras à prestação. Atividade fundamental hoje desempenhada por empresas, a produção de alimentos era responsabilidade da família, assim como a própria alimentação. Em meados do século XIX, o cenário estava totalmente modificado. Pelo menos durante boa parte do dia, a família estava pulverizada entre empresas. No século XX, com o ingresso das mulheres no mercado de trabalho assalariado, a pulverização se acentuou. A família transformou-se no ponto de encontro do qual as pessoas saem e voltam, em função do trabalho que está para começar ou já terminou. Essa mudança não ocorreu de maneira repentina nem uniforme. Ainda hoje, há vestígios do antigo modo de vida, nas pequenas comunidades e naquelas de industrialização tardia.[24] Mesmo nas grandes cidades, as pequenas empresas familiares ainda preservam esse padrão de convivência e integração das pessoas no mesmo local de trabalho.

- Outro efeito importante do trabalho sobre a organização social, na mesma época, se revela no que aconteceu com a solidariedade entre as pessoas, no processo de transformação da sociedade agrária – baseada em princípios e sentimentos de comunidade – em sociedade industrial, baseada em relacionamentos fragmentados, fluidos e instáveis, orientados para o interesse egocêntrico. Na análise de Durkheim (1987), as sociedades rurais tradicionais eram solidárias e enfatizavam a conformidade, como proteção contra as ameaças e a fragilidade da vida no campo. Na sociedade industrial, a solidariedade e o compartilhamento diminuem, para dar lugar a participações individuais distintas umas das outras, ainda que interdependentes. A competição entre os participantes não apenas é permitida, mas também incentivada.[25]

- A transformação do modo de produção também impactou profundamente a relação de forças na sociedade. O que antes era feito por famílias e pequenas empresas, com alcance limitado, hoje é fornecido para o mundo todo pelas mesmas empresas tentaculares. Os exemplos mais eloquentes são bancos, petroleiras, concessionárias de rodovias, construtoras, fabricantes de bebidas, fornecedores de *software* e empresas de comunicação. Essas corporações têm poder descomunal sobre funcionários, fornecedores, clientes e mesmo sobre países. Elas influenciam os governos, que se veem obrigados a tomar decisões em defesa de seus interesses. Quando os bancos ou as montadoras de automóveis entram em crise, os governos se sentem na obrigação de prestar socorro, como aconteceu em 2008. Se a multidão de manifestantes ataca as instalações dessas empresas, não é preciso convocar forças militares de seu país de origem. O governo local se incumbe de enviar soldados e policiais para defendê-las. As possibilidades de escolha dos consumidores se restringem àquilo que essas empresas decidem fornecer. A vida pessoal, a intimidade e as relações humanas são determinadas pelo que esses empregadores decidem: se você pode acessar a internet ou não, se tem que trabalhar horas extras ou não, se você trabalha em sala fechada ou em um imenso salão em que todos se veem. Esse é um dos aspectos mais controversos dos impactos do trabalho sobre a sociedade humana.[26]

- Toda a educação superior e boa parte da educação de nível médio estão orientadas para as profissões. Praticamente não há cursos superiores

Capítulo 5

desvinculados do mercado de trabalho, mesmo que o emprego para os formandos seja escasso. Há relação de reforço mútuo entre educação e desenvolvimento tecnológico – ambos se realimentam e evoluem continuamente. A própria sociedade estimula a ligação até mesmo entre a educação infantil, que deveria ser descomprometida, com o mercado de trabalho. "Mas", perguntam os pais, "os métodos de ensino que vocês usam aqui vai ajudar meu filho a passar no vestibular?"

- Mais do que a vida individual, é a sociedade que tem seu ritmo e hábitos definidos pelo trabalho. Não são as pessoas, como indivíduos, que vivem em função do horário das 8:00 às 18:00 horas. É a própria sociedade. As roupas que as pessoas usam têm estreita relação com os códigos de vestuário das empresas e do que as empresas de vestuário e as revistas de moda transformam em propaganda. Muitos outros aspectos da vida são influenciados pela associação das pessoas com as empresas, por meio de seu trabalho.

- Para concluir este ponto, há óbvia relação entre a tecnologia, o trabalho e a sociedade. O trabalho afeta o desenvolvimento tecnológico e é por ele afetado – e os efeitos se estendem por toda a sociedade.

Adotando perspectiva positiva, o trabalho é a força que faz a sociedade evoluir. Sem trabalho, estaríamos na Idade da Pedra. Foi o trabalho que produziu as diferentes revoluções tecnológicas, transformando os caçadores e coletores do Período Paleolítico nos astronautas, neurologistas, engenheiros de computação e analistas financeiros da atualidade. É essa evolução que estudaremos adiante.

4 Evolução do trabalho

O trabalho evolui junto com a tecnologia, os valores, as condições econômicas e outros fatores e, além disso, a percepção de sua importância e natureza varia com a geografia e o momento. A história do trabalho não se desenrola linearmente em todos os lugares. Quando os colonizadores portugueses chegaram ao Brasil, no século XVI, encontram um modo de vida paleolítico, que persiste em regiões do País e outros lugares do mundo. Em outras partes do continente americano, na mesma época, os espanhóis encontraram civilizações avançadas, que dominavam a construção civil e naval, a ourivesaria, o uso das cores e a tecelagem – e desapareceram. A industrialização é processo histórico europeu, que se expandiu para o restante do mundo, mas também ainda não chegou a muitos lugares. Mesmo com as dissimilaridades, a história do trabalho permite caracterizar etapas distintas, em que muda o conteúdo ou o contexto do trabalho. A Figura 4 procura resumir as principais etapas, que serão analisadas a seguir.

Trabalho: da pré-história ao renascimento

Tempo	Momento histórico	Trabalho e profissões
? a 8000 a.C.	Pré-história	Caçadores-coletores nômades, fazedores de comida, guerreiros, artesãos fabricantes de armas e utensílios. Estilo de vida, que resiste até hoje, encontrado pelos europeus na América do Sul do século XVI.
9000 a.C. a 3000 a.C.	Revolução agrícola e revolução urbana	Nômades se transformam em agricultores e moradores de cidades. Guerreiros, sacerdotes, escribas, coletores de impostos, governantes. Conceito de propriedade da terra. Especialistas: médicos, arquitetos, engenheiros, operários, fornecedores de materiais e ferramentas. Matemáticos e astrônomos da Babilônia. Estilo de vida similar ao que foi encontrado pelos europeus na América do Norte do século XV.
Século VI a.C. até início do Primeiro Milênio	Grécia	Filósofos, matemáticos, autores e atores de teatro, atletismo, competições esportivas, parlamentares, legisladores, música e músicos... Agricultura familiar, cidadãos-guerreiros, governo da cidade e da guerra, pelo estratego.
Século III a.C. a século V d.C.	Império romano (república, monarquia e império)	Sofisticação do trabalho, do exercício do poder, da atividade empresarial, da organização social, da tributação, do consumo. Construção civil e naval, comércio, empresas privadas, legisladores, juristas, exército profissional, hierarquia de executivos, magistrados. As instituições romanas, assim como seu idioma, continuam a fazer parte do mundo ocidental.
Século V até século XV	Idade Média	Grandes propriedades rurais cultivadas em regime de servidão. Artesãos livres, organizados em guildas. Formação gradativa de aprendizes que se graduavam e se estabeleciam como empresários. Criação de inúmeras ordens na Igreja Católica e das universidades (e surgimento dos professores universitários).
Século XIV até século XVI	Renascimento	Expansão das atividades e profissões de natureza estética e artística. Proteção dos artistas pela Igreja e pela nobreza. Inquisição e escravidão. Desenvolvimento dos bancos e do comércio internacional. Invenção da contabilidade moderna.

Figura 4

Capítulo 5

4.1 O trabalho na pré-história (? a.C. – 8000 a.C.)

Da noite dos tempos até cerca de 8000 a.C., as pessoas viveram como nômades, sem separar o trabalho das outras instâncias da vida. Andar de lá para cá, caçando, pescando e coletando alimentos, como frutas e raízes, era a vida e a vida era trabalho. Não se trabalhava além do necessário para a alimentação, já que ninguém pensava em acumular bens e não era possível armazenar nem transportar excedentes. Tudo era feito em comunidade. Socialização, trabalho e lazer formavam um fluxo integrado de atividades, incluindo a fabricação de armas e ferramentas muito simples. Os bandos de caçadores e coletores, que tinham de 15 a 20 pessoas, esgotavam os recursos de uma área e moviam-se para outra, de forma circular, sempre retornando aos mesmos lugares. O conteúdo lúdico nessas andanças, embora suposição, é muito provável, a julgar pelo que ocorre quando hoje as pessoas vão pescar ou fazer trilha.

Esse estilo de vida não está tão longe de nós. Os nativos brasileiros, quando os portugueses chegaram, viviam desse jeito. Os caçadores-coletores andavam na natureza, comiam, conversavam e brincavam, apesar dos riscos oferecidos pelo terreno, pelos animais e por outros grupos. Nunca mais a vida da humanidade foi simples assim – e nem tão divertida, apesar de perigosa.

O trabalho era dividido entre homens e mulheres. Com a expectativa de vida muito curta, as mulheres passavam a maior parte dela cuidando da reprodução, o que prejudicava sua mobilidade e capacidade de participar das atividades de caça. No entanto, elas eram mais eficientes. Especializando-se em apanhar frutas e pequenos animais, que formavam a maior parte da dieta, contribuíam mais para a sobrevivência do grupo do que a caça de grandes animais, que era praticada pelos homens. A gestão de pessoas já era importante naquele tempo. Se os homens de sua família se organizassem, seriam capazes de caçar mamutes ou javalis de vez em quando e haveria churrasco. Caso contrário, você teria apenas mandioca para comer – e achar bom.

Nesses bandos, a desigualdade entre os sexos era decorrente dos papéis. Os homens eram fornecedores da carne dos grandes animais, representantes nas trocas e guerreiros nos conflitos com outros grupos. Os mais velhos, com dificuldades físicas, dedicavam-se a fabricar armas e ferramentas. Essa rudimentar divisão do trabalho não acarretava vantagens. Todos compartilhavam igualmente o produto das atividades. O insucesso de um grupo ou família em um dia não impedia que participasse do que outros haviam conseguido. A desigualdade tinha muito mais a ver com biologia do que qualquer outro critério. Não havendo acumulação de excedentes, não havia classes sociais baseadas no critério da distribuição da riqueza. O compartilhamento e a solidariedade eram precondições para a sobrevivência desses grupos. Não havia especialização e mesmo o trabalho da liderança era desempenhado de forma situacional. A diferenciação em classes só veio a ocorrer quando esses grupos de nômades se estabilizaram e transformaram-se em agricultores e moradores de cidades.[27]

4.2 Revolução agrícola e revolução urbana (9000 a.C. – 3000 a.C.)

A agricultura e as atividades pastorais desenvolveram-se de forma independente, entre 9000 e 3000 a.C., nas áreas do sudoeste da Ásia, no Oriente Médio e na América Central. Foi uma invenção das mulheres, já que elas se dedicavam à colheita de plantas e os homens, à caça. Técnicas de cultivo e de manejo de animais e novas ferramentas foram desenvolvidas quando ocorreu a transição para esse novo estágio civilizatório.

4.2.1 Fundação de vilas e cidades

Por volta de 6000 a.C., a fixação dos grupamentos humanos na terra ensejou a fundação de vilas e cidades, se bem que haja evidências arqueológicas de construções urbanas bem mais antigas. Nessa transição, o trabalho, que era o mesmo para todos, transformou-se em ocupações especializadas – guerreiro, sacerdote, escriba, coletor de impostos, governante. Os alimentos eram produzidos pelos agricultores e, pelo menos no princípio, todos tinham igual acesso aos bens e serviços da sociedade. A expectativa de vida aumentou devido ao suprimento contínuo de alimentos. As crianças, assim como os velhos, desempenhavam o papel de ajudantes das atividades principais. As pessoas estabeleceram relações de dependência com pedaços de terra, que foram acentuadas com a invenção do arado. Elas precisavam da terra e a terra precisava delas para produzir os excedentes que as sustentariam ao longo do ano. A sociedade aprendeu a acumular excedentes e criou a instituição da riqueza.

4.2.2 Especialização nascente

Com o tempo, surgiram os fabricantes especializados de produtos, as trocas, o comércio e o dinheiro. Os alimentos e bens armazenados atraíram a atenção de saqueadores. Isso estimulou o surgimento da classe dos guerreiros, que assumiram papel dominante e deixaram as mulheres em posição inferior na sociedade. O foco da religião mudou, de entidades concretas, representantes dos benefícios da natureza, para entidades abstratas, distantes e poderosas, que só podiam ser alcançadas por meio de intermediários, o que fez crescer a classe dos religiosos.

4.2.3 Governantes e especialistas

Em meados de 4000 a.C., o crescimento das cidades e a sofisticação da vida urbana haviam estimulado o surgimento de uma classe de governantes e de especialistas para realizar empreendimentos – arquitetos, engenheiros e operários da construção, fornecedores de materiais e ferramentas. Os governantes precisaram de especialistas para dar a base técnica aos empreendimentos e também para explicar o desconhecido. Os primeiros desses especialistas, provavelmente os matemáticos e astrônomos da Babilônia, plantaram as sementes da sociedade do conhecimento em que vivemos hoje.[28] Nasceu nessa época a tradição milenar com as ocupações associadas à construção civil e também à medicina. Uma das regras do código de Hamurabi, escrito no século XVIII a.C., estabelece que deveriam ser amputadas as mãos do médico que provocasse a morte de alguém ou a perda de um olho de um nobre. Evidência inequívoca da prática da medicina há quase 4000 anos.

4.2.4 Impérios

As grandes cidades deram origem a impérios, que dominavam as comunidades mais fracas para delas subtrair comida, bens, impostos e escravos. Egípcios, incas, maias, astecas, gregos e, principalmente, os romanos, em diferentes momentos, são os representantes desse estágio da civilização e do trabalho. Os gregos, começando no século VI a.C., foram extremamente inventivos em todos os campos e isso se refletiu na criação de novas profissões, que impulsionaram exponencialmente a produção de novos conhecimentos. Filósofos, matemáticos, autores e atores de teatro, escritores, poetas, músicos, parlamentares, escultores, legisladores... a lista é extensa. Os gregos praticavam a agricultura familiar e eram cidadãos-soldados, mobilizados para as guerras, que eram frequentes. Para administrar suas cidades e comandá-los na guerra, inventaram a figura do estratego. Apesar de seu avanço em muitos campos, os gregos tinham escravos e excluíam as mulheres das atividades políticas, militares e esportivas. Retomados cerca de 15 séculos depois, os valores e a produção intelectual dos gregos forneceram a base para o período chamado de Renascimento.

4.2.5 Império romano (século III a.C. – século V d.C.)

O trabalho sofisticou-se muito com o Império Romano (assim como o poder exercido por Roma, em seus três regimes de governo). A sociedade romana produziu padrões de consumo associados à extrema riqueza que as conquistas proporcionaram, pelo comércio e pela tributação. No auge, essa riqueza era gasta em construções monumentais, residências luxuosas, diversão, joias, decoração e alimentação, o que incentivou o desenvolvimento de profissões para atender a essas demandas, assim como o empreendedorismo de grandes comerciantes e acionistas de empresas privadas. Navios mercantes traziam a Roma, em movimento incessante, o que as pessoas queriam consumir. A construção e a operação de navios tornaram-se atividades importantes. Grandes organizadores, os romanos criaram muitas profissões associadas ao exercício do poder – governantes, representantes imperiais nos territórios dominados, militares organizados em hierarquias, senadores, legisladores, advogados, magistrados e os detestados coletores de impostos, os publicanos. Na base da pirâmide, os trabalhadores, na maioria, eram escravos. Pequenos agricultores e comerciantes, artesãos e prestadores de serviços completavam o quadro das ocupações operacionais. Para os nobres e ricos, o trabalho manual era considerado indigno, sendo aceitáveis como trabalho apenas a política, a guerra e a propriedade de grandes áreas de agricultura.

4.2.6 Decadência e permanência dos romanos

Por fim, esse estilo de vida extravagante cobrou um alto preço. Os romanos tornaram-se indolentes e minoritários no império que haviam construído. Seu espírito guerreiro se perdeu. A imensidão das fronteiras, a incapacidade de controlar os povos conquistados, os escravos e o próprio exército, o custo da manutenção de toda a estrutura, os conflitos internos e a devassidão terminaram com a glória de Roma. Quando os bárbaros a invadiram, o Império já estava destruído por dentro. No entanto, Roma sobrevive. Mais do que profissões, os romanos conceberam instituições que se refletem até hoje na organização e administração de muitos países, mesmo daqueles cujas populações não são seus descendentes, como os latinos. Estes falam versões modificadas da língua daqueles antigos senhores do universo. Mesmo naquela que hoje é a língua hegemônica na sociedade global, estima-se que mais de 50 % do vocabulário seja de origem latina. Muitas palavras de seu vocabulário de administrador são herdadas deles: planejamento, organização, projeto, manejo (*management*) e, naturalmente, administração, gestão e gerência, entre muitas outras.

4.3 Idade média (século V – século XV)

Com a queda do império romano, as pessoas abandonaram as cidades e voltaram para o campo. Mas, agora, a agricultura não era mais praticada por homens livres, em uma sociedade igualitária. A terra estava dividida em grandes propriedades rurais, os feudos. Os agricultores eram servos dos senhores feudais, aos quais entregavam parte de sua produção, na forma de pagamento por trabalhos forçados na terra que não era deles, mas dos senhores. Cerca de três dias da semana eram dedicados ao trabalho para fazer esse tipo de pagamento. Era proibido aos agricultores deixar a propriedade. Esse é considerado o período de maior desigualdade da história humana.

4.3.1 Artesãos e guildas

Na história do trabalho, a Idade Média é também o período em que surgem os artesãos livres, especializados em atividades como panificação, tecelagem e trabalhos com couros. Os artesãos de cada especialidade organizavam-se em associações chamadas de guildas, precursoras dos sindicatos modernos. As guildas já existiam no Império Romano, com outro nome (*collegium*, *collegia*), mas, na Idade Média, elas assumiram o papel de agentes importantes da vida econômica. As guildas serviam para auxílio mútuo, defesa dos interesses da profissão, regulamentação da qualidade, dos horários de trabalho, salários e preços. As guildas controlavam o treinamento dos novos artesãos e o acesso dos pretendentes às profissões, bem como o número de pessoas que podia dedicar-se a elas. Os aprendizes vinham predominantemente das relações familiares dos artesãos. Depois de muitos anos de aprendizado e da demonstração de competência, ele recebia o título de mestre, era admitido na guilda e podia estabelecer seu próprio negócio, em geral uma oficina.

4.3.2 Ingresso nas guildas

As guildas tornaram-se exigentes em seus critérios de admissão, devido ao aumento do número de pretendentes, e surgiu um novo trabalhador: o diarista. Era um trabalhador que completara o treinamento e tinha os critérios para ser admitido a uma profissão, mas não podia estabelecer seu próprio negócio. Assim, ele ia de uma oficina e cidade à outra, em busca de trabalho como ajudante. Grandes realizações se devem a esse modo de trabalhar. Existem documentação e evidências bem concretas do tipo de trabalho que esses especialistas faziam. Havia um *sponsor*, dirigente de comunidade ou autoridade eclesiástica, que encomendava a construção de uma catedral ou castelo, por exemplo, a um arquiteto. Este recrutava os mestres artesãos: mestres fornecedores de pedras, mestres talhadores de pedras, mestres escultores, mestres pedreiros, mestres carpinteiros, mestres ferreiros e mestres vidreiros.

Esses mestres tinham oficinas, que recrutavam operários e aprendizes. Cada profissão se organizava em uma associação profissional ou guilda (chamada de *compagnonnage*, na França), que congregava os *compagnons*. As associações tinham estatutos, políticas e procedimentos de formação de pessoas e tabelas salariais.[29,30]

Parece diferente do que existe hoje em dia? Claro que não. A natureza do trabalho e das profissões, em muitos ramos de atividades, assim como a da guerra, é sempre a mesma. Mudam apenas a tecnologia e o objeto do trabalho, o que faz surgir novos tipos de trabalhadores. Para fazer espaçonaves ou *shopping centers*, são usados os mesmos princípios e o mesmo tipo de organização dos construtores de catedrais, castelos e fortalezas medievais. O sistema de *compagnonnage* persiste na França, onde há museus dedicados ao assunto.[31] Na Itália e na França, certos produtos são fabricados por um sistema semelhante – pequenos produtores rurais fabricam produtos como queijos e vinhos em suas propriedades, segundo regras definidas por cooperativas, que fornecem a marca. As cooperativas (ou consórcios) têm o mesmo papel que as guildas, das quais herdaram a preocupação com a qualidade dos produtos e a defesa dos interesses de seus integrantes.[32] Algo do que era o trabalho no passado ainda pode ser estudado pela realidade presente.

4.3.3 Igreja católica e universidades

A Idade Média europeia também foi palco de outros avanços no campo do trabalho. Dois deles são mais importantes: a expansão da Igreja Católica, com a criação de inúmeras ordens, e a fundação das universidades, instituições que, em seguida, se espalharam por todo o mundo. As mais antigas universidades europeias são a de Bolonha (século XI) e a de Paris (século XII). Nessas universidades, ligadas à Igreja, desde o começo ensinava-se medicina, direito, artes e teologia, pelo método da lição – o ensino por meio de aulas, que consistiam em leitura e discussão de textos. Naquele tempo, os alunos liam livros... Universidades mais antigas existiam no Egito e no Marrocos, ligadas a mesquitas, desde o século IX. As academias na Grécia, nas quais os filósofos ensinavam, eram universidades embrionárias, que completariam mais de 2000 anos de existência no presente século. Em suma, a profissão de professor é uma das mais antigas na história do trabalho.

4.4 Renascimento (século XIV – século XVI)

Renascimento é o período da história em que a literatura e estética dos gregos e romanos foram retomadas; primeiro na Itália e depois no restante da

Capítulo 5

Europa, de forma menos expressiva em Portugal e na Espanha. É um período que interessa particularmente às profissões de fundo artístico. Arquitetura, pintura, escultura e música desenvolveram-se bastante nesse período. Os artistas eram altamente valorizados pelos poderosos da época – as famílias ricas e o alto clero – que os protegiam e lhes encomendavam obras de arte. Basta citar a Capela Sistina como exemplo desse mecenato, mas mesmo essa obra monumental é apenas uma amostra.

4.4.1 Homem do renascimento

Se você pensa que a ideia de pessoa generalista ou polivalente é atual, pense novamente. Um dos ideais do Renascimento era a do homem polimático, excelente em muitas áreas de atividades – o símbolo dessa pessoa é Leonardo da Vinci – pintor, escultor, arquiteto e construtor. A expressão *homem do Renascimento* surgiu para representar a possibilidade de as pessoas desenvolverem em profundidade todos seus interesses e potenciais, artísticos e técnicos, sem se restringirem a uma especialização bitolada. A pessoa do Renascimento não é o generalista superficial – é alguém que domina a fundo mais que um campo do conhecimento.

O Renascimento foi também o período em que a contabilidade, os bancos e o comércio internacional se desenvolveram, trazendo os profissionais correspondentes – contabilistas, banqueiros e comerciantes. Foi a época do capitalismo mercantil – investidores se associavam para lucrar com o comércio internacional.

4.4.2 Desastres: escravidão africana e inquisição

Em meados do período histórico do Renascimento (seus efeitos, no entanto, são perenes), na transição para o século XVI, a Europa entrou em nova fase, com as grandes navegações e o "descobrimento" das Américas. Foi esse o início de um período de infelicidade para o trabalho – a instituição da escravidão prosperou enormemente. Aos milhões, escravos africanos foram levados para as Américas, para trabalhar nas lavouras de algodão e cana-de-açúcar e nas minas de ouro e prata. Em 1530, desembarcaram no Brasil os primeiros desses escravos; em 1607, nos Estados Unidos. A escravidão só terminou perto do século XX, em 1863 nos Estados Unidos e 1888 no Brasil. Nesse momento histórico, a Europa estava completando a Revolução Industrial.

Infelizmente, o início do Renascimento coincide também com outro desastre na história humana: a instalação da Inquisição, que começou no século XIII e só foi terminar oficialmente no início do século XIX, apesar de já estar desacreditada no século anterior. A experiência da Inquisição revela que a perda de contingentes expressivos ou a desvalorização desses especialistas tem impactos dramáticos sobre a produção de riqueza e o desenvolvimento socioeconômico. Depois de quase 400 anos de terrorismo promovido pela Inquisição, judeus, muçulmanos e protestantes haviam sido expulsos ou tinham fugido da Espanha e de Portugal, levando com eles as artes, a técnica e o comércio, deixando esses países em atraso tecnológico e industrial e marasmo burocrático, que se estendeu a suas colônias e as condenou ao subdesenvolvimento.[33]

EM RESUMO

Você terminou a leitura do Capítulo 5. O objetivo principal é explicar o conceito de trabalho. Secundariamente, o capítulo procura contar uma história sucinta do trabalho desde a Pré-história até o Renascimento, destacando a permanência e a transmissão, de geração a geração, de algumas práticas fundamentais. Chegando a este ponto, você deve ter alcançado uma compreensão clara dos seguintes conceitos:

- Trabalho.
- A palavra *trabalho*.
- As duas dimensões básicas do trabalho: conteúdo e contexto.
- Impacto do conteúdo sobre a motivação e impacto do contexto sobre a satisfação.
- Os impactos do trabalho sobre a organização social, a educação e o estilo de vida das pessoas.
- As características mais importantes do trabalho em diferentes momentos históricos, da época dos caçadores-coletores até o Renascimento.
- O que significa "homem polimático".

Responda agora aos exercícios e questões propostas para este capítulo e avance, em seguida, para o estudo da etapa seguinte na história do trabalho.

Capítulo 5

EXERCÍCIOS E QUESTÕES PARA FIXAÇÃO E REFLEXÃO

1. Usando suas próprias palavras, defina *trabalho*.
2. Vamos simular aqui a pesquisa de Herzberg, que produziu a teoria dos dois fatores (motivação e higiênicos). No quadro a seguir, indique o que deixa você mais satisfeito e mais insatisfeito com o trabalho que faz.

O que me deixa mais satisfeito	O que me deixa mais insatisfeito

    Agora, verifique em qual coluna estão os fatores associados ao conteúdo e ao contexto do trabalho. Se houver mais fatores de conteúdo do lado esquerdo e mais fatores de contexto do lado direito, você confirmou a teoria de Herzberg. Se houver fatores de conteúdo e contexto do lado esquerdo, você tem um trabalho ótimo, que proporciona motivação e satisfação. Se houver fatores de conteúdo e contexto do lado direito, seria bom considerar outro trabalho, ou "enriquecer" o trabalho que você tem atualmente. No Capítulo 8, veja como fazer isso. Compare seus resultados com os de seus colegas.

3. Explique como o macrocontexto do trabalho pode afetar o desempenho dos trabalhadores.
4. Leia novamente a Seção 2 – Sentido do Trabalho para as Pessoas. Discorde ou concorde com os diferentes pontos apresentados a respeito das finalidades e consequências do trabalho para as pessoas.
5. Usando suas próprias palavras, explique quais são os impactos sociais do trabalho.
6. Usando suas próprias palavras, identifique as principais instituições associadas ao trabalho (por exemplo, o salário) que existem desde a Revolução Urbana até hoje.
7. O que é um "homem polimático"? Existem homens polimáticos na atualidade? Cite pelo menos um. Você gostaria de ser um homem polimático – ou pessoa polimática? Por quê?

8. Na notícia a seguir, identifique (1) algumas práticas de gestão de pessoas nas corporações globalmente integradas e (2) as causas dos problemas apontados, com base na leitura dos conceitos deste capítulo.

No começo de 2012, entre 80 e 200 trabalhadores da montadora chinesa Foxconn, segundo estimativas deles próprios, subiram ao telhado do dormitório da fábrica e ameaçaram suicídio coletivo, depois que a empresa anunciou o fechamento da linha de produção do Xbox da Microsoft. "Nenhum deles ia realmente pular. Eles estavam lá pela compensação. Mas o governo e a direção da empresa ficaram com medo do mesmo jeito, porque, se um deles pulasse, as consequências seriam difíceis de imaginar", disse um engenheiro da empresa. Esse foi mais um dos problemas trabalhistas da Foxconn, que pertence à Hon Hai Precision Industry de Taiwan, montadora de *iPads* e *iPhones* para a Apple, do Xbox e de outros aparelhos similares. Suas enormes plantas na China são gerenciadas com disciplina de estilo militar, o que, segundo ativistas dos direitos do trabalhador, contribuiu para uma onda de suicídios em 2010.[34] Não acontece apenas na China. Também no início de 2012, a Justiça francesa deu prosseguimento a um processo de assédio moral iniciado em 2010, para apurar a responsabilidade da operadora France Télécom em uma onda de suicídios que atingiu seus trabalhadores – 62, segundo os sindicatos – desde 2008. O problema começou em 2005, quando a empresa implantou um plano de reorganização chamado de Next, a despeito de repetidos alertas de médicos do trabalho, de representantes sindicais e de agências de seguro-doença. Esse plano consistia, entre outras medidas, na eliminação de 22.000 postos de trabalho em três anos e na realocação de 10.000 empregados.[35]

REFERÊNCIAS

[1] HOUAISS, Instituto Antônio. *Novo Dicionário Houaiss da Língua Portuguesa*. Rio de Janeiro: Objetiva, 2009.

[2] DICTIONNAIRE MAXIPOXE. Paris: Larousse, 2009.

[3] CLÉDAT, Léon. *Dictionnaire Étymlogique de la Langue Française*. Paris: Hachette, 1914.

[4] STAPPERS, Henri. *Dictionnaire Synoptique d'Étymologie Française*. Paris: Larousse, 1900.

[5] ECHEGARAY, Don Eduardo de. *Diccionário General Etimológico de la Lengua Española*. Madrid: José María Faquineto, 1889.

[6] SKEAT, Walter W. *An Etymological Dictionary of the English Language*. London: Oxford University Press, 1888.

[7] WEEKLEY, Ernest. *An Etymological Dictionary of Modern English*. London: John Murray, 1921.

Capítulo 5

[8] DURANDO, Celestino. *Vocabulario Italiano-Latino*. Torino: Societá Editrice Internazionale, 1926.

[9] GAFFIOT, Felix. *Dizionario Illustrato Latino-Italiano*. Padova: Piccin Editore, 1934.

[10] BERNINI, Ferdinando. *Dizionario della Lingua Latina*. Torino: Societá Editrice Internazionale, 1940.

[11] VALPY, Rev. F. E. J. *An Etymological Dictionary of the English Language*. London: A. J. Valpy, 1828. Disponível em: <http://books.google.fr>.

[12] AMERICAN HERITAGE. *The American Heritage Dictionary of the English Language*, 1969.

[13] KLEIN, Lisl. *The meaning of work*. London: Karnak Books, 2008.

[14] HERZBERG, Frederick. *The motivation to work*. New York: John Wiley, 1959.

[15] _____. *op. cit.*

[16] _____. *op. cit.*

[17] NATIONAL RESEARCH COUNCIL. *The changing nature of work*. Washington, D.C.: National Academy Press, 1999.

[18] KLEIN, Lisl. *op. cit.*

[19] ROETHLISBERGER, F. J.; DICKSON, W. *Management and the worker*. New York: Routledge. Reimpressão do original de 1939, 2003.

[20] GLUECK, William F. *Personnel*: a diagnostic approach. Dallas: Business Publications, 1974.

[21] KLEIN, Lisl. *op. cit.*

[22] _____. *op. cit.*

[23] GLUECK, William F. *op. cit.*

[24] SIMON, Yves René Marie. *Work, society, and culture*. Fordham University Press, 1971.

[25] HODSON, Randy; SULLIVAN, Teresa A. *The social organization of work*. Belmont: Wadsworth Cengage Learning, 2012. Ver também: DURKHEIM, Émile. *De la division du travail social*. Paris: Presses Universitaires de France, 1897.

[26] _____. *op. cit.*

[27] _____. *op. cit.*

[28] de SOLLA PRICE, Derek. *A ciência desde a Babilônia*. Belo Horizonte: Itatiaia, 1976.

[29] MACAULAY, David. *Naissance d'une cathédrale*. Paris: L'école des loisirs, 2005.

[30] du COLOMBIER, Pierre. *Les chantiers des cathédrales*. Paris: Picard, 1973.

[31] Veja, por exemplo: <http://www.museecompagnonnage.fr/>.

[32] Veja, por exemplo: <www.granapadano.com> ou <www.fromage-normandie.com>.

[33] GREEN, Toby. *Inquisição*: o reinado do medo. Rio de Janeiro: Objetiva, 2011.

[34] Disponível em: http://www.guardian.co.uk/world/2012/jan/12xbox-assembly-workers-threaten-mass-suicide.

[35] Disponível em: <http://www.lefigaro.fr/social/2012/04/03/09010-20120403ARTFIG00514-suicides-perquisitions-en-cours-chez-france-telecom.php>.

CAPÍTULO 6

Trabalho: da revolução industrial à revolução digital

OBJETIVOS DO CAPÍTULO

Ao completar o estudo deste capítulo, você deverá ser capaz de compreender e explicar:

- Como nasceu e se consolidou a moderna sociedade industrial.
- As principais fases da Revolução Industrial.
- As profissões que surgiram com a sociedade industrial.
- Como e por que os gerentes "tomaram o poder" nas grandes organizações.
- A transição para a Revolução Digital.
- Como nasceu e se consolidou a sociedade pós-industrial na qual você vive agora.

INTRODUÇÃO

Se você pensa que as ideias a seguir, entre muitas outras que poderiam ser lembradas, são inovações radicais recentes, surgidas na transição para o Terceiro Milênio, que transformaram o mundo das organizações e dos conceitos e métodos para administrá-las, pense novamente.

- Sistema Toyota de Produção.
- Gestão de pessoas e talentos.
- Redesenho de processos.
- Seis Sigmas.
- *Balanced scorecard*.

De fato, a mãe (ou avó) de todas essas inovações é a Revolução Industrial, que começou na Inglaterra do século XVIII. Essas ideias levaram tempo para maturar e assumir seu formato atual. Suas raízes, no entanto, estão lá. Não só o mundo do trabalho, mas toda a sociedade, em escala global, sofreram os efeitos desse movimento. Efeitos da mesma magnitude, talvez até mais acentuados, foram trazidos pela Revolução Digital, filha mais importante da Revolução Industrial. Compare esses dois momentos históricos na Figura 1.

A transição da sociedade e do mundo do trabalho para a era industrial é história de violência, escrita com "fogo e sangue", nas palavras de Karl Marx. No entanto, a transição para a era digital, cujo começo pode ser situado no final da Segunda Guerra Mundial, vem ocorrendo em um espírito totalmente oposto. As pessoas encaram amistosamente a tecnologia da informação e ninguém sai às ruas para protestar contra os computadores, *smartphones*, *tablets* e muito menos contra a internet. Pelo contrário, todo mundo quer ter esses aparelhinhos e as famílias facilitam o ingresso das criancinhas no novo mundo. Muito diferente do que faziam os luddistas na Inglaterra, manifestantes revoltados com a emergência da indústria e das condições de trabalho, que invadiam as fábricas para destruir as máquinas. Ou do que acontecia com as crianças naquela época, que praticamente eram condenadas à morte se fossem trabalhar nas fábricas.

Estudaremos neste capítulo, sucintamente, esses dois momentos históricos e suas implicações para a gestão de pessoas.

Trabalho: da revolução industrial à revolução digital

	Revolução industrial	Revolução digital
Organizações	Fábricas, grandes corporações industriais, sindicatos, partidos políticos socialistas.	Fábricas de *software*, grandes corporações de TI e Telecom, associações profissionais de certificação, provedores de acesso à internet, fornecedores de registros, organizações em rede, redes sociais.
Trabalho e emprego	Operários, gerentes intermediários, engenheiros de produção, especialistas em comportamento humano no trabalho, selecionadores de pessoal.	Analistas, desenvolvedores e implantadores de sistemas, especialistas em manutenção de computadores, *Web designers*, *game designers*, gerentes de projetos de TI, *hackers*.
Métodos de trabalho e de gestão do trabalho	Linha de montagem, operário especializado, estudos de tempos e movimentos visando à organização racional do trabalho, analistas de O&M, cronometristas.	Equipes virtuais, *softwares* de gestão (ERP), e-RH, automação industrial, teletrabalho, *global sourcing* de RH, interação homem-máquina, produção digital de imagens, *cyberwar*, comércio digital.
Educação	Escolas de administração, disciplinas em diversos campos do conhecimento orientadas para as necessidades das grandes organizações.	Educação a distância, mecatrônica, engenharia da computação, educação em gerenciamento de projetos, disciplinas orientadas para as necessidades das organizações do mundo digital.

Figura 1 Impactos das revoluções industrial e digital.

1 Revolução industrial

A Revolução Industrial começou na Inglaterra, por volta de 1780, com o aprimoramento da máquina a vapor por James Watt e sua subsequente aplicação, primeiro na indústria têxtil e depois em embarcações e locomotivas, já no século XIX. Uma segunda Revolução Industrial ocorreu em meados do século XIX, com invenções como o uso da eletricidade, telefone, motor a explosão e outros avanços tecnológicos. Alguns autores consideram a Revolução Digital do século XX como a terceira Revolução Industrial.

Capítulo 6

1.1 Primeiros operários

Certamente você sabe o que é artesanato e artesão. Os artesãos são detentores da arte e das ferramentas e não dependem da direção de empresários para definir ou controlar seu trabalho. Os artesãos na Inglaterra do século XVII eram autônomos que trabalhavam por encomenda de empresários, em um sistema de contratação que existe até hoje: a *produção para fora*. Os empresários lhes entregavam as matérias-primas e eles devolviam os produtos acabados, em geral roupas, trabalhando em casa.

A produtividade dos artesãos era ditada por sua necessidade de dinheiro. A produtividade diminuía conforme os artesãos ganhavam o mínimo de que necessitavam. Para os empresários que encomendavam as roupas, a incerteza era elevada. Em aperto financeiro, além disso, os artesãos não hesitavam em reter e vender a matéria-prima que não lhes pertencia. Do ponto de vista dos empresários, era necessário imprimir controle a esse processo, não só para evitar as flutuações bem como para regularizar a produção.

1.1.1 Primeiras fábricas

Alguns empresários começaram então a reunir trabalhadores em galpões, para poder exercer maior controle sobre seu desempenho. Aos antigos artesãos, agora transformados em operários das primeiras fábricas, juntaram-se os camponeses da época. Na Inglaterra do século XVIII, ao lado do início da Revolução Industrial, prosperava o comércio da lã com Flandres, no norte da Bélgica. Esse ramo de negócios precisava de terra para a criação de carneiros. Os camponeses foram então removidos da terra que trabalhavam coletivamente. A terra foi cercada para criar carneiros, e os camponeses transferidos compulsoriamente para as cidades, com a ajuda do exército britânico. Esses camponeses aumentaram a oferta de mão de obra para as primeiras fábricas, enquanto o comércio da lã também gerou capital para investimentos em fábricas e equipamentos.[1]

Nas cidades, ou os antigos camponeses iam trabalhar nas fábricas, ou eram considerados vagabundos, contra os quais havia legislação. Os vagabundos eram caçados, castigados e, eventualmente, executados, em caso de reincidência. Se velhos demais para trabalhar, recebiam permissão para mendigar. Era um sistema que empurrava os antigos camponeses para o trabalho assalariado nas fábricas, de forma compulsória, mas indireta.[2] Os primeiros operários eram quase sempre vítimas de condenações e não pessoas que haviam escolhido livremente seu trabalho. O surgimento das fábricas foi o golpe de misericórdia contra o sistema de recrutamento e treinamento das guildas. Para liquidá-los de vez, as leis na Inglaterra proibiram o funcionamento de guildas e sindicatos, criminalizando a participação nessas sociedades profissionais.[3]

1.1.2 Regime de trabalho

A invenção das fábricas trouxe mudança radical nos hábitos de trabalho. Os novos operários nunca tinham trabalhado em fábricas, assim como seus antepassados, e estavam acostumados a controlar as horas de seus dias. Nas fábricas, eles ficam confinados no mesmo espaço, subordinados ao ritmo desejado pelos proprietários. O trabalho nas fábricas era intenso e extremamente monótono. No começo do século XIX, a carga horária de trabalho aumentou de 12 para 16 e até 18 horas em alguns lugares, graças à iluminação. Os operários trabalhavam desde a madrugada até a noite.[4] Sua reação negativa a essas condições era interpretada como indisciplina pelos proprietários, o que era agravado pela idade dos trabalhadores. A população na época era muito jovem. Em 1838, apenas 33 % dos trabalhadores da indústria têxtil da Inglaterra eram homens adultos. As mulheres e as crianças desempenhavam papel importante nos primórdios da Revolução Industrial.[5] Crianças de cinco a sete anos, assim como muitos adolescentes, naturalmente pouco propensos à disciplina que as fábricas exigiam, tinham então que ser mantidos na linha, por meio de castigos físicos, o que os supervisores da época confessavam sem qualquer constrangimento.[6] Os espancamentos e a carga brutal de trabalho deixavam as crianças aleijadas e deformadas. As mais novas raramente ficavam mais do que três ou quatro anos sem doenças, que quase sempre provocavam a morte.[7]

1.2 Imigração

Da Inglaterra, a primeira Revolução Industrial alcançou os outros países da Europa e as Américas, já no século XX, impulsionando a segunda. No final do século XIX, a riqueza havia aumentado na Europa, mas os povos europeus, de forma geral, não tinham se beneficiado com isso e uma saída foi a imigração maciça. A Itália é o exemplo de país em que uma série de fatores provocou esse efeito. Cerca de 60 % da população italiana viviam no campo e, desses, 80 % não eram proprietários de terras. Concentração da posse da terra, pobreza, demografia (muita gente e pouca terra), medo da guerra que prometia vir e veio, desinteresse por outras áreas de produção que não as armas, jornadas longas e mal remuneradas para os operários, direcionamento da economia para a grande indústria, causando queda na produção de fertilizantes e outros insumos agrícolas – tudo isso empurrou os italianos para as Américas. Uma canção do sul da Itália, em dialeto, fala da imigração: *Pecchè se va fore regno? Pè sfortuna se va!* (Por que se vai pra fora do reino? Por desgraça se vai!) Além disso, o Estado italiano promoveu uma política imigratória para compensar essas distorções, despachando para outros países trabalhadores pobres, já envolvidos com militância anarquista e comunista.

No caso específico do Brasil, os italianos, que eram escolarizados, profissionalmente qualificados e politizados (e anarquistas...), transformaram a paisagem do trabalho, com inúmeras contribuições, sendo uma das mais importantes a criação dos sindicatos. Voltaremos a esse tema.

1.3 Grandes corporações

Em todo o mundo, na transição para o século XX, as empresas e ramos de negócios que nasceram com a Revolução Industrial continuaram crescendo e se tornaram dominantes no cenário social. Alimentadas pela imigração da Europa e pelos avanços tecnológicos que os investimentos nas universidades haviam proporcionado, as fábricas tornaram-se gigantescas nos Estados Unidos. Em 1880, havia cerca de 2.700.000 trabalhadores industriais nos Estados Unidos. Em 1900, o número havia aumentado para 4.500.000. Havia nesse ano mais de 1000 fábricas, que tinham entre 500 e 1000 empregados. Outras 450 unidades fabris empregavam mais de 1000 pessoas. As maiores, que empregavam de 8000 a 10.000 pessoas, eram as usinas siderúrgicas. Elas não tinham rivais em tamanho, até que surgiu a indústria automobilística. Em 1914, a fábrica da Ford, em Highland Park, tinha 13.000 empregados. Eram 19.000 em 1915 e 33.000 em 1916. Em 1920, eram 8.400.000 trabalhadores na indústria americana, a maioria empregada em grandes fábricas. Em 1924, a unidade de Highland Park empregava 42.000 pessoas. A fábrica da Ford em River Rouge, nesse mesmo ano, tinha 70.000 empregados. Era a maior fábrica do mundo, "símbolo e estereótipo da grande planta manufatureira".

2 Revolução gerencial dentro da revolução industrial

Um dos principais efeitos da gigantesca escala de operações dessas grandes empresas foi a mudança nos métodos de trabalho das pessoas. Na verdade, um efeito recíproco. O tamanho das operações exigiu a mudança; a mudança contribuiu para que as empresas crescessem ainda mais. Duas pessoas, entre muitas outras, tiveram participação importante nessa mudança: Henry Ford e Frederick Taylor, "arquitetos e construtores do século XX". Veja uma síntese de suas ideias na Figura 2.

Henry Ford	Frederick Taylor
• Desenvolveu a linha de montagem móvel e, com ela, duas instituições do trabalho atual: o trabalhador especializado e as peças intercambiáveis. • Implantou um sistema de participação nos lucros de US$ 5,00 por dia (era um exagero no início do século XX). Havia condições para receber essa participação. • Criou um banco para os operários guardarem o dinheiro excedente que ganhariam. • Instituiu o Departamento Sociológico, um embrião dos modernos departamentos de recursos humanos. O departamento observava as condições que os operários deveriam cumprir para receber o incentivo salarial. • Acreditava que um bom ambiente doméstico produziria um trabalhador de bom desempenho. Por isso, ligou o incentivo salarial às condições de vida que o Departamento Sociológico monitorava. • Fundou a Escola Ford de inglês, para ensinar o idioma aos imigrantes que trabalhavam em suas fábricas. • Na década de 1920, o departamento e o programa de incentivo foram extintos, por causa e seu custo. Entre em uma fábrica qualquer hoje e veja o sistema Ford de produção funcionando exatamente como ele o concebeu.	• Foi o criador e líder do "movimento da administração científica". • O movimento tinha como objetivo principal o combate ao desperdício por meio da busca da eficiência em todas suas formas, especialmente a "racionalização" do trabalho: a maneira mais simples e eficiente de fazer o trabalho e usar os materiais e equipamentos. • Para encontrar essa maneira mais simples e eficiente, os especialistas em eficiência faziam a observação sistemática e redesenhavam os movimentos do trabalhador. • Mecanismos de apoio à racionalização eram os sistemas de incentivo salarial, a organização dos supervisores, a seleção dos trabalhadores de acordo com suas aptidões e o treinamento. • Taylor provou que o aumento da eficiência era produzido não pelo aumento no volume de trabalho, mas pela racionalidade na forma de trabalhar. Em uma experiência clássica, Taylor provou que o aumento na produtividade se conseguia trabalhando menos (com descansos) e não mais. • O movimento da administração científica influenciou profundamente a prática da administração industrial, e seus efeitos se estenderam a todos os tipos de atividade. Se a fábrica que você visitar usar o sistema Toyota de produção, você verá as ideias de Ford e Taylor simultaneamente.

Figura 2 Dois influentes atores na construção do mundo do trabalho moderno.

2.1 Henry Ford e a linha de montagem

Os alemães inventaram o automóvel, mas Henry Ford inventou, entre outros produtos, a linha de montagem móvel para produzi-lo em grandes quantidades. No sistema de produção criado por Ford, o produto é dividido em partes e o processo de fabricá-lo é dividido em etapas. Cada etapa do processo produtivo corresponde à montagem de uma parte do produto. Cada pessoa e cada grupo de pessoas, nesse sistema, tem uma tarefa fixa dentro de uma etapa de um processo predefinido. O processo é móvel; mas o trabalhador é estacionário. É "especializado", no sentido de que só tem uma tarefa minúscula. Suas qualificações resumem-se ao conhecimento necessário para a execução dessa tarefa muito simples, como apertar parafusos.

2.1.1 Novas ocupações

Juntamente com o trabalhador especializado, que se tornou o principal elemento da linha de montagem móvel, surgiram novas ocupações. O engenheiro industrial assumiu o planejamento e controle da montagem; o engenheiro de produção ficou com o planejamento do processo de fabricação. Faxineiros limpavam periodicamente as áreas de trabalho, enquanto técnicos circulavam para calibrar e reparar as ferramentas. Outros especialistas controlavam a qualidade. Os supervisores deveriam procurar e encontrar problemas na fábrica, para que a administração superior pudesse corrigi-los. No final da linha, havia os reparadores, que tinham muitas das habilidades dos artesãos originais e consertavam o que quer que estivesse errado. Neste sistema, o trabalhador especializado, mas sem grandes qualificações, não tinha perspectivas de ascensão profissional, que era privilégio dos engenheiros.

2.1.2 Projeto do *homem fabril*

Com a linha de montagem móvel, a antítese do projeto do homem polimático do Renascimento, o projeto do *homem fabril*, nascido na Inglaterra 150 anos antes, estava quase pronta – faltava apenas a Revolução Digital para completá-lo. O trabalhador era agora mais uma peça do processo produtivo – especializado, desqualificado e alienado, somente executando uma pequena gama de tarefas. Essa mecanização da atividade humana foi e continua sendo alvo das críticas mais contundentes ao modo de produção que surgiu com a linha de montagem. Há quem considere o *fordismo*, como ficou designado o modelo criado por Henry Ford, não simplesmente um modo de produção, mas um estágio na produção capitalista.[8]

2.2 Frederick Taylor e a escola da eficiência

Frederick Winslow Taylor foi criador e participante mais destacado do movimento da administração científica. O objetivo principal desse movimento, que começou no final do século XIX, era aumentar a eficiência por meio do combate ao desperdício e da racionalização do trabalho.

2.2.1 Estudo de tempos e movimentos

Em 1895, Taylor apresentou o que é considerado o primeiro trabalho da administração científica: *A piece-rate system* (Um sistema de pagamento por peça). Em *A piece-rate system*, Taylor propôs o que ele chamou de *estudo sistemático e científico do tempo*, que consistia em dividir cada tarefa em seus elementos básicos, cronometrá-los e registrá-los. Em seguida, eram definidos tempos-padrão para os elementos básicos. Esse procedimento era a base do sistema de administração de tarefas (*task management*). A principal razão para a invenção do estudo dos tempos, do qual surgiu a administração científica, foi a busca da precisão para definir o valor dos salários. Posteriormente, percebeu-se que o estudo de tempos (e, em seguida, tempos e movimentos, *time and motion study*) era um processo que tinha o valor intrínseco de permitir o aprimoramento do trabalho operacional, por meio da racionalização dos movimentos.[9]

2.2.2 Divisão vertical do trabalho

No livro *Principles of scientific management* (Princípios da administração científica), de 1911, Taylor reafirma as ideias anteriores e as amplia, para abranger a divisão de responsabilidades dentro da empresa. A principal recomendação era a implantação de um departamento de planejamento, ao qual caberia o trabalho, eminentemente intelectual, de estudar e propor os aprimoramentos no chão de fábrica. Os trabalhadores e seus supervisores imediatos deveriam ocupar-se exclusivamente da produção. *Toda atividade cerebral deve ser removida da fábrica e centralizada no departamento de planejamento*, propunha Taylor. Com Taylor ou sem Taylor, as empresas caminharam para uma separação entre o trabalho operacional e o trabalho de planejamento e supervisão.[10] Essas ideias dos primórdios da segunda Revolução Industrial não sobreviveram à passagem do tempo e à modernização das organizações, especialmente com a emergência dos métodos de administração participativa na década de 1980.

2.3 Grandes estruturas organizacionais

Com o crescimento e a concorrência, a estrutura das empresas também se especializou. Não bastavam mais o empresário e seus engenheiros para cuidar do processo produtivo. Eram necessários especialistas para cuidar de projetos de novos produtos, pesquisa e desenvolvimento, finanças, *marketing* e estratégia, logística, compras e vendas, produção. Os grupos de especialistas motivaram o surgimento de mais um protagonista importante no cenário do trabalho: o gerente, em particular o gerente de nível médio. Para formar esses gerentes, surgiram os estudos e cursos de administração. A administração da eficiência nas linhas de montagem e a administração das empresas tornaram-se disciplinas com vida própria, distintas da engenharia e das outras especialidades técnicas. O trabalhador especializado e o gerente especializado, nas duas primeiras décadas do século XX, consolidaram seu lugar dentro da grande empresa que emergia da Revolução Industrial. Mas o século XX estava apenas começando... Em algumas décadas, viria a Revolução Digital e, com ela, mais mudanças importantes no mundo do trabalho.

3 Revolução digital

Em meados do século XX, logo depois da Segunda Guerra Mundial, começou a era digital, embora o projeto do computador já existisse desde o século XIX.[*] Se a Revolução Industrial significou a complementação da força humana pelas máquinas, a Revolução Digital significou a complementação do intelecto pelos computadores. Ocorreu em várias fases, com dois momentos principais: o surgimento dos computadores à válvula, nos anos 1950, que evoluíram para os *mainframes*, e ascensão dos computadores pessoais, com a popularização simultânea dos aplicativos e da internet. Não é preciso explicar a Revolução Digital – você a está vivendo neste exato momento, mas, para defini-la, a expressão "tecnologias da informação e da comunicação (abreviado como TI, tecnologia da informação, IT, *Information Technology* ou ICT, *Information and Communication Technology*)" é suficiente.

3.1 Tecnologia da informação

Em resumo, trata-se de processamento, armazenamento, recuperação, utilização, comunicação etc. de informação, em tempo real, para fornecer produtos, serviços, novas informações e tomar decisões – tudo produzido por máquinas.

---

[*] O primeiro computador é o ábaco, inventado na Babilônia por volta de 3000 a.C. No século XIX, Charles Babbage projetou um computador mecânico. Em 1991, os ingleses construíram um exemplar, usando os planos originais de Babbage, que está exposto no Science Museum da Inglaterra. Em 2002 e 2008, os americanos construíram dois outros exemplares. Todos funcionam perfeitamente.

Os computadores estrearam no mundo do trabalho executando cálculos para os militares e pesquisadores das universidades. Daí migraram para as empresas para fazer folhas de pagamentos e administração financeira. Em seguida, estenderam-se para a administração de processos produtivos e de prestação de serviços. Com os microprocessadores, a Revolução Digital alcançou todas as áreas de atividades. Para se ter uma ideia de como essa história andou depressa, o primeiro filme totalmente produzido por computadores foi *Toy Story*, em 1995. O trabalho passou por transformações que impactaram praticamente todas as profissões, chegando a TI, em alguns casos, a substituir a atividade dos especialistas e dos gerentes. Os sistemas de administração de cadeias de suprimentos substituíram os profissionais que, antes, cuidavam do planejamento e controle da produção em empresas industriais. Sistemas de educação a distância minimizaram a necessidade de ensino presencial e, com isso, reduziram o trabalho dos professores. Apenas duas das muitas aplicações da TI. Além disso, a TI promoveu o surgimento de profissões e ramos de negócios totalmente novos, destruindo outros ao mesmo tempo. Máquinas de escrever e câmeras fotográficas com filmes, por exemplo, bem como as empresas que as fabricavam, repousam no cemitério das tecnologias obsoletas.

3.2 Novas profissões

Assim como a era industrial criou o operário da fábrica, a era digital criou profissionais inéditos no cenário das organizações e do trabalho, muitos deles formados em ciência da computação ou engenharia eletrônica (esta considerada integrante da engenharia elétrica em alguns países), disciplinas recentes na história da ciência e da educação, embora existissem, em organizações do século XIX, os calculistas ou computadores humanos, pessoas cuja profissão consistia em fazer cálculos e montar tabelas. Alguns desses novos profissionais são:

- *Lead applications developer* (gerente de desenvolvimento de aplicativos). Administra equipes de desenvolvimento, codificação e solução de problemas de aplicativos.
- *Applications architect* (arquiteto de aplicativos). Projeta componentes de aplicativos.
- *Data modeler* (modelador de dados). Analisa as necessidades de dados da organização e cria modelos de fluxo de dados.
- *Network manager* (gerente de rede). Dirige as operações rotineiras e a manutenção da tecnologia de rede da empresa; colabora com os engenheiros e arquitetos de rede e outros colegas, para implementar, testar e entregar sistemas integrados de redes.

Capítulo 6

- *Business intelligence analyst* (analista de *business intelligence*). Cria e desenvolve soluções para análise e apresentação de dados; revisa e analisa dados internos e externos; comunica os resultados das análises e faz recomendações para a administração superior.[11]
- *Business architect* (arquiteto de negócios). Ao contrário do tradicional arquiteto de empresas, cujo trabalho é organizar a tecnologia para atender os objetivos do negócio, o arquiteto de negócios é integrante da organização de negócios, reportando-se ao executivo principal para moldar a estratégia de alto nível da companhia, tendo a tecnologia como foco. Pense em um MBA com foco em TI.
- *Data scientist* (cientista de dados). Grandes volumes de dados são o domínio desses profissionais. Terabytes de dados duplicados a cada 18 meses, sobre comportamento do consumidor, riscos de segurança, falhas potenciais dos sistemas etc. – por onde começar? É aí que entra o cientista de dados. Na dimensão comercial, este profissional pode descobrir padrões ocultos, no comportamento do consumidor ou nos ciclos do mercado. Esta profissão exige um largo espectro de habilidades, incluindo conhecimentos avançados de estatística.
- *Social media architect* (arquiteto de redes sociais). As redes sociais estão presentes em todos os níveis dos negócios. Para fazê-las funcionar, as empresas precisam de novos especialistas, com ênfase na tecnologia e não apenas nos aspectos estratégicos dessa ferramenta.
- *Mobile technology expert* (especialista em tecnologia móvel). "Móvel" é o principal fator de mudança da TI na atualidade. Criar aplicativos móveis, arquitetar estratégias móveis e desenvolver os aparelhos são as principais preocupações das empresas. Se você tem experiência em lidar com *BlackBerry*, *Android* e *iOS*, não lhe faltará trabalho.
- *Enterprise mobile developer* (desenvolvedor de aplicativos móveis). Há um aumento na procura de criadores de aplicativos móveis corporativos. Em algumas empresas, as competências necessárias dependem do que é nativo na plataforma: Objective-C para o *iPhone*, por exemplo. Mas graças ao HTML5, ocorre um movimento em direção ao desenvolvimento de aplicativos que transitam entre plataformas. Os aplicativos corporativos enfatizam segurança e *compliance*.
- *Cloud architect* (arquiteto da "nuvem"). Há quem ache que "nuvem" é apenas um nome modernoso para "data center". Porém, a demanda está crescendo por profissionais que consigam fornecer a eficiência e agilidade prometida pela "nuvem privada". A demanda concentra-se em habilidades e certificações associadas com *networking*, virtualização e projeto de SAN (*Storage Area Network*).[12]

3.3 Trabalho virtual

Uma das consequências da ascensão da TI é o trabalho virtual, uma expressão que indica o trabalho realizado por meio de computadores, independentemente da localização física. Pode-se formar uma equipe com pessoas que, praticamente, nunca se veem, trabalham em lugares totalmente diferentes, não precisam de escritório nem de viagens frequentes e, se falam idiomas diferentes, comunicam-se em inglês. Voltando à educação a distância, pode-se fazer um curso inteiro sem ir à escola, a não ser ocasionalmente. Fazem-se produtos complexos, como aviões, com equipes virtuais. Tudo pela internet. O trabalho realizado por meio de equipes virtuais tem consequências comportamentais: o trabalhador virtual pode sentir-se isolado e alienado, distante dos colegas e de seus empregadores, o que afeta sua moral e sua motivação.[13] Trabalhando em casa, pode distanciar-se dos hábitos do local de trabalho na empresa. Há também impactos legais do trabalho virtual. O tempo durante o qual o trabalhador está "logado" pode ultrapassar as oito horas regulamentares, sendo considerado tempo de trabalho e gerando, por exemplo, direito ao recebimento de horas extras. A administração do trabalho virtual exige adaptações na maneira de lidar com o tempo, não apenas por essa razão, mas também porque os membros de uma equipe virtual frequentemente trabalham em fusos horários muito variados.

As equipes virtuais, corretamente administradas, conseguem resultados expressivos. O sequenciamento do genoma humano, por exemplo, foi obra de uma equipe virtual.[14] Infelizmente, o trabalho virtual funciona "bem para o mal". O ataque às torres gêmeas de Nova York, em 11 de setembro de 2001, foi obra de equipes virtuais.

3.4 Tecnologia da informação para a gestão de pessoas

As organizações são constituídas essencialmente de pessoas, que precisam ser contratadas, registradas, remuneradas etc. Sem computadores, as grandes corporações precisariam de exércitos de funcionários de recursos humanos, para cuidar dessas atividades. De fato, era assim antes da Revolução Digital. Com os computadores, administrar a função de gestão de pessoas torna-se um processo de administrar sistemas de informação operados por especialistas, sistemas que oferecem eficiência e rapidez na produção de informações para a tomada de decisões, ao mesmo tempo em que evitam o desperdício de energia com burocracia e papel. As aplicações mais simples e comuns são as rotineiras, que envolvem registro e tratamento de dados. São funções operacionais a folha de pagamento, o registro das fichas individuais de funcionários e dos movimentos em suas carreiras, e a administração de benefícios. Outras funções são mais complexas e esporádicas:

- Recrutamento e seleção de *trainees*, envolvendo a acolhida de milhares de candidaturas, verificação de suas credenciais e mesmo a aplicação de testes *on-line*.
- Busca interna e externa de competências.
- Definição e acompanhamento de metas de desempenho pessoal.

Tudo isso, e muito mais, pode ser feito pelos próprios funcionários. Uma tendência da administração de pessoas na era digital é o autosserviço, por meio da intranet e das redes sociais. Os funcionários e seus gerentes de linha podem acessar seus registros e tomar decisões.[15] Retornaremos a esse assunto no próximo capítulo.

3.5 Gestão do conhecimento

Outro processo que as tecnologias da informação viabilizaram nas organizações é a gestão do conhecimento (*knowledge management*). De forma geral, gestão do conhecimento é a captura, manutenção e compartilhamento de conhecimento para que as pessoas trabalhem melhor e agreguem valor ao trabalho da organização. A gestão do conhecimento é muito mais que a tecnologia envolvida. Antes da era digital, a dificuldade de capturar e processar informações causava falhas e dificuldades para a gestão do conhecimento. As tecnologias com base na Web permitem acesso a tudo, em qualquer momento e lugar. Grupos de interesses específicos, redes de profissionais e comunidades de práticas têm grande facilidade para se estruturar e operar eficazmente. Nas organizações, pode-se tanto lidar com o universo da informação na Web, quanto administrar a experiência das lições aprendidas – por exemplo, com projetos, negociações, relações com clientes, estratégias bem e malsucedidas – que é guardada para ser consultada, debatida, aproveitada e transmitida às novas gerações de funcionários.[16]

4 Em que mundo você vive?

Era Digital, sociedade de serviços, era do conhecimento e sociedade pós-industrial são nomes para o período que se inicia na metade do século XX e que você está vivendo agora. Essas expressões indicam a evolução, da produção de bens, para a produção de serviços e conhecimentos, como atividade econômica predominante. O aumento da produtividade nas atividades industriais e a mecanização do agronegócio tornaram possível produzir mais com menos pessoas. As cidades cresceram e se tornaram megalópoles, demandando água, energia, saneamento, transportes, veículos, eletrodomésticos, aparelhos de televisão. Cresceram as oportunidades de emprego no setor terciário da economia – o setor dos serviços, que compreende comércio, serviços pessoais, transportes, recreação, comunicação, informática, finanças, seguros, educação, administração pública etc. Como resultado, hoje, muito mais pessoas trabalham nessas áreas do que nas fábricas e na agricultura. Muitos são profissionais altamente qualificados, que usam o conhecimento para trabalhar: *game* e *Web designers*, advogados, químicos, biólogos, operadores de equipamentos avançados, cientistas nucleares, estilistas, agentes de viagens, pilotos de aeronaves, *chefs de cuisine*, engenheiros eletrônicos, roteiristas de cinema e televisão, consultores imobiliários. Esses profissionais estão no estrato superior da formação profissional e da renda, assim como do acesso ao poder. A sociedade de serviços, no entanto, também criou imensos contingentes de trabalhadores mal remunerados, para desempenhar tarefas que exigem poucas qualificações, repetindo os problemas que nasceram com a Revolução Industrial.[17]

A sociedade pós-industrial tem como característica não apenas o crescimento dos serviços, mas também o conhecimento como parte importante do trabalho, da geração de riqueza e da cultura. É uma sociedade na qual a ciência e os valores cognitivos são reconhecidos como necessidade social e a tomada de decisão tem conteúdo técnico, colocando os cientistas e economistas como atores privilegiados do processo político e empresarial.[18] O conhecimento técnico alterou a importância dos fatores de produção. Das dez maiores empresas do mundo, seis são bancos ou empresas de investimentos, quatro são petroleiras; a primeira empresa da indústria clássica na lista aparece em 24º lugar – a Volkswagen.[19]

A sociedade pós-industrial é também uma sociedade na qual há espaço para o lazer. O lazer complementa o trabalho e outras ocupações obrigatórias, como as atividades domésticas e o transporte. Segundo a definição de Dumazedier (1962), o lazer compreende as "atividades às quais a pessoa pode se dedicar livremente, seja para descansar, se divertir, desenvolver sua informação ou formação desinteressada, sua participação social voluntária ou capacidade criativa livre, depois de se liberar de suas obrigações profissionais, familiares ou sociais."[20] Em resumo, o lazer abrange o ócio, o *dolce far niente*. Mas, mesmo podendo desfrutar do lazer, as pessoas na sociedade pós-industrial trabalham mais que seus antepassados pré-históricos. Para consumir, pagar dívidas ou acumular, as pessoas se esforçam para progredir profissionalmente e ganhar cada vez mais. Depois do trabalho, vão fazer cursos à noite. Ao contrário das previsões otimistas da década de 1960, de que as pessoas trabalhariam cada vez menos, liberadas que seriam pelas máquinas e computadores, aconteceu precisamente o contrário.

Capítulo 6

> ## EM RESUMO
>
> Você terminou a leitura do Capítulo 6. Neste capítulo, o objetivo básico é contar a história das mudanças no mundo do trabalho entre dois momentos históricos: a Revolução Industrial do século XVIII e a Revolução Digital do século XX, evoluindo para a sociedade pós-industrial em que você está vivendo agora, em pleno Terceiro Milênio. Chegando a este ponto, você deve ter alcançado uma compreensão clara dos seguintes conceitos:
>
> - A transformação dos artesãos e camponeses na classe dos operários.
> - Os impactos da administração científica e da linha de montagem sobre o trabalho dos operários.
> - O surgimento da classe dos gerentes, como atores importantes no crescimento e operação das empresas.
> - Os impactos da tecnologia da informação sobre o mundo do trabalho.
> - 200 anos depois, surgiram os analistas, engenheiros e desenvolvedores de sistemas de informação.
> - As características do trabalho na sociedade pós-industrial.

Responda agora aos exercícios e questões propostas para este capítulo e avance, em seguida, para o estudo das relações de trabalho na sociedade global.

EXERCÍCIOS E QUESTÕES PARA FIXAÇÃO E REFLEXÃO

1. Explique como surgiram as fábricas e os operários.
2. Que eventos da Revolução Industrial, entre os séculos XVIII e XX, mais contribuíram para o surgimento da moderna administração de recursos humanos?
3. Que impactos sobre o trabalho a busca da eficiência industrial provocou?
4. "O movimento da administração científica continua vivo e atuante. Apenas mudou de nome. Hoje se chama Sistema Toyota de Produção, redesenho

de processos, seis sigmas e outras ideias associadas à busca da eficiência." Você concorda ou discorda dessa afirmação? Justifique sua resposta.

5. Contraste o homem fabril com o homem polimático e identifique as principais diferenças entre ambos. Em sua opinião, a antítese do homem polimático é o homem fabril ou podemos encontrar essa antítese em outras situações de trabalho e vida?

6. Que diferenças e similaridades existem, do ponto de vista do trabalho, entre a Revolução Industrial e a Revolução Digital?

7. Explique o que é trabalho virtual. Você está envolvido em algum tipo de trabalho virtual? Quais as características? Compare suas respostas com as de seus colegas.

8. Você acha que já está vivendo em uma sociedade pós-industrial? Por quê?

REFERÊNCIAS

[1] HOBSBAWM, E. J. *The age of capital*. New York: Scribner, 1975.

[2] MARX, Karl. *Capital*. New York: International Publishers, 1887, 1967.

[3] HOBSBAWM, E. J. *op. cit.*

[4] _____. *op. cit.*

[5] _____. *op. cit.*

[6] POLLARD, Sidney. Factory discipline in the Industrial Revolution. *The Economic History Review*, New Series, v. 16, n. 2, 1963, p. 254-271.

[7] HODSON, Randy; SULLIVAN, Teresa A. *The social organization of work*. Belmont: Wadsworth Cengage Learning, 2012.

[8] THOMPSON, Paul. *The nature of work*. 2. ed. London: MacMillan Education, 1989.

[9] DRURY, Horace Bookwalter. *Scientific management*. 3. ed. New York: Columbia University, 1922.

[10] _____. *op. cit.*

[11] Disponível em: <http://www.experience.com/alumnus/article?channel_id=technology&source_page=home&article_id=article_1203699431751>.

[12] Disponível em: <http://www.infoworld.com/t/information-technology-careers/the-6-hottest-new-jobs-in-it-052?page=0,0>.

[13] JACKSON, Susan E.; SCHULER, Randall S.; WERNER, Steve. *Managing human resources*. 11. ed. Mason: South-Western Cengage Learning, 2012.

[14] Disponível em: <http://www.genome.gov/11006939>.

[15] BOHLANDER, George; SNELL, Scott. *Managing human resources*. 15. ed. Mason: South-Western Cengage Learning, 2010.

[16] WALKER, Alfred J.; PERRIN, Towers. *Web-based human resources*: the technologies and trends that are transforming HR. New York: McGraw-Hill, 2001.

Capítulo 6

[17] HODSON, Randy; SULLIVAN, Teresa A. *op. cit.*
[18] BELL, Daniel. *The coming of post-industrial society.* New York: Basic Books, 1999, 1973.
[19] Disponível em: <http://www.forbes.com/global2000/list/>.
[20] DUMAZEDIER, Joffre. *Vers une civilization du loisir?* Paris: Editions du Seuil, 1962.

CAPÍTULO 7

Relações entre empregados e empregadores

OBJETIVOS DO CAPÍTULO

Ao completar o estudo deste capítulo, você deverá ser capaz de compreender e explicar:

- O que são relações de trabalho, de emprego e com empregados.
- As principais dimensões da relação de emprego.
- Os tipos de sistemas legais na sociedade global.
- Os temas principais da legislação do trabalho na sociedade global.
- Os principais organismos multilaterais que interferem nas relações entre empregados e empregadores.
- O conceito de extraterritorialidade.
- As principais dimensões da relação de emprego no Brasil.

Capítulo 7

INTRODUÇÃO

Relação de emprego é expressão usada em sentido estrito, para indicar a relação formal entre empregado e empregador. No Brasil, a relação de emprego é formalizada por meio de *contrato de trabalho*, que é a designação oficial e que especialistas em direito do trabalho designam como *contrato de emprego*.

Relação de emprego e relações de trabalho

As relações de emprego integram as *relações de trabalho*, expressão genérica que engloba todas as possibilidades de relação entre pessoas que contratam e outras que são contratadas. Assim, o contrato entre consultor e empresário, ou entre médico e paciente, é relação de trabalho, mas não de emprego. As relações de emprego são relações de trabalho, mas nem toda relação de trabalho é relação de emprego.

Relações com empregados

As relações de emprego e trabalho, por sua vez, são subconjunto das relações com os empregados, ou *relações industriais*, que compreendem relações com sindicatos, negociação coletiva, resolução de conflitos e outros, que afetam os processos da gestão de pessoas, tanto nas organizações quanto em ramos inteiros de negócios (Figura 1). No início do século XX, a expressão *relações industriais* começou a ser usada nos Estados Unidos para indicar o estudo dos conflitos entre empregados e empregadores. Em seguida, esta expressão passou a designar tanto a relação de emprego quanto os departamentos incumbidos de administrar a relação, envolvendo os empregados e as negociações com sindicatos. Esses departamentos, mais tarde, mudaram seu nome para recursos humanos, embora alguns ainda preservem o nome original, já que a relação de emprego tornou-se apenas uma dimensão da gestão das pessoas. Assim, *relações industriais*, como nome do RH, comum no século XX, caiu em desuso.

No entanto, a ideia evoluiu e assumiu a estatura de campo de estudo e produção de conhecimentos, ampliando o foco de modo a abranger todo o *sistema de relações industriais*, formado por uma rede da qual participam sindicatos, governo, associações de classe, organismos internacionais, sociedades profissionais e instituições religiosas, entre outras partes interessadas.[1] Algumas partes interessadas que interferem na gestão de pessoas foram analisadas no Capítulo 4. Neste, examinaremos aquelas que interferem especificamente nas relações de emprego e de trabalho e nas relações com empregados.

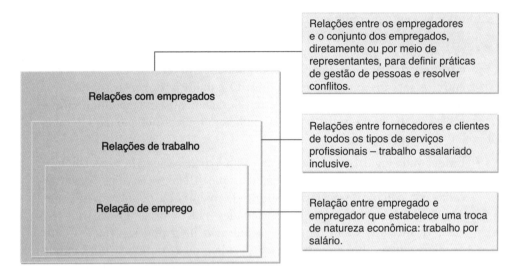

Figura 1 Três níveis de relações entre empregados e empregadores.

1 Dimensões da relação de emprego

A relação de emprego, formalizada por meio do contrato de trabalho (ou contrato de emprego), é um acordo entre duas partes, que estabelece uma troca econômica: o empregado troca seu trabalho por uma *compensação*, formada por salário e benefícios. Esse acordo, além de sua função intrinsecamente econômica, tem implicações de ordem cultural, sociopolítica, legal e psicológica, que constroem um quadro multidimensional e complexo (Figura 2).

1.1 Dimensão econômica

A relação de emprego cumpre funções predominantemente econômicas. O empregado troca seu trabalho por remuneração, formada principalmente por salário, ao qual se adicionam benefícios: comissões, auxílios, participações em resultados e assim por diante. O trabalho consiste em combinações variadas de esforço físico, mental ou intelectual, artístico e outras manifestações das competências humanas. O trabalho pode ser realizado de forma individual, como no caso dos professores e dos artesãos, ou de forma coletiva, como no caso dos bombeiros e dos montadores de caminhões, mas a relação de emprego sempre tem natureza individual – cada um com seu trabalho na relação com a empresa e com seus problemas de se manter com a remuneração que recebe.

Capítulo 7

O valor absoluto da remuneração se relativiza em função do contexto.

- O contexto é representado, primeiro, pela organização empregadora – sua estrutura de cargos e salários, oportunidades de crescimento, equilíbrio entre os salários, entre outros fatores. O equilíbrio dos salários, tanto na organização como na sociedade, é um dos elementos que afetam a satisfação e as atitudes dos trabalhadores, explicando sua disposição para o trabalho e seu desempenho.

- Em segundo lugar, o contexto é representado pela sociedade, especialmente no que diz respeito à estrutura social da riqueza. Nas sociedades mais avançadas e igualitárias, os salários da grande maioria da população não apenas são mais altos dos que nas sociedades mais injustas. Os salários têm valor relativo mais alto também, já que não há grandes variações entre os salários mais altos e os mais baixos e, além disso, o dinheiro dos impostos é usado para cobrir despesas com educação, saúde, segurança, lazer e cultura. Os salários, dessa forma, "compram" qualidade de vida mais alta nessas sociedades.

Econômica	A relação de emprego consiste em trocar esforço intelectual, físico, estético etc. por recompensas financeiras e não financeiras.
Sociopolítica	A relação de emprego situa-se em um contexto de poder e autoridade. Normalmente, o empregador tem o direito de mandar e o empregado tem a obrigação de obedecer. No entanto, o poder desloca-se para o empregado quando ele tem "valor de mercado" – habilidades muito demandadas – ou, como acontece no serviço público, quando ele tem um padrinho mais importante que seu empregador.
Legal-contratual	A relação de emprego é formalizada por meio de contrato explícito ou implícito; o contrato está enquadrado dentro de um marco legal que as duas partes devem respeitar.
Psicológica	A relação de emprego é também transação psicológica, no sentido de que cada parte tem expectativas a respeito da outra e de suas próprias obrigações.
Cultural	A relação de emprego reflete as normas sociais, tanto da empresa quanto da sociedade, a respeito do valor e do significado do trabalho, da hierarquia social e da maneira como as pessoas devem se tratar.

Figura 2 Dimensões da relação de emprego.[2]

1.2 Dimensão legal-contratual

A dimensão econômica é uma função da relação de emprego; a dimensão legal-contratual é sua natureza. Em essência, a relação de emprego é um acordo de fundo legal, subordinado a um contrato de emprego, que pode ser levado ao Poder Judiciário para a solução de conflitos. No Brasil, assim como em outros países, o contrato pode ser formal ou verbal. O contrato estabelece as condições de trabalho de forma sucinta:

- Cargo ocupado pelo empregado.
- Horário de trabalho.
- Remuneração.
- Obrigações do empregado – relacionadas principalmente com a conduta em relação ao empregador, aos colegas, à confidencialidade de informações sensíveis e ao local de trabalho.

Outras condições que se aplicam ao emprego são previstas na legislação e não precisam constar do contrato:

- Férias.
- Licença e pagamento para doença e maternidade.
- Saúde e segurança.
- Não discriminação.
- Etc.

Em todos os países em que vigora o dispositivo legal do contrato de emprego, as condições básicas de seu funcionamento, assim como a legislação aplicável, são muito similares.

1.3 Dimensão sociopolítica

A dimensão sociopolítica da relação de emprego engloba os temas como o exercício da autoridade e do controle e o equilíbrio do poder entre os empregados e os empregadores. Esses temas afetam tanto a relação de emprego quanto as relações de trabalho e as relações com os empregados: o foco pode ser a relação de emprego individual ou as questões coletivas. Em princípio, o contrato de emprego e a estrutura organizacional definem uma cadeia de comando: os ocupantes dos cargos que estão no alto da pirâmide da hierarquia representam os empregadores e têm o direito de administrar e controlar as ações dos que se encontram abaixo. A balança do poder pende para o lado dos proprietários e administradores. Esse princípio corresponde a uma visão das organizações como sistemas unitários, nos quais os objetivos são comuns a todos os participantes. Tanto no plano teórico quanto no prático esse princípio é questionado.[3]

- Por exemplo, sob uma perspectiva pluralista, as organizações são coalizões de interesses distintos, que precisam ser harmonizados por meio de negociação. Na negociação, os sindicatos interferem, quando se trata de harmonizar as expectativas dos empregadores e empregados a respeito das condições de trabalho e dos salários.

- A balança do poder pende, eventualmente, para o lado dos empregados. Isso acontece quando os empregados têm o apoio de sindicatos poderosos, ou quando são capazes de se organizar para reivindicar, com ou sem sindicatos. Foi o que aconteceu nas obras dos grandes projetos do Norte do Brasil, em 2012. As reivindicações foram acompanhadas por manifestações de violência – destruição de instalações e, literalmente, os empregadores foram obrigados a fazer o que os empregados queriam. Essa situação não é rara no mundo do trabalho e do emprego.

1.4 Dimensão psicológica

A dimensão psicológica na relação de emprego também é, por sua vez, multifacetada.

- De um lado, a dimensão psicológica transforma a relação de emprego em contrato psicológico, que é "(...) o conjunto das expectativas não escritas e implícitas entre o empregado e a organização" (SCHEIN, 1978).[4] O contrato psicológico é implícito e compreende direitos e obrigações que não constam do contrato formal nem das descrições de cargos. O empregado tem expectativas em relação à qualidade do tratamento, ao grau de confiança e à crença de que o empregador cumprirá sua parte no "acordo" entre os dois. O empregador tem expectativas em relação ao nível de desempenho, à dedicação e à identificação do empregado com a empresa e seus valores. Se uma das duas partes faz ou deixa de fazer algo que quebra as expectativas da outra, a insatisfação e o conflito se instalam. Contribui para a frustração das expectativas a intervenção de diversos agentes na relação de emprego – como colegas, chefes em diversos níveis, gerentes com autoridade funcional, etc. – os quais aumentam a complexidade do contrato psicológico. O grupo de trabalho, por exemplo, pode ter normas de desempenho que conflitam com o nível de desempenho esperado pela empresa.

- De outro lado, a dimensão psicológica consiste nas reações atitudinais e emocionais aos aspectos substantivos da relação de emprego e do trabalho. No Capítulo 5, vimos que o trabalho é formado por fatores motivacionais e higiênicos. Os fatores motivacionais produzem estados de satisfação ou não satisfação; os fatores higiênicos produzem estados de insatisfação ou não insatisfação. Salário e carreira são elementos substantivos da relação de emprego e figuram entre os fatores higiênicos. Se as pessoas percebem que esses fatores são insuficientes, tornam-se fatores de insatisfação e comprometem o desempenho. Outro efeito psicológico da relação de emprego ocorre quando as pessoas comparam seu nível de esforço e a compensação que recebem com os dos colegas. Se a comparação revela uma situação desvantajosa, também ocorre impacto negativo sobre o desempenho.

O contrato psicológico começa antes de a relação de emprego se concretizar, quando as pessoas tomam contato com as iniciativas de recrutamento e seleção, e formam imagens e expectativas sobre a organização. As práticas existentes dentro da organização, em seguida, atendem ou frustram essas expectativas. A construção de um contrato psicológico positivo, portanto, depende do alinhamento das necessidades da organização com as expectativas dos indivíduos. A função de gestão de pessoas tem papel importante no esclarecimento do contrato psicológico, no monitoramento das condições de trabalho e na definição de políticas que assegurem esse alinhamento.[5]

1.5 Dimensão cultural

A dimensão cultural da relação de emprego também se revela de diferentes maneiras.

- Para começar, a dimensão cultural diz respeito à maneira como as pessoas se relacionam quando há trabalho e comando envolvidos. Para ilustrar esse ponto, há uma história contada ao autor deste livro a propósito dos berberes, que chamam a si próprios de "homens livres". Na cultura berbere, não existe o conceito de empregado. A pessoa que trabalha para outra é colaborador e recebe uma parte acordada dos rendimentos que seu trabalho produz. Nesse tipo de relação, não há servidão nem dependência. Apenas colaboração mediante acordo. Há relação de trabalho, mas não de emprego.

- Mesmo na sociedade urbana e complexa do mundo globalizado, dominada por grandes corporações, a possibilidade persiste, por meio das formas cooperativas e participativas de trabalho e gestão. Em diversos países do mundo, existem as empresas formais geridas por seus próprios empregados – no Brasil, essa modalidade é conhecida como *economia solidária*. Relações desse tipo são igualitárias, mas, não obstante, há hierarquia. As empresas geridas por seus próprios empregados, à semelhança das empresas geridas por capitalistas, têm estrutura organizacional e cadeia de comando. As pessoas sabem que são iguais, mas aceitam a organização e a hierarquia como necessidade coletiva. Em termos de um dos indicadores de cultura de Hofstede (2010), essas são situações em que há pequena *distância do poder*.

O Índice de Distância do Poder de Hofstede avalia até que ponto as pessoas com menos poder dentro das organizações e das instituições, como a família, aceitam como natural a distribuição desigual do poder. Em outras palavras, o índice mede a aceitação do poder e da autoridade, do ponto de vista de quem está nos degraus de baixo da escada. Um Índice de Distância do Poder com valor alto significa que as pessoas aceitam que haja distribuição desigual de poder (o que abrange a riqueza). Na escala de Hofstede, os países da América Latina estão entre os que têm índice mais alto; os países nórdicos têm índice mais baixo.[6]

2 Sistemas legais na sociedade global

Dizer que a relação de emprego tem natureza legal-contratual é exprimir uma situação complexa em palavras simples. De fato, na sociedade global há pelo menos três sistemas legais que o estudante de gestão de pessoas deve conhecer. Os sistemas legais normatizam os direitos e deveres dos empregados e empregadores, assim como as relações entre as pessoas, entre as pessoas e as organizações, e entre as organizações. Além disso, os sistemas legais não operam isoladamente dentro de cada sociedade. Todos estão enquadrados em uma complexa rede formada por leis e regulamentos e por instituições, que afetam as relações de emprego e trabalho em associações regionais de países e mesmo em todo o mundo. Os três sistemas legais básicos que existem incluem o direito consuetudinário, os códigos civis e trabalhistas e os códigos religiosos.[7]

2.1 Direito Consuetudinário

O direito consuetudinário (*common law*) vigora nos países de tradição anglo-saxônica: Reino Unido, Estados Unidos e países da comunidade de língua inglesa. Segundo essa tradição, a Constituição enuncia princípios genéricos, aos quais todos se subordinam. O direito baseia-se nas tradições, segundo a interpretação da Constituição, e nos precedentes legais – a jurisprudência. A legislação vai sendo formada e as decisões são tomadas nos tribunais à medida que os problemas aparecem. As leis tendem a ser genéricas e as especificidades são criadas em função da intepretação das situações presentes. Se um caso não está previsto nas leis existentes, a interpretação é dada nos tribunais, com a presença de um júri, para decidir se os princípios gerais se aplicam. Não há, nos países que seguem essa tradição, um código específico para leis do trabalho.

2.2 Códigos civis e trabalhistas

Nos países de tradição latina, com raízes no direito romano, vigora a tendência oposta à do direito consuetudinário. Para tudo há leis, que são detalhadas e especificam os direitos e deveres das pessoas, em três códigos principais: comercial, civil e criminal. No caso brasileiro, há ainda um código trabalhista. Os dispositivos constitucionais precisam ser regulamentados por lei para terem validade. A interpretação dos comportamentos depende da existência de leis nas quais tenham sido previstos. Portanto, ninguém pode ser julgado por um desvio que não tenha sido previsto em lei.

2.3 Códigos religiosos

O terceiro tipo de sistema legal é o religioso. Entre os sistemas legais desse tipo, a lei islâmica, a Sharia, é a de maior alcance, com efeito sobre diversos países. A Sharia define a maneira como os muçulmanos devem viver; o caminho que devem seguir. É baseada no Corão (Qur'an), o texto sagrado do Islão, e nas tradições (Hadith), derivadas da vida do profeta Maomé (Muhammad). A jurisprudência islâmica, construída por autoridades religiosas, consiste na interpretação e refinamento da Sharia, estendendo seus princípios para abranger novos assuntos. Os juízes islâmicos aplicam a lei; mas a aplicação varia de um país islâmico para outro.

3 Legislação do trabalho na sociedade global

Na sociedade global, além de operar dentro de diferentes sistemas legais, as empresas e organizações, de forma geral, estão sujeitas à regulamentação internacional sobre o trabalho e o emprego, especialmente para proteção dos direitos do trabalhador. Essa regulamentação, em certos casos, tem força de lei; em outros, trata-se apenas de diretrizes. Aplicando-se a diferentes países, essa regulamentação é chamada de *supranacional*. A força de lei pode vir da própria regulamentação ou de sua transposição para as leis de cada país. Organismos e tratados internacionais produzem essa regulamentação: ONU, OMC, União Europeia, Nafta, Mercosul e outras, que serão analisadas em seguida. A ação desses organismos e instituições soma-se às iniciativas de alcance local que têm a mesma finalidade. Algumas dessas iniciativas estritamente nacionais acabam afetando o trabalho e o emprego das empresas nacionais quando atuam em outros países.

3.1 Organismos e tratados internacionais

Entre os principais organismos internacionais que têm alguma forma de atuação no campo das relações de emprego e trabalho, contam-se: Organização das Nações Unidas, Organização Internacional do Trabalho e Organização Mundial do Comércio.

3.1.1 Organização das Nações Unidas (ONU)

A ONU (United Nations – UN) não tem papel significativo direto na formulação de políticas sobre emprego e trabalho. Isso é responsabilidade de sua agência especializada, a Organização Internacional do Trabalho (OIT). No entanto, na ONU nasceu, em 1948, uma contribuição fundamental nesse campo: a Declaração Universal dos Direitos do Homem. Os direitos específicos do trabalhador estão previstos em seu artigo XXIII:

1. Toda pessoa tem direito ao trabalho, à livre escolha de emprego, a condições justas e favoráveis de trabalho e à proteção contra o desemprego.

2. Toda pessoa, sem nenhuma distinção, tem direito à igual remuneração por igual trabalho.

3. Toda pessoa que trabalhe tem direito a uma remuneração justa e satisfatória, que lhe assegure, assim como à sua família, uma existência compatível com a dignidade humana, e a que se acrescentarão, se necessário, outros meios de proteção social.

4. Toda pessoa tem direito a organizar sindicatos e neles ingressar para proteção de seus interesses.[8]

Em anos recentes, a ONU tem procurado dar visibilidade à Declaração. Com essa finalidade, em sua Assembleia Geral do ano 2000, a ONU produziu um conjunto compacto de princípios globais, que devem ser respeitados pelas empresas, nas áreas de direitos humanos, padrões de trabalho e ambiente

(Figura 3). Assim como a própria Declaração na qual se baseia, o Compacto Global, como é chamado, não tem força de lei, mas é iniciativa que depende da participação voluntária para que sejam adotadas práticas de boa cidadania corporativa.[9]

Direitos humanos

Princípio 1: As empresas devem apoiar e respeitar a proteção dos direitos humanos aclamados internacionalmente; e

Princípio 2: garantir que não sejam coniventes com abusos dos direitos humanos.

Trabalho

Princípio 3: As empresas devem apoiar a liberdade de associação e o efetivo reconhecimento do direito à negociação coletiva;

Princípio 4: a eliminação de todas as formas de trabalho forçado e compulsório;

Princípio 5: a efetiva abolição do trabalho infantil; e

Princípio 6: a eliminação da discriminação em todas as formas de emprego e ocupação.

Ambiente

Princípio 7: As empresas devem adotar uma abordagem preventiva para os desafios ambientais;

Princípio 8: adotar iniciativas para promover maior responsabilidade ambiental; e

Princípio 9: encorajar o desenvolvimento e a difusão de tecnologias ambientalmente amigáveis.

Anticorrupção

Princípio 10: As empresas devem trabalhar contra todas as formas de corrupção, inclusive extorsão e propina.

Figura 3 Os dez princípios do Compacto Global da ONU.

No mundo ideal, a Declaração seria desnecessária. No mundo real, não é. Quanto tempo ainda se passará até que todos os seus dispositivos tenham sido implementados, se é que algum dia serão? No artigo XX, a Declaração estabelece que:

1. Toda pessoa tem direito à liberdade de reunião e associação pacíficas.
2. Ninguém pode ser obrigado a fazer parte de uma associação.[10]

No Brasil, no qual a sindicalização é compulsória, este artigo é desrespeitado sistematicamente – paradoxalmente, em nome da defesa dos interesses dos trabalhadores.

3.1.2 Organização Internacional do Trabalho (OIT)

A Organização Internacional do Trabalho (International Labour Organization – ILO) é responsável pela definição e supervisão de convenções e recomendações que assegurem a qualidade das condições de trabalho, dos padrões de vida e do tratamento justo dos trabalhadores em todo o mundo. Foi fundada em 1919, como parte do Tratado de Versalhes, que encerrou a Primeira Guerra Mundial. A Conferência de Paz que preparou o Tratado de Versalhes tinha uma Comissão do Trabalho, chefiada por Samuel Gompers, então presidente da Federação Americana do Trabalho (American Federation of Labor – AFL). Em seu preâmbulo, a Constituição da OIT definiu as áreas para aprimoramento. Essas áreas continuam sendo relevantes na atualidade e muitas delas viriam a ser incorporadas à legislação do trabalho em diferentes países. As principais eram as seguintes:

1. Regulamentação das horas de trabalho, incluindo o número máximo de horas por dia e por semana.
2. Regulamentação da oferta de mão de obra, prevenção do desemprego e do salário mínimo.
3. Proteção do trabalhador contra doenças e riscos físicos produzidos pelo emprego.
4. Proteção das crianças, jovens e mulheres.
5. Previsão de proteção para a velhice e contra ferimentos; proteção dos interesses dos trabalhadores quando empregados em outros países que não o seu.
6. Reconhecimento do princípio da remuneração igual para trabalho de valor igual.
7. Reconhecimento do princípio da liberdade de associação.
8. Educação vocacional e técnica.

Em 1946, a OIT tornou-se agência especializada das Nações Unidas, composta por estados-membros, que congrega representantes de governos, das empresas e dos trabalhadores. Sua missão é promover o trabalho decente para todos. Nessa linha, desde sua fundação, a OIT desenvolveu e vem mantendo um sistema de *padrões internacionais de trabalho* (*international labor standards*), com o objetivo de promover oportunidades para que homens e mulheres encontrem trabalho decente e produtivo, em condições de liberdade, equidade, segurança e dignidade. Os padrões internacionais de trabalho compreendem convenções e recomendações que cobrem inúmeros assuntos, alguns dos quais estão na Figura 4 (cada item da lista corresponde a um documento específico).[11]

- Abolição do trabalho forçado.
- Proteção das crianças.
- Idade mínima para trabalhar.
- Liberdade de associação.
- Trabalho noturno de jovens (em fase de revisão).
- Igualdade de remuneração.
- Trabalhadores com responsabilidades familiares.
- Licença remunerada para educação.
- Salário mínimo.
- Segurança e saúde ocupacionais.
- Prevenção de grandes acidentes industriais.
- Proteção contra radiação.

Figura 4 Alguns itens cobertos pelos padrões internacionais de trabalho da OIT.[12]

Os padrões da OIT transformam-se em convenções e recomendações. Convenções são normas jurídicas que se tornam regras para as nações que as ratificam, passando a fazer parte de seu ordenamento jurídico interno. Para que um padrão assuma a estatura de convenção, é preciso que seja aprovado por dois terços dos delegados presentes a suas conferências internacionais. No Brasil, para terem força de lei, as convenções da OIT precisam de ratificação do Congresso Nacional. As recomendações são normas que não alcançaram número suficiente de adesões para se transformar em convenção. São sugestões aos países, para orientar seu direito interno.[13]

3.1.3 Organização Mundial do Comércio (OMC)

A Organização Mundial do Comércio (World Trade Organization – WTO) é o organismo internacional que trata das regras do comércio entre nações.

Capítulo 7

Foi criada em 1995, substituindo o GATT (*General Agreement on Trade and Tariffs*, Acordo Geral sobre Comércio e Tarifas), e congrega cerca de 160 países. É um organismo que faz o papel de fórum de negociações e tribunal. Na OMC, as tarifas e barreiras ao comércio internacional são negociadas e os conflitos, julgados. Se um país acha que está sendo prejudicado por outro, pode levar uma queixa para julgamento pela OMC. Por exemplo, o Brasil fez uma reclamação contra os subsídios dados pelo governo aos plantadores de algodão dos Estados Unidos, que prejudicavam suas exportações desse produto para aquele país; a União Europeia fez uma reclamação contra o Brasil, que não permitia a importação de pneus reciclados. A missão da OMC é facilitar o comércio entre os países que a integram, por meio de negociações e resolução de conflitos.[14]

A OMC não opera no campo das relações de emprego e trabalho, mas o assunto faz parte de sua agenda. Segundo alguns países, especialmente os EUA e a União Europeia, as nações que desrespeitam direitos dos trabalhadores, e que têm custos mais baixos da mão de obra, acabam tendo vantagens indevidas nos preços dos produtos que exportam. EUA, União Europeia e outros países, por isso, advogam a adoção de uma *cláusula social* nos tratados internacionais de comércio. A cláusula social imporia o respeito a direitos básicos do trabalhador (*core labor rights*), nesses tratados.[15] Embora os países-membros da OMC estejam comprometidos com esses direitos básicos – liberdade de associação, proibição de trabalho infantil e trabalho forçado, proibição de discriminação, inclusive de gênero – a cláusula social é um tema controverso no âmbito da organização. Os países que defendem a cláusula social afirmam que a ação normativa da OMC seria um incentivo poderoso para que seus integrantes melhorassem as condições de trabalho. Os países em desenvolvimento, por outro lado, afirmam que essa defesa da cláusula social é uma campanha para minar a vantagem competitiva de seus salários mais baixos, o que os excluiria do comércio internacional e impediria seu desenvolvimento econômico. A cláusula social criaria padrões muito elevados, que os países mais pobres não conseguiriam atingir em seu nível de desenvolvimento. Seria, portanto, uma forma de protecionismo para os países mais ricos.[16] O Brasil sempre se manifesta contrário à cláusula social, usando esse argumento. A mesma polêmica acompanha outras propostas de regulamentação, relacionadas com padrões sanitários e técnicos das exportações.[17]

Assim, embora o assunto seja discutido no âmbito da OMC, seus integrantes preferem deixar as questões relacionadas à regulamentação das condições de trabalho para o âmbito da OIT. As duas organizações trabalham juntas para estabelecer o que chamam de coerência na formulação de políticas globais de comércio e trabalho.

3.2 Associações e tratados regionais

Associações e tratados regionais são acordos entre países que se agrupam segundo algum critério, principalmente o geográfico, também chamados de *blocos econômicos*, e que procuram uniformizar suas práticas a fim de facilitar o intercâmbio de capitais, bens, serviços e pessoas. Assim como acontece com outras formas de regulamentação supranacional, os acordos podem ter diretamente força de lei ou devem ser incorporados à legislação de cada país para terem efeito. Os acordos regionais mais conhecidos são: União Europeia, Acordo de Livre Comércio da América do Norte (NAFTA), Mercosul, Comunidade Andina, Associação das Nações do Sudeste Asiático (ASEAN) e Cooperação Econômica Ásia Pacífico (APEC).

Em 1994, os Estados Unidos propuseram a criação da Área de Livre Comércio das Américas – ALCA (*Free Trade Area of the Americas* – FTAA), que eliminaria as barreiras alfandegárias entre os países americanos, do Alasca à Patagônia, com exceção de Cuba. Seria o maior bloco econômico do mundo, reunindo uma população de cerca de 850 milhões de pessoas e um PIB de US$ 20 trilhões. No entanto, a disparidade de interesses entre os países e o receio de que a economia dos Estados Unidos dominasse a dos demais países inviabilizaram a concretização do projeto, que está congelado desde 2005.

3.2.1 União Europeia

A União Europeia (UE) é o mais desenvolvido dos acordos regionais. É mais do que um tratado de natureza econômica, como o NAFTA ou o Mercosul. Os países integrantes da União Europeia têm instituições comuns, especialmente moeda única e mecanismos de governança, apesar de preservarem suas soberanias individuais. A UE começou em 1950, como Comunidade Europeia do Carvão e do Aço, fundada por seis países: Alemanha, Bélgica, França, Itália, Luxemburgo e Países Baixos. Em 1957, sob o Tratado de Roma, transformou-se em Comunidade Econômica Europeia (CEE ou EEC) ou Mercado Comum. Em 2009, com o Tratado de Lisboa, surgiu oficialmente a União Europeia. Atualmente (2012), compreende 28 países; há cinco países em fase de adesão e três países que são potenciais candidatos.[18] Sua população ultrapassa 500 milhões de pessoas e seu PIB está acima de 12 trilhões de euros, resultando em uma renda *per capita* global acima de 20.000 euros. A distribuição da riqueza é desigual. Sendo a renda *per capita* global da Europa igual a 100, a de Luxemburgo equivale a 283; a dos Estados Unidos a 149. A organização política da União Europeia é formada por um conjunto complexo de organismos, sendo os principais: Conselho Europeu, Conselho da União Europeia, Parlamento Europeu, Comissão Europeia, Tribunal de Justiça e Tribunal de Contas.[19] A União

Europeia tem extensa legislação relativa aos direitos das pessoas e ao trabalho, refletindo a preocupação com a *dimensão social*. Os principais dispositivos são:

1. **Estatuto dos Direitos Fundamentais** (*Charter of Fundamental Rights*). Este documento reconhece uma série de direitos pessoais, civis, políticos, econômicos e sociais dos cidadãos europeus e dos residentes na Europa, transformando-os em legislação europeia. Os direitos estão agrupados em capítulos: *dignidade*, *liberdades* (incluindo a liberdade de escolher uma ocupação e de trabalhar), *igualdade* (por exemplo, não discriminação). Há um capítulo sobre *solidariedade*, que trata dos direitos dos trabalhadores: informação e consulta com a empresa, negociação coletiva, acesso a serviços de colocação, proteção contra demissão injustificada, condições justas de trabalho, proibição de trabalho infantil e proteção dos jovens etc.[20]

2. **Estatuto Social Europeu** (*European Social Charter*). Este documento, criado em 1961 pelo Conselho Europeu e expandido em 1996, reconhece 31 direitos, muitos relacionados com o trabalho e o emprego. O Estatuto Social garante, por exemplo, o direito de trabalhar em condições seguras, de ser remunerado pelo trabalho e de entrar em greve. Os direitos aplicam-se a todos, independentemente de idade, gênero, condição física, religião, cor da pele ou idioma. O Comitê Europeu dos Direitos Sociais supervisiona a aplicação do Estatuto nos países que o aceitaram.[21]

3. **Direito do Trabalho** (*Labour Law*). O direito do trabalho é um conjunto de leis que definem os direitos e deveres dos empregados e dos empregadores da União Europeia. O direito do trabalho engloba dois temas principais:

    - **Condições de trabalho:** horas de trabalho, trabalho de tempo parcial e por tempo determinado, e alocação de pessoas a tarefas.

    - **Informação e consulta aos trabalhadores:** inclusive, para o caso de demissões coletivas e transferências de funções.

Essa legislação define os requisitos mínimos no âmbito da UE. Os países associados fazem a transposição desses requisitos para seu ordenamento jurídico interna, garantindo, assim, sua aplicação. As autoridades de cada país são responsáveis por essa aplicação, que é supervisionada pela Comissão Europeia. O Tribunal de Justiça da Europa tem o papel de solucionar conflitos e fornecer orientação para os tribunais nacionais a respeito da interpretação da lei.[22]

3.2.2 Acordo de Livre Comércio da América do Norte (NAFTA)

O Acordo de Livre Comércio da América do Norte (*North American Free Trade Agreement* – NAFTA) é um tratado que promove a integração de laços econômicos entre três países: Estados Unidos, Canadá e México. Quando foi criado, em 1992, surgiram protestos de sindicatos, pelos potenciais efeitos negativos sobre o nível de emprego, salários e condições de trabalho. Para responder a esses protestos, os três países assinaram um acordo complementar em 1993: o Acordo de Cooperação Trabalhista da América do Norte (*North American Agreement on Labor Cooperation* – NAALC). Em essência, por meio desse acordo complementar, os três países se comprometem a cumprir suas próprias legislações do trabalho, além de criar mecanismos de consulta para resolver problemas, quando houver diferenças de políticas e práticas, e de avaliação dessas diferenças, por meio de comissões de especialistas.[23]

3.2.3 Mercosul

Mercosul, Mercado Comum do Sul (em espanhol, Mercado Común del Sur – Mercosur), é uma união aduaneira, ou zona de livre comércio intrazona e política comercial comum. Em sua formação original, de 1991, o bloco era composto por Argentina, Brasil, Paraguai e Uruguai. Em 2012, a Venezuela ingressou no Mercosul. Bolívia, Chile, Colômbia, Equador e Peru são países associados.[24]

Em relação às questões trabalhistas, o território todo constitui uma Área de Livre Residência e Trabalho, com direito ao trabalho para todos os seus cidadãos, sem exigência de outro requisito além da própria nacionalidade. Pelo acordo que definiu esse direito, cidadãos de quaisquer países do Mercosul, natos ou naturalizados há pelo menos cinco anos, passam por processo simplificado na obtenção de residência temporária por até dois anos em outro país do bloco. As exigências são passaporte válido, certidão de nascimento, certidão negativa de antecedentes penais e, dependendo do país, certificado médico de autoridade migratória. De forma igualmente simples, a residência temporária, no decurso do prazo, pode se transformar em residência permanente com a mera comprovação de meios de vida lícitos para o sustento próprio e familiar.

Além das liberdades civis – direito de ir e vir, ao trabalho, à associação, ao culto e outros, do direito de reunião familiar e de transferência de recursos – o Acordo faz avanços em duas áreas importantes: a trabalhista e a educacional.

- No caso dos direitos trabalhistas, existe igualdade na aplicação da legislação trabalhista, além do compromisso de acordos de reciprocidade em legislação previdenciária. Existe ainda uma importante separação entre empregadores desonestos e direitos dos empregados: a migração forçada trará consequências aos empregadores, mas não afetará os direitos dos trabalhadores migrantes.

- No caso do direito à educação, os filhos dos imigrantes inserem-se em igualdade de condições com os nacionais do país de recepção. Isso indica que a mesma garantia que um Estado é obrigado a dar a seus cidadãos, também será obrigado em relação a qualquer cidadão dos países do Mercosul que habite seu país.

3.3 Extraterritorialidade

Extraterritorialidade, em termos de direito do trabalho, é a validade das leis em países diferentes das que as criaram. Em princípio, as leis nacionais somente têm validade interna. As leis supranacionais são aquelas elaboradas por organismos internacionais, como a OIT e a OMC, que têm validade nos diferentes países que as aceitaram. Algumas leis nacionais, no entanto, são extraterritoriais, na medida em que, apesar de nacionais, foram criadas para terem validade em outros países. Isso acontece em alguns casos bem definidos:

- As empresas globais de um país seguem suas leis em outros países.
- As empresas ou setores da economia que desejam operar em outros países adotam as leis desses outros países, mesmo em suas operações nacionais.

Os Estados Unidos são o país com maior número de leis que têm essa condição. Suas empresas, ao operarem em outros países, estão obrigadas a seguir a legislação local e a legislação americana. Na área trabalhista, são as seguintes as principais leis que as empresas americanas devem obedecer no exterior:

1. *Título (Cláusula) VII da Lei dos Direitos Civis de 1964 (Title VII, Civil Rights Act of 1964)*: proíbe a discriminação baseada em sexo, raça, cor, religião ou nacionalidade em qualquer situação de trabalho, da contratação até a demissão. A lei proíbe a discriminação, mas não a define. Conforme a tradição consuetudinária americana, os tribunais são encarregados de definir e interpretar a lei. As interpretações nos tribunais permitem diversas exceções ao Título VII. Entre elas, estão: requisitos ligados à execução da tarefa, como a capacidade de levantar determinado peso, quando essa atividade faz parte do trabalho; qualificações ocupacionais indispensáveis, como diploma de engenheiro para construir; avaliação da experiência, nas situações em que a experiência não é usada para discriminar; e sistemas de tratamento preferencial que reservam oportunidades para membros de grupos que foram vítimas de discriminação.[25] O Título VII exige que as organizações relacionem seus empregados de acordo com raça e sexo e enviem essa informação

à Comissão de Igualdade nas Oportunidades de Emprego (*Equal Employment Opportunity Comission* – EEOC) do Ministério do Trabalho (*Deparment of Labor*) dos Estados Unidos. Essa agência governamental fornece todas as informações sobre as proibições nas relações de trabalho, definidas na Lei dos Direitos Civis de 1964 e outros dispositivos legais. Além disso, tem a função de *law enforcement*, com poder para processar os que desrespeitam a lei.[26]

2. *Lei da Discriminação Etária no Emprego* (*Age Discrimination in Employment* – ADEA), de 1967: proíbe a discriminação contra pessoas com mais de 40 anos e estabelece padrões para a idade de aposentadoria.[27]

3. *Lei dos Americanos com Deficiências* (*Americans with Disabilities Act* – ADA), de 1991: proíbe a discriminação contra pessoas com necessidades especiais, exigindo que os empregadores providenciem acomodações adequadas para deficiências.[28]

A intenção dessa legislação é proteger cidadãos americanos que trabalham em companhias americanas no exterior, dando-lhes o direito de entrar com ações em tribunais nos Estados Unidos contra violações dessas leis, onde quer que essas violações aconteçam. Na visão dos legisladores e magistrados americanos, as leis americanas com efeito extraterritorial aplicam-se aos cidadãos americanos em qualquer lugar do mundo. Continua em dúvida, no entanto, a aplicabilidade dessas mesmas leis a cidadãos de outros países, que trabalham em empresas americanas no exterior. Como o mesmo princípio da extraterritorialidade é válido para qualquer outro país, deve ser embutido nas políticas de gestão de pessoas de todas as empresas globais.

Há outras leis americanas que não estão relacionadas diretamente com a legislação do trabalho, mas que acabam afetando indiretamente a gestão de pessoas em todo o mundo. Estão, neste caso, a Lei das Práticas de Corrupção no Exterior (*Foreign Corrupt Practices Act*) e a Lei Sarbanes-Oxley (SOX).

4 Relação de emprego no Brasil

No Brasil, a relação de emprego é regulamentada pela Consolidação das Leis do Trabalho (CLT), que surgiu em 1934, não como código com vida própria, mas como compilação das normas já existentes. No entanto, outras normas que se aplicam ao trabalho e ao emprego também constam da Constituição do Brasil desde 1946. A CLT, em seu artigo 442, baseia a relação de emprego no contrato de trabalho, tácito ou explícito. A CLT estabelece quatro elementos principais para definir o contrato de trabalho (e a relação de emprego), em seus artigos 2º e 3º:

1. *Pessoalidade.* Na relação de emprego, o empregado é pessoa física. Não existe relação de emprego quando o contratado é pessoa jurídica. A lei considera empregador a empresa individual ou coletiva.

2. *Continuidade.* A relação de emprego não tem caráter eventual; não é uma relação de prestação de serviços autônomos ou eventuais. O princípio da continuidade aplica-se igualmente aos contratos de trabalho com tempo determinado, que a lei brasileira estipula com duração máxima de dois anos.

3. *Subordinação ou dependência.* Na relação de emprego, o empregado é legalmente subordinado ao empregador. A lei investe no empregador o direito de dirigir, orientar, fiscalizar e, se for o caso, punir o empregado. A fundamentação desse direito de administrar o trabalho do empregado está no risco da atividade empresarial, assumida pelo empregador.

4. *Onerosidade.* É como os especialistas em direito do trabalho designam a obrigação de o empregador remunerar o empregado. É um princípio também chamado de contraprestação. O trabalho voluntário, sem remuneração, não configura relação de emprego.

4.1 Tipos de relação de emprego no Brasil

A detalhada legislação brasileira reconhece diferentes tipos não apenas de empregado ou trabalhador, mas também de empregador. Empregado é a pessoa física que presta serviços contínuos ao empregador, do qual é subordinado, mediante o pagamento de salário (artigo 3º da CLT). Além desse dispositivo genérico, reconhece a legislação brasileira diferentes tipos de empregado:[29]

1. *Empregado em domicílio.* Pessoa que presta serviços em sua própria residência.
2. *Aprendiz.* Menor de 14 anos a 18 anos, sujeito à formação profissional metódica de um ofício.
3. *Empregado doméstico.* Uma variante do empregado em domicílio, com a diferença de que não há finalidade de produzir lucro.
4. *Empregado rural.* Presta serviços em propriedade rural.
5. *Trabalhador temporário.* Uma variante do trabalhador contratado por tempo determinado, com disposições específicas. O trabalhador temporário é contratado por empresa de trabalho temporário, para prestação de serviços de necessidade transitória.
6. *Trabalhador autônomo.* Presta serviços por conta própria.

7. *Trabalhador eventual.* Contratado para prestar serviços de caráter finito. Não tem continuidade a relação de emprego.

8. *Trabalhador avulso.* Presta serviços sem vínculo empregatício a diversas empresas, obrigatoriamente por meio do órgão gestor de mão de obra (OGMO) ou sindicato da categoria profissional. Um dos exemplos mais conhecidos é o do estivador.

9. *Diretor de sociedade.* Empregado apenas no caso em que haja subordinação a um empregador.

10. *Estagiário.* Aluno regularmente matriculado em instituições de ensino, que trabalha dentro de condições especificadas pela Lei nº 6.494, de 1977.

11. *Empregado público.* Trabalhador contratado pela administração pública.

Empregador, segundo o artigo 2º da CLT, é a pessoa física ou jurídica que, assumindo os riscos de empreendimento, ou atividade econômica, admite, remunera e administra a prestação de serviços pessoais do empregado. As entidades que não têm atividade econômica, como as ONGs, as entidades beneficentes, o poder público, a massa falida, o espólio etc., também são considerados empregadores, assim como as empresas individuais.

4.2 Tipos de empregador no Brasil

Além das disposições genéricas, são reconhecidos os seguintes tipos de empregador:[30]

1. *Empresa de trabalho temporário.* Pessoa física ou jurídica, urbana, que disponibiliza trabalhadores a outras empresas.

2. *Empregador rural.* Pessoa física ou jurídica, proprietária ou não, que explora atividade agroeconômica, em caráter permanente ou temporário, direta ou indiretamente.

3. *Empregador doméstico.* Pessoa ou família que contrata empregado doméstico para atividade na residência. Não pode ser pessoa jurídica.

4. *Grupo de empresas.* Havendo uma ou mais empresas sob a administração de outra, são solidariamente responsáveis a empresa principal e cada uma das subordinadas, para efeito da relação de emprego.

5. *Consórcio de empregadores rurais.* União de produtores rurais, pessoas físicas, com a finalidade única de contratar empregados rurais.

6. *Empregador por equiparação.* Exclusivamente para os efeitos da relação de emprego, são equiparados a empregador: profissional autônomo, instituições de beneficência, associações recreativas ou outras instituições sem fins lucrativos, como os sindicatos.

EM RESUMO

Você terminou a leitura do Capítulo 7. Neste capítulo, você acessou uma visão panorâmica do contexto legal do trabalho na sociedade global. Chegando a este ponto, você deverá ter alcançado uma compreensão clara dos seguintes conceitos:

- O que são relações de emprego (com base no contrato de trabalho), relações de trabalho (todas as formas de prestação de serviços profissionais, inclusive as assalariadas) e relações com empregados (que envolvem as duas anteriores e mais as relações com órgãos que representam os empregados).
- As diferentes dimensões da relação de emprego: econômica, sociopolítica, legal-contratual, psicológica e cultural.
- Três sistemas legais básicos que afetam a gestão de pessoas na sociedade global: direito consuetudinário, códigos civis e trabalhistas, e códigos religiosos.
- Os principais organismos internacionais que atuam no campo das relações de emprego e trabalho: Organização das Nações Unidas, Organização Internacional do Trabalho e Organização Mundial do Comércio.
- As principais associações e tratados regionais e seus dispositivos legais que afetam o trabalho: União Europeia, Acordo de Livre Comércio das Américas, Mercosul, Comunidade Andina, Associação das Nações do Sudeste Asiático e Cooperação Econômica Ásia-Pacífico.
- Extraterritorialidade – a aplicação das leis locais em outros países.
- Os tipos de relações de emprego no Brasil.

Responda agora aos exercícios e questões propostas para este capítulo e avance, em seguida, para o estudo da etapa seguinte na história do trabalho.

EXERCÍCIOS E QUESTÕES PARA FIXAÇÃO E REFLEXÃO

1. No quadro a seguir, preencha as células, seguindo os exemplos da primeira linha.

Relações de emprego	Relações de trabalho	Relações com empregados
Você e a empresa em que é empregado.	Você e seu contador.	Empréstimo de uma sala da empresa para instalar o clube dos funcionários.

2. Assinale no quadro a seguir a que dimensões se referem cada um dos exemplos listados na primeira coluna. Para facilitar, a primeira linha está preenchida.

Eventos na relação de emprego	Econômica	Sociopolítica	Legal-contratual	Psicológica	Cultural
O salário que se recebe, seu valor relativo na sociedade e a satisfação que proporciona	X			X	
A diferença entre o salário mais baixo e o mais alto da empresa					
O sistema de participação nos lucros e resultados da empresa					
Obrigação de usar uniforme e equipamento de proteção individual					
Possibilidade de ser acionista da empresa					

Capítulo 7

Eventos na relação de emprego	Econômica	Sociopolítica	Legal-contratual	Psicológica	Cultural
Proteção do emprego dos líderes sindicais					
Participação de representantes dos empregados no conselho de administração da empresa					
Insatisfação com o desconforto do local de trabalho					
Expectativa dos chefes de que o empregado trabalhe além do horário legal					
Influência de políticos na nomeação de diretores das empresas estatais					

3. Explique quais são os direitos fundamentais dos trabalhadores, previstos nos diferentes sistemas de normas estudados neste capítulo: Declaração Universal dos Direitos do Homem, padrões da OIT, dispositivos legais da União Europeia etc.

4. O que é o Compacto Global da ONU?

5. Explique o que é extraterritorialidade e dê pelo menos um exemplo. Avalie se a extraterritorialidade é vantajosa ou se representa interferência de um país nos negócios de outro.

6. O que caracteriza a relação de emprego no Brasil?

REFERÊNCIAS

[1] JACKSON, Michael P. *Industrial relations*. 2. ed. London: Croom Helm, 1982, 1977.

[2] Adaptado de WILTON, Nick. *An introduction to human resource management*. London: Sage Publications, 2011.

[3] WILTON, Nick. *op. cit.*

[4] SCHEIN, E. H. *Career dynamics*: matching individual and organizational needs. Reading: Addison-Wesley, 1978.

[5] WILTON, Nick. *op. cit.*

[6] HOFSTEDE, Geert; HOFSTEDE, Gert Jan; MINKOV, Michael. *Cultures and organizations, software of the mind*. The McGraw-Hill Companies; eBook, 2010.

[7] BRISCOE, Dennis; SCHULER, Randall; TARIQUE, Ibraiz. *International human resource management*. 4. ed. New York and London: Routledge, 2012.

[8] Disponível em: <http://portal.mj.gov.br/sedh/ct/legis_intern/ddh_bib_inter_universal.htm>.

[9] Disponível em: http://www.unglobalcompact.org/docs/news_events/8.1/GC_brochure_FINAL.pdf.

[10] Disponível em: http://www.unglobalcompact.org/docs/news_events/8.1/GC_brochure_FINAL.pdf.

[11] Disponível em: <www.ilo.org>.

[12] Disponível em: <http://www.ilo.org/wcmsp5/groups/public/---ed_norm/---normes/documents/genericdocument/wcms_230305.pdf>.

[13] MARTINS, Sergio Pinto. *Fundamentos de direito do trabalho*. 3. ed. São Paulo: Atlas, 2003.

[14] Disponível em: <www.wto.org>.

[15] Disponível em: <http://jus.com.br/revista/texto/6548/a-adocao-de-uma-clausula-social-nos-tratados-da-omc#ixzz2HLDpBH9H>.

[16] Disponível em: <www.wto.org>.

[17] BRISCOE, Dennis; SCHULER, Randall; TARIQUE, Ibraiz. *op. cit.*

[18] Disponível em: <http://europa.eu/about-eu/countries/index_pt.htm>.

[19] Para mais detalhes em <http://europa.eu/about-eu/institutions-bodies/index_pt.htm>.

[20] Disponível em: <http://europa.eu/legislation_summaries/justice_freedom_security/combating_discrimination/l33501_en.htm>.

[21] Disponível em: <http://www.coe.int/T/DGHL/Monitoring/SocialCharter/>.

[22] Disponível em: <http://ec.europa.eu/social/main.jsp?catId=157&langId=en>.

[23] BRISCOE, Dennis; SCHULER, Randall; TARIQUE, Ibraiz. *op. cit.*

[24] Disponível em: <http://www.mercosul.gov.br/perguntas-mais-frequentes-sobre-integracao-regional-e-mercosul>.

[25] MILKOVICH, George T.; BOUDREAU, John W. *Administração de Recursos Humanos*. São Paulo: Atlas, 2000.

[26] Disponível em: <http://www.eeoc.gov/>.

[27] BRISCOE, Dennis; SCHULER, Randall; TARIQUE, Ibraiz. *op. cit.*

[28] _____. *op. cit.*

[29] MARTINS, Sergio Pinto. *op. cit.*

[30] _____. *op. cit.*

PARTE III
Cargos e Competências

Capítulo 8
CARGOS

Capítulo 9
GESTÃO DE PESSOAS COM BASE EM COMPETÊNCIAS

CAPÍTULO 8

Cargos

OBJETIVOS DO CAPÍTULO

Ao completar o estudo deste capítulo, você deverá ser capaz de compreender e explicar:

- Os conceitos de cargo e posição.
- A importância dos cargos para os processos de gestão de pessoas.
- O que é projeto de cargo.
- Os principais componentes dos cargos.
- O que é análise de cargos e qual sua principal finalidade.
- Principais métodos e ferramentas para analisar cargos.
- O que é a descrição de cargo e quais suas utilidades.
- O sistema O*NET de catalogação de ocupações.
- O impacto das características dos cargos sobre a motivação e o desempenho.
- Redesenho e enriquecimento de cargos.

Capítulo 8

INTRODUÇÃO

No centro dos processos da gestão de pessoas, está o trabalho. No centro do trabalho, está o *cargo*. Uma organização é um sistema de trabalho formado por pessoas que ocupam *cargos*. Cada cargo é um conjunto de tarefas e responsabilidades. Dependendo do tamanho da organização, pode haver diversas pessoas ocupando o mesmo cargo, com tarefas praticamente idênticas – por exemplo, os professores de uma escola ou os montadores em uma linha de produção.

Cargos e posições

Nesses casos, dos professores ou montadores, há diversas *posições* ou *postos de trabalho* para o mesmo cargo. Em qualquer organização, há tantas posições quantas são as pessoas empregadas, embora o número de cargos possa ser menor:

Número de posições = Número de pessoas > Número de cargos

Algumas pessoas ocupam cargos únicos, com tarefas singulares e diferentes das tarefas de outras pessoas. Há apenas uma posição para esses cargos – por exemplo, o cargo de presidente da empresa ou de cientista principal de um centro de pesquisas. Também se pode dizer que há apenas um cargo de presidente ou de cientista principal.

Cargos e processos da gestão de pessoas

Os cargos operacionalizam as relações entre empregados e empregadores. É por meio dos cargos que as pessoas trabalham, são recrutadas, selecionadas, treinadas, desenvolvidas, avaliadas e remuneradas. Praticamente todos os processos de gestão de pessoas dependem dos cargos.

1 Projeto de cargos: de que se trata

O projeto ou desenho de cargo consiste em definir o conjunto das tarefas, deveres e responsabilidades que compõem o trabalho individual. O processo de desenhar um cargo, visto em uma perspectiva sistêmica, consiste em definir quais componentes (ou insumos, como mostra a Figura 1) serão combinados para executar quais tarefas e produzir quais resultados.

Figura 1 Visão sistêmica do desenho de cargos.

Muitos tipos de componentes são considerados no processo de desenhar e redesenhar cargos: tarefas, materiais, métodos, equipamentos, qualificações do trabalhador etc. Esses componentes agrupam-se em quatro categorias, também chamadas de características ou dimensões dos cargos. São, por assim dizer, os "materiais de construção" dos cargos. Em seguida, analisaremos esses componentes, retratados na Figura 2.[1]

Características da tarefa	Características das competências	Características sociais	Características do contexto
• Amplitude • Autonomia • Significado • Identidade • *Feedback*	• Complexidade • Variedade • Processamento de informações • Resolução de problemas • Especialização	• Interdependência • Interação	• Ergonomia • Exigências físicas • Condições de trabalho • Uso de equipamentos

Figura 2 Componentes ou "materiais de construção" dos cargos.[2]

2 Tarefas e suas características

As tarefas são o principal componente dos cargos. Todo cargo é feito de *tarefas* ou atividades físicas, intelectuais ou sociais (relacionamentos). As *tarefas* dividem-se em *elementos*. Os cargos que se encontram em diferentes organizações, ou quando são vistos na perspectiva das profissões, são chamados de *ocupações*:

- *Elemento*: menor segmento em que se consegue dividir o trabalho de maneira prática, separando ações e processos mentais em pequenas partes. Por exemplo, "cortar pão para fazer sanduíche".

- *Tarefa*: conjunto de dois ou mais elementos que formam atividade distinta, constituindo etapa lógica e necessária para o desempenho de qualquer trabalho. Por exemplo: "fazer sanduíche".

- *Posição*: conjunto de tarefas que constituem o trabalho total designado a um trabalhador. Por exemplo: "motorista do ônibus NCC-1701" ou "sanduicheiro".

- *Cargo*: grupo de posições na organização, cujas tarefas mais importantes são idênticas e suficientemente semelhantes para justificar uma única análise de cargo. Por exemplo: "motorista de ônibus urbano" ou "sanduicheiro". Há tantas posições de motorista de ônibus urbano quantos são os ocupantes do cargo de motorista de ônibus urbano. O mesmo vale para sanduicheiro.

- *Ocupação*: grupo de cargos encontrados em mais de uma organização, nos quais se desempenha um conjunto de tarefas que são comuns ou que têm objetivos ou empregam metodologias, materiais, produtos, ações e características dos trabalhadores similares. Por exemplo: "motorista de ônibus", "professor/a", "enfermeiro/a".[3]

De acordo com o referencial em que foram publicadas, essas categorias são relativas. Como mostra a Figura 3, a tarefa em um cargo pode ser o cargo inteiro em situação diferente. As semelhanças e diferenças precisam ser estabelecidas com precisão. Se os cargos são similares, a remuneração deve ser a mesma; havendo diferenças no conteúdo, poderá haver diferenças de remuneração. Este princípio, sustentado por dispositivo legal, é válido em muitos países.

Título do cargo	Cozinheiro	Sanduicheiro	Cortador de frios
Descrição resumida do cargo	Prepara e cozinha alimentos sob encomenda	Prepara sanduíches	Corta frios e queijos à mão ou com máquina (o que é elemento no cargo do cozinheiro é o cargo total do cortador de frios)
Exemplo de tarefa do cargo	Prepara sanduíches	Corta frios e queijos à mão ou com máquina	
Exemplo de elemento da tarefa	Corta frios e queijos à mão ou com máquina		

Figura 3 Relatividade das definições.[4]

Vejamos agora as características das tarefas: amplitude, autonomia, significado, identidade e *feedback*.

2.1 Amplitude

Amplitude é o mesmo que *variedade* das tarefas. Quanto maior o número de tarefas diferentes realizadas pelo trabalhador, maior amplitude tem seu cargo.

O conceito de amplitude não se aplica ao número de vezes que a tarefa é executada. O *motoboy* pode entregar inúmeras encomendas por dia, mas só tem uma tarefa. No entanto, o conceito de variedade de tarefas também se aplica às circunstâncias nas quais o trabalho é realizado. Mudando as circunstâncias, é necessário fazer adaptações nos métodos, ferramentas e mesmo nas tarefas. Realizar entregas em dias de chuva ou de sol, no centro da cidade ou na periferia, em regiões conhecidas ou desconhecidas, em horários de pico ou de trânsito tranquilo – são circunstâncias diferentes, que aumentam a amplitude e as dificuldades enfrentadas pelo trabalhador.

2.2 Autonomia

A *autonomia* define-se como poder que o trabalhador tem para decidir como, quando, com quais métodos e ferramentas e até mesmo onde realizar o trabalho. Eventualmente, até mesmo qual trabalho realizar. Em essência, a autonomia (também chamada de *profundidade*) é medida pelo exercício do poder de decisão, que tem como contrapartida a responsabilidade: quem decide é responsável pelos resultados de suas decisões. Para algumas pessoas, a autonomia e a responsabilidade podem ser fatores de motivação. Outras, no entanto, podem abdicar da autonomia e preferir que alguém decida por elas.

Há diferentes graus de autonomia que variam de uma situação para outra.

- Em um desfile militar, não há nenhuma autonomia.
- No desfile das escolas de samba, a autonomia é um pouco maior. Há algum espaço para improvisação, mas os horários são rígidos e as posições, fixas.
- Em uma banda de *jazz*, há mais autonomia que em uma orquestra sinfônica.
- Na produção cinematográfica, quem decide é o diretor. Os atores, embora com espaço para improvisação, seguem ordens. Estão perto do meio da escala.

A falta de autonomia reflete-se na obediência. A obediência pode ser por causa de uma figura de autoridade, como um superior hierárquico, o maestro ou o diretor do filme, ou a uma rotina de trabalho que não pode ser rompida. A falta de autonomia tanto pode ser inerente ao tipo de trabalho – como no desfile militar – ou fruto do modelo de gestão de pessoas. No trabalho das linhas de montagem, a profundidade é praticamente nula por causa do modelo de gestão de pessoas, subordinado ao processo produtivo.

A autonomia também se relaciona com o tipo de estrutura organizacional. As estruturas enxutas, com poucos chefes, empurram o poder de decisão para baixo, aumentando nesse nível a autonomia dos ocupantes de cargos.

2.3 Significado para outras pessoas

Significado (ou importância) da tarefa é o grau em que o cargo tem impacto substancial sobre as vidas ou o trabalho de outras pessoas, seja dentro da organização ou no ambiente externo.[5] Nesse sentido, o trabalho de policiais, pilotos de aviões, médicos, motoristas de ônibus, por exemplo, tem significado em alto grau. Das pessoas que se dedicam a essas profissões dependem a segurança, o conforto físico e psicológico e mesmo a vida de outras pessoas.

2.4 Identidade da tarefa

É o grau em que o cargo exige a realização de um trabalho completo, com resultado visível que vai sendo construído do começo ao fim.[6] O trabalho dos artesãos tem elevado grau de identidade. O artesão praticamente começa selecionando a matéria-prima (por exemplo, madeira) e termina quando a obra está pronta (por exemplo, uma peça de arte). Um analista que prepara dados para a elaboração de um relatório, por outro lado, tem baixo grau de identidade da tarefa.

2.5 *Feedback* do trabalho

O *feedback* do trabalho refere-se ao grau de informação relevante que o trabalhador recebe do próprio trabalho, não de outras pessoas. Um piloto de Fórmula 1, por exemplo, tem alto grau de *feedback* de seu trabalho. A informação sobre seu desempenho em comparação com a dos demais competidores é imediata. No outro extremo, muitos gerentes experimentam a frustração de somente saber os efeitos de suas decisões muito tempo depois de elas terem sido tomadas.[7]

3 Características das competências

Uma característica intrínseca dos cargos é a necessidade de conhecimentos, habilidades e outras competências que o ocupante deve ter ou adquirir para executar as tarefas. Toda profissão e todos os cargos dentro dela exigem conhecimentos e outras competências em algum grau.

3.1 Complexidade

A complexidade das competências é reflexo da complexidade do cargo e dificuldade de realizar as tarefas. Esta característica dos cargos e das competências que eles exigem pode ser exemplificada com o cargo do operário em uma linha de montagem. Na linha de montagem clássica (que segue o modelo original da Ford), os operários realizam tarefas extremamente simples – o exemplo também clássico é apertar parafusos. Não são necessárias muitas competências além das físicas, como força, velocidade e atenção.

Nas linhas de montagem mais avançadas, o montador é um engenheiro que opera equipamentos de alta tecnologia. Além das competências físicas, seu cargo requer competências intelectuais e sociais, uma vez que, frequentemente, o trabalho deve ser feito em grupo. Um trabalho que exige conhecimentos de matemática e computação é mais complexo que outro, que demanda apenas destreza física.

3.2 Variedade das competências

Quanto mais acentuadas as diferenças entre as tarefas, mais numerosas também são as competências exigidas. Se um trabalhador está na linha de montagem em um momento e em um círculo de qualidade em outro, a amplitude de seu trabalho aumenta, assim como a necessidade de competências diferentes para lidar com as duas situações. A amplitude das tarefas tem como contrapartida a amplitude das habilidades ou competências.

3.3 Processamento de informações

O processamento de informações refere-se à quantidade, variedade e natureza das informações que devem ser processadas – adquiridas, interpretadas, produzidas e utilizadas – pelo ocupante do cargo. O "cargo" de estudante, por exemplo, compreende quase exclusivamente o processamento de informações. Se as tarefas escolares são realizadas coletivamente, trata-se de uma opção metodológica que acrescenta o componente social, mas o predomínio é do processamento de informações. O cargo de analista, em qualquer área de ocupação, também é feito essencialmente de avaliação e interpretação de informações. Em certos casos, o processamento de informações envolve competências sofisticadas, como a leitura e interpretação e mesmo a produção de tabelas, gráficos e relatórios de tendências. A interpretação de dados sobre a qualidade, em forma de cartas de controle e outros recursos, é um componente de processamento de informações no trabalho do operador nas modernas linhas de montagem.

3.4 Resolução de problemas

A resolução de problemas é a característica associada ao enfrentamento de situações que, mesmo sendo repetitivas, não são rotineiras e não têm protocolo ou tratamento padronizado. Essas situações exigem capacidade de diagnóstico, geração e avaliação de alternativas e tomada de decisão, às vezes muito rapidamente. É o caso do trabalho dos bombeiros e dos médicos de prontos-socorros: o trabalho abrange uma sucessão de emergências, cada uma delas singular, diferente da anterior e da próxima, possibilitando o acúmulo de experiências que servem como "dicionário de alternativas", continuamente aumentado. Compare esse trabalhador com o burocrata que trabalha no cartório, batendo carimbos e assinando cópias autenticadas: nenhum risco, nenhum problema a resolver. Quando não há resolução de problemas, o trabalhador pode ser substituído por um *software* ou por algum tipo de sistema que o próprio usuário opera.[8] É o que aconteceu, por exemplo, com os ascensoristas.

3.5 Especialização

Quanto menor a amplitude, mais especializado o cargo é. Cargos especializados podem exigir *profundidade de conhecimentos e competências* de seus ocupantes. Por exemplo, o comprador de suprimentos hospitalares é um especialista que precisa conhecer praticamente tudo sobre os produtos que compra e seus usos, os fornecedores, os preços, os prazos de entrega e pagamento, os requisitos e os procedimentos para importação e assim por diante. A especialização, neste exemplo, implica variedade e complexidade das competências. Promovido a gerente de compras, a mesma pessoa torna-se menos especializada e a variedade das tarefas aumenta. Por outro lado, há cargos de extrema simplicidade, compostos apenas de uma tarefa ou de um número muito pequeno de tarefas, que são executadas mecanicamente e não exigem praticamente nenhuma competência. Lembremos o ascensorista novamente.

4 Características sociais

As características sociais envolvem as relações humanas *para realizar* o trabalho. Há cargos que não têm nenhum conteúdo relacional, mesmo que sejam executados com outras pessoas envolvidas. Por exemplo: motoristas de ônibus. A necessidade de contato humano para a realização da tarefa envolve a *interação* e a *interdependência*.

4.1 Interação

A *interação* refere-se aos contatos com outras pessoas, exigidos do ocupante do cargo ou que fazem parte intrínseca de suas tarefas. Um dos exemplos mais evidentes é o vendedor de automóveis. Praticamente nenhum consumidor final compra automóveis sem contato visual e físico com o produto e sem a intervenção de um vendedor. O vendedor, por outro lado, não consegue trabalhar sem a relação com o cliente. Vendedores de muitos produtos, atendentes, médicos trabalhando como clínicos gerais e controladores de voo são exemplos de profissionais cujos cargos exigem *interação*, mas não interdependência: eles podem trabalhar sozinhos.

4.2 Interdependência

A *interdependência* refere-se à necessidade de o ocupante do cargo articular-se com outras pessoas para executar suas tarefas. O clínico geral não tem interdependência, mas o cirurgião, sim. É também o caso dos esportes coletivos, das orquestras, das equipes de bombeiros e de toda forma de produção coletiva. Há inúmeras oportunidades para o trabalho coletivo com interdependência: desenvolvimento de sistemas e produtos, por meio de equipes virtuais, distribuídas em todo o mundo, todas as formas de criação coletiva e grupos de implantação de aprimoramentos de qualidade e eficiência são algumas delas.

5 Características do contexto

O contexto é formado pelos componentes do ambiente de trabalho. Não é o mesmo conceito usado no modelo de Herzberg, que estudamos no Capítulo 5. Lá, o *contexto do trabalho* abrangia o ambiente psicológico criado pelos colegas, chefes e políticas da organização. Aqui, o *contexto do cargo* compreende as circunstâncias concretas dentro das quais as tarefas são realizadas. Esses componentes são os seguintes:

5.1 Ergonomia

A ergonomia foi definida no Capítulo 2 como a adaptação do trabalho ao funcionamento físico e cognitivo do ser humano. É avaliada pelo grau de conforto que o trabalhador experimenta quando executa as tarefas e pelos impactos provocados sobre o corpo, em função da postura que é obrigado a adotar e dos movimentos que é obrigado a fazer. Se você gosta de morangos e alcaparras, imagine como é difícil o trabalho do colhedor. Pense também na passadora de roupas na lavanderia. Todos esses trabalhadores e muitos outros correm sérios riscos de desarranjos físicos causados por movimentos desconfortáveis que devem fazer, o dia todo, todos os dias.

5.2 Exigências físicas

O nível das exigências físicas está relacionado não com o tipo de movimento ou a postura, mas com a intensidade da força física que o ocupante do cargo precisa exercer. Carregador de piano é mais do que o título de um cargo que exige grande dispêndio de energia física; é também uma alegoria das pessoas que se esforçam enquanto outras se beneficiam desse esforço. Recepcionistas, policiais e vendedores de imóveis que precisam ficar em pé horas a fio, carregadores de todos os tipos, motoristas de caminhão e estivadores, entre muitos outros, são profissionais submetidos a intensas exigências físicas, que também, assim como a falta de ergonomia, podem cobrar um alto preço com o tempo.

5.3 Condições de trabalho

As condições de trabalho referem-se ao ambiente físico em que o trabalho é desempenhado. O ambiente inclui fumaça, poeira, ruído e temperaturas extremas que podem afetar a segurança, o desempenho e a satisfação dos trabalhadores. Se você se alistou para trabalhar na base da Antártica, em que a temperatura pode chegar a –60 °C, o frio faz parte de sua escolha e você não pode reclamar. Se você foi mandado para lá a contragosto e preferia trabalhar em Salvador, a situação é bem diferente. Se você é engenheiro civil e trabalha como gerente de grandes obras, corre mais riscos do que seu colega sediado no escritório central da empresa, o dia todo no ar condicionado.

5.4 Uso de equipamentos

Os equipamentos são uma categoria dentro das condições de trabalho. Nesta categoria, estão os *operadores de equipamentos* – como veículos, prensas, empilhadeiras, tratores, guindastes e todos os tipos de máquinas. O uso de equipamentos reflete a complexidade da tecnologia no trabalho e impacta as responsabilidades do trabalhador, assim como seu salário. Quanto mais valiosos os equipamentos operados pelo trabalhador, mais valor tem seu cargo na estrutura de salários da empresa. O uso de aparelhos de tecnologia da informação – como *notebooks*, calculadoras, celulares e *tablets*, a menos que façam parte de equipamentos como os citados – não é considerado dentro desta categoria.

6 Métodos de análise de cargos

Análise de cargos é o processo de adquirir, classificar e documentar todas as informações relevantes sobre cargos. A finalidade principal da análise de cargos é produzir *descrições de cargos*. A análise e a descrição de cargos precisam de atualização constante. Primeiro, as profissões e os cargos dentro delas surgem, evoluem e desaparecem continuamente. As novas tecnologias e metodologias as trazem e exterminam as existentes. Segundo, qualquer alteração nos processos da organização impacta atividades nas quais estão envolvidos diversos cargos. Mudando os processos, muda o conteúdo desses cargos e alguns deles podem ser eliminados. Mudando o conteúdo, novas descrições precisam ser feitas.

Analisar cargos é o trabalho do *analista de cargos e salários*. O analista pode fazer seu trabalho de diferentes maneiras. O método convencional consiste em observar e entrevistar o trabalhador e fazer anotações. Aqui, o analista enfatiza a identificação das tarefas como as observa ou conforme o ocupante as descreve, podendo usar ou não algum tipo de estrutura analítica, ou classificação disponível. O método convencional nasceu com a administração científica, como *estudo de tempos e movimentos*. A preocupação dos engenheiros que faziam o estudo de tempos e movimentos, como indica o nome da técnica, era reduzir e padronizar o número de movimentos e diminuir o tempo de sua execução, para aumentar a eficiência do trabalho. O estudo de tempos e movimentos e a moderna análise de cargos até hoje são usados (também) para essa finalidade.

Além do método convencional, os analistas contam com diversas ferramentas: questionários pré-fabricados, listas de tarefas, bases de dados e outras. Em sua maioria, essas ferramentas, assim como o estudo de tempos e movimentos, são clássicas: foram desenvolvidas há muito tempo e sua solidez é comprovada por sua repetida utilização. A experiência de décadas com a análise e descrição de cargos permitiu a formação de enormes bancos de dados. Um dos mais importantes é o sistema O*NET, que foi instalado na virada do milênio e substituiu outros recursos. Nesta parte do capítulo, estudaremos as principais ferramentas disponíveis, inclusive esse sistema.

6.1 Questionário de análise de posição

O *questionário de análise de posição (Position Analysis Questionnaire –* PAQ) é um instrumento de análise de cargos, desenvolvido por McCormick, Jeanneret e Mecham (1972), com base em projeto de 1969.[9] É de concepção *orientada para o trabalhador (worker-oriented)*, porque foi concebido para descrever atividades e comportamentos de todos os tipos de trabalhador, independentemente do cargo ocupado. O PAQ original consiste em 194 afirmações, chamadas de *elementos*, que descrevem comportamentos do trabalhador. Esses elementos estão agrupados em seis categorias (ou *divisões*):

1. *Aquisição de informação (information input)*: onde e como o trabalhador obtém as informações sobre o trabalho que realiza.

2. *Processos mentais (mental processes)*: processos de raciocínio, tomada de decisão e planejamento usados para realizar o trabalho.

3. *Resultados do trabalho (work output)*: atividades físicas e ferramentas usadas na execução das tarefas.

4. *Relações humanas (relationships with others)*: relações sociais necessárias para a execução das tarefas.

5. *Contexto do cargo (job context)*: ambiente físico e social.

6. *Outras características do cargo*: não incluídas nas categorias anteriores (como ritmo de trabalho).

Cada elemento é avaliado com base em uma escala: frequência de uso, importância, tempo despendido, possibilidade de ocorrência e aplicabilidade. A Figura 4 apresenta parte de uma página do PAQ original.[10] Trata-se de documento que requer escolaridade para ser lido e preenchido. Por isso, é usado como roteiro de entrevista por analistas com formação de nível superior.

Ao longo de muito tempo de uso, as análises feitas com base no PAQ geraram grande volume de dados. Esses dados têm sido usados para pesquisar a existência de elementos comuns a todos os cargos. As conclusões dessas pesquisas indicam quais são esses elementos comuns a todos os cargos, representados na Figura 5.

Atualmente, o PAQ de McCormick tem 187 elementos e pertence a uma empresa de consultoria de recursos humanos, que o vende.[13] As designações PAQ e JAQ (*Job Analysis Questionnaire*) são usadas por instrumentos similares, alguns desenvolvidos por empresas para uso interno.

6.2 Análise funcional de cargos

A *análise funcional de cargos* (*Functional Job Analysis* – FJA) foi desenvolvida pelo Departamento do Trabalho dos Estados Unidos. É um guia de observação a ser usado por analistas treinados para fazer anotações e construir descrições de cargos. A concepção da FJA classifica os elementos do trabalho em três categorias (funções): *usar processos mentais para tratar DADOS, interagir com PESSOAS* e *manipular ou relacionar-se com COISAS* (Figura 6). Cada função divide-se em tarefas específicas (por exemplo, *negociação*). Cada tarefa é avaliada em termos do envolvimento do trabalhador (por exemplo, 50 % do tempo são despendidos com negociação).

ATIVIDADES INTERPESSOAIS	CÓDIGO	IMPORTÂNCIA
Esta parte do questionário lida com os diferentes aspectos das relações interpessoais envolvidas em diversos tipos de trabalho, inclusive comunicações.	---	Não se aplica
	1	Mínima
	2	Baixa
	3	Média
	4	Alta
	5	Extrema

COMUNICAÇÕES

Avalie os itens a seguir de acordo com a escala acima, indicando a importância da atividade para o cargo. Anote o número correspondente ao grau de importância na primeira coluna.

Oral (comunicação pela fala)

Aconselhar (lidar com pessoas a fim de aconselhar, e/ou orientá-las em problemas que podem ser resolvidos por meio de princípios legais, científicos, clínicos, espirituais e/ou de outra natureza.

Negociar (lidar com outros a fim de alcançar acordos ou soluções; por exemplo, negociações trabalhistas, diplomáticas etc.).

Persuadir (lidar com outros a fim de influenciá-los na direção de alguma ação ou ponto de vista, por exemplo, vendas, campanhas políticas etc.).

Instruir (treinamento formal ou informal e/ou ensino de outras pessoas).

Entrevistar (realizar entrevistas para algum objetivo específico; por exemplo, entrevistar candidatos a emprego, fazer pesquisas de recenseamento etc.).

Trocar informações (fornecer informação para outros indivíduos ou deles receber informação, como despacho de táxis, encomendas de materiais, agendamento de compromissos etc.).

Falar em público (fazer discursos ou apresentações formais diante de públicos relativamente grandes; por exemplo, discursos políticos, transmissão de rádio/televisão, fazer sermões etc.).

Escrita (comunicação por meio de material escrito ou impresso)

Escrever (por exemplo, escrever mensagens, relatórios, textos de peças de propaganda, artigos etc.).

Outras formas de comunicação

Sinalizar (comunicar-se por meio de algum tipo de sinal; por exemplo, sinalização manual, bandeiras, assobios, clarins, sinos, luzes etc.).

Codificar (teletipo, telégrafo, criptografia etc.).

Figura 4 Adaptação de uma página do PAQ original.[11]

Capítulo 8

Responsabilidades que envolvem comunicação, tomada de decisão e relações sociais	Trabalho com pessoas, supervisão e planejamento de atividades.
Desempenho de atividades que exigem habilidades	Uso de ferramentas ou instrumentos técnicos, trabalho manual de precisão.
Atividade física e condições ambientais correlatas	Atividades que exigem o pleno uso do corpo e o ambiente em que isso acontece: carregar malas no aeroporto.
Operação de veículos e equipamentos	Trabalho com máquinas, que exige o uso de processos sensoriais e perceptuais.
Processamento de informação	Trabalho com dados de todos os tipos, envolvendo ou não o uso de máquinas como os computadores.

Figura 5 Os elementos comuns a todos os cargos.[12]

Dados	Pessoas	Coisas
0 Sintetizar, pensar de forma holística e conceitual	0 Orientar e aconselhar (*mentoring*)	0 Preparar (*setting up*)
1 Coordenar, planejar, implementar, gerenciar	1 Negociar	1 Trabalho de precisão
2 Analisar, pesquisar, experimentar, investigar	2 Dar instruções, ensinar, treinar, demonstrar	2 Operar-controlar equipamento estacionário
3 Compilar, juntar, classificar, armazenar	3 Supervisionar	3 Conduzir-operar equipamentos móveis ou pesados
	4 Influenciar deliberadamente (*diverting*)	
4 Calcular (*computing*)	5 Persuadir, convencer	4 Manipular processos relacionados com materiais
5 Copiar, duplicar, gravar, enviar	6 Falar-fazer sinais	5 Cuidar, monitorar, ajustar equipamentos (*tending*)
6 Comparar, reconhecer semelhanças e diferenças	7 Atender, prestar serviço (*serving*)	6 Tirar-colocar materiais em máquinas (*feeding-off bearing*)
	8 Receber instruções-ajudar	7 Manejar (trabalho manual)

Figura 6 Escalas da análise funcional de cargos.[14]

6.3 Observação estruturada

Observação estruturada é um método de pesquisa, usado por Henry Mintzberg (1973) para desenvolver um conhecido estudo sobre o trabalho dos gerentes. Com este método, o pesquisador acompanha o objeto de estudo (no caso de Mintzberg, cinco executivos). Cada atividade do executivo, como uma conversação ou a análise de uma informação recebida, é anotada e classificada pelo observador, em categorias como duração, finalidade e participantes.

Empreendido no final da década de 1960, para seu projeto de doutoramento, o estudo de Mintzberg retratou uma realidade que não existe mais no trabalho gerencial, mas os princípios permanecem. Três tipos de registros foram usados por Mintzberg para fazer a observação estruturada:

- O *registro do correio* descrevia cada correspondência que entrasse ou saísse.
- O *registro dos contatos* descrevia cada contato verbal.
- O *registro cronológico* complementava os dois anteriores e descrevia, em forma de página de agenda, as atividades do executivo a cada momento, ao longo do dia (Figura 7).

Mintzberg concluiu que os executivos estudados despendiam muito mais tempo com a resolução de problemas pontuais do que com atividades empreendedoras, como a atividade de cuidar do futuro da organização. A publicação de sua pesquisa, na década de 1970, despertou grande interesse tanto na comunidade acadêmica quanto na empresarial.[16] Um de seus leitores, Andrew Grove, pioneiro da indústria dos semicondutores e CEO da Intel, aplicou o método do registro cronológico em suas próprias atividades. Com base nessa aplicação, Grove (1983) desenvolveu a ideia das *atividades de alta alavancagem* (*managerial leverage*, no original). São as atividades (como o desenvolvimento da equipe, a auto-organização e o planejamento) que liberam o executivo das tarefas operacionais, permitindo-lhe dedicar-se ao empreendedorismo.[17]

6.4 Técnica do incidente crítico

Assim como os métodos usados por Mintzberg, a técnica do incidente crítico é uma ferramenta antiga e duradoura. É usada para estudar os requisitos do desempenho eficaz. Tem amplo espectro: pode ser usada para estudar esses requisitos em pessoas envolvidas em qualquer tipo de atividade ou ocupação – professores, estudantes, tripulantes, comandantes militares e até mesmo donas de casa.

Categoria
- Total de horas trabalhadas
- Horas de deslocamento para reuniões externas
- Horas de reuniões noturnas
- Volume total de correio
- Volume médio de correio processado por dia
- Número total de atividades

Trabalho na mesa
- Número de sessões
- Tempo de trabalho na mesa
- Duração média
- Proporção do tempo: 22 %

Ligações telefônicas
- Número de chamadas
- Tempo no telefone
- Duração média
- Proporção do tempo: 6 %

Reuniões programadas
- Número de reuniões
- Tempo em reuniões
- Duração média
- Proporção do tempo: 59 %

Reuniões não programadas
- Número de reuniões
- Tempo em reuniões
- Duração média
- Proporção do tempo: 10 %

Caminhadas pela empresa
- Número de caminhadas
- Tempo em caminhadas
- Duração média
- Proporção do tempo: 3 %

Figura 7 Análise do registro cronológico, mostrando as principais atividades de cinco executivos e a porcentagem do tempo gasto em cada uma. [15]

Seu princípio é muito simples: o pesquisador pede ao entrevistado que identifique um incidente ou evento em que o comportamento de uma terceira pessoa, ou do próprio entrevistado, tenha sido especialmente eficaz ou ineficaz (*effective or ineffective*). Das respostas, sintetizadas e classificadas, emergem as causas ou requisitos da eficácia ou ineficácia.

Esse princípio tem inúmeras variantes e pode ser usado tanto para fazer estudos de comportamentos no trabalho, quanto para outras finalidades. Por exemplo:

- Pede-se a um grupo de estudantes que identifiquem o colega que demonstra competências de liderança em nível mais alto. Depois, destilam-se os comportamentos desse colega que produzem sua liderança.
- Pede-se a um grupo de pessoas em posição de liderança que identifiquem um líder especialmente admirado, na sociedade ou na história. O processo anterior é repetido.
- Pede-se a um grupo de gerentes de projetos que identifiquem o projeto, do qual tenham participado, que tenha sido particularmente bem ou malsucedido. As respostas permitem identificar os *fatores críticos de sucesso* – FCS (*Critical Success Factors* – CSF).

Originalmente, Flanagan (1954), pioneiro dessa técnica, usou-a para estudar o desempenho de pessoas nas forças armadas e em projetos de pesquisa. Entre as constatações de Flanagan nos dois estudos, a supervisão de pessoas emergiu como um dos principais fatores críticos de sucesso.[18]

7 Descrição de cargo

O resultado da análise de cargo é a descrição de cargo. A descrição retrata o cargo no momento em que foi analisado, para que o leitor compreenda o quê, o como e o porquê do cargo. "*O QUÊ descreve as atividades físicas, mentais e interacionais do cargo. O COMO lida com os métodos, procedimentos, ferramentas e fontes de informação usadas para desempenhar as tarefas. O PORQUÊ refere-se ao objetivo das atividades do trabalho (...)*"[19]

A descrição de cargo tem inúmeras utilidades na gestão de pessoas:

- Definição das tarefas e responsabilidades do trabalhador.
- Desenho e redesenho de cargos.
- Implantação e manutenção de sistemas de remuneração.
- Planejamento de recursos humanos.
- Recrutamento, seleção, orientação e treinamento.
- Resolução de conflitos.
- Medição de resultados e avaliação de desempenho.

Capítulo 8

- Identificação de atividades que podem ser desempenhadas por pessoas com necessidades especiais.
- Atendimento de exigências legais.[20]

Uma das principais referências para a redação de descrições de cargos continua a ser o *Handbook for Analysing Jobs* (1991), que propõe, entre outras, as seguintes diretrizes:

- Usar estilo direto e conciso: *corta frios e queijos*.
- Usar sempre a terceira pessoa no tempo presente: *faz, escreve, demonstra, explica* etc.
- Cada sentença deve começar com um verbo de ação, declarando imediatamente o objetivo: *faz sanduíches*.[21]

Em geral, a descrição de cargo contém quatro partes:

1. *Resumo do cargo*: breve descrição do cargo, resumindo as funções ou tarefas mais importantes.
2. *Lista das funções ou tarefas*: descrição detalhada das responsabilidades do ocupante do cargo.
3. *Especificações do cargo*: requisitos que o ocupante deve apresentar para ocupar o cargo, como experiência, escolaridade, certificações e habilitações legais.
4. *Outras informações*: posição do cargo na estrutura organizacional, relações de subordinação, local e horário de trabalho, responsabilidades sobre pessoas, informações confidenciais e/ou equipamentos etc.

A Figura 8 apresenta um exemplo de descrição de cargo.

8 O*NET©

O*NET© é a sigla de *Occupational Information Network* (Rede de Informações sobre Ocupações). É um programa ou sistema do Departamento do Trabalho dos Estados Unidos, que pode ser usado gratuitamente, por qualquer interessado em informações básicas sobre cargos e profissões. Não é norma, mas referência e uma das portas de entrada no mundo da gestão do trabalho.

O sistema O*NET deve substituir o Dicionário de Ocupações (*Dictionary of Occupational Titles* – DOT), que completou 60 anos na entrada do século XXI. O DOT foi construído com base na análise funcional de cargos (FJA) e contém

> **Gerente key customer – Volvo Bus Latin America**
>
> **Requisitos mínimos**
> - Superior completo e desejável pós-graduação.
> - Necessário inglês e espanhol avançados.
> - Experiência em gestão de projetos.
> - Visão estratégica.
> - Comunicação e trabalho em equipe.
> - Habilidades em negociação e resolução de problemas.
> - Facilidade de relacionamento interpessoal.
> - Conhecimento do produto ônibus.
> - Experiência no relacionamento com clientes.
> - Disponibilidade de viagens.
>
> **Atividades**
> - Atuar como "guardião" dos interesses dos clientes-chave dentro de toda a organização, com responsabilidade multifuncional na estrutura da Volvo Bus Latin America - Volvo do Brasil, Market Companies e Concessionárias.
> - linhar os processos internos para assegurar que cada departamento da organização atue com a velocidade e intensidade adequadas tratando as necessidades e problemas dos clientes-chave.
> - Gerenciar o portfólio de valor dos clientes-chave, realizando análises e gestão de rentabilidade, participação do negócio, potencial de vendas e importância estratégica.
> - Efetuar pontuação e ranking periódicos dos clientes utilizando critérios estabelecidos e manter atualizada a lista de clientes-chave da Volvo Bus Latin America.
> - Liderar e desenvolver grupos de trabalho multifuncionais com acompanhamento de planos de ação.
> - Baseado nas necessidades dos clientes, oferecer soluções de transporte sustentáveis em linha com a visão da Volvo Bus.
> - Desenvolver/crescer o negócio em conjunto com os clientes-chave.
> - Maximizar a satisfação dos clientes-chave e a rentabilidade do negócio total (vendas de veículos e pós-vendas).
> - Organizar Programas de Relacionamento.

Figura 8 Exemplo resumido de descrição de cargo.[22]

descrições de milhares de ocupações. O sistema O*NET está em processo de construção contínuo e contém 974 ocupações (agosto de 2013). O DOT foi influenciado pelas profissões ligadas à indústria tradicional, ao passo que o sistema O*NET pelas profissões ligadas à tecnologia da informação e aos serviços.

O sistema O*NET tem um Modelo de Conteúdo (*Content Model*), representado na Figura 9. O Modelo de Conteúdo é o fundamento conceitual do O*NET, que estrutura e identifica os tipos mais importantes de informações sobre o trabalho. O sistema O*NET tem diversos recursos, que podem ser acessados no endereço http://www.onetonline.org/ – uma aplicação interativa que permite a busca e o estudo das ocupações catalogadas na base de dados.

Para cada ocupação, a base de dados contém descritores como:

- Tarefas.
- Habilidades.
- Conhecimentos.
- Contexto do trabalho.
- Experiência necessária etc.

O sistema O*NET também está disponível em espanhol.

ORIENTAÇÃO PARA O TRABALHADOR

Características do trabalhador
Aptidões
Interesses ocupacionais
Valores de trabalho
Estilos de trabalho

Requisitos do trabalhador
Habilidades • Conhecimento
Educação

Requisitos de experiência
Experiência e treinamento
Habilidades mínimas exigidas
Certificações

CARACTERÍSTICAS TRANSOCUPACIONAIS

CARACTERÍSTICAS ESPECÍFICAS DE OCUPAÇÕES

Requisitos ocupacionais
Atividades gerais de trabalho
Atividades detalhadas de trabalho
Contexto ocupacional
Contexto do trabalho

Características da força de trabalho
Informação sobre o mercado de trabalho
Panorama ocupacional

Informação específica sobre a ocupação
Tarefas
Ferramentas e tecnologia

ORIENTAÇÃO PARA O CARGO

Figura 9 Sumário do modelo de conteúdo do sistema O*NET.

9 Impacto dos cargos sobre o desempenho[23]

A forma como os cargos são desenhados impacta a compreensão pelo trabalhador do que ele deve fazer, sua satisfação e motivação e seu desempenho. Há diversas explicações sobre a relação entre o desenho do cargo e o desempenho.

Aqui, estudaremos duas delas: o Modelo das Características do Cargo e a teoria da aderência ao cargo (*job embeddedness*).

9.1 Modelo das características do cargo (JCM)

O Modelo das Características do Cargo (*Job Characteristics Model* – JCM) é uma ideia influente no campo do desenho e redesenho de cargos. Proposto por Hackman e Oldham (1976), continua sendo usado para explicar, primeiro, o impacto do projeto do cargo sobre a motivação interna e, em seguida, sobre o desempenho do indivíduo e da organização.[24] A Figura 10 apresenta o modelo, formado por elementos que se agrupam em três categorias: dimensões básicas dos cargos, estados psicológicos influenciados pelas dimensões básicas e resultados para a pessoa e seu trabalho. O JCM utiliza os componentes básicos da tarefa e das competências, analisados no início deste capítulo, e os articula com outros, para explicar seu impacto sobre motivação e resultados do trabalho.

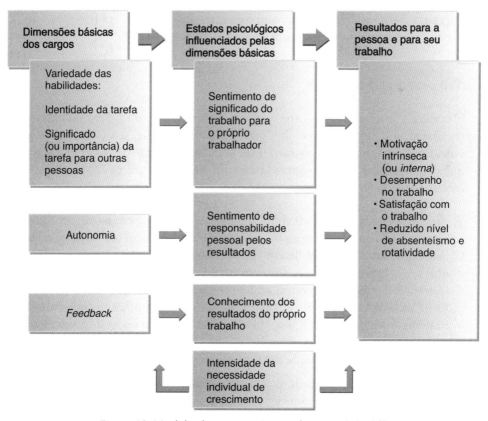

Figura 10 Modelo das características do cargo (JCM).[25]

O modelo não funciona da mesma forma para todas as pessoas. Há uma *variável interveniente*, que reconhece as diferenças nos efeitos, de uma pessoa para outra. Essa variável é o padrão de necessidades individuais, em particular a necessidade de crescimento. As pessoas com padrão mais elevado de necessidades — mais ambiciosas, pode-se dizer — respondem de forma mais positiva aos cargos com maior potencial de motivação, do que as pessoas mais acanhadas em suas pretensões. No modelo, essa variável é chamada de *intensidade da necessidade individual de crescimento*.

O teste do modelo confirma suas premissas. Tanto a pesquisa original de Hackman e Oldham, quantos outros estudos que usam o JCM, evidenciam a sequência positiva de efeitos das características até os resultados. Por exemplo, um estudo de Anand, Chhajed e Delfin (2012) comprovou o efeito positivo da autonomia e da liderança compartilhada sobre o engajamento dos funcionários em programas de aprimoramento contínuo.[26] Outro estudo, desenvolvido por Parker, Axtel e Turner (2001), demonstrou a correlação positiva entre autonomia, supervisão apoiadora e qualidade da comunicação sobre a segurança no local de trabalho. Essas características do trabalho, aumentando o senso de responsabilidade e o comprometimento, resultam em preocupação maior e envolvimento com os procedimentos de segurança.[27]

9.2 Aderência ao cargo

O conceito de aderência ao cargo (*job embeddedness*) procura explicar quais fatores fazem um cargo exercer algo grau de atração sobre seu ocupante. Em outras palavras, quais são as razões da permanência das pessoas nos cargos que ocupam. Esse conceito, introduzido por Mitchell e outros (2001), aponta três razões na aderência (ou apego) ao cargo:

1. *Vínculos*. Primeiro, há os vínculos sociais — as ligações formais ou informais com pessoas, na organização ou na comunidade, ou com outras atividades. A ideia de aderência significa que toda pessoa é conectada com familiares, amigos, colegas, grupos, na empresa ou na comunidade, inclusive clubes e instituições religiosas, e com o ambiente físico no qual vive. Esses vínculos formam uma teia ou rede à qual a pessoa se apega. Quanto mais alto o número de vínculos com a teia, mais a pessoa se torna apegada a seu cargo e à organização. Deixar o emprego significa romper esses vínculos e reorganizar toda a teia, o que pode ser extremamente trabalhoso.

2. *Ajuste (Fit)*. É a palavra que indica compatibilidade ou conforto que o empregado percebe, com a organização ou com o ambiente. O ajuste é mais psicológico que social. De acordo com a teoria da aderência, os valores, os

objetivos de carreira e os planos da pessoa devem se ajustar à cultura da organização (congruência de valores) e às exigências que o cargo lhe faz, em termos de conhecimentos, habilidades e aptidões (congruência das competências). Além disso, a noção de ajuste abrange o grau de conforto com a comunidade e o ambiente imediato − por exemplo, clima, oportunidades de diversão e eventos culturais. Quanto melhor o ajuste − quanto maior o grau de conforto − mais a pessoa se sente apegada à organização, tanto do ponto de vista pessoal quanto do profissional.

3. *Sacrifício*. Na teoria da aderência, a noção de sacrifício refere-se ao custo dos benefícios que se perdem quando se deixa o emprego: abandonar colegas, projetos interessantes ou prêmios. Quanto maior o custo dos benefícios perdidos, menor é a vontade de deixar o emprego. Alguns dos benefícios que podem ser sacrificados são: planos de saúde e pensões, participação acionária na empresa, estabilidade e oportunidades de crescimento profissional, respeito de que se desfruta na comunidade, segurança etc. Além disso, há benefícios dos quais somente se desfruta com muito tempo de serviço, como promoções, licenças e oportunidades de estudo. Tudo isso pode se perder, representando sacrifício quando se deixa um emprego por outro.[28]

A teoria da aderência vai além da perspectiva imediata do modelo anterior, que avalia apenas o impacto das características do próprio cargo sobre o desempenho do ocupante. Na teoria da aderência, as relações humanas no trabalho, os benefícios e a congruência de valores e competências dizem respeito ao cargo em si. Ao redor desses atributos do cargo, a teoria da aderência reconhece que há um macrocontexto, formado pelo ambiente e pelas relações comunitárias. Os profissionais que analisam e desenham cargos não têm poder para interferir no macrocontexto. No entanto, devem saber que as variáveis desse macrocontexto atuam sobre o desempenho das pessoas cujos cargos estão sendo desenhados.

10 Desenho, redesenho e enriquecimento

Agora, você pode usar todas as ideias que estudou até aqui para compreender as ideias e os mecanismos do redesenho e enriquecimento de cargos. Desenho é o processo de criar um cargo a partir do zero; redesenho, o processo de modificá-lo. Os dois processos usam os mesmos materiais de construção analisados no início do capítulo: tarefas, competências, relações humanas e contexto. Ao desenhar ou redesenhar, você pode usar os princípios do enriquecimento de cargos (ou enriquecimento do trabalho, *job enrichment*).

10.1 Enriquecimento

Enriquecimento é o incremento de fatores motivacionais na estrutura do cargo. Em essência, o cargo é enriquecido quando se aumentam sua amplitude e profundidade.

- O aumento da amplitude é chamado de *ampliação horizontal* – as tarefas são aumentadas, tornando-se mais diversificadas, o que faz aumentar também a amplitude das competências.

- O enriquecimento, por outro lado, envolve também o aprofundamento das tarefas – a *ampliação vertical*. Não apenas as tarefas aumentam, mas também a autonomia, as responsabilidades, o desafio e as oportunidades de crescimento.

O objetivo do enriquecimento é alcançar níveis mais altos de motivação e desempenho. Presumivelmente, as pessoas preferem cargos enriquecidos que ficar em cargos estreitos e alienantes. Um cargo enriquecido apresenta as características sintetizadas na Figura 11.

1	*Feedback* direto	Avaliação imediata do trabalho, ou pelo próprio desempenho do cargo ou fornecido pelo chefe.
2	Relações com clientes	Todo cargo é imediatamente enriquecido quando o ocupante tem relações diretas com o cliente ou consumidor.
3	Aprendizado	Possibilidade de aquisição de novos conhecimentos, seja pela experiência seja por programas de treinamento.
4	Controle sobre métodos	Possibilidade de escolha dos métodos para realizar as tarefas, em vez de seguir procedimentos padronizados.
5	Controle sobre tempo	Possibilidade de fazer e seguir calendários próprios – escolha de quando realizar qual tarefa.
6	Experiência singular	Realização de tarefas únicas e diferentes, como organizar eventos ou recepcionar visitantes.
7	Controle sobre recursos	Possibilidade de controlar dinheiro, materiais, pessoas ou outros recursos.
8	Autoridade para comunicação direta	Possibilidade de comunicação direta com outras pessoas, sem necessidade de passar pela hierarquia.
9	Responsabilidade pessoal	O trabalhador aceita ser responsabilizado pelas consequências de seu trabalho.

Figura 11 Características de cargos enriquecidos.[29]

10.2 Elaboração

Independentemente dos profissionais que analisam e desenham cargos, os próprios trabalhadores agem para enriquecê-los, em um processo denominado *elaboração de cargos (job crafting)*. Os trabalhadores se engajam no processo de elaborar seus próprios cargos se percebem que há oportunidade para fazê-lo e o fazem por três motivos principais. Primeiro, para evitar a alienação. Segundo, para criar uma autoimagem positiva do trabalho que realizam. Terceiro, para estreitar os laços com outras pessoas. Também são três as maneiras de elaborar os cargos:

1. Os trabalhadores alteram as fronteiras das tarefas – alteram o número, o escopo e os tipos de tarefas que fazem. Quando decidem aumentar, diminuir ou introduzir novas tarefas, modificando o que está na descrição formal, os trabalhadores criam cargos diferentes. É o caso do taxista que oferece informações turísticas para seus passageiros.

2. Os trabalhadores alteram as fronteiras relacionais – alteram a frequência, a quantidade e a qualidade das relações com outras pessoas. Por exemplo, engenheiros interagem com usuários, em vez de se restringir a fazer projetos sem considerar suas opiniões.

3. Os trabalhadores alteram as fronteiras cognitivas do cargo – alteram a forma como o entendem e enxergam e, com isso, envolvem-se com mais responsabilidades, em especial no que diz respeito à qualidade do trabalho. "Não estou colocando tijolos; estou construindo uma catedral", disse o pedreiro, ilustrando o processo de ampliar as fronteiras cognitivas do trabalho.[30]

Os trabalhadores também se envolvem em processos coletivos de elaboração de seus cargos. Por exemplo, os professores de uma escola se envolvem em planejamento didático colaborativo, a fim de evitar sobreposições e repetição de assuntos. O reconhecimento da elaboração coincide com a tendência de algumas empresas a encarar a descrição de cargo como diretriz, não como receita a ser seguida incondicionalmente. Essa tendência encoraja o trabalhador a ir além das restrições que a descrição de cargo impõe. O trabalhador, com base no desenvolvimento de suas competências, elabora o cargo e se habilita a ocupar posições cada vez mais avançadas dentro da estrutura de trabalho da organização.

Falando de competências, já é hora de passar para o capítulo seguinte, no qual trataremos desse assunto. Mas, antes, vejamos o resumo e as tarefas recomendadas para aprimorar a compreensão do Capítulo 8.

Capítulo 8

EM RESUMO

Você terminou a leitura do Capítulo 8. O objetivo básico deste capítulo é explorar todos os processos e ferramentas associadas aos cargos: projeto, análise, descrição, enriquecimento e elaboração. Chegando a este ponto, você deve ter alcançado uma compreensão clara dos seguintes conceitos:

- Projeto ou desenho de cargos: o processo de definir as tarefas e todos os outros componentes dos cargos.
- Os componentes dos cargos: tarefa, competências, relações humanas e contexto.
- As características da tarefa: amplitude, autonomia, significado, identidade e *feedback*.
- A divisão de uma tarefa em elementos.
- As características das competências: complexidade, variedade, processamento de informações, resolução de problemas e especialização.
- As características sociais, ou seja, a dimensão relacional do trabalho, que compreende as interações e a interdependência.
- As características do contexto dentro do qual o trabalho é executado: ergonomia, exigências físicas, condições de trabalho e uso de equipamentos.
- Análise de cargos e sua principal finalidade: produzir descrições de cargos.
- Os principais métodos de análise de cargos: questionário de análise de posição, análise funcional de cargos, observação estruturada e técnica do incidente crítico.
- Descrição de cargo, seus elementos e suas principais finalidades, entre elas a definição das tarefas e responsabilidades do trabalhador.
- O sistema O*NET de catalogação de cargos.
- O impacto da forma como os cargos são desenhados sobre o desempenho de seus ocupantes, explicado pelo Modelo das Características do Cargo e pela teoria da aderência.
- O que são os processos de redesenho, enriquecimento e elaboração de cargos.

Responda agora aos exercícios e questões propostas para este capítulo e avance, em seguida, para o estudo das competências na gestão de pessoas.

EXERCÍCIOS E QUESTÕES PARA FIXAÇÃO E REFLEXÃO

1. Preencha as células dos quadros a seguir com exemplos que se encaixem em cada uma das possibilidades. Para facilitar seu trabalho, algumas células estão preenchidas.

Amplitude menor	Intermediária	Amplitude maior
	Maître de restaurante	
Autonomia menor	Intermediária	**Autonomia maior**
		Músico solo
Complexidade menor	Intermediária	**Complexidade maior**
Interdependência menor	Intermediária	**Interdependência maior**
Revisor de textos		
Resolução de problemas menor	Intermediária	**Resolução de problemas maior**

2. Preencha o quadro a seguir com exemplos à sua escolha.

Título do cargo			
Descrição resumida do cargo			
Exemplo de tarefa do cargo			
Exemplo de elemento da tarefa			

3. Explique a diferença entre interação e interdependência.
4. Compare o questionário de análise de posição com a análise funcional de cargos e identifique as semelhanças e diferenças.
5. Use a técnica do incidente crítico para identificar o colega de classe com maior potencial de liderança, SEM IDENTIFICÁ-LO.
6. Faça o mesmo com o melhor professor que você já teve em sua vida de estudante. Compare suas respostas com as de seus colegas para compor o perfil do professor eficaz.

Capítulo 8

7. Usando os métodos de análise apresentados no capítulo, faça a análise do cargo de um de seus colegas de classe.
8. Explique o modelo das características do cargo e a teoria da aderência.
9. Faça o exercício teórico de enriquecer o cargo que você ocupa neste momento. Ou seu cargo já é suficientemente enriquecido? Por quê?
10. Compare as definições de *contexto* oferecidas no Capítulo 5 e neste capítulo. Quais são os componentes similares do contexto nos dois casos. E as diferenças?

REFERÊNCIAS

[1] MORGENSON, Frederick P.; HUMPHREY, Stephen E. The Work Design Questionnaire (WDQ): Developing and validating a comprehensive measure for assessing job design and the nature of work. *Journal of Applied Psychology*, 2006, 91: 1321-1339.

[2] _____. *op. cit.*

[3] U.S. DEPARTMENT OF LABOR. *The revised handbook for analyzing jobs*. Indianapolis: JIST Works, 1991.

[4] _____. *op. cit.*

[5] HACKMAN, Richard; OLDHAM, Grec R. *Motivation through the design of work*: Test of a theory. Organizational Behavior and Human Performance 16, 1976, p. 250-279.

[6] _____. *op. cit.*

[7] DuBRIN, Andrew J. *Essentials of management*. 9. ed. Mason: South-Western, 2012.

[8] _____. *op. cit.*

[9] McCORMICK, Ernest J.; JEANNERET, Paul R.; MECHAM, Robert C. A study of job characteristics and job dimensions as based on the Position Analysis Questionnaire (PAQ). In: *Journal of Applied Psychology*, v. 56(4), aug. 1972, p. 347-368.

[10] _____. *The development and background of the Position Analysis Questionnaire* (PAQ). Lafayette, Indiana: Purdue University, 1969.

[11] _____. (1969) The Development and Background of the Position Analysis Questionnaire (PAQ). Lafayette, Indiana: Purdue University.

[12] JACKSON, Susan E.; SCHULER, Randall S. *Managing human resources*: a partnership perspective. Cincinnati: South-Western College Publishing, 2000.

[13] Disponível em: <www.paq.com>.

[14] U.S. DEPARTMENT OF LABOR. *op. cit.*

[15] MINTZBERG, Henry. *The nature of managerial work*. New York: Harper & Row, 1973.

[16] MINTZBERG, Henry (1973) *The Nature of Managerial Work*. New York: Harper & Row.

[17] GROVE, Andrew S. *High output management*. New York: Random House, 1983.

[18] FLANAGAN, J. C. The critical incident technique. In: *Psychological Bulletin*, 51, 1954, p. 327-358.

[19] ATCHISON, Thomas J.; BELCHER, David W.; THOMSEN, David J. Internet based benefits & compensation administration. ERI Economic Research Institute, 2013. Disponível em: <http://dlc.erieri.com/index.cfm?FuseAction=textbook.main>.

[20] _____. *op. cit.*

[21] U.S. DEPARTMENT OF LABOR. *op. cit.*

[22] DUBRIN, Andrew J. *op. cit.*

[23] http://www.volvogroup.com/group/brazil/pt-br/quemsomos/oportunidades/

[24] HACKMAN, Richard; OLDHAM, Grec R. *op. cit.*

[25] _____. *op. cit.*

[26] ANAND, Gopesh; CHHAJED, Dilip; DELFIN, Luis. *Job autonomy, trust in leadership, and continuous improvement*: an empirical study in health care. Operations Management Research, dec. 2012, v. 5, issue 3-4, p. 70-80.

[27] PARKER, Sharon K.; AXTELL, Carolyn M.; TURNER, Nick. Designing a safer workplace: Importance of job autonomy, communication quality, and supportive supervisors. In: *Journal of Occupational Health Psychology*, v. 6, n. 3, 2001, p. 211-228.

[28] MITCHELL, Terence R.; HOLTOM, Brooks C.; LEE, Thomas W.; SABLYNSKI, Chris J.; EREZ, Miriam. Why people stay: using job embeddedness to predict voluntary turnover. In: *Academy of Management Journal*, 44, 2001, p. 1102-1122.

[29] DUBRIN, Andrew J. *op. cit.*

[30] WRZESNIEWSKI, Amy; DUTTON, Jane E. Crafting a job: revisioning employees as active crafters of their work. In: *The Academy of Management Review*, apr. 2001, p. 179-201.

CAPÍTULO 9

Gestão de pessoas com base em competências

OBJETIVOS DO CAPÍTULO

Ao completar o estudo deste capítulo, você deverá ser capaz de compreender e explicar:

- O conceito de competência.
- Os principais tipos de competências.
- Como as competências são graduadas para refletir diferentes níveis de complexidade.
- O que são referenciais ou modelos de competências.
- As principais competências dos profissionais da gestão de pessoas.

Capítulo 9

INTRODUÇÃO

Competência é um conceito intuitivo, que faz parte da linguagem comum. Expressões como "é uma pessoa competente", "procuro alguém competente" ou "quem não tem competência não se estabelece" não precisam de explicações.[1]

No campo da moderna gestão de pessoas, a ideia de competência desempenha papel central. É central porque todos os processos da moderna gestão de pessoas são orientados pelas competências. Descrições de cargos, planejamento, recrutamento, seleção, desenvolvimento – tudo é feito com base em competências que a organização valoriza.

- *Planejamento de recursos humanos.* Tudo começa com a definição da estratégia corporativa, que define o modelo de negócios e os objetivos. Alinhado com a estratégia corporativa, o planejamento de recursos humanos define os tipos de competências necessárias para viabilizar o modelo de negócios e capacitar a organização a enfrentar o futuro.

- *Projeto de cargos.* As competências são um dos quatro "materiais de construção" dos cargos. O desenho dos cargos usa as definições do planejamento de recursos humanos para especificar as competências desejadas das pessoas, competências que podem ser comuns aos ocupantes de todos os cargos da organização, de cargos similares ou de determinados cargos.

- *Recrutamento e seleção.* Recrutamento e seleção são calibrados para buscar nos candidatos a demonstração de competências desenvolvidas ou em potencial, alinhadas com os projetos dos cargos existentes ou a serem agregados na estrutura da organização. O emprego da dinâmica de grupo ou de problemas que os candidatos devem resolver coletivamente, assim como sua experiência em atividades comunitárias, são ferramentas orientadas para a identificação e avaliação da competência para trabalhar em grupo, por exemplo.

- *Treinamento e desenvolvimento.* Para a empresa, as competências desejadas são usadas para identificar as necessidades de treinamento e desenvolvimento e para planejar as ações de formação que as criam ou desenvolvem. Para as pessoas, as competências desejadas em cada cargo servem como guia de carreira, sinalizando o que devem fazer para se aprimorar e avançar em seu processo de crescimento e profissionalização.

- *Administração do desempenho.* No processo de administração do desempenho, as pessoas são avaliadas não apenas em função dos resultados que produzem, mas também das competências usadas para produzi-los. A avaliação com base nesses dois critérios – resultados e competências – possibilita o planejamento das ações educacionais necessárias para suprir eventuais deficiências tanto no nível individual, quanto no organizacional. A avaliação do desempenho das pessoas, realizada dessa maneira, é um dos *inputs* para os processos de treinamento e desenvolvimento.

- *Gestão do capital humano.* As competências são o principal ingrediente do capital humano. Investimentos nas competências incrementam o capital humano e produzem resultados para as pessoas, as empresas e a sociedade.

No final das contas, a expressão *recursos humanos* é sinônimo de *competências*.[2] Se você pretende ser competente no campo da gestão de pessoas, precisa de domínio sólido do conceito de competência. Competência é um dos conceitos mais complexos no campo da gestão de pessoas. Embora as competências sejam, em geral, apresentadas como comportamentos observáveis, enunciados de forma sucinta, seus fundamentos encontram-se em áreas complexas do conhecimento, especialmente a que lida com a inteligência.

Essa visão moderna das competências, no centro da gestão das pessoas, nasceu na área da educação, como veremos adiante.

1 O que são competências?

Há várias definições para competência e para competências:

- Uma competência é um conjunto de habilidades, comportamentos, atitudes e conhecimentos inter-relacionados dos quais uma pessoa precisa para ser eficaz na maioria das ocupações profissionais e gerenciais.[3]
- A capacidade existente em uma pessoa, que conduz ao desempenho que atende às demandas do cargo, dentro dos parâmetros do ambiente organizacional, e que, consequentemente, produz os resultados esperados.[4]
- A competência é uma combinação de saber (conhecimento), saber ser (*savoir-être*, capacidade de adaptação ao ambiente), aptidões e traços de personalidade. Na competência, se associam o inato e o adquirido.[5]
- "Em situação de trabalho, capacidades que permitem exercitar convenientemente uma função ou profissão" (ASSOCIAÇÃO FRANCESA DE NORMALIZAÇÃO, 2007).[6]
- "Conjunto de conhecimentos, de capacidades de ação e de comportamentos estruturados em função de um objetivo, dentro de um tipo de situação dada" (GILBERT; PARLIER, 1992, citados por MARBOT).[7]

- As competências representam a linguagem do desempenho. As competências podem articular tanto os resultados esperados de um indivíduo, como a maneira pela qual essas atividades são desempenhadas. Como todos na organização podem aprender a falar essa linguagem, as competências representam um meio comum e universalmente compreendido de descrever o desempenho esperado em muitos contextos diferentes.[8]
- Conjunto de saberes, saber fazer e saber fazer-fazer relativos a um domínio de conhecimentos específicos (sabendo-se que cada domínio pode se ramificar em subdomínios, em função do nível de precisão pretendido). Por exemplo: hospitalidade, biologia, contabilidade, documentação, eletricidade (...)[9]

Guy Le Boterf é um consultor francês, pioneiro e referência no estudo das competências. Segundo Le Boterf (2006), *"competência é a mobilização ou ativação de diversos saberes, em uma situação e um contexto específico."* A competência não se resume ao saber, mas envolve a ação na qual esse saber é colocado em prática, para produzir resultados. A Figura 1 apresenta um resumo de sua concepção sobre a competência.[10]

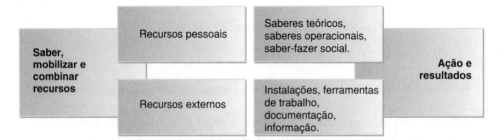

Figura 1 Competência e resultados.

Enfim, a competência só se revela na ação: está sempre ligada a resultados do trabalho ou de quaisquer atividades; envolve saber fazer e efetivamente fazer, com a demonstração de resultados. Assim, a situação de trabalho constitui o elemento central que empresta sentido à competência: um indivíduo não é competente em termos absolutos, mas, necessariamente, em termos de enfrentamento de situações, já que, sem passar pela prova das situações reais, a competência permanece virtual[11] – é potencial que não se realiza.

As competências estão em um fluxo de desenvolvimento. Nascem das aptidões, transformam-se em habilidades e se desenvolvem como capacidade de agir e ação efetiva. Em estágio superior, transformam-se em perícia. Peritos (*experts*), portanto, são pessoas que desenvolveram suas competências em nível elevado. Indivíduos competentes são pessoas que desenvolveram suas aptidões em nível elevado. Aptidões, competências e perícia (*expertise*) estão em um *continuum*. O avanço no *continuum* depende da aquisição de habilidades mais amplas e profundas do que as do nível em que a pessoa se encontra, além de mais eficiência na utilização dessas habilidades (Figura 2).[12]

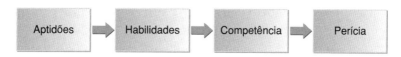

Figura 2 Competência é um estágio no desenvolvimento das aptidões.

2 Limitações da ideia de competência

A ideia de competência e as competências específicas para cada cargo são *conceitos construídos socialmente*: são produzidos mediante consenso entre os profissionais da gestão de pessoas. Todos os tipos de profissionais: analistas de cargos, cientistas do comportamento, especialistas em ergonomia, saúde e direito do trabalho, enfim, todos aqueles cujo trabalho consiste em entender o trabalho alheio.

As dificuldades para definir as competências aparecem na distinção entre o que se descreveu, ou prescreveu, e a realidade. Pode ser que os trabalhadores tenham competências muito superiores às exigidas pelo trabalho, por questões conjunturais, ou o trabalho pode ter especificidades que a análise e a descrição não conseguem capturar. Eventualmente, o analista pode ser influenciado por suas crenças e por suas próprias limitações de formação e interpretação e, então, especificar competências incorretas. Consequentemente, os procedimentos de seleção de candidatos a emprego refletirão o viés das deficiências do analista.

Além disso, as descrições de cargos e as definições de competências tendem a especificar tarefas limitadas, identificadas com precisão, deixando de considerar a *inteligência das situações*, necessárias para lidar com o imprevisto e os aprimoramentos necessários. Por exemplo, os atendentes em lojas de *fast-food* precisam de competências aparentemente muito simples: saber ler e fazer contas, saber utilizar a caixa registradora, ser polido e atencioso com os clientes. O trabalho real é muito diferente dessa prescrição: à medida que a fila de clientes aumenta, o atendente deve memorizar os pedidos, colocar em ordem os pedidos, lidar com os pedidos extraordinários, de produtos raramente solicitados e até mesmo ser bem relacionado com o pessoal da cozinha, que pode ajudar ou atrapalhar. Em resumo, é importante analisar não apenas o trabalho, mas também o contexto dentro do qual ele é realizado.[13*]

Esta é uma razão que explica o processo de *job crafting* (elaboração de cargos), descrito no capítulo anterior. Insatisfeitos com os cargos conforme prescritos, os trabalhadores os alteram, tornando-os mais adaptados aos problemas de motivação e desempenho que eles enfrentam. Esse processo de *burilar* o cargo evidencia as diferenças entre o descrito e o real. A competência para aprimorar o próprio cargo raramente aparece nos referenciais. Felizmente, algumas organizações não apenas reconhecem as limitações dos cargos tradicionais, como também estimulam o *job crafting*.[14]

O conhecimento dessas limitações ajuda a aprimorar o conceito e as práticas de gestão de pessoas por competências nas organizações, que desfrutam de interesse crescente. Esse interesse e a utilidade da ferramenta refletem-se nos inúmeros referenciais de competências, construídos por entidades de classe, empresas, órgãos governamentais e autores de estudos sobre o assunto. A esses referenciais nos dedicaremos adiante.

3 Tipos de competências

Assim como há diferentes definições de competências, também há diferentes maneiras de classificá-las. As principais classificações são examinadas a seguir.

3.1 Domínios da aprendizagem

A conhecida tipologia dos *conhecimentos*, *habilidades* e *atitudes* – CHA (*Knowledge, Skills and Atitudes* – KSA) é o embrião das competências para a gestão de pessoas. Essa tipologia ou taxonomia foi desenvolvida com o objetivo de instrumentalizar a aplicação das competências ao campo da educação superior. Um grupo liderado por Benjamin Bloom a apresentou em 1956, como proposta para formas avançadas de educação – como analisar e avaliar – indo além do simples recordar de informações, que produz o aprendizado mecânico e repetitivo. O grupo liderado por Bloom identificou três *domínios de atividades educacionais* ou *domínios de aprendizagem* (esta segunda denominação tornou-se mais conhecida):

- *Domínio cognitivo*: habilidades mentais (conhecimento).

---

[*] Nessa obra, os autores fazem a distinção entre prescrito e real (*travail prescrit et travail réel*). Aqui, foi empregado o termo descrito em lugar de prescrito.

- *Domínio afetivo*: sentimentos ou áreas emocionais (atitudes).
- *Domínio psicomotor*: habilidades manuais ou físicas (habilidades).

As três competências propostas por Bloom eram e continuam sendo entendidas como *objetivos do processo de aprendizagem*. Em outras palavras, depois de uma atividade de aprendizagem, o estudante deveria ter adquirido novas habilidades e atitudes e novos conhecimentos. Reconheceu a fórmula? "Ao completar (...), deverá ser capaz de (...)"? Claro, nós a estamos usando para abrir todos os capítulos do livro. Hoje, muito da literatura técnica e dos processos educacionais baseiam todo seu planejamento nesse tipo de fórmula. Isso evidencia a influência exercida pelo trabalho de Bloom.

O grupo de Bloom sistematizou competências para os domínios cognitivos e afetivos. Outros autores ampliaram consideravelmente suas proposições e desenvolveram categorias para o domínio psicomotor.[15] No Capítulo 15, retomaremos as ideias de Bloom e desses outros autores.

3.2 Habilidades gerenciais

Outra contribuição importante para a consolidação das competências no campo da gestão de pessoas vem dos estudos sobre o desempenho dos gerentes. Um dos trabalhos seminais nessa linha foi apresentado por Robert Katz, em 1955. Katz propõe que o sucesso dos administradores (*administrators* como sinônimo de *managers*) depende de três grandes categorias de habilidades inter-relacionadas: técnica, humana e conceitual. Segundo Katz, a habilidade é a *capacidade de transformar conhecimento em ação*.

- *Habilidade técnica*. Significa a compreensão e proficiência em um tipo específico de atividade, abrangendo métodos, processos e procedimentos ou técnicas. Segundo Katz, a habilidade técnica é evidente em cirurgiões, músicos, contadores e engenheiros, quando esses profissionais estão desempenhando suas funções especializadas. A habilidade técnica envolve conhecimento especializado, capacidade analítica dentro dessa especialidade e facilidade de usar as ferramentas e técnicas relacionadas.
- *Habilidade humana*. Abrange a capacidade de trabalhar bem com as pessoas e de se compreender. O administrador que tem habilidade humana desenvolvida é capaz de trabalhar bem com grupos, de desenvolver esforços cooperativos com a equipe que lidera, de entender suas próprias atitudes, premissas e crenças a respeito dos outros, como indivíduos e como grupos, de entender as limitações de suas percepções e de comunicar a outras pessoas, no contexto delas, o que significa seu comportamento. Outros autores,

bem depois de Katz, dividiram essa habilidade em duas competências: interpessoal (relações com outras pessoas) e intrapessoal (relação da pessoa com ela própria, que fundamenta a inteligência emocional).

- *Habilidade conceitual.* Está relacionada com o pensamento sistêmico. Começa na capacidade de enxergar a empresa como um todo, a interdependência de suas funções, o impacto que causa nas outras alguma mudança em uma delas, e se estende à visualização das relações da empresa com o ramo de negócios, a comunidade e as forças políticas, econômicas e sociais do país. Essa capacidade possibilita reconhecer os elementos importantes em qualquer situação e tomar as decisões apropriadas, que afetam a coordenação interna e a eficácia no ambiente.

A importância das habilidades varia conforme a posição do administrador na hierarquia. Nos níveis mais baixos, próximos da execução operacional, a habilidade técnica é mais importante que a habilidade conceitual. Nos níveis mais altos, em que predominam as decisões estratégicas, a situação se inverte. A habilidade conceitual é mais importante que a técnica. Em todos os níveis, no entanto, a habilidade humana é importante, já que o trabalho dos administradores tem forte componente relacional. Apesar de sua data de publicação, o trabalho de Katz permanece como clássico na literatura sobre competências. Se fizer uma busca na internet, você encontrará inúmeras referências a esse trabalho.[16]

Outros autores e referenciais, como veremos em seguida, usam categorias similares às de Katz ou versões ampliadas delas. Há autores que propõem competências específicas, que podem ser encaixadas nas categorias de Katz. Um dos mais importantes é Mintzberg. No mesmo trabalho citado no capítulo anterior, Mintzberg (1973) propõe um conjunto de oito habilidades gerenciais:

1. Habilidades de relacionamento com colegas.
2. Habilidades de liderança.
3. Habilidades de resolução de conflitos.
4. Habilidades de processamento de informações.
5. Habilidades de decisão em condições de incerteza.
6. Habilidades de alocação de recursos.
7. Habilidades de empreendedorismo.
8. Habilidades de introspecção (autoanálise).[17]

Seja na linha das grandes categorias, como as de Katz, ou na linha das habilidades específicas, como as de Mintzberg, há inúmeros trabalhos sobre competências gerenciais. A linha das categorias pode ser aplicada, como de fato é, a outras profissões que não as gerenciais.

3.3 A escola francesa dos saberes

Outra forma de classificar as competências é aquela adotada pelos franceses, que as agrupam em categorias de *saberes*. Apesar da denominação diferente, os conceitos básicos são os mesmos. A principal classificação francesa é chamada de *trilogia dos saberes*: saberes propriamente ditos, saber fazer e saber ser. A essa trilogia agregaremos o *saber fazer-fazer*.

- *Saberes* propriamente ditos. Conjunto de conhecimentos gerais ou especializados para realizar uma atividade. Podem ser conhecimentos teóricos ou o domínio de determinadas linguagens científicas e técnicas.[18] O todo ou parte de um conhecimento teórico relativo à totalidade, assim como a uma simples unidade de um assunto. Por exemplo: "conhece os princípios termodinâmicos do motor a explosão, conhece a mecânica dos fluidos, conhece a escrita egípcia."[19]

- *Saber fazer*. Domínio de ferramentas e métodos para realizar uma atividade. É importante determinar quanto do saber-fazer é transferível para outras situações de trabalho.[20] Exercício da totalidade ou de parte das técnicas, das práticas e dos métodos de uso relativos a um saber. Por exemplo: "é capaz de diagnosticar uma disfunção em um motor a explosão, calcular o coeficiente de reabastecimento de um reservatório de água colocado em uma temperatura inferior a zero, decifrar hieróglifos egípcios e escrever um texto nessa linguagem."[21]

- *Saber ser*. Conjunto de aptidões e comportamentos no trabalho, maneiras desejáveis de agir e interagir. Não se trata de avaliar a personalidade das pessoas.[22]

- *Saber fazer-fazer*. Significa saber fazer outras pessoas fazerem, ensinar; procedimento que permite explicar, ensinar e controlar a execução de um saber-fazer ou o conhecimento de um saber. Por exemplo: "explicar o funcionamento de um motor a explosão, transmitir seu saber a estudantes de mecânica, demonstrar um procedimento ou método de desmontar um motor, mostrar o procedimento de reabastecimento de um tubo, ensinar a escrita egípcia e sua decodificação."[23]

Agora, você conhece três perspectivas para a classificação das competências: os domínios da aprendizagem, as habilidades gerenciais (estas duas de origem americana) e os saberes (esta perspectiva, de origem francesa). Passemos, portanto, ao estudo da graduação das competências.

4 Graduação das competências

A aquisição e o desenvolvimento das competências são processos graduais, que requerem educação, treinamento e experiência. A grande maioria das pessoas ingressa no mundo das competências, se houver a oportunidade, como *noviço, iniciante, aprendiz* ou outra palavra que indique o primeiro estágio na escala da competência em muitas profissões – e termina a carreira no grau de *pleno, sênior, principal, mestre* ou equivalente: o último estágio da escala.

Cada competência, para refletir esse processo de desenvolvimento gradual, é graduada em níveis. O número de níveis varia de três a mais de dez. Veja agora, na Figura 3, um exemplo muito usado da escala de competências: as quatro faixas do programa Seis Sigmas, que se baseiam nas faixas do caratê.

Faixa verde – *Green belt*	Faixa preta – *Black belt*	Mestre faixa preta – *Master black belt*	Campeão – *Champion*
Este é o nível do "soldado" do programa Seis Sigmas. Treinado nas teorias e ferramentas básicas, dedica parte de seu tempo a projetos de Seis Sigmas. Conhece os fundamentos e sabe fazer.	Os *black belts* dedicam todo o seu tempo a projetos. São treinados em ferramentas avançadas, gerenciamento de projetos, mudança, equipes e produção enxuta.	Os *master black belts* gerenciam programas e projetos que abrangem toda a organização; selecionam, supervisionam e orientam os *green* e *black belts*; são agentes de mudança. Seu treinamento compreende estatística avançada e competências de liderança.	A rigor, os campeões não fazem parte da hierarquia dos *belts*. Os campeões são os promotores, patrocinadores e "padrinhos" dos projetos Seis Sigmas.

Figura 3 Escala de competências do programa Seis Sigmas.

Essa é uma escala específica para determinado tipo de competências, ligadas a um tipo específico de projeto. Essa é também uma escala básica, que pode ser acrescida de um ou dois níveis no início: faixa branca e faixa amarela, por exemplo. Esses níveis iniciais indicam as competências necessárias para as pessoas que se envolvem perifericamente ou que têm participação eventual em projetos Seis Sigmas: apenas o conhecimento dos fundamentos desse método é importante nessas posições.

Vejamos agora uma escala com quatro pontos. Essa escala foi produzida pelo Conselho Internacional da Engenharia de Sistemas, dentro de um referencial de competências, voltado mais para a área de engenharia de sistemas do que propriamente para os profissionais dessa área. Um dos três domínios de competência propostos para essa profissão é o pensamento sistêmico. Dentro desse domínio, uma das competências específicas chama-se *conceitos de sistemas*. Para essa competência, foi criada a escala retratada na Figura 4.[24]

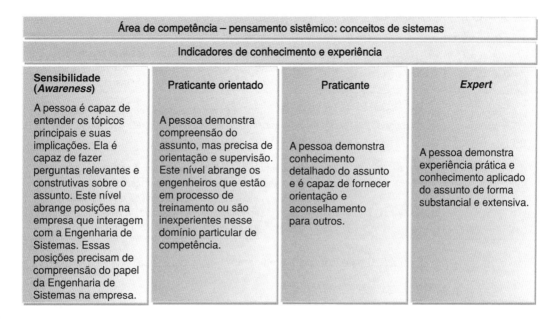

Figura 4 Escala de uma competência na área de engenharia de sistemas.[25]

Os dois exemplos mostrados até aqui pertencem a profissões específicas, mas revelam o princípio da progressão dos níveis, que pode ser usado em qualquer área. Agora, vamos usar esse princípio para inventar uma escala de competência para o aplicativo Excel (Figura 5). Você pode modificar essa escala, aumentando o número de níveis ou alterando a descrição das competências.

Agora que você já tem uma visão das escalas que graduam as competências, passemos ao estudo dos modelos de competências.

5 Modelos de competências

Modelos ou referenciais (*frameworks*) de competências são conjuntos organizados de competências, em geral associadas a escalas. *Organizado* significa que as competências se agrupam em categorias, também chamadas de domínios ou famílias. Todos os modelos de competências têm aproximadamente a mesma estrutura, representada na Figura 6. Há diferentes maneiras de usar as escalas.

Área de competência		Tabelas Excel
Nível 0	Ignorante	Não sabe o que é Excel. Nunca ouviu falar. Tem dificuldades para usar computadores.
Nível 1	Informado	Sabe o que é Excel. Consegue reconhecer uma tabela. Não sabe usar o aplicativo.
Nível 2	Usuário	Sabe o que é Excel. Usa o aplicativo para resolver problemas simples de tabelas, como listas de nomes e orçamentos. Usa com mais frequência um número pequeno de comandos.
Nível 3	Usuário avançado	Usa o aplicativo para resolver problemas complexos. Trabalha com diversas tabelas e conhece a maioria dos comandos. Usa as tabelas para fazer cálculos e gráficos.
Nível 4	Mestre Excel	Usa todas as funcionalidades do aplicativo. Conhece e sabe usar todos os comandos. Usa as tabelas para fazer cálculos e gráficos complexos. Conhece estatística e matemática que habilitam o uso avançado do aplicativo. Ministra cursos de Excel ou ensina a usar, não deixando nenhuma pergunta sem resposta.

Figura 5 Uma escala para uma competência específica.

Domínio de competências (CHA)	Competências específicas	Níveis			
Exemplo: Liderança	Exemplo: expressão verbal	1	2	3	4
		1	2	3	4
		1	2	3	4
		1	2	3	4
		1	2	3	4
		1	2	3	4
		1	2	3	4
		1	2	3	4
		1	2	3	4
		1	2	3	4
		1	2	3	4
		1	2	3	4

Figura 6 Estrutura simplificada de um modelo de competências.

Em certos casos, as escalas compreendem as descrições dos níveis, como nos exemplos anteriores. Em outros casos, são apenas escalas numéricas, sem descrições. Alguns modelos não usam nenhuma forma de escala, apenas as descrições das competências específicas.

Modelos de competências são elaborados por empresas, associações profissionais e outras instituições, para as finalidades indicadas na Introdução deste capítulo. Adicionalmente, os modelos de competências são usados para certificação profissional. Para obter um credenciamento profissional, o diploma não basta. É necessário ser aprovado em um exame de conhecimentos, teóricos ou práticos, comprovar experiência e, às vezes, ser referendado por profissionais já credenciados. Há inúmeros modelos ou referenciais de competências. Praticamente toda grande empresa tem o seu, assim como associações profissionais e órgãos governamentais.

6 Exemplos de competências

Os modelos especificam as competências para profissões (como a engenharia de sistemas ou a administração de projetos), para cargos gerenciais (em geral, para todos os cargos gerenciais da organização ou de uma profissão) e para todas as pessoas da organização, independentemente do cargo que ocupam. Algumas competências extraídas de modelos e outras proposições, indicando sua eventual aplicação e origem, são apresentadas a seguir.

1. *Tino comercial.* Uma pessoa com tino comercial consegue entender, movimentar-se e atuar eficazmente dentro de uma empresa e de seu ambiente de negócios; consegue entender os princípios dos negócios, tanto do ponto de vista da empresa quanto do cliente, promovendo uma situação comercial (financeira) vantajosa para os dois lados.[26]

2. *Comunicação.* Capacidade de transmitir informações, ideias e sentimentos para outras pessoas, de forma inteligível; habilidade de descrever, transformando o pensamento em imagens e palavras, por meio da fala, escrita e gesticulação, de forma a transmitir significado; uma pessoa com habilidade de comunicação consegue:

  - Fornecer *feedback* construtivo sobre as informações recebidas de outras pessoas.
  - Ouvir com atenção e ativamente: habilidade de questionar, de solicitar informações e opiniões de forma a conseguir as respostas apropriadas.[27]

3. *Desenvolvimento sustentável (específica para profissionais de TI)*. Competência para estimar o impacto das soluções de tecnologia de informação e comunicação em termos de ecorresponsabilidades, incluindo o consumo de energia. Orienta a organização e outras partes interessadas a respeito de alternativas sustentáveis consistentes com o negócio. Aplica uma política de compras e vendas de TIC compatíveis com ecorresponsabilidades. Capaz de:

- Monitorar e medir o consumo de energia das atividades de TI.
- Dominar as restrições legais e os padrões internacionais relacionados com a sustentabilidade da TI.[28]

4. *Princípios de fabricação*. Compreende e consegue aplicar os princípios apropriados de manufatura (produção enxuta, métodos ágeis) para entregar o produto especificado no momento certo, com a qualidade certa e ao custo certo, atendendo às mudanças no mercado e nas necessidades dos consumidores.

- Entende e mobiliza as ideias principais da produção enxuta – como os Sete Desperdícios Mortais.
- Participa ativamente de iniciativas de produção enxuta, recorrendo a ferramentas de aprimoramento contínuo.
- Monitora continuamente o tempo de ciclo das encomendas para encontrar possibilidades de aprimoramento em sua própria área.
- Combina os conceitos de produção enxuta e os métodos ágeis em um sistema eficiente e eficaz de produção.

5. *Pensamento crítico (específico para estudantes)*. Capacidade de:

- Levantar questões e problemas vitais (formulando-os com clareza e precisão).
- Juntar e avaliar informações relevantes (usando ideias abstratas para interpretá-las com exatidão e isenção).
- Chegar a conclusões e soluções bem fundamentadas (avaliando-as por meio de critérios e padrões relevantes).
- Pensar com a mente aberta dentro de sistemas alternativos de raciocínio (reconhecendo e avaliando, conforme a necessidade, suas premissas, implicações e consequências práticas).
- Comunicar-se eficazmente com outros na busca de soluções para problemas complexos.[29]

6. *Saber ser*. Capacidade de:
   - *Adaptação*: adaptar-se a situações variadas e de ajustar seus comportamentos em função das características do ambiente, dos desafios da situação e do tipo de interlocutor.
   - *Análise*: identificar os diferentes componentes de um problema e de uma situação e suas inter-relações, para definir como lidar com eles.
   - *Negociação*: formalizar, redigir e transmitir diversos tipos de informações, de maneira a alcançar o objetivo de informar ou comunicar-se com os interlocutores envolvidos.
   - *Organização e gestão de prioridades*: eficácia na organização de suas próprias atividades e capacidade de otimizar a utilização dos recursos em uma situação de trabalho coletivo.
   - *Orientação para resultados*: atingir seus objetivos, enfrentando dificuldades e obstáculos de todos os tipos.
   - *Tomada de decisão*: tomar rapidamente decisões e hierarquizar suas ações em função de sua urgência/importância dentro de um contexto em evolução.
   - *Senso relacional*: entrar em contato com outros, de praticar uma escuta criativa, de construir uma rede de relações e de utilizá-la como ajuda e apoio, e capacidade de estabelecer a relação e o *feedback* necessário para a compreensão mútua.
   - *Síntese*: selecionar e agregar de forma consistente a informação disponível para alcançar um diagnóstico confiável ou uma solução adaptada.
   - *Trabalho em equipe*: integrar-se e cooperar dentro de um ou de diversos grupos de trabalho, projetos ou redes e de oferecer uma contribuição eficaz.[30]

Diversas empresas e instituições disponibilizam seus modelos de competências na internet. Você pode fazer uma busca e encontrar modelos de competências praticamente para todas as profissões e situações, inclusive para estudantes. Também pode desenvolver seu próprio modelo, usando esses exemplos e uma ferramenta como a técnica do incidente crítico, apresentada no capítulo anterior. Este exercício será proposto no final deste capítulo. Agora, vamos encerrar esta seção e concentrar nossa atenção nas competências necessárias nas profissões da gestão de pessoas.

7 Competências em gestão de pessoas

Nesta parte final, estudaremos alguns referenciais de competências para a gestão de pessoas.

7.1 Certificações

Em primeiro lugar, existem certificações que levam as competências para o terreno das profissões, além dos cargos que existem nas empresas. As principais certificações são fornecidas pelo HR Certification Institute (HRCI), criado em 1976. Uma delas é a certificação do Profissional Global em Recursos Humanos (*Global Professional in Human Resources* – GPHR©), destinada a profissionais de gestão de pessoas que preencham os seguintes requisitos:

- Tem responsabilidades sobre gestão de pessoas que atravessam fronteiras nacionais.
- Compreende as estratégias de globalização em contraste com as políticas e programas locais de RH.
- Estabelece políticas de RH que sustentam o crescimento da empresa e sua reputação como empregador em nível global.
- Desenha programas, processos e ferramentas organizacionais para facilitar os objetivos globais do negócio.
- Desenvolve, implementa e avalia programas, processos e ferramentas.
- Assegura que os programas, processos e ferramentas estejam alinhados com as práticas da concorrência, os objetivos da empresa e as exigências legais.
- Supervisiona práticas que equilibram as necessidades do empregador com os direitos e necessidades dos empregados.
- Conhece profundamente as atividades internacionais de RH da empresa.

A certificação nessa categoria profissional exige educação de nível médio, mais quatro anos de experiência em gestão global de pessoas, ou título de mestre, mais dois anos de experiência em gestão global de pessoas, ou três anos de experiência, com título de bacharel. Com isso, o interessado pode prestar o exame, que exige conhecimentos das técnicas da gestão global de pessoas, da legislação global e das regulamentações locais que afetam a gestão das pessoas. Todos os dispositivos legais definidos pelos organismos que estudamos no Capítulo 7, por exemplo, são exigidos no exame do HRCI.[31] Na Figura 7, veja o panorama das áreas de conhecimento (chamadas de áreas funcionais) abrangidas por esse exame.

Além do Profissional Global, outros cargos são avaliados e seus ocupantes são certificados pelo HRCI.

Área funcional 1	Administração estratégica de RH	Desenvolvimento de estratégias globais de RH para sustentar os objetivos de negócios de curto e longo prazos e os valores corporativos da organização.
Área funcional 2	Aquisição e mobilidade de talentos em escala global	Desenvolvimento, implementação e avaliação de estratégias globais de aquisição de pessoas para sustentar os objetivos organizacionais de maneira apropriada do ponto de vista cultural e contextual. Esta competência envolve a utilização da marca do empregador; análise de cargos e custos; e o recrutamento, contratação, preparação e mobilidade global de empregados para atender as necessidades do negócio.
Área funcional 3	Compensação e benefícios globais	Estabelecimento e avaliação contínua de uma estratégia global de compensação, incluindo remuneração, benefícios e vantagens alinhadas com os objetivos de negócios da companhia.
Área funcional 4	Eficácia organizacional e desenvolvimento de talentos	Desenho, implementação e aprimoramento de estruturas, programas e processos organizacionais para desenvolver e mobilizar com sucesso uma força de trabalho global, alinhada com as necessidades, a cultura e os valores da organização.
Área funcional 5	Relações com a força de trabalho e administração do risco	Estabelecimento de processos e práticas que protegem ou aprimoram o valor da organização, por meio da gestão de riscos e dos direitos e necessidades dos empregados em escala global.

Figura 7 Áreas de competência do exame de certificação do GPHR©.[32]

7.2 Estudo de competências em recursos humanos

Por mais de 25 anos, o Grupo RBL, em colaboração com a University of Michigan e diversos parceiros ao redor do mundo, tem realizado o estudo de competências em recursos humanos (*Human Resources Competency Study* – HRCS). Conduzido sob a liderança dos professores Dave Ulrich e Wayne Brockbank, do Grupo RBL, é a maior pesquisa do mundo sobre as competências dos gerentes e dos departamentos de RH. Em sua edição de 2012, o estudo identificou seis domínios de competências fundamentais, analisadas a seguir, que "moldam o futuro da profissão e definem suas contribuições para o sucesso dos negócios". Os seis domínios e os subfatores (competências específicas) em cada um são apresentados a seguir.

1. *Posicionador estratégico (strategic positioner)*
   - Consegue visualizar a organização de fora para dentro.

- Conhece e é capaz de traduzir as tendências externas em ações internas.
- Entende o contexto que afeta o ramo de negócios.
- Conhece as expectativas do cliente e busca alinhar as ações da empresa de forma a atendê-las.
- Colabora para criar a agenda estratégica da organização.

2. *Inovador e integrador de RH (HR innovator and integrator)*
    - Conhece as práticas mais recentes relacionadas com a aquisição e desenvolvimento de talentos, administração do desempenho, desenho do trabalho e da estrutura organizacional e imagem de liderança.
    - É capaz de integrar essas práticas inovadoras em soluções coordenadas para os problemas da empresa.

3. *Campeão da mudança (change champion)*
    - É capaz de ajustar a capacidade interna de mudança ao ritmo externo da mudança.
    - Ajuda a mudança a acontecer nos níveis institucional (mudança dos padrões da organização), da iniciativa (fazer a mudança acontecer) e individual (capacitar a mudança pessoal).
    - Inicia o processo de mudança, trabalha para superar a resistência, envolve os principais *stakeholder* e articula as decisões que desencadeiam a mudança.
    - Institucionaliza a mudança por meio dos recursos, da estrutura, do sistema de comunicação e do aprendizado contínuo da organização.
    - Faz parcerias para criar organizações ágeis, flexíveis, responsivas e capazes de fazer a transformação ocorrer.

4. *Proponente de tecnologia (technology proponent)*
    - Usa a tecnologia eficazmente para entregar sistemas administrativos de RH – benefícios, folha de pagamentos, planos de saúde etc.
    - Usa a tecnologia para promover a conexão entre as pessoas e aprimorar a comunicação dos funcionários com o mundo externo, especialmente os clientes.
    - Usa as redes sociais para definir os caminhos do crescimento e aprimorar as relações sociais dentro da empresa e sua identidade externa.
    - Acessa, promove, analisa e integra a tecnologia para finalidades de informação, eficiência e relacionamento.

5. *Construtor de potencialidades (capability builder)*

- É capaz de construir uma organização forte e eficaz, com base no desenvolvimento de suas potencialidades – o que a organização sabe fazer bem e que constrói sua reputação.
- É capaz de avaliar e investir na criação de potencialidades organizacionais, que ultrapassam o desempenho dos indivíduos – como processos, cultura e identidade.
- Consegue mostrar aos gerentes de linha a importância das potencialidades para a sustentação do sucesso da organização.
- Ajuda os gerentes de linha a criar significado para o trabalho dos funcionários, de maneira que as potencialidades da organização reflitam seus valores.

6. *Ativista confiável (credible activist)*

- Cumpre o que promete, constrói relações pessoais baseadas em seriedade e é confiável.
- Tem opiniões, não apenas sobre as atividades de RH, mas também sobre as demandas do negócio.
- Aprende a influenciar os outros, de forma positiva. É o RH *com atitude*.
- Tem consciência de si próprio e compromisso com a construção de sua profissão.[33]

Para finalizar este capítulo, estudaremos os padrões de competências de associações de profissionais de RH.

7.3 Competências segundo as associações profissionais

A sociedade americana SHRM (*Society for Human Resource Management*) criou um padrão de competências que compreende nove tipos de competências, combinando conhecimento e comportamento. Uma das competências abrange o domínio técnico; as outras oito são comportamentais. O padrão é destinado tanto a quem está ingressando na profissão de RH, quanto aos veteranos que se encontram no nível executivo. Seu objetivo é servir como mapa na estrada do desenvolvimento pessoal. Não é ferramenta de seleção de pessoal. Para atender a pessoas que se encontram em diferentes estágios na profissão, o padrão divide cada competência em quatro níveis de proficiência. No primeiro nível (entrada), encontram-se os profissionais com experiência até dois anos e sem papel gerencial. No último nível (executivo), encontram-se os profissionais com 15 anos ou mais de experiência e que ocupam o cargo mais alto na estrutura de RH.

A Competência 1 – Conhecimento técnico e prática de recursos humanos (*Human Resource Technical Expertise and Practice*) – é definida como *capacidade de aplicar os princípios e práticas da administração de recursos humanos para contribuir para o sucesso do negócio*. Compreende as seguintes subcompetências:

- Administração estratégica de negócios.
- Planejamento e emprego de recursos humanos.
- Desenvolvimento de recursos humanos.
- Compensação e benefícios.
- Administração de riscos.
- Relações de trabalho e relações com empregados.
- Tecnologia de recursos humanos.
- Potencialidades globais e internacionais de recursos humanos.
- Administração de talentos.[34]

As demais competências do modelo da SHRM são similares às que se encontram em outros modelos (Figura 8).

A sociedade inglesa CIPD (*Chartered Institute of Personnel and Development*, Instituto Estatutário de Pessoal e Desenvolvimento) tem um modelo de competências similar ao da sociedade americana, mas muito mais extenso. Esse modelo, chamado de Padrões Profissionais (*Professional Standards*), é usado como guia de desenvolvimento profissional e como base para diferentes tipos de certificações.[35]

Dentro desse modelo, o CIPD propôs o paradigma do *thinking performer* (aproximadamente, *aquele que pensa e faz* ou *o fazedor pensante*), associado aos papéis estratégicos do RH. O *thinking performer* pode ser entendido como papel em si e também como combinação de responsabilidades e competências. Essencialmente, o *thinking performer*, como a designação exprime, alia a capacidade de fazer com a de pensar, de maneira estratégica e crítica. Em outras palavras, alia eficiência com eficácia. O *thinking performer* é o profissional de RH que funciona tanto no nível estratégico, quanto no operacional; tem ideias e as aplica. É o parceiro estratégico com espírito crítico, que questiona o contexto e se questiona, que propõe pontos de vista diferentes, que entende os interesses da empresa, mas não sem refletir.

Gestão de pessoas com base em competências

Competência 2	Administração de relacionamentos	Capacidade de administrar interações com e entre outras pessoas, com o objetivo específico de fornecer serviço eficaz.
Competência 3	Consultoria	Arte de fornecer orientação direta para os *stakeholders* organizacionais (funcionários e líderes), que estejam em busca de informações especializadas em diferentes situações e circunstâncias.
Competência 4	Liderança e navegação organizacional	Capacidade de liderar iniciativas e processos dentro da organização e de conquistar a adesão de *stakeholders*.
Competência 5	Comunicação	Capacidade de trocar eficazmente e criar um fluxo livre de informação com e entre diferentes *stakeholders* em todos os níveis da organização, com a finalidade de produzir resultados de impacto.
Competência 6	Diversidade e inclusão	Arte de administrar recursos humanos dentro e entre fronteiras e culturas.
Competência 7	Prática ética	Integração de valores centrais, integridade e responsabilização e toda a organização e suas práticas de negócios.
Competência 8	Avaliação crítica	Habilidade de interpretar informação (dados, métricas, literatura) para verificar o retorno sobre o investimento e o impacto organizacional e, então, tomar decisões e fazer recomendações.
Competência 9	Tino comercial	Capacidade de entender as funções e métricas do negócio dentro da organização e do ramo de negócios.

Figura 8 Competências da SHRM.

Ele/ela é capaz de:

- Entregar os resultados e o desempenho esperado dos processos de gestão de pessoas.
- Refletir sistematicamente sobre a forma como as coisas são feitas, para procurar fazê-las melhor, com mais qualidade, custos mais baixos e eficiência no uso do tempo.
- Entender claramente e comprometer-se com os propósitos subjacentes às tarefas e atividades, evitando que os meios se sobreponham aos fins.
- Assimilar atitudes éticas e aplicá-las quando as circunstâncias justificarem.[36]

Capítulo 9

EM RESUMO

Você terminou a leitura do Capítulo 9. O objetivo básico deste capítulo é apresentar a ideia da competência no contexto da gestão de pessoas. Chegando a este ponto, você deve ter alcançado uma compreensão clara dos seguintes conceitos:

- Definição de competência: capacidade de entregar resultados.
- Definição de competências: conhecimentos, habilidades, atitudes e experiência que sustentam a capacidade de entregar resultados.
- Principais tipos ou categorias de competências: domínios da aprendizagem (conhecimentos, habilidades e atitudes), habilidades gerenciais e saberes (saber, saber fazer, saber ser e saber ensinar).
- Graduação ou hierarquização das competências: processo de definir níveis crescentes de competência dentro das habilidades, conhecimentos, atitudes e experiência.
- Modelos de competências: sistemas que estruturam as competências necessárias para diferentes tipos de profissionais, ou para todos os funcionários de uma empresa, ou para todos os membros de uma profissão.
- Competências em gestão de pessoas: modelos de competência, em geral, de associações de profissionais de RH, para orientar as carreiras e a certificação dos especialistas e gerentes da profissão de RH.

Responda agora aos exercícios e questões propostas para este capítulo e avance, em seguida, para o estudo da estratégia empresarial.

EXERCÍCIOS E QUESTÕES PARA FIXAÇÃO E REFLEXÃO

1. Aplicando mais uma vez a técnica do incidente crítico, selecione em sua memória os dois melhores professores que você já teve (ou tem), sem identificá-los. Agora justifique sua escolha, explicando quais competências eles tinham (ou têm). Trabalhe junto com seus colegas para elaborar um padrão de competência para professores.

2. Repita o exercício anterior com a "profissão" de estudante. Trabalhe com seus colegas para elaborar um padrão de competência para estudantes.
3. Competência é o mesmo que escolaridade? Justifique sua resposta.
4. Competência é o mesmo que "escola da vida"? Justifique sua resposta.
5. Quais são as utilidades de um modelo (também chamado de referencial ou padrão) de competências?
6. Quais são as competências específicas comuns a todos (ou à maioria) os modelos estudados neste capítulo?
7. Para sua profissão, identifique as principais categorias de competências, com uma escala de quatro pontos.

REFERÊNCIAS

[1] MARBOT, Éléonore. Compétences: la référence de la gestion des emplois. In: THÉVENET, Maurice; DEJOUX, Cécile; MARBOT, Éléonore; BENDER, Anne-Françoise. *Fonctions RH*: Politiques, métiers et outils des ressources humaines. Paris: Pearson Education, 2007.

[2] CADIN, Loïc; GUÉRIN, Francis; PIGEYRE, Frédérique. *Gestion des ressources humaines*. 3. ed. Paris: Dunod, 2007.

[3] HELLRIEGEL, Don; SLOCUM, JR., John W.; WOODMAN, Richard W. *Organizational behavior*. Cincinnati: South-Western College Publishing, 2001.

[4] BOYATZIS, R. *The competent manager*. New York: Wiley, 1982.

[5] HAEGEL, Annick. *La boîte à outils des ressources humaines*. Paris: Dunod, 2012.

[6] MARBOT, Éléonore. *op. cit.*

[7] _____. *op. cit.*

[8] RANKIN, N. *Benchmarking survey*, competency and emotional intelligence, 12 (1), 4-6, 2004.

[9] LABRUFFE, Alain. *Management des compétences*. La Plaine Saint-Denis: AFNOR, 2010.

[10] Le BOTERF, Guy. Construire les compétences individuelles et collectives. Paris: Editions d'organisation, 2006.

[11] CADIN, Loïc; GUÉRIN, Francis; PIGEYRE, Frédérique. *op. cit.*

[12] STERNBERG, Robert G. Intelligence, competence, and expertise. In: ELLIOT, Andrew J.; DWECK, Carol S. *Handbook of competence and motivation*. New York: The Guilford Press, 2005.

[13] CADIN, Loïc; GUÉRIN, Francis; PIGEYRE, Frédérique. *op. cit.* p. 170-174.

[14] DUBRIN, Andrew J. *Essentials of management*, 9. ed. Mason: South-Western, 2012.

[15] BLOOM, Benjamin S. (editor). *Taxonomy of educational objectives, Handbook I*: The cognitive domain. New York: Longman, 1956, 1984.

[16] KATZ, Robert L. Skills of an effective administrator. *Harvard Business Review*, jan.-feb. 1955, p. 33-42.

[17] MINTZBERG, Henry. *The nature of managerial work*. New York: Harper & Row, 1973.

Capítulo 9

[18] MARBOT, Éléonore. *op. cit.*
[19] LABRUFFE, Alain. *op. cit.*
[20] MARBOT, Éléonore. *op. cit.*
[21] LABRUFFE, Alain. *op. cit.*
[22] MARBOT, Éléonore. *op. cit.*
[23] LABRUFFE, Alain. *op. cit.*
[24] Disponível em: <http://www.incoseonline.org.uk/Program_Files/Publications/zGuides_6.aspx?CatID=Publications>.
[25] _____. *op. cit.*
[26] Disponível em: <http://www.nestlecareers.co.uk/html/graduate/graduate-what-we-look-for-nestle-jobs.htm>.
[27] HELLRIEGEL, Don; SLOCUM JR., John W.; WOODMAN, Richard W. *op. cit.*
[28] COMITÉ EUROPÉEN DE NORMALISATION 2012. *European e-competence framework 2.0*. Disponível em: <www.ecompetences.eu>.
[29] ELDER, Linda; PAUL, Richard. Critical thinking: competency standards essential for the cultivation of intellectual skills, part 1. In: *Journal of Developmental Education*, v. 34, issue 2, p. 38-39.
[30] Disponível em: <http://www.compagniedrh.com/definitionssavoiretre.php>.
[31] Disponível em: <www.hrci.org>.
[32] HR CERTIFICATION INSTITUTE 2010-2012. *GPHR© Body of Knowledge*. Disponível em: <www.hrci.org>.
[33] Disponível em: <http://rbl.net/index.php/hrcs/index/overview>.
[34] SOCIETY FOR HUMAN RESOURCE MANAGEMENT 2012. *SHRM Elements for HR success*: competency model. Disponível em: <www.shrm.org>.
[35] Disponível em: <http://www.cipd.co.uk/NR/rdonlyres/3BF07636-4E9A-4BDB-8916-95CC-94F72EC9/0/profstands.pdf>.
[36] Disponível em: <http://www.csgconsult.com/ezone/documents/CIPDThinkingPerformer.pdf>.

PARTE IV
Planejamento

Capítulo 10
FUNDAMENTOS DE ESTRATÉGIA EMPRESARIAL

Capítulo 11
ESTRATÉGIAS DE GESTÃO DE PESSOAS

Capítulo 12
PLANEJAMENTO DE RECURSOS HUMANOS

CAPÍTULO 10

Fundamentos de estratégia empresarial

OBJETIVOS DO CAPÍTULO

Ao completar o estudo deste capítulo, você deverá ser capaz de compreender e explicar:

- O conceito original de estratégia.
- Quem eram os estrategos.
- Quatro perspectivas do pensamento e da prática da estratégia.
- O que são vantagens competitivas.
- O que é proposição de valor.
- Estratégia, administração estratégica e planejamento estratégico.

Capítulo 10

INTRODUÇÃO

O objetivo básico deste capítulo é apresentar, concisamente, a ideia de estratégia aplicada ao mundo das empresas e outros tipos de organizações, para sustentar o entendimento das estratégias de recursos humanos e do processo de planejamento de recursos humanos, que serão estudados nos capítulos seguintes.

A palavra *estratégia* nasceu na Grécia antiga (como *strategía* ou *strategiké* – derivada de *stratos* – exército, e *agein* – conduzir), na qual era empregada para definir a *arte dos generais*, chamados de estrategos (ou *strategós*). Esta arte, ou trabalho, consistia em organizar e empregar os combatentes no campo de batalha, para vencer o inimigo. Para designar a competência dos estrategos, os gregos usavam os termos *strategiké episteme* (ciência do chefe do exército) ou *strategiké sophia* (saberes do chefe do exército).[1] Note que os gregos, há mais de 2000 anos, já pensavam em competência estratégica...

Mas isso seria tudo – a condução da guerra?

Que faziam os estrategos?

Devemos a Sócrates uma descrição do cargo de estratego. Em um diálogo com um candidato que perdeu a eleição para esse posto, Sócrates, enfatizando a gestão de pessoas – seleção, treinamento e organização da equipe – o convence de que o trabalho de estratego não é diferente do trabalho de empresário.[2] De fato, os estrategos eram mais que chefes militares. Eram eleitos também para fazer a guerra, mas suas funções eram mais amplas. Os estrategos eram responsáveis pelas relações com as outras cidades, pela administração das finanças e pela segurança da cidade. Os estrategos representavam a expressão do poder não religioso na sociedade ateniense.[3] Um dos grandes estrategos e estadistas atenienses, Péricles, diz a seus conterrâneos:

> Pois, na verdade, temos também este ponto de superioridade sobre os outros: sermos os mais ousados na ação e, ao mesmo tempo, os mais dedicados à reflexão sobre as tarefas que pretendemos empreender; com os outros, ao contrário, audácia significa ignorância e reflexão produz hesitação.[4]

Reflexão antes da ação significa preparação ou planejamento, que Péricles enfatiza. De fato, a essência da estratégia é o planejamento como base para a ação cercada de incerteza. Esse princípio é válido para a guerra, para os negócios e para outras instâncias das atividades humanas – como a política e os jogos. Vamos para o mundo dos negócios verificar como essas ideias se comportam.

Perspectivas da estratégia empresarial

A prática da estratégia nas empresas e a disciplina que dela nasceu podem ser estudadas, na atualidade, de acordo com quatro perspectivas propostas por diferentes autores. Neste capítulo, analisaremos essas quatro perspectivas (que também podemos designar como enfoques ou modelos), resumidas na Figura 1. Todos esses modelos usam os mesmos elementos construtivos: o ambiente e suas ameaças e oportunidades; os recursos internos e suas potencialidades e vulnerabilidades. O que os diferencia é a ênfase dada a esses elementos. A ordem em que essas perspectivas serão apresentadas não tem relação com seu desenvolvimento histórico.

Modelo da organização do ramo de negócios, ou paradigma do mercado (*Industrial/organization model of above average returns*)	Esta perspectiva (ou modelo), que se origina de economistas, enfatiza a ação das variáveis externas à empresa e também poderia chamar-se de *paradigma do mercado*. Baseia-se na premissa de que o ambiente, ou seja, a organização ou estrutura do ramo de negócios, é o fator principal na escolha que as empresas fazem das estratégias para serem competitivas, muito mais que as decisões internas.
Visão baseada em recursos (*Resource Based View – RBV*)	Esta perspectiva enfatiza a ação das variáveis internas à empresa. Neste modelo, os recursos de todos os tipos são valorizados e mobilizados como principais determinantes na formulação e implantação de estratégias organizacionais.
Modelo de negócios (*Business model*)	O modelo de negócios é uma das perspectivas mais recentes sobre a estratégia das empresas. É mais que um model o – é uma ferramenta que faz a integração sistêmica de muitas variáveis da empresa para transformá-las em guia de análise e decisão sobre estratégia e competitividade.
Processo de administração estratégica (*Strategic management process*)	Esta perspectiva também é instrumental e oferece um roteiro para o processo de planejar a estratégia, com base na análise SWOT. A estratégia é planejada e executada por meio de liderança, comunicação, planejamento operacional e trabalho nas áreas funcionais. Os resultados da execução da estratégia são avaliados e o ciclo planejamento-execução-controle se repete.

Figura 1 Quatro perspectivas sobre a estratégia empresarial.

1 Modelo da organização do ramo de negócios

Para os adeptos do modelo da organização do ramo de negócios (ou *modelo de organização industrial de resultados acima da média*, na tradução direta da expressão em inglês), o principal determinante da estratégia e da competitividade da empresa é o ambiente externo, não as decisões internas tomadas pelos dirigentes. O desempenho de uma empresa depende do comportamento de variáveis de seu ramo de negócios, como: economias de escala, barreiras à entrada de concorrentes, diferenciação entre produtos, quantidade e concentração de empresas concorrentes. Dada essa ênfase no ramo de negócios, esse modelo também se poderia chamar *paradigma do mercado*.

O modelo da organização industrial, ou paradigma do mercado, baseia-se em quatro premissas:

1. *Ambiente.* As pressões e restrições do ambiente externo são determinantes das estratégias que produzem resultados acima da média.

2. *Recursos similares.* A maioria das empresas que atuam em um ramo de negócios ou em um segmento de um ramo de negócios controla recursos similares estratégicos e busca realizar estratégias similares com base nesses recursos.

3. *Mobilidade de recursos.* Os recursos usados para executar estratégias têm grande mobilidade entre as empresas. Essa mobilidade torna irrelevantes e faz desaparecer rapidamente quaisquer diferenças de recursos que possam surgir entre as empresas.

4. *Racionalidade dos tomadores de decisão.* Os tomadores de decisões são seres racionais, comprometidos com os melhores interesses das empresas, o que é evidenciado por seu comportamento de busca dos lucros mais elevados.

Os problemas que os tomadores de decisão devem resolver são dois: escolher o ramo de negócios mais atraente e atuar de forma coerente com as características estruturais desse ramo.[5] Uma ferramenta para ajudá-los com esses problemas é o bem conhecido modelo das cinco forças competitivas, uma ferramenta analítica que explica a complexidade da concorrência em um ramo de negócios.[6] As cinco forças que interagem e influenciam a lucratividade do ramo de negócios estão representadas na Figura 2.

2 Visão baseada em recursos

A teoria da *visão baseada em recursos* (*Resource Based View* – RBV) adota uma perspectiva diferente do paradigma do mercado, que a antecedeu. Segundo a RBV,

Fundamentos de estratégia empresarial

a competitividade está dentro e não fora da empresa. A empresa é um sistema de recursos, alguns dos quais capazes de fornecer vantagem competitiva sustentada. A história dessa teoria sobre a estratégia das empresas começou na década de 1950, com o trabalho de Selznick sobre competências singulares.[7] Penrose, em seguida, argumentou que a empresa é uma coleção de recursos e que o desempenho depende da capacidade de usá-los.[8] Em 1984, Wernerfelt publicou um artigo no qual usou a expressão *resource based view* pela primeira vez.[9] Já na década de 1990, Barney esquematizou a teoria da forma como a estudaremos em seguida;[10] Hammel e Prahalad, usando o conceito de *core competences*, foram grandes divulgadores dessa ideia no mundo dos negócios.[11,12] O trabalho de Wernerfelt, ignorado quando de sua publicação, ganhou então grande notoriedade.[13]

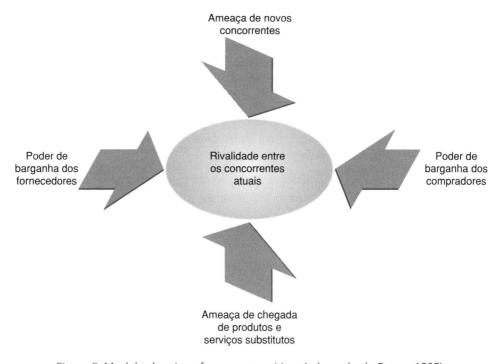

Figura 2 Modelo das cinco forças competitivas (adaptado de Porter, 1985).

2.1 Características dos recursos

Recurso é todo e qualquer ativo da organização. Os ativos podem ser físicos (instalações, máquinas e equipamentos), organizacionais (processos, cultura, estrutura, tecnologia, acervo de informações), humanos (pessoas, conhecimento, experiência, *expertise*) e financeiros (capital financeiro, investimentos). É qualquer coisa que possa configurar força ou fraqueza para enfrentar as ameaças e oportunidades do ambiente. Os recursos podem ainda ser chamados de potencialidades, competências ou competências centrais, ativos ou recursos estratégicos. Os recursos são classificados como estratégicos quando diretamente associados à capacidade de a organização alcançar seus objetivos ou superar a concorrência. Em certos casos, distingue-se o recurso potencial do recurso utilizado: *capacidade instalada* é diferente de *capacidade utilizada*. A palavra inglesa *capability* é usada nos dois sentidos, dependendo da situação. A finalidade dessa distinção é entender que são diferentes o ativo inerte e sua aplicação produtiva. Isso fica evidente quando se leem notícias sobre equipamentos hospitalares ou educacionais se deteriorando nos porões, porque ninguém sabe como montá-los e manejá-los, ou porque não se previram montagem e utilização, somente aquisição. Outra distinção importante é a que se faz entre recursos tangíveis e intangíveis. Tangíveis dispensam definição e exemplificação. Os intangíveis, como reputação, conhecimento e cultura, são muito difíceis e até mesmo impossíveis de copiar. Isso faz dos intangíveis as principais fontes de vantagem competitiva sustentada.[14]

No entanto, dificuldade de copiar é apenas uma das quatro características que os recursos, tangíveis ou intangíveis, devem ter, *simultaneamente*, para serem fontes reais de vantagem competitiva sustentada. Essas quatro características são indicadas pela sigla VRIN:

V = valioso. Um recurso é valioso quando permite à organização explorar oportunidades e neutralizar ameaças do ambiente ou implantar estratégias que aprimoram sua eficiência e eficácia. Por exemplo, a combinação de competência técnica e experiência dos recursos humanos constitui um dos tipos mais valiosos de recursos. Essa combinação permite resolver problemas com rapidez e qualidade, gerando confiança nos clientes e reputação para o fornecedor.

R = raro. As organizações que têm o recurso raro ou escasso são poucas. Se assim não fosse, não seria raro nem fonte de vantagem competitiva sustentada. Recursos que são valiosos, mas não escassos, produzem paridade competitiva: todos precisam ter para poder entrar no jogo. Um exemplo é o método da produção enxuta (ou Sistema Toyota de Produção). Era raro e valioso quando apenas a Toyota o tinha. Depois que se popularizou, deixou de ser raro, mas tornou-se pré-requisito para entrar e permanecer no mundo dos negócios. Na indústria do turismo, há recursos valiosos, mas não raros, como as praias. A competitividade de uma destinação turística, assim, depende de outras vantagens para o turista.

I = inimitável. Os recursos inimitáveis criam a competência diferencial. Originalmente, Barney dizia que o recurso deveria ser *imperfeitamente imitável*:

as cópias seriam malfeitas. Uma das razões que tornam os recursos inimitáveis é a existência de "mecanismos de isolamento", que formam barreiras para protegê-los. Um desses mecanismos é a chamada "ambiguidade causal": os concorrentes não conseguem estabelecer com precisão qual é a relação de causa e efeito entre recursos e desempenho. Havendo ambiguidade, há incerteza. Os concorrentes não dispõem da informação necessária para imitar o recurso. Um exemplo é a fórmula secreta da Coca-Cola.

N = *não substituível (ou insubstituível)*. Se o recurso é raro, valioso e inimitável, mas pode ser substituído, a vantagem competitiva desaparece. Jazidas de urânio e ouro são exemplos de recursos tangíveis insubstituíveis; tradição, imagem e reputação de qualidade do produto são exemplos de recursos intangíveis insubstituíveis.

Repetindo, o recurso que é valioso, raro, inimitável e insubstituível – tudo isso ao mesmo tempo – é VRIN. Em 2002, Barney apresentou uma versão modificada, a que deu o nome de VRIO (Figura 3). V significa valioso, R significa raro, I abrange inimitável e insubstituível e O significa organização. Isso indica que, para explorar plenamente a potencialidade dos recursos VRIN, a empresa precisa estar organizada, por meio de estrutura, políticas e procedimentos.[15]

Exemplos de recursos VRIN, citados por Wernerfelt em seu trabalho de 1984 (mas não com essa designação, que foi proposta por Barney em 1991), são a lealdade dos clientes (é muito difícil convencer clientes leais a trocar de fornecedor) e a experiência de produção, que resulta em vantagens como rapidez, domínio de processos e custos mais baixos. À medida que os novos entrantes de um ramo de negócios adquirem essa experiência, as vantagens dos concorrentes mais antigos desaparecem.

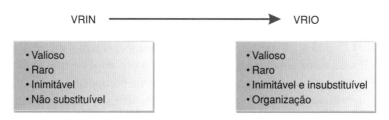

Figura 3 Recursos como fonte de vantagem competitiva (adaptado de Barney, 2002).

2.2 RBV e estratégia competitiva

Os recursos VRIN (ou VRIO) não surgem por acaso. A empresa que pretende alcançar vantagem competitiva sustentada, aplicando os princípios da RBV, precisa administrar seus recursos – por meio de proteção e aprimoramento contínuo dos recursos atuais e desenvolvimento de novos recursos. Para usar de forma estratégica seus recursos, a empresa deve ser capaz de identificar os recursos sobre os quais tem controle, especialmente os que sejam duráveis e de difícil imitação ou transferência. A identificação dos recursos permite definir estratégias que criam vantagens competitivas sustentadas, desde que estratégias similares não estejam sendo definidas também pelos concorrentes ou desde que os concorrentes não consigam imitar essas estratégias.

Em essência, o modelo RBV propõe definir estratégias que potencializam os recursos da organização ou que procuram recursos novos. Muitos recursos não são dedicados ou específicos – não são exclusivos de um produto, mas podem ser usados em diferentes produtos. Desse modo, a definição de estratégias pode abranger a escolha de novos produtos e mercados que sejam viabilizados pela combinação dos recursos existentes e dos que venham a ser desenvolvidos ou adquiridos.[16]

A fabricante de motos Harley-Davidson é, frequentemente, citada como exemplo de estratégia do tipo RBV. Um de seus principais recursos é a própria marca, consolidada e cujo valor é intangível. Com cem anos de existência e reputação duradoura, associada a um estilo de vida, é marca difícil, senão impossível, de imitar. O produto é imitado, mas as cópias são imperfeitas. O modelo é VRIO, porque a estratégia envolve não apenas os recursos e produtos, mas a empresa toda, que trabalha para valorizar a marca e promove eventos que fidelizam os clientes e reforçam os valores.

3 Modelo de negócios

O *modelo de negócios* é uma das perspectivas mais recentes sobre a estratégia nas empresas. O modelo de negócios tem como ponto central a escolha de uma proposição de valor, em torno da qual os outros componentes se agregam. É uma perspectiva sistêmica, porque esses outros componentes representam outras perspectivas e também porque se organizam em uma cadeia de causas e efeitos. O primeiro elo dessa cadeia é a definição do negócio, a chamada proposição de valor – o produto ou serviço que a empresa oferece ao mercado. Isso é nitidamente visível quando se estuda o desenvolvimento de grandes organizações de negócios, que começaram de forma acanhada, com um único produto ou ponto de venda. Nike, a gigante dos esportes, começou com calçados esportivos importados, que o fundador da empresa colocava no porta-malas do carro para vender nas portas dos estádios. Hambúrger é um tipo de alimento tradicional, que existe desde o século XIX, mas os irmãos

McDonald, em 1948, usaram os princípios da linha de produção para fabricar o sanduíche de mesmo nome, que era vendido em uma única loja. Hoje, é a maior cadeia de *fast-food* do mundo. Já não é possível seguir o mesmo caminho para fabricar e vender aviões – Airbus Industries e Embraer, por exemplo, são empresas criadas por governos, que foram assumidas pela iniciativa privada.

A escolha de calçados esportivos, sanduíches ou aviões – ou qualquer outro produto ou serviço – repetindo, é a primeira e mais importante decisão estratégica e o primeiro elo da cadeia de causas e efeitos. Seja como resposta a uma oportunidade percebida combinada com a vocação do empreendedor (Nike), expansão proporcionada por um esquema de franquias (McDonald's) ou política de governo (Airbus e Embraer), a primeira decisão estratégica sempre é a escolha do produto ou serviço. Essa primeira decisão desencadeia outros elos. Fabricar o produto ou prestar o serviço requer um sistema de transformação de insumos, que, por sua vez, demanda um sistema de aquisição de insumos. A decisão estratégica inicial precisa de outras estratégias para ser viabilizada – estratégias de operações, aquisições, financiamento... e estratégias de administração de pessoas para fazer tudo isso funcionar.

Todas essas decisões se consolidam no modelo de negócios. A estrutura básica de um modelo de negócios está representada na Figura 4.

Negócio, proposta de valor, missão	Sistema de operações	Clientes e mercados, público-alvo, partes interessadas	Canais de distribuição
Produtos e serviços que criam valor para os clientes e mercados; ou que resolvem os problemas de algum grupo de *stakeholders*.	Transformação de recursos por meio de atividades para fornecer produtos e serviços: o que é necessário fazer para entregar valor.	Grupos de pessoas e organizações que a empresa/organização tem como clientes ou quer transformar em clientes.	Interfaces com os clientes: como fazer o produto/serviço chegar aos mercados/clientes – comunicação, vendas, distribuição.
Fluxo de receitas	**Estrutura de custos**	**Vantagens competitivas**	**Relações com os clientes**
Forma de geração de caixa.	Custos necessários para operar o modelo de negócios.	O que distingue a empresa/organização da concorrência.	Como a empresa se relaciona com seus clientes.

Figura 4 Elementos básicos de um modelo de negócios.[17]

3.1 Proposição de valor

O negócio – calçados esportivos, sanduíches ou aviões – representa uma *proposição ou proposta de valor*: o produto ou serviço que cria valor para um mercado ou cliente. Proposta de valor e negócio são ideias intercambiáveis. *Missão* é um termo complementar ou, dependendo do caso, alternativo ao termo *negócio*. A missão é entendida como a utilidade do produto ou serviço para os clientes. Veja alguns exemplos do uso desses termos:

1. Nossos negócios de montante (*upstream businesses*) pesquisam e extraem petróleo e gás natural, muita vezes em parceria com companhias petrolíferas internacionais e nacionais. Nós liquefazemos gás natural por meio de resfriamento e o transportamos para consumidores em todo o mundo. Também convertemos gás natural em combustíveis líquidos de queima limpa (...) Nossa organização de jusante (*downstream organisation*) é feita de diversos negócios. No conjunto, esses negócios transformam petróleo em uma gama de produtos refinados, que são movimentados e comercializados em todo o mundo para uso doméstico e industrial e em transportes (...)[18]

2. Nossa missão é sermos a mais importante empresa de produtos de consumo do mundo, com foco em alimentos e bebidas de conveniência. Buscamos produzir recompensas financeiras para os investidores e, ao mesmo tempo, criar oportunidades de crescimento e enriquecimento para nossos empregados, parceiros de negócios e comunidades em que operamos. E em tudo que fazemos, batalhamos por honestidade, justiça e integridade.[19]

3. Queremos descobrir, desenvolver e comercializar com sucesso produtos inovadores para prevenir e curar doenças, diminuir o sofrimento e melhorar a qualidade de vida. Também queremos produzir um retorno para o acionista que reflita nosso desempenho superior e recompensar de forma adequada aqueles que investem ideias e trabalho em nossa companhia.[20]

4. Desde 1877, Barilla é a companhia familiar italiana que acredita na alimentação como experiência festiva e social, como gosto, como forma de compartilhar e de cuidar. A Barilla oferece produtos deliciosos e seguros de alto valor. A Barilla acredita no modelo nutricional italiano, que junta ingredientes de qualidade superior com receitas simples, criando experiências sensoriais únicas. Senso de pertencimento, coragem e curiosidade intelectual inspiram nossos comportamentos e caracterizam nossas pessoas. A Barilla sempre ligou seu desenvolvimento ao bem-estar das pessoas e às comunidades em que opera.[21]

5. Inovar e realizar mais com menos será fundamental para um desenvolvimento sustentável que não sacrifique a qualidade de vida das pessoas.

Na Henkel, concentramos nossas atividades dentro de seis áreas focais, nas quais continuaremos a estimular o progresso em nossos produtos, operações e cadeias de valor. Em 2011, o conceito bem estabelecido de área de foco foi complementado pela área adicional do "desempenho". Isso reflete nosso propósito principal como organização comercial e nossa proposta de valor à sociedade: criar valor para nossos clientes e consumidores e, consequentemente, para nossa empresa, colaboradores e acionistas. As áreas de foco são divididas em duas dimensões: "atingir mais" valor para nossa empresa e acionistas "com menos", ou seja, com uma *footprint* ecológica reduzida.[22]

6. Na Microsoft, somos constantemente motivados e inspirados pela maneira como nossos clientes usam nosso software a fim de encontrar soluções criativas para problemas de negócios, desenvolver ideias avançadas e ficar conectados com o que é mais importante para eles. Conduzimos nosso negócio exatamente da mesma maneira e acreditamos que nossas oito divisões de negócios oferecem o potencial mais elevado para servir nossos clientes. Estamos comprometidos no longo prazo com a missão de ajudar nossos clientes a alcançar seu pleno potencial. Assim como atualizamos e aprimoramos constantemente nossos produtos, queremos fazer nossa empresa evoluir continuamente, para que ela fique na melhor posição de acelerar novas tecnologias à medida que elas emergem e para servir melhor nossos clientes.

A definição do negócio é a *grande estratégia*, que define o destino da empresa e aciona os outros elos da corrente de causas e efeitos: estratégia (...) "é a determinação das metas e objetivos básicos e de longo prazo de uma empresa; e a adoção de ações e alocação de recursos necessários para atingir esses objetivos."[23] Os objetivos compreendem não apenas a definição do modelo de negócio, mas os resultados específicos a serem alcançados. Um resultado específico muito popular entre empresas é o crescimento. Por exemplo:

- O que definirá nosso sucesso no futuro? Não apenas o crescimento, mas o crescimento sustentável – realizar os compromissos de curto prazo e, ao mesmo tempo, investir para atender aos objetivos de longo prazo (...) aumentamos substancialmente nosso orçamento anual de *marketing*, lançamos novos produtos e desenvolvemos um modelo para ajudar nossos distribuidores varejistas a maximizar suas vendas e, ao mesmo tempo, continuamos a planejar para o ano seguinte e para os próximos cinco e dez anos do negócio.[24]

- A estratégia (...) é direcionada para alcançar crescimento orgânico, sustentado e lucrativo, acima da taxa de crescimento do mercado (...)[25]

- Com base no impulso que nos demos, almejamos o crescimento em nosso negócio, com ganhos em participação no mercado e com ampliação dos territórios em que atuamos.[26]

3.2 Clientes e mercados

A escolha dos clientes e mercados é simultânea à escolha do negócio. Essencialmente, o modelo de negócios de uma empresa é:

Modelo de negócios = Proposta de valor + Clientes e mercados

Uma empresa pode ter um único produto ou uma única linha de produtos, como um restaurante de comida italiana, instalado em um *shopping center* ou em uma rua de bairro, destinado "a quem possa interessar". É o *mercado de massa*. Nesse modelo de negócio, a prioridade está na definição do negócio; os clientes e mercados estão implícitos. Outras empresas podem ter um único mercado, ao qual destinam diferentes produtos. Por exemplo, as lojas de produtos para bebês – na verdade, os clientes são os pais e parentes dos bebês. Aqui, também há foco em um mercado ou tipo de cliente – é a *estratégia do nicho*. Suponhamos agora que o restaurante de comida italiana ganhou rapidamente a preferência de um número apreciável de clientes. O proprietário acredita que deve aproveitar o momento e abrir outra loja, com o mesmo produto, em outro lugar. Ele está aplicando a estratégia de *desenvolvimento de mercado* – mesmo produto, novo mercado. Para encurtar a história, em algum momento a empresa pode se transformar em uma rede de restaurantes, espalhada em toda a cidade, no país e, quem sabe, no mundo. O negócio é o mesmo, mas os clientes e mercados agora são outros. Há empresas que trabalham com diferentes clientes, aos quais destinam versões diferentes dos mesmos produtos – ou seja, fazem *segmentação de mercado*. É o caso dos fabricantes de alimentos, que vendem em pequenas embalagens, destinadas ao consumidor final, e em embalagens de grande porte, para os atacadistas e fabricantes. As empresas diversificadas têm diferentes produtos para diferentes mercados e clientes. Uma empresa como a Alstom está nesse caso, com dois tipos principais de produtos para dois mercados distintos – sistemas de transportes e equipamentos para energia. Finalmente, existem os mercados chamados de multilaterais (*multi-sided markets* ou *multi-sided platforms*). Nesse caso, a empresa precisa atingir pelo menos dois tipos de clientes no mesmo mercado – como as empresas de cartões de crédito, que precisam transformar em clientes tanto os usuários ou consumidores quanto os comerciantes e prestadores de serviços que atendem aos usuários.

3.3 Vantagens competitivas

A ideia das vantagens competitivas é anterior à perspectiva do modelo de negócios. O modelo de negócios é dinâmico, evoluindo por meio de planos estratégicos, motivados por ameaças e oportunidades do ambiente, assim como por forças e debilidades dos sistemas internos.

O fato de que empresas concorrentes, e o mundo dos negócios de forma geral, buscam o crescimento e objetivos similares, quando não idênticos, é a base da ideia das estratégias genéricas – ou objetivos que todos querem alcançar. Crescimento, diversificação, inovação, abandono de mercados ou produtos, por falta de atratividade, entre outras possibilidades, são exemplos de estratégias genéricas. Como objetivos idênticos são concorrentes, as empresas precisam de recursos para assegurar que se realizem. Vantagens competitivas, que Katz inclui nas decisões estratégicas, são esses recursos.[27]

No mundo dos negócios, o campo de batalha é o mercado. A Airbus quer vender seus aviões, mas a Boeing também, para os mesmos clientes. Coca-Cola e PepsiCo oferecem basicamente os mesmos produtos, assim como Barilla e Colavita, Toyota e Honda, Tam e Air France, Nestlé e Unilever, apenas para citar alguns pares de concorrentes, que disputam os mesmos clientes. Todos querem vender cada vez mais, para os mesmos consumidores ou para os novos – como as crianças, que, desde muito cedo, são acostumadas a pensar em consumo. Os consumidores, em muitos casos, têm muito mais propostas de valor do que duas, dentre as quais fazer escolhas. Pense na quantidade de marcas de arroz ou manteiga nas prateleiras dos supermercados. Se a decisão estratégica primordial é a escolha do modelo de negócios (proposta de valor + clientes e mercados); provavelmente, a segunda é a escolha de como assegurar o sucesso do negócio – ou seja, como fazê-lo competir com chance de derrotar os outros. Então, a estratégia e o modelo de negócios se ampliam:

Modelo de negócios = Proposta de valor + Clientes e mercados + Vantagens competitivas

Essa situação leva a estratégia empresarial para o terreno do confronto, em que um dos concorrentes vence. Se uma companhia aérea adquire os A-380 da Airbus, os B-747 da Boeing estão descartados, e vice-versa. As companhias aéreas, no entanto, têm frotas formadas por aviões de diferentes fabricantes – para diferentes tipos de rotas e necessidades dos passageiros. Esta já é uma questão da estratégia dentro do modelo de negócios da companhia aérea, não das fabricantes de aviões.

A competitividade depende das vantagens que o comprador percebe e de fato aproveita quando faz a escolha. Existem algumas razões para a rede McDonald's ser a maior empresa de *fast-food* do planeta – rapidez, preço baixo, cardápio simples e conhecido, limpeza e, segundo algumas pessoas, seu alinhamento perfeito com o estilo de vida que predomina nas grandes cidades desde o século XX. Hora do almoço, você não tem tempo para comer em casa, a comida na empresa não entusiasma, você não quer ir a um restaurante, nem gastar muito... ainda bem que tem uma loja de *fast-food* aqui perto. Essas razões são as vantagens competitivas do McDonald's. Vantagens competitivas (ou bases de diferenciação em relação aos concorrentes) são os atributos da empresa e de seus produtos e serviços, que fazem a empresa diferente e atrativa para os consumidores. As vantagens competitivas, para Porter, resultam da capacidade de ser diferente.[28]

Vejamos algumas das principais vantagens competitivas, com exemplos:

• Qualidade intrínseca e eficácia do produto ou do serviço, que compõem a *adequação ao uso*	• Boeing, Hospital Albert Einstein, iPad
• Eficiência e baixo custo das operações e recursos, redundando em preço baixo para o consumidor, sem sacrifício da qualidade	• Toyota, medicamentos genéricos, Wal-Mart
• Relações pessoais com clientes	• Comércio de proximidade, Avon, esteticistas, *personal trainers* e terapeutas
• Disponibilidade de capital	• Bancos, fundos de pensão, países da OPEP
• Controle do mercado por meio da exclusividade de produtos e serviços que deixam os clientes sem alternativa (monopólio ou oligopólio)	• Petrobras, concessionárias de rodovias, aeroportos
• Preço alto (irrelevante para o cliente) e imagem de prestígio	• BMW, Mercedes-Benz, Rolex, primeira classe, espumante
• Preço baixo com qualidade irrelevante	• Camelôs, produtos de origem duvidosa

O fato de as empresas competirem em um terreno não as impede de colaborar em outros. Boeing, Airbus e Embraer estão associadas a um projeto de biocombustível, que criará vantagens competitivas para as três.[29] A competitividade tanto pode ser fruto da competição como da colaboração. Em certos casos, a competitividade é atributo de todo um setor da economia, ou de um ramo de negócios, seja como fruto da sinergia das empresas, de políticas governamentais ou de associação vantajosa para todos os participantes. Como exemplos, pode-se citar: automóveis fabricados no México, trazidos para o Brasil sem imposto de importação, indústria hoteleira em São Paulo, quando há grandes eventos, e empresas que se beneficiam de alguma denominação de origem controlada, como os vinhos, queijos e outros alimentos. Da mesma forma, todo um ramo de negócios pode perder a competitividade e desaparecer, seja porque a tecnologia evoluiu ou porque outros fornecedores têm mais competitividade em alguma dimensão do negócio: eletrodomésticos, calçados e têxteis, por exemplo, tornaram-se domínio dos chineses, depois de passar pelas mãos dos americanos, europeus e japoneses. O negócio das lojas de aluguel de filmes em DVD está desaparecendo por causa das lojas virtuais.

4 Perspectiva da administração estratégica

As estratégias, em essência, compreendem a definição do modelo de negócios, dos objetivos específicos para o negócio e das vantagens competitivas que possibilitam superar a concorrência. As estratégias baseiam-se no monitoramento da dinâmica externa à empresa, para a identificação de ameaças e oportunidades. Envolve também o monitoramento da dinâmica interna, para identificar os pontos fortes e fracos. Desse monitoramento nascem decisões que alteram e aprimoram o modelo de negócios, os objetivos específicos e as vantagens competitivas. Essas decisões compõem o *planejamento estratégico* da empresa, que define seu futuro, sobrevivência e desempenho. Planejamento estratégico é um dos elementos do processo de administração estratégica, formada ainda por monitoramento de resultados e reinício do ciclo de decisões. Faz parte desse processo o uso da ferramenta SWOT – que sistematiza a análise das ameaças e oportunidades do ambiente, e pontos fortes e fracos dos sistemas internos.

Um processo sistemático de planejamento estratégico é uma sequência de análises e decisões que compreende os seguintes componentes principais:

- Análise da situação estratégica presente da organização. (Onde estamos? Como chegamos aqui?)
- Análise do ambiente. (Quais são as ameaças e oportunidades do ambiente?)
- Análise interna. (Quais são os pontos fortes e fracos dos sistemas internos da organização?)
- Definição do plano estratégico. (Para onde devemos ou queremos ir? O que devemos fazer para chegar até lá?)

O processo de planejamento estratégico aplica-se à organização em sua totalidade (estratégia corporativa) e também a cada uma de suas partes: estratégias de produção, de *marketing*, recursos humanos e assim por diante. As formas de colocar em prática as estratégias da organização e das áreas funcionais podem ser chamadas de estratégias operacionais. A administração estratégica chega até o nível do indivíduo. Você, como pessoa ou funcionário de uma empresa, pode ter seu próprio plano estratégico, definindo o caminho que

Capítulo 10

você quer seguir em sua vida ou sua profissão e os objetivos que pretende realizar. Essa é uma das bases da ideia de *capital humano*.

Estratégico qualifica tudo o que é importante para a empresa (ou para você) e que é fruto dessas decisões: fornecedores e fontes de recursos, clientes mais importantes, instalações e recursos essenciais – sendo os mais importantes as pessoas.

No próximo capítulo, veremos como aplicar essas ideias à gestão das pessoas.

EM RESUMO

Você terminou a leitura do Capítulo 10. O objetivo básico deste capítulo é levá-lo em um voo panorâmico sobre as perspectivas da estratégia no mundo das empresas e outras organizações. Chegando a este ponto, você deve ter alcançado uma compreensão clara dos seguintes conceitos:

- Definição de estratégia em seu contexto original: a arte de preparar e dirigir o exército na guerra.

- Paradigma do mercado: o entendimento de que a competitividade é determinada, basicamente, por forças externas à empresa, em especial pela estrutura da concorrência.

- Visão baseada em recursos: o entendimento de que a competitividade é determinada pelas condições internas da empresa, especialmente por seus recursos mais valiosos e suas vantagens em relação à concorrência.

- Modelo de negócios: um modelo mental, representado por uma tabela, que define a estratégia presente ou pretendida pela organização.

- Administração estratégica: processo de planejar, implantar e controlar a execução da estratégia.

- Vantagens competitivas: a superioridade absoluta (ou percebida pelo cliente) da empresa.

Responda agora aos exercícios e questões propostas para este capítulo e avance, em seguida, para o estudo das estratégias de gestão de pessoas.

EXERCÍCIOS E QUESTÕES PARA FIXAÇÃO E REFLEXÃO

1. Usando suas próprias palavras, defina estratégia, planejamento estratégico e administração estratégica – de preferência, com exemplos.
2. No final de 2013, a Apple superou a Google e a Coca-Cola no atributo do valor da marca. Em sua opinião, qual perspectiva explica o sucesso da Apple: o paradigma do mercado ou a visão baseada em recursos? Ou uma combinação das duas?
3. No Brasil, a Volkswagen é a primeira em vendas, com 34,5% de participação no mercado. Quais são as vantagens competitivas dessa empresa para ocupar essa posição?
4. O fracasso também é explicado por meio das perspectivas da estratégia. As lojas de aluguel de filmes em DVD estão lentamente desaparecendo. Em sua opinião, qual perspectiva da estratégia melhor explica esse fenômeno?
5. Escolha uma empresa conhecida que desapareceu ou que tem mau desempenho (como Transbrasil ou Seara) e use uma perspectiva da estratégia para explicar o fenômeno.
6. Considere as empresas que você, como consumidor, elege como suas prediletas. Quais são as vantagens competitivas que o fazem escolhê-las?
7. Se você montasse um negócio, quais dessas vantagens competitivas procuraria ter?
8. Explique o que é proposta ou proposição de valor.
9. Qual é a proposição de valor de um banco? Por exemplo, o banco no qual você tem conta.
10. Em sua opinião, os princípios da estratégia se aplicam a organizações não lucrativas? Por exemplo, aplicam-se a uma instituição de caridade? Explique como.

REFERÊNCIAS

[1] FIÉVET, Général Gil. *De la stratégie*: l'expérience militaire au service de l'entreprise. InterEditions, 1993.

[2] SÓCRATES, segundo XENOFONTE. *Xenophon IV*: memorabilia, oeconomicus, symposium, apology. Tradução de E. C. Marchant. Cambridge: Harvard University Press, Loeb Classical Library n. 168, 1923.

[3] PHÉLIZON, Jean François. *L'action stratégique*. Paris: Economica, 1998.

[4] THUCYDIDES. *History of the peloponnesian war, Books 1-2*. Cambridge: Harvard University Press, 1919, 2003.

[5] HITT, Michael A.; IRELAND, R. Duane; HOSKISSON, Robert E. *Strategic management*: competitiveness and globalization (Concepts and cases), 6. ed. Mason: Thomson South Western, 2005.

[6] PORTER, M. E. *Competitive advantage*. New York: Free Press, 1985.

[7] SELZNICK, P. *Leadership in administration*: a sociological interpretation view. New York: Harper and Row, 1957.

[8] PENROSE, E. T. *A theory of the growth of the firm*. New York: Blackwell, 1959.

[9] WERNERFELT, B. A resource-based view of the firm. *Strategic Management Journal*, 5, 1984, p. 171-180.

[10] BARNEY, J. B. Firm resources and sustained competitive advantage. *Journal of Management*, 17, 1991, p. 99-120.

[11] HAMMEL, G.; PRAHALAD, C. K. *The core competence of the corporation*. Boston: Harvard Business Review, 68, 3, 1990, p. 79-91.

[12] _____. Competing for the future. Boston: Harvard Business School Press, 1994.

[13] WERNERFELT, B. *op. cit.*

[14] AMBROSINI, Véronique. The Resource-based view of the Firm. In: JENKINS, Mark; AMBROSINI, Véronique; COLLIER, Nardini. *Advanced strategic management*: a multi-perspective approach. 2. ed. London: Palgrave MacMillan, 2007.

[15] BARNEY, J. B. *Gaining and sustaining competitive advantage*. 2. ed. Englewood Cliffs: Prentice-Hall, 2002.

[16] AMBROSINI, Véronique. *op. cit.*

[17] Adaptado de OSTERWALDER, Alexander; PIGNEUR, Yves. *Business model generation*. Hoboken, New Jersey: John Wiley & Sons, Inc., 2010.

[18] Disponível em: <http://www.shell.com/home/content/aboutshell/our_business/>.

[19] Disponível em: <http://www.pepsico.com/Company/Our-Mission-and-Vision.html>.

[20] Disponível em: <http://www.novartis.com/about-novartis/our-mission/index.shtml>.

[21] Disponível em: <http://barillagroup.com/corporate/en/home/chisiamo/vision.html>.

[22] Disponível em: <http://www.henkel.com.br/cps/rde/xchg/henkel_brb/hs.xsl/nossas-reas-de-foco-563.html>.

[23] CHANDLER, Alfred. *Strategy and structure*: chapters in the history of the american industrial enterprise. Cambridge: MIT Press, 1962.

[24] Disponível em: <http://www.thecoca-colacompany.com/careers/our_strategy.html>.

[25] Disponível em: <http://www.carrefour.com/cdc/group/our-strategy/>.

[26] Disponível em: <https://www.credit-suisse.com/who_we_are/en/continuity.jsp>.

[27] KATZ, Robert L. *Cases and concepts in corporate strategy*. New Jersey: Prentice Hall, 1970.

[28] PORTER, Michael. *What is strategy*. Boston: Harvard Business Review, nov.-dec. 1996, p. 61-78.

[29] Disponível em: <http://www.airbus.com/>.

CAPÍTULO 11

Estratégias de gestão de pessoas

OBJETIVOS DO CAPÍTULO

Ao completar o estudo deste capítulo, você deverá ser capaz de compreender e explicar:

- A sequência de elos que liga a estratégia corporativa às estratégias de recursos humanos.
- Os três modelos principais que agrupam as estratégias de recursos humanos.
- As estratégias específicas dentro desses modelos.
- As condições determinantes da escolha dessas estratégias.

Capítulo 11

INTRODUÇÃO

As decisões de natureza estratégica e sua execução formam uma cadeia de causas e efeitos, na qual um elo, em um momento, é causa e, em outro, efeito. Segundo Katz (1970), todas as empresas e organizações têm estratégias implícitas, que as trouxeram do passado até o presente. Algumas têm estratégias explícitas, que as levam do presente para o futuro.[1] O mesmo ocorre com a gestão de pessoas. Todas as organizações têm estratégias implícitas de RH e algumas as têm explícitas. As estratégias de RH também se encadeiam em causas e efeitos na realização da estratégia corporativa. Nessa cadeia de causas e efeitos, o foco está no futuro: há objetivos estratégicos, que nascem na estratégia corporativa, e os meios para realizá-los. Os meios são as políticas, os processos, os planos de ação e outras ferramentas (Figura 1).

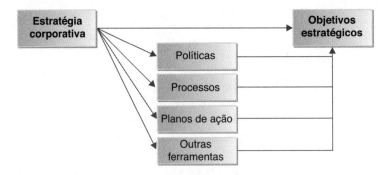

Figura 1 Meios para implementar a estratégia e realizar os objetivos estratégicos.

Segundo a SHRM, estratégia de recursos humanos significa *sistema de práticas de recursos humanos (...) que busca alcançar o melhor desempenho possível das pessoas, de modo a realizar os objetivos da organização.* Essa definição enfatiza o conjunto global das práticas; não as práticas individuais. As práticas são definidas e acionadas de maneira diferente para diferentes cargos ou conjuntos de cargos. Por exemplo, os executivos são recrutados, selecionados e remunerados de uma maneira; os funcionários operacionais, de outra.[2]

Neste capítulo, estudaremos, inicialmente, três modelos de estratégias de recursos humanos. Em seguida, veremos quais estratégias genéricas estão dentro de cada modelo. Passaremos, depois, para a análise e enquadramento das estratégias de recursos humanos de acordo com a estratégia da organização.

1 Modelos de estratégias de recursos humanos

Há três modelos principais de estratégias de recursos humanos, todos com críticos e entusiastas. Na prática, os três modelos, a seguir analisados, não são mutuamente exclusivos (Figura 2). Primeiro, faremos um voo panorâmico sobre os três modelos. Em seguida, vamos analisar cada um com detalhes.

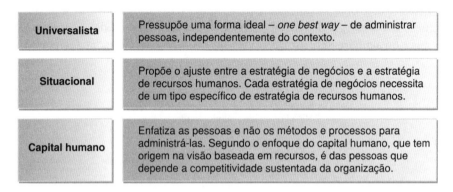

Figura 2 Três modelos de estratégias de recursos humanos.

1.1 Modelo universalista

O modelo universalista tem por base a premissa de que o desempenho das organizações depende de pessoas satisfeitas e com alto nível de comprometimento, seja qual for a estratégia de negócios. A estratégia, então, consiste em definir processos para garantir satisfação e comprometimento das pessoas, que são determinantes do desempenho. Para conseguir isso, as organizações devem adotar as *melhores práticas* de gestão de pessoas, como:

- Segurança no emprego.
- Recrutamento das pessoas certas.
- Uso intenso de equipes autogeridas e descentralização de autoridade.
- Salários elevados, ligados ao desempenho.
- Altos investimentos em treinamento.
- Redução da hierarquia.
- Compartilhamento de informações.

Segundo a perspectiva universalista, tudo o que o gerente tem a fazer é aplicar a receita das melhores práticas. Os empregados concordarão com tudo que for exigido deles, sem se preocupar se é vantajoso ou não. Não há necessidade de escolhas estratégicas: a receita já está pronta. Essa abordagem prescritiva suscita a principal crítica ao modelo universalista: não havendo escolha, não há verdadeiramente estratégia; apenas uso de soluções pré-fabricadas.[3]

1.2 Modelo situacional

O modelo situacional consiste em buscar o *ajuste* ou *alinhamento* entre a estratégia da empresa e a estratégia de recursos humanos. Segundo este modelo, há dois tipos de ajuste ou alinhamento: externo ou vertical e interno ou horizontal (Figura 3).

Figura 3   Alinhamentos das estratégias de recursos humanos.

1.2.1 Alinhamento externo ou vertical

Primeiro, as estratégias de recursos humanos devem ser calibradas de acordo com as estratégias de negócios da organização, que delas dependem para se viabilizar. As estratégias de RH devem ainda se alinhar ao ambiente – tendências e condições da tecnologia, do mercado de trabalho, do comportamento e das expectativas dos trabalhadores e das práticas de gestão de pessoas nas empresas concorrentes, entre outros fatores.

1.2.2 Alinhamento interno ou horizontal

A ideia do alinhamento horizontal adota uma perspectiva sistêmica: as estratégias devem formar um sistema, um todo coerente de elementos que se alinham entre si e se reforçam mutuamente. O alinhamento horizontal busca evitar que as estratégias sejam criadas e implantadas de forma isolada, sem que o conjunto das políticas, processos e instrumentos seja levado em consideração. Em uma perspectiva sistêmica ainda mais abrangente, as estratégias de negócios, as estratégias de recursos humanos e a estrutura organizacional formam um conjunto de partes interdependentes, que funcionam de maneira coordenada, sob influência das forças políticas, econômicas, sociais, tecnológicas e culturais do ambiente.

1.3 Modelo do capital humano

O modelo do capital humano tem por princípio a estratégia corporativa da *visão baseada em recursos* (*Resource Based View* – RBV). De acordo com este modelo, é o conjunto organizado dos recursos (tecnologia, conhecimento, cultura, competências, *networks*) que singulariza a empresa e fornece a vantagem competitiva sustentável. O modelo da RBV reconhece que (1) a função de RH é estratégica, no sentido de que ajuda a desenvolver as vantagens competitivas sustentáveis, e também que (2) os empregados são os ativos mais importantes para o desenvolvimento e manutenção dessas vantagens.

O modelo da RBV aplicado à estratégia de RH envolve a atuação em duas frentes, sintetizadas na ideia de *melhores pessoas com melhores processos*.[4]

- A primeira é a formação da *vantagem do capital humano*, que depende das pessoas que a organização emprega. A vantagem do capital humano está vinculada, portanto, aos processos de recrutamento, seleção, desenvolvimento e retenção de pessoas singulares – raras, valiosas, inimitáveis, insubstituíveis. Em quem você consegue pensar?

- A segunda frente de atuação é a criação da *vantagem dos processos organizacionais* (humanos). Esta vantagem depende dos processos sociais que se desenvolvem lentamente na organização e que podem ser difíceis de copiar pelos concorrentes.

Dentro da perspectiva da RBV, desse modo, o problema da estratégia de RH não é simplesmente o alinhamento com a estratégia de negócios, mas, principalmente, o desenvolvimento de competências que sustentem o comportamento desejado – principalmente, a capacidade de aprendizagem contínua – e que constituem barreiras para a concorrência. O modelo da RBV defende a ideia central de que a vantagem competitiva deriva do conhecimento e da capacidade de renová-lo. Isso é muito mais importante em um contexto de incerteza, de evolução rápida da tecnologia e das condições da concorrência, em que os outros modelos de estratégias não funcionam bem.[5]

2 Estratégias genéricas associadas ao modelo universalista

Há três *estratégias genéricas* inter-relacionadas de gestão de pessoas, associadas ao modelo universalista – administração de alta performance, administração de alto comprometimento e administração de alto envolvimento – que englobam as melhores práticas.[6] A Figura 4 apresenta um resumo dessas estratégias.

2.1 Administração de alta performance

A *administração de alta performance* consiste em práticas chamadas de *sistemas de trabalho de alto desempenho* (*High-performance Work Systems* – HPWS), como processos exigentes de recrutamento e seleção, atividades intensivas de treinamento e desenvolvimento, pagamento de incentivos e sistemas exigentes de administração do desempenho. Essas práticas buscam facilitar o envolvimento, o aprimoramento das competências e a motivação dos empregados. No final da cadeia, o objetivo é aumentar os níveis de produtividade, qualidade, satisfação do cliente, crescimento e lucros.[7] As práticas desta estratégia genérica "investem nas habilidades e aptidões dos empregados, organizam o trabalho de maneira a estimular a participação na resolução de problemas e incentivam o uso do esforço discricionário".[8]

2.2 Administração de alto comprometimento

A administração de alto comprometimento, na definição de Wood (1996), procura "induzir comportamentos que sejam muito mais autorregulados do que controlados por sanções e pressões externas ao indivíduo; e alcançar altos níveis de confiança nas relações com a organização".[9] Entre as práticas da administração de alto comprometimento, encontram-se:

- Desenvolvimento de carreiras progressivas e ênfase em treinamento e comprometimento, como características altamente valorizadas nos empregados, em todos os níveis da organização.
- Alto nível de flexibilidade funcional, em detrimento de descrições de cargos rígidas.
- Redução da hierarquia e eliminação das diferenças de *status*.
- Alto nível de confiança em equipes para disseminar informações (comunicação por meio das equipes), organizar o trabalho (trabalho de equipe) e resolver problemas (círculos da qualidade).

- Cargos com elevado nível de satisfação intrínseca.
- Política de preservação dos empregos, inclusive por meio de trabalho temporário para enfrentar as flutuações na demanda.
- Novas formas de avaliação e de compensação, envolvendo pagamento por mérito e repartição dos lucros.
- Alto envolvimento dos empregados na administração da qualidade.

2.3 Administração de alto envolvimento

A administração de alto envolvimento consiste em práticas que valorizam o envolvimento dos empregados nos processos de tomada de decisões, exercício do poder, acesso à informação, treinamento e administração de incentivos.[10] O envolvimento, ou alto envolvimento, caracteriza e designa os sistemas de administração alternativos aos velhos modelos burocráticos baseados no controle. Em função das oportunidades de entender e controlar seu trabalho, os empregados aumentam seu envolvimento (psicológico) com a empresa. Este modelo de gestão trata as pessoas como parceiras da empresa, parceiras cujos interesses são respeitados e cuja voz é ouvida nas questões que os afetam. A finalidade deste modelo é criar um clima favorável ao diálogo permanente entre os gestores e suas equipes, para definir expectativas e compartilhar informações sobre a missão, os valores e os objetivos da organização. Este modelo ajuda a criar o entendimento mútuo sobre o que deve ser feito e como fazer.[11]

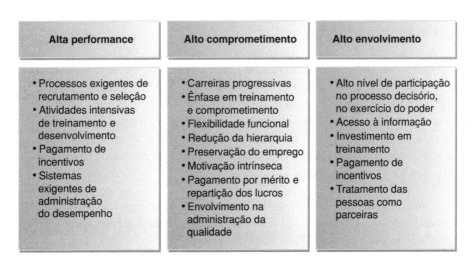

Figura 4 Resumo das estratégias do modelo universalista.

Pode-se observar grandes coincidências entre essas três propostas: alto desempenho, alto comprometimento e alto envolvimento. A primeira designação é usada com maior frequência, abrangendo as outras duas em uma relação de causa e efeito: em resumo, essas estratégias genéricas procuram alcançar comprometimento e envolvimento como caminhos para o alto desempenho.

3 Usando o modelo situacional para o alinhamento estratégico

No modelo situacional, as políticas, os processos e as ferramentas de gestão de pessoas são calibrados para fornecer as competências capazes de produzir os resultados esperados pela organização. A variável dependente é a gestão de pessoas; a independente é a estratégia corporativa. Há diversas propostas para analisar e manejar o impacto das estratégias corporativas sobre as estratégias de recursos humanos. Em seguida, analisaremos duas. Estudaremos também, em terceiro lugar, o impacto da cultura organizacional e do modelo de gestão sobre a formulação de estratégias.

3.1 Estratégias competitivas

Uma delas tem por base as estratégias competitivas de Porter (1985). A Figura 5 retrata como as estratégias competitivas afetam o comportamento das estratégias de recursos humanos. Aqui, estratégias genéricas significam processos da gestão de pessoas.

3.2 Estágio do ciclo de vida

Em outra interpretação, as estratégias genéricas dependem do estágio em que se encontra a organização em seu ciclo de vida. Em sua grande maioria, as organizações nascem, crescem e, eventualmente, morrem. Países, ordens religiosas, grandes corporações, associações – todas as organizações têm um ciclo de vida, composto de três estágios: crescimento, maturidade e declínio. Esse ciclo de vida é acompanhado implícita ou explicitamente pelas estratégias de recursos humanos (Figura 6):[13]

- *Sustentar e controlar o crescimento*. Empresa em crescimento significa empresa vendendo mais, produzindo mais, entrando em novos mercados e precisando de mais pessoas. Para fazer funcionar operações cada vez maiores, a gestão de pessoas compromete-se com dois objetivos estratégicos: atrair novos colaboradores e manter os atuais.

Estratégias de gestão de pessoas

Estratégia de gestão de pessoas	Estratégia competitiva		
	Inovação	Qualidade	Liderança no custo
Atração e retenção	Recrutar e reter pessoas com alto nível de formação e histórico comprovado de inovação.	Usar processos avançados de seleção para recrutar pessoas capazes de entregar qualidade e altos níveis de serviço ao cliente.	Usar estruturas em que há um grupo permanente de funcionários suplementados por funcionários terceirizados ou *freelancers*; enxugar a estrutura de maneira não traumática.
Treinamento e desenvolvimento	Desenvolver capacidades estratégicas e mecanismos de estímulo para aumentar as habilidades inovadoras e o capital intelectual da empresa.	Estimular o desenvolvimento de uma organização aprendiz; desenvolver e implantar processos de administração do conhecimento; lançar e apoiar iniciativas da qualidade total e de atenção ao cliente.	Oferecer treinamento para aprimorar a produtividade; lançar iniciativas de capacitação na técnica *just-in-time*.
Compensação	Oferecer recompensas financeiras e reconhecimento por inovações de sucesso.	Vincular as recompensas ao aumento da qualidade e dos padrões de serviço aos clientes.	Avaliar todas as práticas de compensação para garantir que sejam eficazes e não gerem despesas desnecessárias.

Figura 5 Definição de estratégias de RH em função das estratégias competitivas.[12]

- *Aprimorar ou manter a competitividade.* As organizações estabilizadas, que estão em processo de crescimento lento ou em declínio, perdendo mercados e reduzindo operações, enfrentam o desafio de recuperar seu desempenho. O problema da gestão de pessoas é implementar programas para aumentar a produtividade humana e tornar os processos de trabalho mais eficientes. Possivelmente, será necessário *fazer mais com menos*, caso o desinvestimento (redução das operações, venda de ativos, descontinuação de produtos) seja necessário. O desafio do RH, neste caso, é reduzir custos por meio da diminuição planejada do quadro de funcionários. Os programas de Kaizen – aprimoramento contínuo e implantação de sistemas de produção enxuta – exemplificam esta estratégia, que se aplica a todos os tipos de organização.

- *Transformar a organização.* Mudanças radicais são necessárias quando as estratégias anteriores não funcionam e a organização enfrenta dificuldades muito sérias e mesmo a ameaça de desaparecimento. Para reverter a situação, seus dirigentes, ou novos proprietários, caso seja vendida, precisam colocar em prática um extenso programa de desenvolvimento organizacional. A mudança necessária atinge todos os processos da empresa – operações produtivas, distribuição, linha de produtos, estrutura organizacional, custos e recursos humanos. A Nissan oferece um exemplo desta estratégia. Comprada pela Renault, em situação crítica, foi transformada em um processo que praticamente começou com a gestão de pessoas. Sendo empresa japonesa, de cultura orientada para a negociação e o consenso, foi necessário negociar com os sindicatos e os funcionários qual mudança seria feita e como fazê-la.

Estratégia corporativa	Estratégia de gestão de pessoas	Aprimoramento da produtividade das pessoas	Ações
Sustentar e controlar o crescimento	Atrair e reter mais pessoas.	Aumentar o *input* (quadro de pessoal)	Fazer mais com mais.
Aprimorar a competitividade	Alcançar ganhos de desempenho.	Melhorar o *input*.	Fazer melhor.
Manter a competitividade	Reduzir custos de pessoal.	Diminuir o *input*.	Fazer mais com menos.
Transformar a organização	Remobilizar as pessoas.	Mudar o *input* e o *output*.	Fazer de maneira diferente.

Figura 6 Estratégias alinhadas com o ciclo de vida.[14]

3.3 Modelo de gestão e cultura da empresa

Além da estratégia, o alinhamento da gestão de pessoas pode ser feito de outras formas. Por exemplo, o alinhamento pode ser feito com o modelo de gestão e a cultura da empresa. Se a organização tem um modelo participativo de gestão, baseado em trabalho de equipe, cooperação, compartilhamento de informações e decisões por consenso, o alinhamento estratégico com recursos humanos seria alcançado assim:

- *Seleção*. Os processos de seleção buscariam candidatos com temperamento sociável, experiência em trabalho de grupo, participação em projetos colaborativos e desempenho de papéis de liderança em grupos voluntários, como centros acadêmicos e projetos sociais.
- *Avaliação de desempenho*. O desempenho dos funcionários seria avaliado, prioritariamente, com base em sua capacidade de ajudar os grupos a trabalhar bem, apoiar os colegas e tomar decisões coletivamente.
- *Compensação*. Recompensas seriam atribuídas aos indivíduos e aos grupos – por exemplo, distribuição de abonos para todos, com base nas vendas de toda a empresa.[15]

O caso citado da Nissan exemplifica também este impacto das tradições sobre a estratégia e a gestão das empresas. A palavra japonesa *newamachi* origina-se da agricultura e significa o processo de retirar todas as raízes de uma planta para movimentá-la. Essa palavra é usada para designar o modo japonês de decisão: as raízes da empresa têm de ser levantadas com cuidado para que ela possa ser transplantada. Foi o que aconteceu com sucesso na Nissan.

4 Bases da estratégia do capital humano

Há diferentes perspectivas sobre a ideia de *capital humano*. Há a perspectiva da economia, a perspectiva gerencial e a perspectiva individual. Além delas, há uma perspectiva humanista, que estudaremos separadamente (Figura 7). Nas três primeiras perspectivas, capital humano é o conjunto de atributos das pessoas, como competências, conhecimentos, habilidades sociais, criatividade etc. que produzem valor econômico por meio do trabalho. São perspectivas utilitaristas e tecnicistas das pessoas, que têm sido criticadas exatamente por isso. No entanto, a realidade incontestável é a relação entre educação e saúde e desenvolvimento pessoal e social. No resumo muito feliz de Simón Rodriguez, que foi professor de Simón Bolívar, "o homem não é ignorante porque é pobre;

é o contrário". A perspectiva humanista, por outro lado, focaliza as características fundamentais das pessoas como seres humanos.

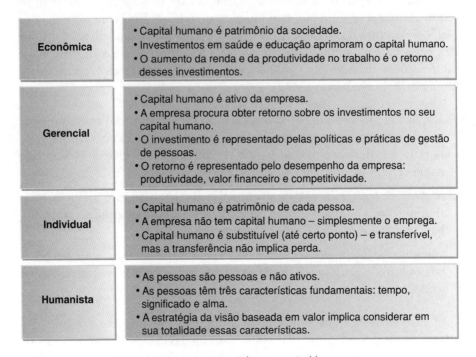

Figura 7 Perspectivas sobre o capital humano.

4.1 Perspectiva econômica

Capital humano é ideia que nasceu dentro da economia. A primeira referência explícita a essa ideia foi feita por Jacob Mincer em 1958,[16] embora estivesse implícita nas reflexões de Adam Smith e Karl Marx. O assunto foi abordado por Theodore Schultz, que ganhou o prêmio Nobel de Economia de 1968, como reconhecimento por seu trabalho sobre economia do desenvolvimento (nada a ver com capital humano, mas com economia agrícola). Em pesquisas realizadas depois da Segunda Guerra Mundial, Schultz havia concluído que a Alemanha e o Japão tinham se recuperado mais rapidamente que a Inglaterra devido à superioridade de suas condições de saúde e educação. A educação aumenta a produtividade das pessoas e a saúde aumenta o retorno do investimento em educação. Em 1960, Schultz publicou um artigo no qual usou a expressão capital humano e ficou conhecido como um dos pais da ideia.[17] Em seguida, Gary Becker, vencedor do prêmio Nobel de Economia em 1992, expandiu consideravelmente esse tema.[18,19,20] Segundo Becker, educação formal, treinamento e saúde são investimentos no capital humano, que produzem retornos como o aumento da renda e da produtividade no trabalho. Na perspectiva dos economistas, o capital humano é um dos fatores de produção – no qual se investe e do qual se obtêm retornos sociais.

4.2 Perspectiva gerencial

Da economia, campo em que o enfoque é social – a sociedade investe e obtém retornos – essas ideias migraram para a administração das empresas. Aqui, o enfoque é particular – a empresa procura obter retorno sobre os investimentos em *seu* capital humano. O investimento é representado, como vimos antes, pela construção de políticas e práticas de gestão de pessoas e de processos organizacionais que dependem de pessoas. O retorno é representado pelo desempenho em termos de produtividade, valor financeiro e competitividade. Neste enfoque, o capital humano é um ativo da empresa – sinônimo de recursos humanos. No econômico, o capital humano é a própria essência da sociedade.

Na perspectiva da administração das empresas, o capital humano é o conjunto dos recursos humanos (recursos das pessoas) à disposição do empregador. É um dos componentes do valor intelectual, que, por sua vez, é um dos componentes do valor global da empresa:

Valor global = Valor econômico + Valor intelectual + Valor social

Na versão que analisaremos a seguir, o capital intelectual engloba o capital humano.[21] Em outras versões, é o capital humano que engloba o capital intelectual.[22] Dependendo do enfoque, as duas versões são válidas. Como patrimônio da empresa, o capital intelectual engloba o capital humano. Como atributo dos indivíduos, é o inverso que ocorre.

4.2.1 Valor econômico

O valor econômico de uma empresa é dado por diferentes indicadores, sendo os principais o valor contábil, o valor de Bolsa e o valor de mercado. Evidentemente, o valor contábil não leva em conta o valor intangível, representado pelo capital imaterial – valor da marca, patentes, cadastros de clientes etc., que, no entanto, podem se refletir no valor de Bolsa e no valor de mercado. Há estudos que mostram a disparidade entre o valor contábil e o valor de Bolsa.[23] No entanto, basta lembrar que as empresas da nova economia digital – Facebook, Google, Microsoft – têm valor de Bolsa e mercado muito superior ao de seus ativos tangíveis.

4.2.2 Valor intelectual

O valor intelectual de uma empresa – também chamado de capital intelectual ou capital imaterial – consiste nos ativos intangíveis:

$$\text{Capital estrutural} + \text{Capital humano} = \text{Capital intelectual}[24]$$

O capital estrutural compreende tudo o que foi criado pelas pessoas da organização e que permanece em seu domínio. Não é fácil estimar o valor monetário do capital intelectual, que impacta o valor de mercado e faz crescer o valor global. O capital estrutural abrange:

- Propriedade intelectual, formada por direitos autorais, patentes, licenças, fórmulas.
- Resultados de pesquisa e desenvolvimento.
- Métodos, técnicas, ferramentas, sistemas de produção e de fornecimento de serviços, programas de computador.
- Propaganda, imagens, marcas, logotipos, símbolos, relações com fornecedores, clientes e outras partes interessadas.

4.2.3 Valor social

O valor social é representado pelas contribuições da empresa à sociedade. Essas contribuições estão associadas a duas ideias: responsabilidade social (sensibilidade da empresa aos impactos que produz na comunidade social e no ambiente natural) e desenvolvimento durável (compreendendo as dimensões econômica, social e ecológica, que se aplicam mais à sociedade do que às empresas individualmente). Alguns indicadores que permitem avaliar as contribuições nessas duas áreas são:

- Geração de empregos.
- Pagamento de salários e contribuições sociais.
- Redução de desigualdades.
- Contribuição para a empregabilidade, bem-estar e saúde dos cidadãos.
- Contribuição para a preservação e aprimoramento do ambiente.
- Investimentos ética e socialmente responsáveis.
- Participação na educação dos jovens.
- Mecenato: patrocínio das artes e participação na promoção cultural.

Algumas ações medidas por alguns desses indicadores (como redução de desigualdades) são difíceis de avaliar. Outras podem ser avaliadas quantitativamente, como no caso do mecenato, da geração de empregos e do pagamento de salários. Como já citamos, o *balanço social* é uma ferramenta para registrar os resultados numéricos nessas áreas.

4.3 Perspectiva do indivíduo como criador de valor

Além da perspectiva econômica e da gerencial, também podemos ver o capital humano na dimensão individual. Neste enfoque, são as pessoas, como indivíduos, os detentores do capital humano e os promotores de seu próprio desenvolvimento e da criação de valor para a empresa. A empresa não possui capital humano – simplesmente o emprega mediante contratos de trabalho. O capital humano é substituível (até certo ponto) – pode-se trocar as pessoas (algumas são efetivamente insubstituíveis) – e transferível, mas não como o dinheiro é transferível. A transferência não implica zerar o saldo: não só uma pessoa não perde seu capital humano quando, por exemplo, educa ou orienta outras pessoas, como também não se transferem experiências e certos atributos como inteligência e personalidade. Tratado com educação, experiência e informação, o capital humano, como patrimônio do indivíduo, só aumenta com a idade.

O capital humano de cada indivíduo constitui-se, principalmente, de *competências*, como vimos no capítulo anterior. Lembrando:

- *Saber*: domínio de conhecimentos como, por exemplo, teoria musical.
- *Saber fazer*: domínio de habilidades, desenvolvidas por meio de experiência e educação, com base nas aptidões como, por exemplo, composição musical. As aptidões são também chamadas de *talentos*. A palavra talento, no entanto, tem conotação de aptidão superior à média das pessoas.
- *Saber fazer-fazer*: saber ensinar; conseguir que os outros façam por meio da transferência de conhecimentos e habilidades.
- *Interesses, motivações, valores*: disposições favoráveis ou desfavoráveis para adotar comportamentos.

Além das competências, o capital humano compreende o *desempenho no trabalho* – os comportamentos objetivamente observáveis, ainda que intangíveis: fabricar parafusos, estudar com dedicação ou propor a nova teoria da relatividade, não importa – pode-se observar. O desempenho é produto das competências e de uma série de condicionantes. As competências constituem

Capítulo 11

os principais determinantes do nível do desempenho, mas os fatores condicionantes que podem interferir são:

- *Organização e eficiência* do local e dos processos de trabalho.
- *Padrões de desempenho* aceitos consensualmente pelo grupo de trabalho.
- *Hierarquia e/ou liderança*, dependendo da cultura da organização.
- *Incentivos* oferecidos pela empresa, dependendo dos interesses, motivações e valores dos indivíduos.

Usado no trabalho (volte ao Capítulo 3 para recuperar o significado da palavra) o capital humano resulta em determinado nível de desempenho, que produz resultados, mensurados objetivamente ou avaliados subjetivamente. Na atividade fabril, pode-se medir a quantidade de *output*; nas escolas, não se mede objetivamente o aprendizado, mas pode-se avaliá-lo pelo desempenho nas provas, na qual se baseia a progressão. Pelo menos, era o que se fazia... Hoje, há uma tendência a entender a educação como sequência de etapas. Passa-se de uma a outra sem necessidade de comprovar competência – ou aprimoramento do capital humano.

No final da cadeia de causas e efeitos, os resultados produzem os três tipos de valor – intelectual, social e econômico – que se agregam no valor global da empresa (Figura 8, adiante).

4.4 Perspectiva humanista do capital humano

Pela perspectiva humanista, adotar a RBV como estratégia da gestão de pessoas implica *"considerar em sua totalidade as características fundamentais do capital humano (...) Quais são essas características fundamentais?"* De acordo com Gratton (2000), são três: tempo, significado e alma:[25]

- Primeira característica – *as pessoas funcionam de acordo com o tempo*. Desenvolvimento tecnológico e investimentos em capital têm ciclos de vida relativamente rápidos. Em comparação, as pessoas precisam de muito mais tempo para se desenvolver. Não apenas há o relógio biológico funcionando, que determina o nível de maturidade e a capacidade de aprendizagem, mas há também a baixa velocidade inerente ao processo de aquisição de conhecimentos e habilidades. A menos que se trate de um gênio raríssimo, que produza obras-primas na infância, as pessoas, em sua maioria, precisam de processos demorados de formação para adquirir competências cada vez mais complexas. Consequentemente, as estratégias de recursos humanos que pretendem seguir o modelo da RBV devem prever o tempo

necessário para a formação, manutenção e aprimoramento contínuo do capital humano.
- Segunda característica – *precisamos de significado*. Nossa natureza nos leva a tentar entender o mundo que nos cerca. As crianças perguntam a todo momento: "O que quer dizer...?" A busca de significado está na raiz da aprendizagem – compreendido, o conceito passa a fazer parte do vocabulário e do instrumental. Para muitas pessoas, as organizações em que trabalham são parte importante da vida. As organizações oferecem inúmeros estímulos que precisam de elucidação: outras pessoas, a contribuição da tarefa individual para o todo, o alinhamento dos objetivos, a finalidade das políticas, a tecnologia. Mais do que o simples entendimento, esses estímulos requerem sintonia com o intelecto e os interesses das pessoas. Sem significado, o trabalho torna-se fonte de alienação: as pessoas se robotizam. Como consequência, o modelo da RBV requer o alinhamento não apenas das responsabilidades individuais, mas de todos os processos de negócios com o significado de que as pessoas precisam.
- Terceira característica – *as pessoas têm alma*. O reconhecimento da alma leva a discussão sobre as pessoas para o domínio do transcendental. Emoções, valores, crenças, temores e outras manifestações do comportamento emocional, segundo Gratton, definem a alma e distinguem as pessoas das máquinas. As reações das pessoas ao mundo circundante vão além da busca de significado – são expressões da alma. No trabalho, as pessoas não se isolam de seu mundo emocional – sua família, suas aspirações e expectativas, o cuidado com os filhos. Uma estratégia de RH que reconheça a existência da alma leva em conta a característica óbvia, muitas vezes ignorada, de que as pessoas não são peças de máquinas.

Certamente, todos conhecem organizações constituídas essencialmente de capital humano. As pessoas dessas organizações talvez não conheçam as expressões capital humano e RBV, mas é o que elas são. Nessas organizações, o desempenho depende da qualidade do material humano – as máquinas e a tecnologia são apenas acessórios, ao contrário do que acontece em uma linha de montagem ou loja de *fast-food*. Times esportivos (como o *dream team*), instituições religiosas, escolas e companhias de teatro e cinema são apenas alguns exemplos dessas organizações.

5 Estratégias específicas de recursos humanos

Em essência, as estratégias de gestão de pessoas consistem em escolher objetivos, políticas, processos e ferramentas, de acordo com o modelo de negócios e os objetivos estratégicos da organização. Repetindo, ao escolher as políticas, processos e ferramentas de gestão de pessoas, deve-se levar em conta as forças políticas, econômicas, sociais e tecnológicas do ambiente, como:

- Mudanças no mercado de trabalho, como demografia, padrões de remuneração, escassez ou abundância de recursos humanos etc.
- Mudanças culturais, como as que determinam as políticas de emprego de minorias.
- Mudanças no comportamento dos recursos humanos e nas relações com os empregadores.
- Mudanças na legislação.
- Tendências nas práticas de gestão de pessoas de outras organizações ou em outros países em que a organização opera, como os horários flexíveis de trabalho.

No final da cadeia de causas e efeitos, as estratégias de recursos humanos transformam-se em objetivos e planos de ação dentro dos diferentes processos, afetados pelas estratégias corporativas e pelos impactos do ambiente. Por exemplo:

- *Desenvolvimento organizacional.* Planejar e implementar programas com base no lado humano da organização, para incrementar seu desempenho e sua capacidade de resposta à necessidade de mudança.
- *Administração do conhecimento.* Desenvolver, implantar e operar processos de criação, busca e aquisição, compartilhamento e aproveitamento de conhecimentos para incrementar o aprendizado e o desempenho.
- *Atração e retenção de pessoas* com potencial e qualificações de alto nível.
- *Administração de talentos.* Desenvolver e manter o ambiente e as políticas apropriadas para o desempenho produtivo das pessoas com potencial e qualificações de alto nível.
- *Aprendizado e desenvolvimento.* Criar o ambiente e os recursos para incentivar o aprimoramento do capital intelectual.
- *Compensação.* Definir as formas de incentivar e recompensar o desempenho das pessoas.
- *Relações de trabalho e com empregados.* Administrar as relações com empregados e seus representantes sindicais, inclusive por meio de associações de classe.
- *Qualidade de vida.* Implementar ações orientadas para aprimorar e manter condições apropriadas para a saúde, a segurança e o bem-estar dos colaborares.

- *Responsabilidade social.* Definir o padrão de relacionamento com as partes interessadas, a sociedade e o ambiente.

É papel da função de RH promover não só a integração sistêmica do alinhamento com o ambiente, bem como da estratégia de negócios com todos os demais componentes dos processos de planejamento e gestão de pessoas, conforme mostra a Figura 8. No capítulo seguinte, estudaremos ferramentas para colocar essas ideias em prática.

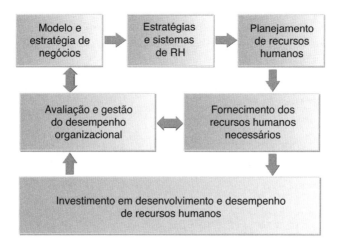

Figura 8 Planejamento de recursos humanos integrado com a estratégia corporativa.[26]

EM RESUMO

Você terminou a leitura do Capítulo 11. O objetivo básico deste capítulo é analisar as estratégias de gestão de pessoas, agrupadas em três perspectivas. Chegando a este ponto, você deve ter alcançado uma compreensão clara dos seguintes conceitos:

- As estratégias de gestão de pessoas como o elo entre a estratégia corporativa e os processos da gestão de pessoas.
- Os três modelos de estratégias de recursos humanos: universalista, situacional e do capital humano.

Capítulo 11

> - O modelo universalista (a "forma ideal" de administrar pessoas) e as estratégias genéricas a ele associadas: administração de alta performance, administração de alto comprometimento e administração de alto envolvimento.
> - O modelo situacional (ajuste entre a estratégia de negócios e a estratégia de recursos humanos) e as bases para fazer o ajuste: estratégias competitivas, estágio do ciclo de vida e cultura da empresa.
> - O modelo do capital humano (ênfase nas pessoas, o elemento fundamental da competitividade sustentada) e suas perspectivas: a perspectiva econômica, a perspectiva gerencial, a perspectiva individual e a perspectiva humanista.
> - As forças que agem sobre o processo de construção da estratégia de gestão de pessoas.

Responda agora aos exercícios e questões propostas para este capítulo e avance, em seguida, para o estudo do planejamento de recursos humanos.

EXERCÍCIOS E QUESTÕES PARA FIXAÇÃO E REFLEXÃO

1. Usando suas próprias palavras, defina estratégia de gestão de pessoas.
2. Todo ano, na cidade de São Paulo, é eleito o melhor pastel de feira. Em outras cidades ao redor do mundo, há concursos semelhantes. Na França, é escolhida a melhor baguete. A padaria vencedora ganha o direito de fornecer baguetes por um ano para a Presidência da República. Suponha que um pequeno empresário tenha o objetivo estratégico de ganhar um concurso desses. Que estratégia de gestão de pessoas você sugeriria que ele adotasse, para aumentar a probabilidade de êxito desse objetivo estratégico? Justifique suas respostas.
3. Teodoro Sampaio (conhecido como Téo) é o dono de uma rede de lojas de eletrodomésticos. Ele tem dois ideais: primeiro, quer fazer sua empresa parecida com o Magazine Luiza – grande e conhecido. Segundo, ele acredita que o caminho para isso é adotar uma estratégia de capital humano, pelo menos para sua equipe de vendedores. Tendo sido jogador de basquete nos tempos de escola, sempre foi admirador do *dream team*, a invencível seleção americana de basquete. Mudam os jogadores, a equipe continua com

o mesmo desempenho. Ele quer saber se é possível transplantar o modelo de gestão de uma equipe esportiva para uma equipe de vendedores e como isso deve ser feito. Qual sua resposta?

4. Téo também quer adotar uma estratégia de liderança no custo – produtos de qualidade a preço baixo. Você acha que é possível compatibilizar as estratégias de capital humano e liderança no custo?

5. ACME é uma empresa de cosméticos que começou em fundo de quintal e se transformou em uma grande corporação. Em seu ramo de negócios, o lançamento contínuo de novos produtos é um dos fatores críticos de sucesso. A empresa tem como objetivos estratégicos a expansão internacional. Para isso, é preciso enfrentar as grandes multinacionais do setor. Quais as estratégias de gestão de pessoas você sugere para a ACME?

6. A ABX é uma produtora de alimentos, do sul do Brasil. Está passando por uma crise financeira profunda. Seu proprietário, um fundo de investimentos, pretende vendê-la. Que estratégias de gestão de pessoas deverão ser postas em prática pelo comprador?

7. Usando suas próprias palavras, dê exemplos de capital estrutural, capital humano e capital intelectual.

8. Explique o que é valor social.

REFERÊNCIAS

[1] KATZ, Robert L. *Cases and concepts in corporate strategy*. New Jersey: Prentice Hall, 1970.

[2] WRIGHT, Patrick M. *Human resource strategy*: adapting to the age of globalization. Alexandria: SHRM Foundation, 2008.

[3] TORRINGTON, Derek; HALL, Laura; TAYLOR, Stephen; ATKINSON, Carol. *Human resource management*. Harlow: Pearson, 2011.

[4] WILTON, Nick. *An introduction to human resource management*. London: SAGE Publications Ltd., 2011.

[5] _____. *op. cit.*

[6] ARMSTRONG, Michael. *Armstrong's handbook of human resource management practice*. London: Kogan Page, 2009.

[7] HUSELID, M. A. The impact of human resource management practices on turnover, productivity, and corporate financial performance. *Academy of Management Journal*, 38, 1995, p. 635-673.

[8] THOMPSON, M.; HERON, P. Management capability and high performance work organization. *The International Journal of Human Resource Management*, 16 (6), 2005, p. 1029-1048.

[9] WOOD, S. High commitment management and organization in the UK. *The International Journal of Human Resource Management*, 7 (1), 1996, p. 41-58.

[10] BENSON, G. S.; YOUNG, S. M.; LAWLER, E. E. High involvement work practices and analysts' forecasts of corporate performance. *The International Journal of Human Resource Management*, 45 (4), 2006, p. 519-527.

[11] LAWLER, E. E. High involvement management. Jossey-Bass: San Francisco, CA, 1986.

[12] ARMSTRONG, Michael. *op. cit.*

[13] Le LOUARN, Jean-Yves. *Gestion stratégique des ressources humaines*. Rueil-Malmaison: Éditions Liaisons, 2010.

[14] _____. *op. cit.*

[15] TORRINGTON, Derek; HALL, Laura; TAYLOR, Stephen; ATKINSON, Carol. *op. cit.*

[16] MINCER, Jacob. Investment in human capital and personal income distribution. *The Journal of Political Economy*, v. 64, n. 4, aug. 1958, p. 281-302.

[17] SCHULTZ, T. Investment in human capital. *The American Economic Review*, v. 51, n. 1, 1960, p. 1-17.

[18] BECKER, Gary S. Investment in human capital: a theoretical analysis. *The Journal of Political Economy*, v. 70, issue 5, part 2: Investment in human beings, oct. 1962), p. 9-49.

[19] _____. *Human capital* – a theoretical and empirical analysis with special reference to education, 3. ed. Chicago: The University of Chicago Press 1964, 1993.

[20] Disponível em: <http://www.econlib.org/library/Enc/HumanCapital.html>.

[21] Le LOUARN, Jean-Yves. *op. cit.*

[22] ARMSTRONG, Michael. *op. cit.*

[23] BARUCH, Lev *Intangibles*: management, measurement, and reporting: Washington, D. C.: Brookings Institution Press, 2001.

[24] Le LOUARN, Jean-Yves. *op. cit.*

[25] GRATTON, Lynda. *Living strategy*: putting people at the heart of corporate purpose. Harlow: Pearson Education, 2000.

[26] Adaptado de www.workinfo.com.

CAPÍTULO 12

Planejamento de recursos humanos

OBJETIVOS DO CAPÍTULO

Ao completar o estudo deste capítulo, você deverá ser capaz de compreender e explicar:

- O processo de planejamento de recursos humanos.
- O que são oferta e demanda de recursos humanos.
- Técnicas qualitativas e quantitativas para projetar a demanda de recursos humanos.
- Técnicas para estudar a oferta de recursos humanos.

Capítulo 12

INTRODUÇÃO

Planejamento de recursos humanos (designação moderna que substituiu a expressão *planejamento de mão de obra*) é o processo de definir o contingente de pessoas para atender as necessidades futuras da organização. O processo de planejamento de recursos humanos procura responder às seguintes perguntas:

- Quantas pessoas serão necessárias, com quais qualificações, para realizar os objetivos da empresa?
- Que ações devem ser realizadas para atender a essas necessidades?

Esquematicamente, o processo está representado na Figura 1. O objetivo principal deste capítulo é detalhar este processo, descrevendo as diversas ferramentas utilizadas.

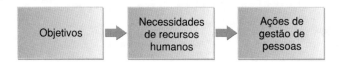

Figura 1 Perguntas do planejamento de recursos humanos.

Variáveis que afetam o planejamento de recursos humanos

As respostas a essas perguntas dependem de diversas variáveis. Entre as principais:

- *Estratégia da empresa*. Seu modelo de negócios e seus objetivos estratégicos, que determinam os mercados em que pretende atuar, suas intenções de crescimento e os atributos que sustentam sua competitividade.
- *Horizonte de tempo – o que significa futuro?* É um momento dentro de cinco, dez, quinze anos? As necessidades se alteram conforme o tempo passa e, portanto, o planejamento de recursos humanos precisa ser refeito periodicamente.
- *Contingente atual de recursos humanos e perspectivas de perdas*. Toda organização precisa repor os recursos humanos que, inevitavelmente, perde. O tempo provoca a erosão do contingente, por meio de aposentadorias, falecimentos, transferências, demissões voluntárias ou involuntárias etc. Alguns desses eventos podem ser previstos, possibilitando a previsão das necessidades de reposição.
- *Mudanças tecnológicas, legais, gerenciais etc*. Impõem modificações nos métodos de trabalho, alteram os cargos e exigem a aquisição de novas competências.

- *Escassez ou abundância na oferta de recursos humanos no mercado de trabalho.* Afetam a facilidade ou dificuldade de atrair e reter pessoas.

- *Obrigação legal de planejar o emprego de pessoas, especialmente mediante negociações.* Esta exigência existe para as empresas francesas, onde quer que elas atuem.

Em essência, o processo de planejamento de recursos humanos consiste em entender qual é o futuro, em termos de situação desejada ou necessária de recursos humanos, e compará-lo com o presente. O futuro torna-se presente continuamente, à medida que o tempo passa e o empurra para a frente.

Processo de planejamento de recursos humanos

Planejamento de recursos humanos é o processo cuja premissa básica está no equilíbrio entre oferta e demanda de recursos humanos. A oferta é representada por duas fontes: o contingente interno de pessoas e os empregados potenciais no mercado de trabalho. A demanda origina-se do planejamento corporativo. A conciliação entre oferta e demanda é feita por meio de planejamento e execução de atividades de recrutamento, integração, treinamento e desenvolvimento etc.[1] Este processo compreende três etapas principais (Figura 2), que serão analisadas em seguida:

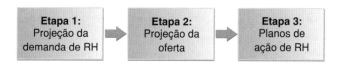

Figura 2 Modelo do processo de planejamento de recursos humanos.[2]

1. Projeção da demanda de recursos humanos: as necessidades futuras de recursos humanos, em função dos objetivos corporativos.

2. Projeção da oferta interna e externa de recursos humanos: previsão da disponibilidade de pessoas para atender a demanda.

3. Planejamento, execução e avaliação de ações de gestão de pessoas: identificação das ações necessárias para complementar a oferta e atender a demanda.

Para realizar essas etapas, os profissionais de recursos humanos dispõem de diversas ferramentas analíticas, qualitativas e quantitativas. A Figura 3 sintetiza essas ferramentas, que permitem definir as necessidades de recursos humanos, ou seja, as quantidades e qualificações de pessoas que é necessário atrair para fazer face à demanda. Eventualmente, as necessidades podem ser negativas – a organização pode precisar dispensar pessoas em vez de aumentar o quadro. É o que acontece quando são implementados programas de eficiência, que fazem diminuir a utilização de todos os tipos de recursos.

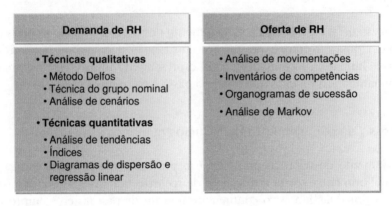

Figura 3 Técnicas para analisar demanda e oferta de recursos humanos.

1 Etapa 1: projeção da demanda de recursos humanos

A projeção da demanda de recursos humanos procura identificar as necessidades de pessoas e competências para sustentar a missão ou negócio e os objetivos da organização no futuro. A projeção produz informação sobre a quantidade necessária de pessoas, as atividades que devem desempenhar, ou cargos que devem ocupar, e as qualificações ou competências que devem ter. Diversos fatores influenciam a análise da demanda, como:

- Impactos econômicos, legais e competitivos sobre a organização e o ramo de negócios.
- Objetivos estratégicos da organização.
- Demanda prevista para os produtos e serviços da organização, englobando a previsão de vendas.
- Comportamento da produtividade dos recursos humanos, podendo ser estável, crescente ou decrescente.
- Mudanças na estrutura organizacional e no conteúdo dos cargos, decorrentes de avanços tecnológicos ou conceitos e técnicas de administração.
- Disponibilidade de recursos para atender as necessidades previstas.
- Novos produtos, processos e negócios que a organização pretende lançar.[3]

Para fazer a projeção da demanda de recursos humanos, usam-se técnicas quantitativas e qualitativas. As técnicas quantitativas são: análise de índices e tendências e regressão linear. Vejamos, primeiramente, as técnicas qualitativas: método Delfos, método do grupo nominal e análise de cenários.

1.1 Técnicas qualitativas de projeção da demanda

As técnicas qualitativas baseiam-se, primariamente, na opinião de pessoas – especialistas e gerentes – que fazem estimativas a respeito de tendências. Embora sejam mais apropriadas para lidar com os aspectos qualitativos da demanda, especialmente as competências que serão necessárias, as técnicas qualitativas também permitem lidar com questões quantitativas. Por exemplo: Qual é o crescimento previsto das vendas e qual o impacto sobre o contingente de pessoas?

As principais técnicas de fundo qualitativo são:

- Método Delfos
- Técnica do grupo nominal
- Análise de cenários

Todas se baseiam em consultas estruturadas por especialistas e executivos. São similares a todas as técnicas de trabalho em pequenos grupos, que procuram produzir ou avaliar informações e fazer sugestões para resolver problemas.

1.1.1 Método Delfos

Uma das principais técnicas qualitativas é o *método Delfos*, que tem o nome do antigo oráculo grego. O método Delfos é uma forma organizada de buscar consenso a respeito de projeções que não podem ser feitas de maneira estritamente técnica ou que não têm respostas quantitativas. O método foi desenvolvido pela Rand Corporation, no final da década de 1950.[4] Originalmente, foi usado para simular de que forma um estrategista soviético planejaria um ataque nuclear aos Estados Unidos. Nesse primeiro estudo, foram consultados sete especialistas, em uma sequência de procedimentos essencialmente a mesma até hoje:

1. Um grupo ou painel de especialistas é formado, mas seus integrantes não se comunicam diretamente, para evitar a fuga do confronto, a influência pessoal e outros problemas do trabalho em grupo.

2. Em seguida, pede-se aos especialistas que se manifestem a respeito de uma ou mais questões, por exemplo, as competências que surgirão nos próximos anos ou a disponibilidade de pessoas com essas competências no mercado de trabalho. Essas informações são recolhidas e tabuladas pelos condutores do estudo, que, no caso, trabalham no DRH.

3. Os resultados, tabulados e processados, são devolvidos aos especialistas do painel, que são convidados a estudá-los e informar se desejam ajustar sua previsão original, em função dessas novas informações.

4. Essas etapas são repetidas até que as opiniões dos especialistas comecem a convergir, o que acontece entre cinco e dez rodadas. Cada rodada, na qual os resultados tabulados são devolvidos e a opinião dos especialistas é solicitada novamente, cria, assim, a oportunidade para eles compararem suas opiniões com as dos outros e refinarem as suas.

O método Delfos é criticado pelos adeptos dos enfoques quantitativos por sua natureza subjetiva, uma vez que depende de opiniões. Além disso, nada impede que os especialistas participantes, que podem ser muito poucos em certas áreas do conhecimento, se conheçam e procurem se comunicar durante o estudo. Para evitar esse risco, os especialistas devem ser explicitamente orientados a não comentar sua participação com os colegas.

1.1.2 Técnica do grupo nominal

A técnica do grupo nominal (ou método de Delbecq) consiste em fazer consultas a especialistas e executivos por meio de encontros.[5] Ao contrário do que acontece no método Delfos, os integrantes do grupo nominal se reúnem para participar de uma discussão organizada, que tem como objetivo convergir para a avaliação de uma determinada situação. A técnica chama-se *grupo nominal*, porque o grupo é formado especialmente para a finalidade de efetuar análises e resolver problemas, não permanecendo na estrutura da organização. Como outras técnicas de trabalho em grupo, a técnica do grupo nominal tanto pode ser usada para fazer previsões como para analisar ou resolver problemas. As quatro etapas principais são:

1. Cinco ou seis especialistas são convidados a participar do grupo nominal e recebem a mesma pergunta para responder. Por exemplo: A demanda por esta ou aquela competência aumentará ou diminuirá nos próximos anos? Quais são as causas das mudanças na demanda? Individualmente, cada especialista fornece sua resposta por escrito.

2. Esses participantes são reunidos em volta de uma mesa e apresentam, individualmente, seus pontos de vista, que são escritos em folhas grandes. Nesta etapa, não se permitem interação e comentários, para que cada um possa apresentar suas ideias sem restrições.

3. Ao final das apresentações individuais, os participantes podem pedir esclarecimentos aos colegas, com instruções para dialogar e evitar a defesa incondicional de seus pontos de vista.

4. Solicita-se aos participantes ranquear sigilosamente as estimativas apresentadas. Todas as estimativas são votadas de forma anônima e cada participante dá notas da primeira à última. Se houver oito estimativas, a mais importante, para todos os participantes, recebe o número 8; a menos importante recebe o número 1. A estimativa original, apresentada na etapa 1, que receber a melhor votação, é considerada, então, como base para a previsão da demanda (ou para resolver qualquer outro tipo de problema que esteja sendo discutido). A Figura 4 mostra um exemplo de tabulação de proposições de um grupo nominal.

Se houver duas ou mais propostas igualmente bem votadas, as etapas 3 e 4 podem ser repetidas. Apenas as propostas mais bem votadas seguem para esta segunda votação, para permitir discussões mais aprofundadas e mais confiança nos resultados.

Proposições - Participantes	João	Pedro	Tomé	Tiago	Tadeu	Simão	Total de pontos	Prioridade
A. Competências estratégicas se tornarão importantes	1	1	2	2	2	7	15	7
B. Competências em gerenciamento de projetos se tornarão importantes	3	5	6	4	4	2	24	4
C. Jovens talentos serão escassos	5	4	3	3	6	5	26	3
D. Pessoas com domínio de outros idiomas serão escassas	4	3	7	7	7	4	32	1
E. Conteúdo do trabalho será priorizado em detrimento da carreira	7	7	4	6	1	3	28	2
F. Carreira e benefícios serão mais importantes que remuneração elevada	6	2	1	1	2	6	18	6
G. Trabalhar no exterior será um atrativo para os jovens	2	6	5	5	3	1	22	5

Figura 4 Exemplo de tabulação e priorização de opiniões de um grupo nominal.

1.1.3 Análise de cenários

A técnica da análise de cenários, também conhecida como planejamento de cenários, construção de cenários ou pensamento por meio de cenários, é uma técnica de planejamento estratégico que tem suas origens no pensamento militar. O princípio dos cenários é a visualização de uma situação em seu todo ou de alguns de seus principais elementos. Essa técnica combina-se com os jogos de guerra, ou simulações de combates, que são jogados em tabuleiros ou por meio de exercícios usando equipamentos reais. Com alguns dólares, você pode comprar uma versão computadorizada, não muito diferente das que os militares usam.

O uso de cenários para o planejamento estratégico militar é um conceito atribuído aos prussianos do século XIX. Já no século XVII, porém, os engenheiros militares de Luís XIV construíram miniaturas de fortificações, incluindo todo o terreno ao redor, para possibilitar a simulação e o planejamento de ações militares. Foram tão benfeitas que, hoje, são consideradas obras de arte e estão abrigadas no Museu dos Altos Relevos, dentro do Museu das Forças Armadas, no coração de Paris. No entanto, convém lembrar que a história das maquetes vem de antes – os arquitetos da Renascença as construíram no século XV, continuando uma tradição que vinha desde o tempo dos faraós e se desenvolveu durante a Idade Média, como base para a construção de castelos e catedrais. É lícito supor que os militares da Antiguidade também usassem miniaturas para simular situações de combate.

As maquetes, miniaturas e tabuleiros ou plataformas virtuais para jogos de guerra permitem visualizar o terreno e imaginar o futuro. Os cenários propriamente ditos são construções mentais, que podem ser representadas graficamente, em que a finalidade é a mesma: visualizar uma situação futura que não pode ser estudada por meio de uma simples projeção. Os cenários baseiam-se em perguntas do tipo "E se...?". São especulações, que tentam "adivinhar" o que pode acontecer no futuro, devido à mudança nas condições do presente ou evolução das tendências.

Tradicionais no mundo militar, os estudos de cenários foram introduzidos nas organizações de negócios nos anos 1970, pela Shell, que tinha um modelo bem definido de planejamento físico incremental – os dados de um ano (vendas, produção, armazenamento e transporte de óleo) eram projetados para os anos seguintes. Um grupo de estudos montado pela Shell começou então a trabalhar com hipóteses de conflito no Oriente Médio, redução da oferta e de nacionalização de suas fontes de óleo. Esse grupo desenhou diferentes cenários com essas hipóteses, o que permitiu à Shell preparar-se para esse futuro que, posteriormente, se concretizou.[6] A partir da experiência da Shell, que usou princípios concebidos por Hermann Kahn, a aplicação de cenários para estudar a incerteza do futuro disseminou-se nas organizações de negócios.

Há várias formas de construir cenários. Uma das mais comuns consiste em combinar duas variáveis de interesse do problema que está sendo estudado, embora, às vezes, se façam cenários com maior número de variáveis. A identificação dessas variáveis que se deseja incluir no cenário, assim como a própria análise, são realizadas por meio de técnicas de trabalho em grupo e de geração coletiva de ideias, especialmente *brainstorming*.

Eis um exemplo de variáveis para um cenário:

- Disponibilidade de mão de obra qualificada no mercado.
- Demanda no mercado por mão de obra qualificada.

Essas variáveis são transformadas em escalas de olhos opostos e analisadas em uma matriz. A Figura 5 mostra um cenário que usa esse princípio, com as duas variáveis aqui referidas. A Figura 6 mostra dois outros princípios do método dos cenários: futuros alternativos e futuros sucessivos. O método procura identificar cenários alternativos e seus eventos, por meio de uma árvore de eventos.

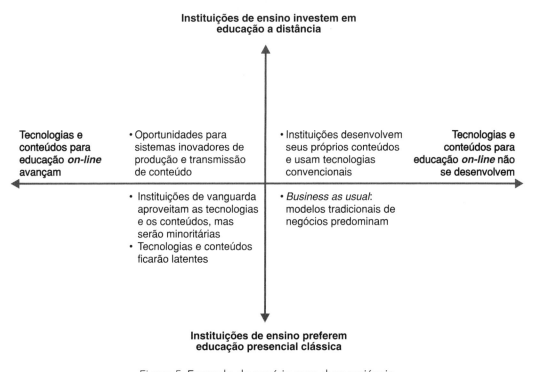

Figura 5 Exemplo de cenário com duas variáveis.

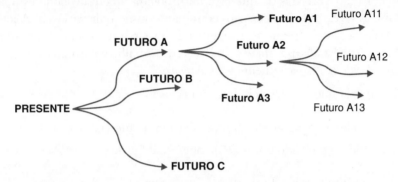

Figura 6 Nos cenários, há futuros alternativos que se sucedem.

Assim como ocorre com outras ideias, a análise de cenários não está isenta de críticas. A principal delas é a falta de precisão das estimativas, que, como o próprio nome sugere, são apenas especulações. Mas o método foi criado precisamente para isso: lidar com futuros que ainda não existem e que somente podem ser avaliados por meio da imaginação.

1.2 Técnicas quantitativas de projeção da demanda

As projeções quantitativas, como o nome implica, lidam com os aspectos numéricos do processo de planejamento, focalizando o contingente de pessoas: quantidades no passado e no presente, que são extrapoladas para o futuro. Neste capítulo, estudaremos duas técnicas quantitativas:

- Análise de tendências
- Análise de índices

1.2.1 Análise de tendências

A análise de tendências consiste em estudar o comportamento de alguma variável ao longo de um período determinado. No caso do planejamento de recursos humanos, em geral, são estudados os três a cinco anos anteriores ao momento em que a análise está sendo realizada. Os números sobre esse período formam uma *série histórica*, que é, então, projetada para o futuro (Figura 7).

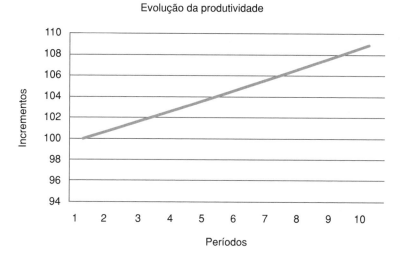

Figura 7 Exemplo de série histórica.

Este método pressupõe que o futuro seja uma continuação do presente, ao passo que os cenários pressupõem uma ruptura do futuro com o presente. As variáveis que se pode estudar são:

- Contingente de recursos humanos.
- Taxa de rotatividade.
- Tempo médio de serviço.
- Qualificações e competências.

O comportamento das variáveis não varia apenas em função do tempo, mas de outros fatores também, como o volume de operações, a evolução tecnológica ou a adoção de práticas de produção enxuta, que aumentam a produtividade e reduzem a taxa de ocupação de pessoas. A análise de tendências, portanto, mostra estimativas e não funciona sozinha – é necessário complementá-la com as outras abordagens quantitativas e qualitativas de previsão.

1.2.2 Índices

Há várias formas de construir *índices*. Os índices representam a proporção entre alguma medida de resultado (ou produção) e a quantidade de pessoas necessárias para produzir esse mesmo resultado:

$$\text{Resultado produzido} \div \text{Quantidade de pessoas} = \text{Índice de desempenho dos RH}$$

Capítulo 12

Por exemplo:

- Quantidade de camareiros necessários para atender os hóspedes de um hotel com ocupação plena.
- Quantidade de clientes que um funcionário consegue atender.
- Volume de vendas dividido por número de funcionários da área de vendas.

Explorando este último exemplo, eis como ficaria a projeção da demanda em uma situação hipotética (Figura 8):

Vendas 2014	Funcionários 2014	Índice de desempenho	Previsão de vendas 2015	Funcionários 2015	Previsão de vendas 2016	Funcionários 2016
100.000.000	25	4.000.000	120.000.000	30	150.000.000	37

Figura 8 Exemplo de uso de índice para projetar a demanda de RH.

Automaticamente, o índice funcionários/produção é a medida de eficiência. Diminuindo o número de pessoas para produzir o mesmo resultado, a eficiência aumenta. Aumentando a produção sem que o número de pessoas aumente, também. A eficiência dos recursos humanos aumenta, principalmente, por causa de métodos de organização do trabalho e de avanços tecnológicos, que afetam não apenas as quantidades produzidas, mas também outras variáveis, como a velocidade, a qualidade e a precisão dos resultados. Com *e-mail*, por exemplo, você consegue se comunicar com mais pessoas, mais rapidamente, do que antes do advento dessa tecnologia. Assim, se houver uma previsão de aumento da eficiência, a previsão de vendas poderá aumentar sem implicar o aumento da quantidade de funcionários.

Índices importantes para o planejamento de recursos humanos medem (e recomendam) a proporção de determinados profissionais em relação à população, como médicos ou policiais. Eis um exemplo:

"O número ideal de policiais recomendado pela Organização das Nações Unidas (ONU) é de um para 250 habitantes. Segundo dados oficiais, o Estado de Alagoas tem um efetivo de 10.054 agentes policiais. A população do Estado, segundo o censo de 2010, foi calculada em 3.120.922 habitantes. Temos a seguinte proporção: um policial para 310 habitantes. No Anuário 2010 do Fórum Brasileiro de Segurança Pública, o efetivo policial do Estado de São Paulo em 2010 era de 117.148 agentes policiais. Os dados do censo de 2010 registraram uma população de 39.924.091 habitantes para todo o

Estado, o que representa a proporção de um policial para 340 habitantes. No ano de 2010, o Estado de Alagoas liderou o *ranking* dos homicídios no Brasil. Foram registrados, no Estado, 2226 homicídios, que equivalem a uma taxa de 71,3 mortes por 100 mil habitantes. O Estado de São Paulo, nesse mesmo ano, teve a menor taxa de homicídios dos últimos tempos. Foram registradas 4320 mortes, o que corresponde a 10,47 homicídios por 100 mil habitantes."[7]

O exemplo revela que a medida de resultado (taxa de homicídios) não se justifica apenas pelo índice (número de policiais por habitante). Ou há outras explicações para a violência, que não o índice de policiais (é o argumento dos autores do exemplo) ou há uma diferença brutal na eficiência policial entre os dois estados citados. De qualquer modo, aumentando a população, o índice precisa acompanhá-la, mas os números devem ser avaliados comparativamente, como o exemplo também demonstra.

Outra forma de usar índices consiste em estudar a proporção de ocupantes de determinados cargos em relação a outros ou à totalidade do quadro de recursos humanos. Ou a proporção de ocupantes de cada cargo em relação à totalidade do quadro de recursos humanos. O exemplo a seguir assume um crescimento de aproximadamente 10 % ao ano no quadro total de funcionários, para suprir as previsões de vendas e produção. Para atender a esse crescimento, o total previsto em cada ano é multiplicado pelo índice (%) relativo a cada cargo. Em números aproximados e assumindo que o número de diretores não mude (Figura 9):

Cargos	Ocupantes 2014	% do total	Ocupantes 2015	Ocupantes 2016	Ocupantes 2017
Presidente	1	-	1	1	1
Vice-presidente	1	-	1	1	1
Diretores	5	-	5	5	5
Gerentes intermediários	60	0,5%	65	72	80
Supervisores de primeira linha	600	5%	650	725	800
Operadores	9.000	75%	9.750	11.000	12.000
Outros funcionários operacionais	2.200	18%	2.340	2.600	2.900
Total	11.867	100%	Previsão 13.000	Previsão 14.500	Previsão 16.000

Figura 9 Índices de ocupação de mão de obra.

Os índices são populares em todas as áreas da administração como forma de medir o desempenho. Pode-se estudá-los também sob a perspectiva das tendências, por meio de séries históricas, dentro da própria organização, e em comparação com o mercado de trabalho ou especificamente com a concorrência.

2 Etapa 2: estudo da oferta de recursos humanos

A segunda parte do processo de planejamento de recursos humanos consiste em determinar como a demanda será atendida. Isso é feito por meio do estudo das duas fontes de oferta de recursos humanos:

- *Interna*. É o contingente atual de funcionários, ocupando os cargos para os quais há demanda, ou que podem ser treinados, transferidos ou promovidos para atender a demanda projetada. O estudo da oferta interna permite à organização identificar quais são os talentos e como aproveitá-los, assim como as áreas em que haverá escassez ou excesso de mão de obra.

- *Externa*. São as pessoas que se encontram no mercado de trabalho ou que ainda vão ingressar no mercado de trabalho, que estão desempregadas ou que trabalham para outras organizações e que formam um contingente de potenciais funcionários. O estudo da oferta externa permite identificar tendências que representam riscos ou oportunidades, como a escassez ou abundância de determinados profissionais, o surgimento de novas profissões ou a demanda por determinadas competências, a remuneração e outras formas de compensação necessárias para atrair talentos, o nível geral e a qualidade da educação e outras variáveis.[8]

2.1 Oferta interna de recursos humanos

A oferta interna de recursos humanos pode ser estudada por meio de diversas perspectivas. Neste capítulo, estudaremos como as movimentações no quadro de RH afetam a disponibilidade para atender a demanda. As movimentações fazem a oferta interna de recursos humanos oscilar: demissões, saídas voluntárias, faltas e atrasos, transferências, aposentadorias etc. provocam perdas. Promoções, transferências e ingressos provocam ganhos que fazem o contingente aumentar. Em seguida, estudaremos como estruturar um inventário de competências e diferentes maneiras de analisar outras formas de movimentação que impactam o quadro de RH.

2.1.1 Rotatividade

A rotatividade (ou *turnover*) é uma das principais movimentações que se deve analisar na oferta interna de recursos humanos. A rotatividade é a taxa de renovação dos recursos humanos – as saídas ou desligamentos, voluntários e involuntários, em relação ao total de funcionários em um período determinado. Para fazer o cálculo dos desligamentos, é preciso, primeiramente, determinar o número médio de funcionários em um período, o que se obtém pela fórmula:

Número médio de funcionários = (Número de funcionários pagos no período de pagamento 1 + ... + Número de funcionários pagos no período de pagamento n) /n[9]

Com base na média, pode-se calcular a taxa de desligamento por meio da seguinte fórmula:

Taxa de desligamento = Número de funcionários que deixaram a empresa / Número médio de funcionários no período analisado

Se saíram 50 funcionários, de um contingente médio de 1000, a taxa de desligamento é de 0,05, no período analisado. Em cinco períodos (por exemplo, cinco anos), se essa tendência se mantiver, a empresa perderá 25 % de seus recursos humanos. Taxas altas de desligamentos, ou de rotatividade, não são incomuns em determinados ramos de negócios, como *call centers* ou construção civil. Em outros negócios, taxas altas podem indicar sérios problemas.

Uma das formas de analisar a taxa de rotatividade é o levantamento de dados, como o tempo de serviço ou a idade das pessoas que saem em um período curto, como um ano. Se as pessoas que saíram nos últimos doze meses tinham, em sua maioria, um ou dois anos de serviço, e eram jovens, a organização tem dificuldades de retenção de recursos humanos.[10]

2.1.2 Inventários de competências

Os inventários de competências são bancos de dados sobre as pessoas, que abrangem:

- Dados pessoais.
- Posição atual e responsabilidades.
- Experiência.
- Formação.

Capítulo 12

- Conhecimentos e habilidades.
- Progressão, histórico de remuneração e potencial de promoção.
- Interesses.
- Etc.

Um inventário pode ser feito especificamente para os ocupantes de cargos gerenciais, a fim de permitir a identificação dos candidatos à promoção ou que podem ser transferidos para posições nas quais suas competências são necessárias.

A finalidade dos inventários é permitir a identificação das pessoas que podem atender as necessidades identificadas nas projeções da demanda e, por essa razão, devem ser continuamente atualizados. Os inventários também podem ter utilidades mais imediatas, como a identificação de pessoas com as competências necessárias para trabalhar em projetos. Em empresas de consultoria e empresas orientadas para projetos de forma geral, é o inventário de competências que permite identificar pessoas para formar equipes de acordo com os requisitos de cada projeto. Veja na Figura 10 um exemplo de ficha individual para montar um inventário de competências.

Nome: Alexander Delarge	Nascimento: 1983	Local: Casablanca, Marrocos
Cargo atual: Engenheiro pleno de projetos desde 2010		Responsabilidades atuais: Supervisão de equipe; desenho, produção e montagem da usina de Monte Belo
Formação • Formação básica no Marrocos • Engenharia na École Polytechnique • MBA na HEC	Sociedades • Clube dos engenheiros • American Society of Engineers • Project Management Institute	Idiomas • Francês (nativo) • Árabe • Inglês • Português
Experiência • 2004-2005 Estagiário na ACME Engineering USA • 2005-2010 Engenheiro na ACME Engineering; trabalhou em projetos de pontes, rodovias e usinas	Certificações-qualificações • PMP – Project Management Professional	Hobbies e interesses • Xadrez • Membro da equipe de rugby da faculdade • História da engenharia e dos grandes projetos; castelos do Vale de Loire
Palavras-chave		Departamento de Recursos Humanos

Figura 10 Projeto de banco de competências.

2.1.3 Organogramas de sucessão

Sob uma forma ou outra, organogramas de sucessão existem em todas as organizações. Muitos ocupantes de cargos de chefia têm vices, que são seus potenciais substitutos, seja em caso de ausência temporária ou afastamento definitivo. Os organogramas de sucessão explicitam e ampliam essa informação para os cargos gerenciais mais importantes. Para cada um deles, como mostra a Figura 11, o organograma de sucessão mostra os potenciais substitutos, sua idade, formação, nível de desempenho e potencial para promoção. Assim como acontece com os planos de sucessão, que estudaremos adiante, as informações que constam no organograma de sucessão não podem, em hipótese alguma, refletir nenhuma espécie de discriminação.

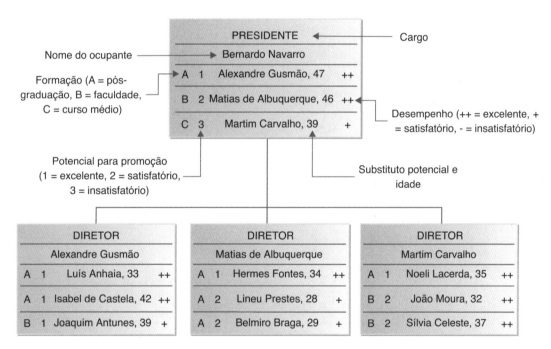

Figura 11 Modelo de organograma de sucessão.

Na próxima seção deste capítulo, estudaremos o planejamento da sucessão. Os organogramas de sucessão mostram apenas uma parte dos resultados do planejamento da sucessão, que é um processo mais complexo.

2.1.4 Análise de Markov

A matriz de Markov, matriz de transição, matriz de probabilidades transicionais ou matriz de estoque e fluxo, porque mostra o "estoque" de recursos

Capítulo 12

humanos e sua movimentação ou fluxo, é uma técnica para estudar os padrões dos movimentos dos empregados entre diferentes cargos. A técnica permite identificar as porcentagens de empregados que permanecem em seus cargos, são promovidos, afastados ou transferidos e que deixam a organização, de um ano para outro. Com essas porcentagens (ou probabilidades), a organização pode fazer a estimativa da oferta de recursos humanos, para categorias específicas. A Figura 12 apresenta um exemplo de matriz de Markov, na qual:

	Chefe de produção	Chefe de linha de montagem	Líderes de equipes	Montadores	Desligamentos
Chefe de produção n = 5	80 % / 4				20 % / 1
Chefe de linha de montagem n = 35	8 % / 3	82 % / 28			10 % / 4
Líderes de equipes n = 110		11 % / 12	77 % / 85		12 % / 13
Montadores n = 861			6 % / 52	72 % / 620	22 % / 189
Projeção da oferta	7	40	129	628	207

Figura 12 Exemplo de matriz de Markov.[11]

- Há 35 pessoas ocupando a posição de chefe de linha de montagem. Dessas, 8 % (três pessoas) têm potencial de promoção para a posição de chefe de produção, 82 % (28 pessoas) ficarão onde estão e 10 % (quatro pessoas) sairão da empresa. No nível abaixo, dos líderes de equipes, 12 pessoas (11 % da população) têm potencial de promoção para a posição de chefe de linha de montagem. Haverá, no ano que vem, uma oferta de 40 chefes de linha de montagem (12 líderes de equipes com potencial de promoção + 28 ocupantes da posição).

- A mesma análise repete-se em cada nível (linha da matriz): as pessoas com potencial de promoção, as que permanecerão na mesma posição e a quantidade de pessoas que serão perdidas para o *turnover*. Em cada linha, a análise mostra o total da oferta para cada posição.

Teoricamente, uma pessoa pode ser rebaixada e a matriz de Markov pode mostrar isso. No Brasil, o rebaixamento, especialmente o rebaixamento de salários, não é permitido pela lei. Em outros países, ainda que seja assunto muito delicado, em função dos impactos éticos e motivacionais, não há impedimentos legais.

2.2 Oferta externa de recursos humanos

A busca de candidatos no mercado de trabalho é necessária, especialmente quando a demanda interna de recursos humanos está crescendo e não há pessoas suficientes para preencher todas as posições. No entanto, mesmo que os recursos humanos internos sejam suficientes, uma empresa pode ter a política de procurar pessoas no mercado de trabalho, para preencher posições de *trainees*, por exemplo, como forma de promover a renovação de seu quadro. O mercado de trabalho é um conceito vasto, que precisa ser entendido e analisado à luz das particularidades de cada empresa e de seu ramo de negócios.

- Na maioria, os mercados de trabalho são locais. Eles cobrem uma área na qual vivem pessoas que estão a uma "distância de viagem para o trabalho". Ou seja, a empresa e seus empregados potenciais, para alguns cargos, estão na mesma região geográfica. Para outros cargos, o mercado pode ser nacional ou internacional, dependendo, principalmente, da escassez de certos tipos de recursos humanos no mercado local. Seja qual for o caso, é necessário o RH entender a dinâmica do mercado, a fim de preparar e modificar seus planos, conforme as tendências evoluem. Entre os dados a serem analisados para o entendimento do mercado de trabalho estão os seguintes:

   1. Densidade demográfica
   2. Distribuição etária
   3. Taxa de desemprego
   4. Nível educacional
   5. Etc.[12]

- A situação econômica do mercado é mensurada por indicadores como taxas de juros, salários médios, inflação, desemprego e nível de atividade, entre outros. Esses indicadores afetam a disponibilidade de recursos humanos e a capacidade de as empresas atenderem a suas necessidades. A elevação da renda, a diminuição do desemprego e o aumento do nível de atividade econômica em um setor, por exemplo, podem provocar a escassez de determinados tipos de mão de obra, como os engenheiros de petróleo ou os especialistas em informática.

- O mercado também pode ser estudado sob a perspectiva das tendências, representadas pelas práticas de número significativo de empresas. Uma tendência no Brasil é a contratação de profissionais por meio de microempresas; nos Estados Unidos, é a contratação de autônomos. Essas práticas terminam se estabelecendo e determinando o que cada empresa pode fazer. Autônomos e microempresários têm mais autonomia do que os empregados regulares, embora sejam mais vulneráveis do que estes em certos aspectos, mas tenham mais poder em outros, se se organizam de alguma maneira.[13]

3 Etapa 3: planejamento e execução de ações de RH

O processo propriamente dito de planejamento de recursos humanos começa com a comparação entre a demanda e a oferta de pessoas, competências e cargos. Essa comparação permite identificar as lacunas no quadro futuro de recursos humanos e definir as maneiras de preenchê-las.

3.1 Identificação das necessidades

A comparação entre oferta e demanda permite determinar que diferenças existem:

- entre os cargos do presente e os que serão necessários;
- a quantidade de pessoas e as competências existentes no presente e quantidade de pessoas e as competências necessárias no futuro.

Em resumo, trata-se de entender que lacunas devem ser preenchidas, por meio de respostas a três perguntas:

- Quais serão os cargos no futuro?
- Quantas pessoas serão necessárias para ocupá-los?
- Que competências os cargos exigirão?

Há duas maneiras principais de responder a essas perguntas. Primeiro, uma abordagem quantitativa permite estimar as *necessidades líquidas* de recursos humanos. Conforme mostra a Figura 13, essa estimativa obtém-se subtraindo a oferta da demanda, com os aumentos e diminuições previstas na oferta. O resultado é o número de pessoas que devem ser atraídas para a organização, a fim de atender as necessidades de ocupantes de cargos. Esse tipo de análise pode ser feito para cada um dos cargos da organização. No entanto, essa forma de análise é pouco apropriada para estudar as necessidades sob o ângulo das competências.

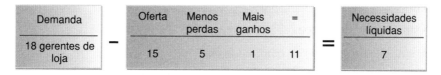

Figura 13 Definindo as necessidades líquidas de recursos humanos.

Em segundo lugar, as competências e os novos cargos podem ser estudados por meio de um tratamento qualitativo e analítico, alinhando os objetivos da organização, as necessidades de recursos humanos e os planos para atendê-las. A Figura 14 mostra um exemplo de como essas e outras informações podem ser resumidas.

Objetivos estratégicos	Demanda de recursos humanos	Lacunas - necessidades de RH	Resultados de não atender a demanda	Propostas de ação
1. Implementar o projeto "fábrica verde". 2. Implementar o modelo de "empresa orientada para projetos". 3. Ingressar no mercado de equipamentos para a indústria do petróleo.	1. Engenheiros e outros especialistas em ambiente; funcionários treinados em questões ambientais. 2. Gerentes de projetos; equipes treinadas para o "modo projeto" de trabalhar. 3. Engenheiros e técnicos especializados em indústria do petróleo.	1. Nenhum desses profissionais disponível na empresa. 2. Pessoas com experiência prática; precisam de formação teórica. 3. Profissionais não disponíveis na empresa.	1. Incapacidade de implementar o projeto; problemas com os órgãos ambientais. 2. Dificuldades crescentes com a gestão de projetos. 3. Impossibilidade de realizar estratégia; redução das receitas a médio prazo.	1. Recrutar especialistas; programa de capacitação para funcionários. 2. Programa de capacitação em gestão de projetos. 3. Treinar engenheiros da casa; complementar quadro com especialistas recrutados no mercado.

Figura 14 Exemplo de quadro de análise das necessidades de recursos humanos.

3.2 Definição de planos e prioridades

Com base nas análises qualitativas e quantitativas das necessidades de recursos humanos, a etapa seguinte no processo de planejamento é definir estratégias e prioridades para atendê-las, por meio de projetos e outros tipos de propostas de ação, que abrangem os processos da gestão de pessoas. Repetindo:

1. Atração e retenção de pessoas.
2. Capacitação de pessoas.
3. Políticas e programas de compensação.
4. Programas e políticas de administração do desempenho.
5. Programas e políticas de gestão de talentos.
6. Outros programas e projetos de gestão de pessoas.

Nos próximos capítulos, trataremos dos detalhes desses processos.

EM RESUMO

Você terminou a leitura do Capítulo 12. O objetivo básico deste capítulo é apresentar o processo geral e as ferramentas específicas do processo de planejamento de recursos humanos. Essencialmente, este processo consiste em identificar as necessidades de recursos humanos para executar as estratégias corporativas, comparar essas necessidades com as disponibilidades e definir as ações para suprir as diferenças entre elas. Chegando a este ponto, você deve ter alcançado uma compreensão clara dos seguintes conceitos:

- A finalidade e a sequência das três etapas do processo de planejamento de recursos humanos: projeção da demanda, projeção da oferta e planejamento de ações para atender a demanda.
- As técnicas qualitativas de projeção da demanda: método Delfos, grupo nominal e análise de cenários.
- As técnicas quantitativas para projeção da demanda: análise de tendências e índices.

Planejamento de recursos humanos

- As técnicas para o estudo da oferta de recursos humanos: rotatividade, inventário de competências, organograma de sucessão, análise de Markov e estudo do mercado de trabalho.
- O processo de planejar e executar ações de recursos humanos para atender a demanda.

Responda agora aos exercícios e questões propostas para este capítulo e avance, em seguida, para o estudo do recrutamento e seleção de pessoas.

EXERCÍCIOS E QUESTÕES PARA FIXAÇÃO E REFLEXÃO

1. Usando suas próprias palavras, defina o processo de planejamento de recursos humanos e sua finalidade, em uma visão de conjunto.
2. Em sua opinião, quais competências dos recém-formados são mais importantes e valorizadas nos processos seletivos, dos quais você tenha participado ou ouvido falar? Use o método Delfos para responder a essa questão. Forme um grupo com seus colegas para fazer este exercício.
3. Forme um grupo com seus colegas e use a técnica do grupo nominal para preencher a tabela a seguir.

Proposições	Você	Colega	Colega	Colega	Colega	Colega	Total	Prioridade
1. Competências estratégicas se tornarão importantes								
2. Competências em gerenciamento de projetos se tornarão importantes								
3. Jovens talentos serão escassos								
4. Pessoas com domínio de outros idiomas serão escassas								

Capítulo 12

Proposições	Você	Colega	Colega	Colega	Colega	Colega	Total	Prioridade
5. Conteúdo do trabalho será priorizado em detrimento da carreira								
6. Carreira e benefícios serão mais importantes que remuneração elevada								
7. Trabalho no exterior será um atrativo para os jovens								

4. Delineie as estratégias para lidar com os cenários da figura a seguir, para uma empresa de alta tecnologia com planos de crescimento no curto prazo.

	Oferta elevada de m.o. qualificada no mercado	Oferta baixa de m.o. qualificada no mercado
Demanda elevada de m.o. qualificada no mercado		
Demanda baixa de m.o. qualificada no mercado		

5. Complete a tabela a seguir. Cada linha abaixo da primeira corresponde a uma empresa.

Vendas 2015	Funcionários 2015	Índice de desempenho (funcionários ÷ vendas)	Previsão de vendas 2016	Funcionários 2016	Previsão de vendas 2017	Funcionários 2017
250.000.000	30	R$ 8.000 por funcionário	380.000.000		420.000	
1.500.000.000	120		1.800.000.000		2.200.000.000	
380.000	45		450.000		560.000	
5.000.000	18		6.000.000		7.200.000	
150.000	12		230.000		350.000	
750.000	12		1.000.000		1.200.000	

6. Complete a tabela a seguir.

Cargos	Ocupantes 2014	% Do total	Ocupantes 2015	Ocupantes 2016	Ocupantes 2017
Presidente	1	---------			
Vice-presidente	1	----------			
Diretores	5				
Gerentes intermediários	85				
Supervisores	850				
Operadores	22.000				
Outros operacionais	3300				
TOTAL	26.242	Aprox. 100 %	32.000	35.000	42.000

7. Usando suas próprias palavras, descreva a técnica da análise de Markov e sua utilidade.

8. O que deve acontecer no final de um processo de planejamento de recursos humanos?

REFERÊNCIAS

[1] LUNDY, Olive; COWLING, Alan. *Strategic human resource management*. London: Routledge, 1996.

[2] Adaptado de LUNDY, Olive; COWLING, Alan. *op. cit.*

[3] BULMASH, Julie; SPEERS, Elizabeth; CHHINZER, Nita. *Strategic planning for human resources*. Toronto: McGraw-Hill Ryerson, 2010.

[4] DALKEY, Norman; HELMER, Olaf. An experimental application of the Delphi method to the use of experts. *Management Science*, v. 9, issue 3, apr. 1963, p. 458-467.

[5] DELBECQ, A. L.; VAN de VEN, A. H. A group process model for problem identification and program planning. *Journal of Applied Behavioral Science VII*, jul.-aug. 1971, p. 466-91.

[6] WACK, Pierre Scenarios: uncharted waters ahead. *Harvard Business Review*, sept.-oct. 1985, p. 72-89.

[7] GOMES, Luiz Flávio; LOCHE, Adriana. *A falácia do efetivo policial e a segurança pública*. 2011. Disponível em: <http://jus.com.br/revista/texto/18542/a-falacia-do-efetivo-policial-e-a-seguranca-publica>.

[8] DESSLER, Gary; COLE, Nina D. *Human resources management in Canada*; Canadian Eleventh Edition. Ontario: Pearson Canada, 2008.

[9] UNITED STATES DEPARTMENT OF LABOR 2013. Disponível em: <http://www.bls.gov/respondents/iif/annualavghours.htm>.

[10] TORRINGTON, Derek; HALL, Laura; TAYLOR, Stephen; ATKINSON, Carol *Human resource management*. 8. ed. Harlow, England: Pearson Education, 2011.

[11] DESSLER, Gary; COLE, Nina D. *op. cit.*, p. 127.

[12] TAYLOR, Stephen. *People resourcing*. 3. ed. London: Chartered Institute of Personnel and Development, 2005.

[13] GREENHOUSE, Steven. O sindicato dos freelancers. Matéria do *New York Times* publicada no jornal *O Estado de S. Paulo*, Negócios, 1 abr. 2013.

PARTE V
Processos

Capítulo 13
RECRUTAMENTO E SELEÇÃO DE PESSOAS

Capítulo 14
APRENDIZAGEM E DESENVOLVIMENTO

Capítulo 15
RECOMPENSA

CAPÍTULO 13

Recrutamento e seleção de pessoas

OBJETIVOS DO CAPÍTULO

Ao completar o estudo deste capítulo, você deverá ser capaz de compreender e explicar:

- A finalidade e as etapas dos processos de recrutamento e seleção.
- As fontes de recrutamento de candidatos.
- Os procedimentos e as técnicas de recrutamento e seleção.
- Os projetos de execução das atividades de recrutamento e seleção.

Capítulo 13

INTRODUÇÃO

O processo de recrutamento e seleção (R&S), complementado por contratação e integração, objetiva encontrar, atrair e trazer para dentro da organização ou, de forma geral, para dentro de qualquer tipo de empreendimento, as pessoas que vão ocupar os postos necessários para a execução de tarefas, em caráter contínuo ou em regime de trabalho temporário.

- Toda organização precisa de R&S pelo menos para repor as perdas inevitáveis, causadas por aposentadorias, demissões, transferências e outras movimentações, ou para atender emergencialmente ao surgimento de novas competências e profissões no mercado de trabalho. Com planejamento sistemático de recursos humanos, como vimos no capítulo anterior, alinhado com o planejamento corporativo, os processos de R&S tornam-se proativos e assumem a estatura de estratégias orientadas para a viabilização do modelo de negócios da organização ou de qualquer empreendimento.

- R&S são praticados não apenas por empresas, para repor perdas, incorporar novas competências ou para viabilizar estratégias. Universidades, equipes esportivas, forças armadas e projetos ou missões dentro de grandes organizações também usam os princípios da atração e retenção de pessoas. Em muitos casos, isso é feito para selecionar os candidatos mais competentes, capazes de enfrentar situações com alto nível de exigência – competições esportivas com adversários superqualificados, educação avançada e pesquisa, operações especiais, situações de risco.

- Mesmo profissionais com experiência e competência comprovadas, às vezes, precisam submeter-se a algum tipo de verificação para assumir uma tarefa. Para integrar o elenco de um filme, atores consagrados precisam passar por um *screen test*, no qual se avalia seu ajuste aos papéis da trama. Candidatos a embaixador e magistrados das cortes superiores, em alguns países, passam por sabatinas dos senadores – estes, paradoxalmente, muitas vezes sem qualificações.

- No entanto, muito além do interesse imediato e mesmo de longo prazo de uma empresa, os processos de recrutamento e seleção representam um assunto de alcance social. "O número de organizações recrutando e empregando é indicador da saúde econômica e revela a confiança do país em seu futuro. O país em que as empresas recrutam está em crescimento, oferecendo oportunidades a toda a população ativa. O país no qual as empresas têm dificuldades para recrutar, sejam quais forem as razões – escassez de mão de obra, legislação que impõe obstáculos, formação deficiente – assinala a necessidade de reformas macroeconômicas, necessidade que remete a discussão para o campo da política e da instauração de novas regras coletivas."[1]

Neste capítulo, estudaremos uma versão ampliada do processo de R&S, situando-o em um contexto de atração e retenção de pessoas. Nessa versão ampliada, analisaremos os processos de recrutamento, seleção, contratação e integração de pessoas na organização. Esses processos são integrados e a separação entre eles, neste texto, é analítica.

1 Recrutamento

Recrutamento é o processo de buscar, encontrar e atrair pessoas com o potencial para ocupar cargos na estrutura de trabalho da organização. Como indica a introdução deste capítulo, toda organização se engaja no processo de recrutamento, por três motivos principais, seguindo sempre os mesmos procedimentos básicos: emergência, planejamento e obrigação legal.

1.1 Recrutamento de emergência

É praticado quando ocorrem situações imprevisíveis: perda inesperada de funcionários, encomendas que não podem ser atendidas com as competências disponíveis, chegada de novos clientes, com exigências diferentes das usuais. É o recrutamento que procura atender à necessidade das substituições não planejadas. Dependendo da natureza dos cargos e de sua importância para a execução de atividades, o inesperado pode criar emergências de profundo impacto, difíceis de enfrentar. Por exemplo, uma empresa pode "roubar" parte significativa dos funcionários de outra, que trabalham em uma área vital, diretamente ligada ao modelo de negócios. Essa saída inesperada acarreta uma situação grave, que precisa ser resolvida rapidamente sob pena de a empresa interromper suas atividades. Em outro exemplo, há perda de apenas um funcionário, mas trata-se do presidente da empresa. Um substituto precisa ser encontrado rapidamente.

1.2 Recrutamento planejado

É o que se insere no quadro da estratégia de RH, alinhada com a estratégia corporativa. É o estágio que se segue ao planejamento de recursos humanos, que estudamos no capítulo anterior (Figura 1). O processo ou função de recrutamento, nesse quadro, torna-se antecipatório e uma estratégia em si. No entanto, mesmo quando o recrutamento é planejado, as situações de emergência podem ocorrer.

1.3 Obrigação legal

O recrutamento por obrigação legal é um caso especial dentro do recrutamento planejado. A legislação, em alguns países, obriga as empresas a contratar pessoas com necessidades especiais ou para compor cotas de minorias.

Figura 1 R&S é um dos estágios seguintes do planejamento de RH.

2 Processo de recrutamento

O processo de recrutamento tem cinco componentes (ou etapas) principais: (1) definir os objetivos, (2) definir o perfil do cargo e os requisitos dos candidatos, (3) escolher as fontes e (4) os meios de comunicação e (5) planejar e executar as atividades de recrutamento, integradas com as do processo de seleção. Esta quinta etapa será analisada no final deste capítulo. No final do processo de recrutamento, há um grupo de candidatos prontos para passar pelo processo de seleção (Figura 2).

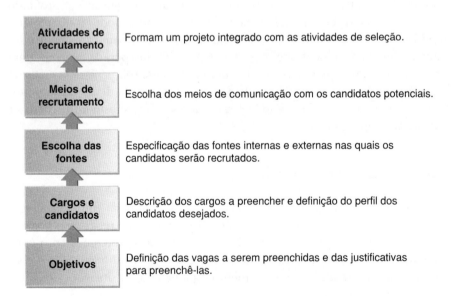

Figura 2 Etapas do processo de recrutamento.

2.1 Objetivos do processo de recrutamento

A primeira etapa do processo de recrutamento consiste em definir objetivos: quais posições a serem preenchidas e os motivos para buscar candidatos para preenchê-las. As seguintes perguntas, entre outras, orientam a definição desses objetivos:

- Quais são os cargos para os quais é necessário recrutar? Qual é a necessidade: trata-se de uma situação de emergência, de atender à demanda prevista no planejamento de recursos humanos ou de atender à obrigação legal de empregar minorias? Trata-se de programas periódicos de recrutamento? Ou programas permanentes, para manutenção de um banco de talentos?
- Trata-se de um cargo novo ou já existente?
- As pessoas selecionadas para ocupar esse(s) cargo(s) ficarão quanto tempo na empresa? Trata-se de um emprego temporário ou permanente? O objetivo é empregar por tempo determinado ou fixar as pessoas selecionadas?
- Em que espaço físico e organizacional as pessoas recrutadas e selecionadas irão trabalhar? Ficarão permanentemente nesse espaço ou poderão ser deslocadas?
- Qual é o salário oferecido?
- O cargo está integrado em um plano de carreira?
- O recrutamento e a seleção serão feitos individualmente ou em grupo?[2]

2.2 Definição do cargo e dos requisitos dos candidatos

As principais ferramentas do processo de recrutamento são a descrição do cargo (ou dos cargos) a preencher e as qualificações e competências exigidas dos candidatos. Para o processo de recrutamento, é preparada uma oferta de emprego (Figura 3), que sintetiza essas informações e agrega outras:

- Principais tarefas e responsabilidades dos ocupantes.
- Resumo das qualificações e competências.
- Organização/empresa que recruta.
- Pagamento e benefícios oferecidos.
- Local de trabalho.
- O que os interessados devem fazer para se candidatar.
- Etapas do processo seletivo pelo qual os candidatos passarão.

As qualificações e competências, como veremos, são a base para o processo de seleção.

> **Estágio em recursos humanos**
>
> A GK tem algumas das marcas mais reconhecidas no mundo. Com vendas anuais acima de US$ 17 bilhões, atualmente com 40.000 funcionários, é a sexta maior empresa de alimentos do mundo. A GK está na lista das 25 melhores empresas para trabalhar no mundo, segundo a consultoria Great Place to Work.
>
> **Cursos:**
> Penúltimo ano em Administração, Economia ou Psicologia.
>
> **Pré-requisitos:**
> - Inglês avançado.
> - Interesse em desenvolver carreira em RH.
> - Conhecimentos em pacote Office e internet
>
> **Perfil comportamental:**
> - Bom relacionamento interpessoal, orientação para resultados, raciocínio para resolução de problemas.
>
> **Principais responsabilidades:**
> - Suporte à *business partner* de RH responsável pelas áreas de Finanças, TI, RH.
> - Dar suporte ao subsistema de Comunicação Interna.
>
> Oportunidade de conhecer todos os subsistemas de RH: R&S, T&D, Remuneração, Benefícios, Comunicação Interna.

Figura 3 Exemplo de oferta de emprego.

2.3 Escolha das fontes de recrutamento

A etapa seguinte no processo de R&S consiste em escolher as fontes: *onde* procurar e atrair candidatos. As fontes podem ser internas ou externas.

2.3.1 Fontes internas

As fontes internas são representadas pelos funcionários da própria organização e por pessoas de suas relações pessoais. Eventualmente, familiares. Há diversas categorias de fontes internas, quando se considera uma empresa global, que precisa recrutar em praticamente todo o mundo, para preencher posições em suas diferentes localidades:

- *Inventários de gestão global de talentos*: bancos de dados sobre os funcionários, catalogando conhecimentos, habilidades e aptidões, formação educacional, desempenho, interesses etc.
- *Programas internos de liderança global*: programas educacionais orientados para desenvolver competências de liderança para empregados de alto potencial.
- *Expatriados*: pessoas que se encontram em missões no exterior ou que voltaram.
- *Indicações*: recomendações de supervisores e outros expatriados.
- *Divulgação interna/intranet*: ofertas de empregos que só podem ser vistas pelos empregados atuais, em geral postadas na intranet da empresa.
- *Programas internacionais de planejamento de sucessão*: programas internos orientados.

2.3.2 Fontes externas

As fontes externas estão no mercado de trabalho – pessoas que estão procurando emprego, funcionários de outras organizações, estudantes, agências de emprego, associações profissionais, a população de forma geral. O recrutamento externo sempre objetiva alcançar grupos específicos do mercado de trabalho: estudantes, recém-formados, profissionais com determinadas qualificações, pessoas com necessidades especiais ou dentro de uma faixa etária. Às vezes, as pessoas se oferecem por meio de anúncios com o formato "profissionais à procura de emprego", encontrados em *sites* de associações profissionais.

As fontes internas e externas são complementares: as organizações buscam as pessoas no mercado para depois procurar entre elas as que são capazes de ocupar as posições vagas, especialmente como política de promoção interna, dentro de planos de carreira e de sucessão.

2.4 Escolha dos meios de comunicação

Os meios de comunicação transmitem a informação sobre o processo de recrutamento para os candidatos potenciais. Tanto a oferta de emprego, que contém essa informação, quanto os meios de comunicação, devem ser capazes de:

- Atrair e manter a atenção de um número suficiente de potenciais candidatos;
- Motivar os candidatos potenciais a se inscreverem no processo de recrutamento.

Há muitos meios de comunicação: imprensa, internet e agências de recrutamento, com diferentes variedades.

2.4.1 Imprensa

Mesmo com o crescimento do recrutamento *on-line* e por meio de agências especializadas, a propaganda na imprensa continua sendo utilizada como recurso para a divulgação de oportunidades de emprego. Os recrutadores podem preparar eles próprios a oferta de emprego ou contratar uma agência de propaganda para fazer isso. A vantagem da agência é o profissionalismo na preparação de um anúncio atraente, capaz de chamar a atenção dos candidatos que interessam aos recrutadores. Ao mesmo tempo, o anúncio deve evitar informações sem significado ou discriminatórias, como "salário de acordo com as qualificações ou a combinar", "queremos pessoas com iniciativa" ou "candidatos de boa aparência".[3]

2.4.2 Recrutamento *on-line*

O *e*-recrutamento, ou recrutamento *on-line*, é o uso da internet para estabelecer um canal de comunicação entre os empregadores e os empregados potenciais. O recrutamento *on-line* pode ser realizado por três veículos principais: *site* da empresa, *job boards* e as chamadas redes sociais.

- *Site da empresa.* Por meio do *site* da empresa, os recrutadores podem divulgar informações sobre a existência de vagas, em caráter permanente ou em campanhas periódicas. Os interessados, ou candidatos, podem preencher formulários de identificação e fazer testes *on-line* e enviar seus currículos. Por meio de critérios de seleção, é possível fazer a triagem prévia dos candidatos. Critérios de seleção podem ser, entre outros: a escola em que o candidato se formou, o domínio de idiomas, estágio ou trabalho no exterior etc. Dentro da empresa, a intranet pode dar acesso seletivo aos dados dos candidatos. As vagas disponíveis podem ser divulgadas para agências especializadas em R&S.
- *Job boards.* São agências que funcionam como cadernos de empregos (procura-se) e, ao mesmo tempo, como catálogo de interessados em emprego

(oferece-se). Catho Online e Manager Online são exemplos de *job boards* do Brasil. CareerBuilder e Monster são empresas americanas; a última atua em todo o mundo. Além de colocação de profissionais, essas agências oferecem outros serviços para os candidatos, como auxílio na preparação de currículos, entrevistas e testes simulados. Empresas que procuram candidatos anunciam suas vagas no *site* dessas agências, às vezes identificando-se e fornecendo *link* direto para sua área de recrutamento. Pessoas que procuram emprego postam seus currículos e podem ser localizadas pelos empregadores. Assim, essas agências promovem a aproximação entre empregados e empregadores, que pagam, por meio de assinaturas, para ter suas vagas publicadas e acesso aos currículos cadastrados.

- *Redes sociais.* Redes sociais, como LinkedIn.com, são eficientes meios de recrutamento *on-line*. Para os interessados em procurar emprego, basta se associar, o que se faz sem custo, para ter acesso às ofertas feitas por empresas e colegas. As empresas que procuram candidatos têm a vantagem de poder fazer recrutamento em escala global – divulgando suas vagas em diferentes países para o mundo todo. Pessoas que não se conhecem podem ser postas em contato por amigos comuns e compartilhar oportunidades. Essa é uma das grandes vantagens de uma rede como o LinkedIn: uma pessoa pode se oferecer a toda sua rede de contatos ou pedir aos conhecidos que a apresentem a outros. Da mesma forma, uma pessoa que procura candidatos pode fazê-lo por meio de sua rede de contatos e pedir aos amigos que divulguem as ofertas. As redes sociais também funcionam bem para outras finalidades ligadas à gestão de pessoas, como a formação de grupos de interesse e a busca de fornecedores de serviços e produtos.

2.4.3 Consultorias de recrutamento e seleção

As consultorias de recrutamento e seleção trabalham por encomenda, seja para buscar um ocupante para um cargo específico – em particular, altos executivos – seja para fazer projetos de recrutamento e seleção de *trainees*, que atraem milhares de candidatos. As grandes empresas recorrem a essas consultorias para as duas finalidades. Mas, em geral, a busca de executivos é realizada por consultorias que trabalham para empresas globais também em escala global – as consultorias são contratadas pela matriz da empresa e fazem R&S, além de outras atividades de gestão de pessoas, para as subsidiárias em todo o mundo. Os projetos de R&S de *trainees*, em geral, são executados por consultorias locais. Exemplo de consultoria global de busca de executivos é Michael Page; já de empresa brasileira com grande experiência em gerenciamento de processos seletivos de *trainees* cita-se a Cia. de Talentos.

3 Seleção

Seleção é o processo de escolher, entre os candidatos, os que têm probabilidade mais elevada de preencher os requisitos dos postos para os quais o recrutamento foi feito. Entre todos os processos da gestão de pessoas, a seleção é um dos mais desenvolvidos, e há mais tempo. Os primeiros procedimentos sistemáticos para ajudar nas decisões de seleção surgiram na passagem para o século XX. Nessa época, foram criados os testes de inteligência e de aptidões, usados para decidir sobre a alocação de pessoas aos postos de trabalho das grandes empresas industriais que estavam surgindo. As duas guerras mundiais trouxeram expressivos problemas de gestão de grandes contingentes de pessoas, principalmente militares. Esses problemas, e a maneira como foram enfrentados, contribuíram decisivamente para a afirmação e consolidação do processo de seleção na gestão de pessoas.[4]

4 Etapas do processo de seleção

O processo de seleção consiste em três etapas principais (Figura 4), que serão analisadas a seguir: (1) definir os critérios de seleção, (2) escolher os procedimentos e técnicas de seleção, (3) executar o processo de seleção, integrado com as etapas do processo de recrutamento. Esta terceira etapa será analisada como parte do projeto que abrange o processo de recrutamento. Ao final do processo de seleção, há um grupo de candidatos que são convidados a ingressar na empresa.

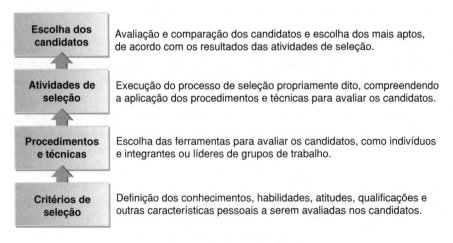

Figura 4 Etapas do processo de seleção.

4.1 Definição dos critérios de seleção

Os critérios de seleção correspondem às características que serão avaliadas nos candidatos e usadas para escolher os que serão convidados a ingressar na organização. Entre essas características, podem-se considerar as seguintes, algumas delas divulgadas sucintamente no processo de recrutamento (Capítulos 8 e 9):

- *Pré-requisitos*: o que é condição necessária para ocupar o cargo. Cursos e credenciamentos específicos (como advogado aprovado no exame da Ordem ou psicólogo registrado no Conselho Regional), domínio de idiomas para trabalhar ou estagiar no exterior, diploma de pós-graduação para lecionar na universidade, habilitação profissional para conduzir veículos ou operar equipamentos.

- *Conhecimentos*: o que o candidato precisa saber. Por exemplo: conhecimento do mercado, de técnicas quantitativas de análise, da legislação que afeta o trabalho ou o ramo de negócios, aplicativos, procedimentos em organismos governamentais.

- *Experiência*: atividades similares ou não às do cargo a ser ocupado, desempenhadas em outras organizações, ou em outros setores da mesma organização, no caso de recrutamento interno.

- *Habilidades e competências*: comportamentos necessários para o desempenho do cargo a ser ocupado. São específicas para cada cargo dentro de cada organização. Podem ser técnicas comportamentais, estratégicas, gerenciais etc. A inteligência é um constructo complexo, que se confunde com habilidade e competência, e precisa ser avaliada em certos processos seletivos.

- *Disposição e disponibilidade para atender às exigências do cargo*: viagens, horas extras, trabalho à noite ou em fins de semana, envolvimento em resolução de conflitos, negociação com clientes e outras partes interessadas, desenvolvimento de mercado, aumento do desempenho de uma área, introdução de melhoramentos em processos.

- *Aptidões ou potencial para as exigências do cargo*: habilidades latentes, que precisam de treinamento e experiência para se desenvolver. Podem ser identificadas pela experiência do candidato ou por procedimentos de aferição, como testes e exames. O potencial para cargos executivos, por exemplo, pode ser inferido pela experiência do candidato em papéis de liderança acadêmica; o potencial para gerência de projetos pode ser inferido pela experiência com a organização e coordenação de eventos.

- *Motivações e interesses*: disposição para assumir as exigências do cargo, identificada pelas intenções manifestas do candidato ou por outros procedimentos de seleção. Por exemplo, o cargo pode envolver a perspectiva da promoção a gerente; a atitude positiva do candidato em relação a essa possibilidade é um indicador de que se esforçará para ter um bom desempenho.

4.2 Escolha das técnicas e procedimentos de seleção

As técnicas e procedimentos de seleção são escolhidos em função dos critérios a serem avaliados, os quais, por sua vez, refletem o conteúdo do cargo a ser preenchido. Nos procedimentos de seleção, os candidatos são avaliados tanto do ponto de vista de suas competências individuais, quanto de sua capacidade de trabalhar e resolver problemas em grupo. Para fazer essa avaliação, cada empresa/organização usa uma combinação particular de procedimentos e técnicas, aplicados ao longo de um período que pode variar de alguns dias até vários anos. Para selecionar um oficial das forças armadas, são necessários anos de formação, até que o candidato seja considerado apto, depois de passar por inúmeras formas de comprovação de competências; o mesmo acontece com os sacerdotes, embora as competências avaliadas sejam completamente diferentes.

Todo processo de seleção começa por um procedimento de triagem preliminar dos candidatos; no final, há um exame médico. Entre esses dois momentos, a ordem em que são aplicados os procedimentos e técnicas analisadas a seguir depende da decisão de cada empresa.

4.2.1 Triagem preliminar

A triagem preliminar é realizada com base nos requisitos para o candidato prosseguir no processo seletivo. Os selecionadores verificam, na ficha do candidato ou em seu CV, se ele atende a esses requisitos. Por exemplo:

- Idade mínima, curso superior e classificação da faculdade em que se graduou, curso de pós-graduação, formação em área pertinente ao cargo a ser preenchido, experiência em papéis de liderança, aprovação em exame de ordem ou registro em conselho de profissão regulamentada etc. são alguns desses requisitos.

- Nos processos seletivos em que concorrem milhares de candidatos, parte significativa é eliminada nessa triagem.

4.2.2 Verificação de credenciais e antecedentes

A verificação de credenciais e antecedentes deve ser feita para eliminar dúvidas a respeito dos dados fornecidos pelos próprios candidatos. Não são incomuns os relatos de diplomas e outros documentos falsificados, o que justifica essas dúvidas e a busca de comprovação da veracidade da informação fornecida. Além disso, o levantamento de antecedentes é necessário no caso de determinadas ocupações, especialmente no serviço público, que exigem candidatos sem histórico de condutas ilícitas. Referências diretas de antigos empregadores ou professores, no caso de candidaturas a estudos superiores, são instrumentos auxiliares na verificação de antecedentes. Como todos os outros procedimentos de seleção, a verificação de credenciais e antecedentes deve equilibrar os direitos do candidato, em particular o direito à privacidade, com a necessidade que tem a organização de saber quem é a pessoa que está se candidatando.

Devido ao potencial de processos por danos morais, a verificação de antecedentes é um método de seleção que enfrenta resistências por parte das pessoas a quem as informações são solicitadas.

4.2.3 Entrevista

A entrevista de seleção deve ser vista como oportunidade para o conhecimento mútuo, não como interrogatório. Mas a entrevista consiste em grande parte em fazer perguntas. Seu objetivo primário é colocar o candidato em contato real com os selecionadores, que têm como tarefas:

- Solicitar informações do candidato.
- Avaliar suas reações em situação de relacionamento com outras pessoas.
- Avaliar conhecimentos.
- Projetar como o candidato se comportará caso seja admitido.

A entrevista de seleção pode ser estruturada ou não estruturada. Uma entrevista estruturada segue um roteiro. Isso permite que diferentes entrevistadores usem os mesmos indicadores para avaliar os candidatos. Há dois tipos de entrevistas estruturadas: com enfoque situacional e com enfoque na experiência.[5]

A entrevista com enfoque situacional pede que o candidato se imagine em situações hipotéticas e descreva o que faria. Por exemplo:

- "Imagine que você faz parte da equipe que deverá implantar um sistema de gerenciamento de projetos na empresa. O líder da equipe lhe pergunta qual deve ser o primeiro passo. O que você responde?"

A entrevista com enfoque na experiência pede ao candidato que descreva ações e comportamentos específicos de sua carreira. Por exemplo:

- "Descreva uma situação em que você tenha participado de um debate. Quando e onde isso aconteceu? Qual foi o resultado?"
- "Como você faz para obter informações que o ajudam a resolver problemas de estudo e trabalho?"
- "Quais são suas leituras preferidas? Resuma o que leu nas duas últimas semanas."

Se a entrevista com enfoque na experiência é mais objetiva, a entrevista com enfoque situacional e as entrevistas não estruturadas permitem avaliar a criatividade, o pensamento complexo e as competências relacionais do candidato. Seja qual for o enfoque, os critérios de avaliação do candidato dependem do cargo a ser preenchido e estão sujeitos ao teste da validade. As entrevistas com enfoque na experiência demonstram ter mais validade.[6]

O formato da entrevista varia de caso para caso. Em um processo de seleção de professores para uma universidade, a entrevista é coletiva, conduzida, em geral, por três avaliadores, que dão notas individuais para indicadores como qualidade das publicações, qualidade da experiência didática, qualidade da formação e interesse em se dedicar à carreira. Um desses indicadores, como a qualidade das publicações, pode ter peso superior aos demais.

4.2.4 Dinâmica de grupo

Dinâmica de grupo é o nome genérico de exercícios em que os candidatos são avaliados sob o ponto de vista de sua capacidade de trabalhar em grupo ou de competências que somente se evidenciam em situações de interação. É também um método de desenvolvimento de pessoas. Essa segunda finalidade será analisada no próximo capítulo.

Em geral, os exercícios de dinâmica de grupo são realizados com os candidatos sentados em um círculo ou uma mesa. Em volta dos candidatos, ou em uma sala de observação, sentam-se os avaliadores. Aos candidatos é dado um problema para analisar e/ou resolver, frequentemente um estudo de caso, real ou fictício. O exercício de dinâmica de grupo pode colocar os candidatos em uma situação simulada. Por exemplo:

- "Vocês são a equipe de analistas da divisão de novos negócios. Vocês estão reunidos para estudar novas oportunidades de investimento. Sua tarefa é recomendar para a diretoria as oportunidades mais atraentes."
- "Coloquem-se no lugar das personagens deste caso. O que vocês fariam? Que decisão tomariam?"

A dinâmica de grupo é a etapa final de um processo de seleção. Para começar, os candidatos recebem o estudo de caso (ou exercício) para estudar individualmente. Em uma entrevista, são questionados, individualmente, sobre como resolveriam o problema. A dinâmica de grupo vem em seguida, para os candidatos debaterem as soluções individuais, enquanto são observados pelos selecionadores. Diversas são as ferramentas que os selecionadores podem usar para avaliar o desempenho dos candidatos em um exercício desse tipo. Primeiro, a observação pode ser não estruturada. Os selecionadores simplesmente observam o desempenho dos candidatos e tomam notas. Depois, fazem sua própria dinâmica de grupo, para trocar impressões e tomar decisões de seleção. Segundo, podem usar roteiros de avaliação. Há inúmeros roteiros, em geral com indicadores ou critérios e escalas que os avaliadores devem preencher para cada candidato. As avaliações são, então, tabuladas e os avaliadores as analisam em conjunto para tomar decisões de seleção. Na Figura 5, pode-se examinar um roteiro. A segunda parte desse roteiro enumera competências técnicas relativas a diferentes cargos, enquanto a primeira é comum a muitos cargos avaliados.

Os critérios usados pelos avaliadores em exercícios de dinâmica de grupo dependem de três variáveis principais:

1. *Nível de carreira* para o qual o candidato está sendo considerado. O grau de dificuldade dos exercícios e os critérios de avaliação dos candidatos variam. Funcionários da própria empresa, que se candidatam a promoções, são avaliados de forma diferente do que universitários de último ano, que se candidatam a posições de *trainee*. Para estes, é mais importante avaliar o potencial. Para aqueles, a experiência.

2. *Cultura da empresa*. A avaliação dos candidatos depende dos valores e tradições da empresa. Há empresas que valorizam a agressividade e a individualidade. Os candidatos que apresentam esses comportamentos e se impõem aos demais, na dinâmica de grupo, tendem a ser mais bem avaliados. Outras empresas valorizam as relações harmoniosas e a busca de consenso. Nesse caso, os candidatos que ouvem, promovem a eficiência e eficácia do trabalho de grupo e buscam as soluções levam vantagem.

3. *Competências avaliadas.* Os critérios de avaliação devem, o mais objetivamente possível, refletir as competências importantes para o cargo a ser preenchido. Essas competências, por sua vez, refletem o conteúdo do cargo e sua evolução prevista.

Indicadores - Critérios de avaliação	Muito bom; Grande potencial	Satisfatório	Insatisfatório
Competências comportamentais/gerenciais (exemplos)			
Mantém o grupo concentrado nas prioridades e metas mais alinhadas com o modelo de negócios da empresa.			
Consegue distinguir os problemas operacionais dos problemas estratégicos do caso e tratá-los de forma diferente.			
É capaz de se afastar da situação imediata do caso e de pensar nos problemas estratégicos da empresa; tem visão sistêmica; tem visão de futuro e capacidade de enxergar além do presente.			
Tem consciência do impacto que provoca nos outros.			
Estimula a compreensão dos consumidores/clientes/fornecedores/*stakeholders* ao tomar decisão de negócios.			
Ouve atentamente e desenvolve as ideias dos outros de forma positiva.			
Demonstra autoconfiança e iniciativas nas relações com o grupo.			
Competências técnicas (exemplos)			
Domina os conceitos básicos de gerenciamento de portfólio de projetos de P&D.			
Conhece as práticas de *trade marketing* do mercado em geral.			
Consegue adotar a perspectiva do fornecedor ao analisar os problemas de produção.			
Evidencia saber como a sustentabilidade beneficia o modelo de negócios da empresa.			
É capaz de descrever os principais elos da cadeia de suprimentos da empresa.			

Figura 5 Roteiro esquemático de observação dos participantes de dinâmica de grupo.

4.2.5 Testes

Testes é o nome dado a diversos procedimentos e técnicas que avaliam os candidatos sob cinco características principais (Figura 6):

Teste	Definição	Aplicação em gestão de pessoas
Valores humanos e profissionais	Indicam os objetivos vitais que dinamizam os traços de personalidade – altruísmo, materialismo, necessidade de variedade, independência.	Avaliação dos valores dos candidatos e adaptação ao contexto.
Conhecimentos	Avaliam o nível de aquisição de determinados conhecimentos.	Avaliação do nível de conhecimentos em idiomas, por exemplo.
Aptidões	Avaliam as aptidões cognitivas (verbais, numéricas, espaciais), perceptivas (visão, audição), psicomotoras (tempo de reação, destreza manual), físicas (força, equilíbrio).	Permitem avaliar a predisposição para realizar tarefas específicas.
Interesses profissionais ou motivação	Avaliam as tendências estáveis que orientam as escolhas relacionadas com atividades concretas: científicas, sociais, comerciais, artísticas.	Auxiliam as decisões de movimentação, reclassificação e reorientação de carreiras.
Personalidade	Exploram as características individuais não intelectuais.	Proporcionam informações sobre o comportamento, a capacidade de integração em uma equipe ou uma empresa, as competências relacionais, o estilo gerencial.

Figura 6 Cinco categorias de testes de seleção.[7]

4.2.6 Avaliação de conhecimentos

A avaliação de conhecimentos é uma das maneiras mais objetivas de analisar os candidatos. Aqui também se aplica o conceito de validade: os conhecimentos avaliados precisam ser pertinentes ao cargo pretendido no presente e a situações futuras decorrentes de promoções. A avaliação de conhecimentos é feita por meio de provas com questões de múltipla escolha, resolução de problemas reais ou simulados, por meio de perguntas em uma entrevista ou em exercícios de dinâmica de grupo, entre outras possibilidades.

Os conhecimentos avaliados em processos de seleção podem ser técnicos (específicos) ou gerais. Os conhecimentos técnicos estão ligados diretamente à natureza e ao conteúdo da profissão. Os conhecimentos gerais (ou *cultura geral*) abrangem história, arte, atualidades, geografia, economia, esportes, expressões básicas em outros idiomas. Enfim, um repertório de informações que comprovem a capacidade de o candidato entender o mundo em que vive e de manter uma conversação além do futebol. Essa capacidade é importante se você pretende alcançar posições executivas, especialmente se pretende fazer carreira em uma empresa europeia.

5 Atividades de recrutamento e seleção

As etapas dos processos de recrutamento e seleção integram-se em um projeto que começa na decisão de recrutar candidatos e termina quando os candidatos estão selecionados e admitidos no quadro de funcionários da empresa. Eventualmente, as atividades do projeto podem alcançar o processo de integração – a introdução dos novos funcionários à organização.

Nesse projeto, o principal recurso é uma equipe matricial, formada pelos profissionais de RH, gerentes de linha e fornecedores de serviços de RH. Os profissionais de RH lideram a equipe e preparam o plano do projeto, detalhando as atividades, as responsabilidades, o cronograma e o orçamento. São essas ferramentas que a equipe usará para pilotar o projeto. A equipe é formada logo em seguida à decisão de realizar o projeto. O primeiro a ser convocado é o líder do projeto, mais provavelmente alguém do RH – o responsável pelo processo de R&S.

Para organizar a equipe, o líder do projeto mobiliza os demais participantes e esclarece os papéis de cada um. Isso se dá com base nas etapas dos dois processos, que se transformam em *entregáveis* do projeto. A Figura 7, que finaliza este capítulo, apresenta uma ferramenta de organização das pessoas envolvidas no projeto de R&S – a matriz RACI –, na qual:

- R = é responsável direta ou indiretamente pela execução da atividade;
- A = autoriza ou valida as decisões dos responsáveis;
- C = deve ser consultado antes da realização da atividade;
- I = deve ser informado durante ou após a realização das atividades.

Recrutamento e seleção de pessoas

A matriz RACI distribui as pessoas da equipe, nas colunas, e os entregáveis nas linhas horizontais. Os códigos nas células em que as colunas e linhas se cruzam representam o envolvimento da equipe nas etapas ou atividades do projeto.

O sucesso do projeto é avaliado por meio de critérios que refletem o atingimento dos objetivos dos dois processos. Os mais importantes critérios são:

- Atração de número de candidatos suficientes para possibilitar a escolha dos melhores.
- Seleção feita com os melhores instrumentos disponíveis.
- Ingresso na empresa dos melhores candidatos que se poderia encontrar.
- Processos de R&S cumpridos dentro do prazo.
- Satisfação de todas as partes interessadas: candidatos, RH, executivos de linha, agências externas.

Atividades	Executivos	Analistas de R&S	Agência de R&S	Executivo de RH	Business partners
Decisão de iniciar o processo	A			R	
Definição dos critérios para R&S dos candidatos	A			R	R
Definição do cronograma e do orçamento do projeto	A	R	I	A	R
Contratação da agência	C			R	
Primeira etapa do recrutamento		I	R	I	I
Montagem da lista de candidatos para entrevista e testes		C	R	I	C
Entrevistas e testes	R	R	I	I	R
Seleção final	C	R	I	C	R
Informação aos selecionados	I	I	I	I	R
Admissão e integração	I	R	I	I	R

Figura 7 Matriz RACI para um projeto de R&S.

Avance agora para o resumo e os exercícios.

EM RESUMO

Você terminou a leitura do Capítulo 13. O objetivo básico deste capítulo é apresentar o processo geral e as ferramentas específicas dos processos de recrutamento e seleção. Essencialmente, esse processo consiste em atrair as pessoas com as qualificações necessárias e, entre elas, selecionar as que evidenciem maior potencial. Chegando a este ponto, você deve ter alcançado uma compreensão clara dos seguintes conceitos e ferramentas:

- Recrutamento: processo de atrair a atenção das pessoas qualificadas e convencê-las a se candidatar ao processo de seleção de novos empregados.

- Etapas do processo de recrutamento: (1) definir os objetivos, (2) definir o perfil do cargo e os requisitos dos candidatos, (3) escolher as fontes e (4) escolher os meios de comunicação e (5) planejar e executar as atividades de recrutamento, integradas com as do processo de seleção.

- Seleção: escolher, entre os candidatos, os que demonstram potencial mais elevado de desempenho.

- Etapas do processo de seleção: (1) definir os critérios de seleção, (2) escolher os procedimentos e técnicas de seleção, (3) executar o processo de seleção, integrado com as etapas do processo de recrutamento.

- Ferramentas de seleção: triagem preliminar, testes, entrevistas etc.

- Atividades de R&S, administradas como projetos.

Responda agora aos exercícios e questões propostas para este capítulo e avance, em seguida, para o estudo das competências no próximo capítulo.

EXERCÍCIOS E QUESTÕES PARA FIXAÇÃO E REFLEXÃO

1. Usando suas próprias palavras, defina o processo de recrutamento e seleção e sua finalidade, em uma visão de conjunto.

2. Escreva um anúncio de recrutamento para seu próprio cargo, ou para o cargo de um colega. Justifique os requisitos exigidos dos candidatos. Compare seu anúncio com os de seus colegas.

3. O mundo do *"big data"* é formado por grandes quantidades de informações de todos os tipos, desde os bancos de dados tradicionais até receitas médicas e gravações de *call centers*. O "cientista de dados", expressão criada por D. J. Patil, é o profissional que consegue reunir e analisar essas informações para descobrir oportunidades de negócios – como recomendar livros ou entretenimento ou ofertas de produtos financeiros. O "cientista de dados" atua na fronteira entre o conhecimento técnico, a habilidade matemática e o conhecimento do negócio da empresa. Muitas vezes, a empresa tem toda a informação para transformá-la em oportunidades de negócios. Falta o profissional, um "nerd" raro, difícil de localizar e atrair e extremamente disputado. Algumas empresas preferem recrutar pessoas sem nenhuma formação escolar e treiná-las para essa função. Você trabalha em uma empresa que está com o problema aqui descrito. Proponha uma estratégia para compor um grupo de "cientistas de dados", por meio de recrutamento e seleção interna ou externa.

4. Quais procedimentos você recomendaria para selecionar esses profissionais?

5. No estudo de caso a seguir, avalie os quatro candidatos com base em suas competências e experiência, comparadas com os requisitos do cargo, e indique se a empresa deve escolher um dos quatro ou buscar alguém no mercado de trabalho. Explique sua decisão.

ESTUDO DE CASO: SELEÇÃO DE UM EXECUTIVO

O presidente de um grande conglomerado industrial americano está planejando deixar a empresa no ano que vem e todos os funcionários sabem disso. Ele também deixou claro que há quatro candidatos que poderiam sucedê-lo, todos com menos de 55 anos. Poderiam conduzir a empresa por 10 anos ou mais, até atingir o limite de 66 anos de idade para os presidentes. Não há um favorito. No Conselho de Administração, há quem pense que candidatos externos deveriam ser considerados também. A empresa é lucrativa, mas suas margens são muito estreitas. Seu futuro depende fortemente da expansão das vendas na China e nos Estados Unidos, da simplificação da burocracia, do lançamento de novos produtos, de novas tecnologias e da redução de custos. Eis os quatro candidatos:

- *Elizabeth Santana.* Elizabeth tem 51 anos de idade e 33 de empresa. Foi diretora de recursos humanos até dois anos atrás, tendo demonstrado grande capacidade de negociação com funcionários e sindicatos. Naquele ano, foi promovida à diretora global de desenvolvimento de produtos e de compras. Elizabeth conseguiu realizar as principais metas que lhe foram dadas: reduzir os custos, especialmente na área de projetos de novos produtos, renovar e diminuir o número de produtos da linha, mas ainda não chegou ao número desejado pela empresa. Elizabeth nasceu no Brasil, no qual se formou em administração, e ingressou na empresa como estagiária, para seguir carreira internacional. Já trabalhou na Europa, onde obteve um título de MBA, e na Austrália, país em que acumulou um histórico de transações bem-sucedidas com a China.

- *Breno Leminski.* Leminski é o vice-presidente do conselho de administração. Nasceu e cresceu nos Estados Unidos. Tem 51 anos e está na empresa há apenas quatro anos. Antes disso, trabalhou em bancos e fundos de investimento. Tem muita experiência no mercado financeiro e em negociações com sindicatos. Foi consultor de uma grande confederação de trabalhadores, quando a empresa teve problemas financeiros e passou por um processo de recuperação judicial. Há dois anos, indicado pelo presidente, Leminski foi o responsável por uma redução significativa dos custos da operação europeia da empresa: reduziu o número de executivos e, com o apoio dos sindicatos alemães, conseguiu fechar uma fábrica deficitária.

- *Daniel Lemans.* Daniel Lemans nasceu na Nova Zelândia, tendo ingressado na empresa logo depois de se formar em economia e finanças. Trabalhou em projetos de cooperação com a filial australiana e conhece bem o contexto do mercado asiático, do ponto de vista da gestão financeira. Nos Estados Unidos, trabalhou no projeto de recuperação judicial da empresa, fazendo uma bem-sucedida ligação com os bancos de investimentos envolvidos. Há três anos, foi nomeado diretor financeiro global. Nessa posição, implantou sistemas de informação que permitem aos gerentes saber os resultados financeiros dos produtos e da empresa. Liquidou um antiquado sistema de venda interna de peças e produtos, que aumentava os preços e criava a ilusão de resultados positivos, embora a empresa tivesse prejuízo quando os produtos eram vendidos. Além de novato na empresa, Lemans não tem muita experiência em engenharia, fabricação e comércio internacional. Está com 41 anos.

- *Tony Della Macchia.* O engenheiro americano Tony Della Macchia tem 49 anos. É diretor de operações da América do Norte (EUA, Canadá e México). Entrou na empresa há 30 anos, como estagiário. É considerado o retrato da empresa e de seus produtos, que conhece a fundo. Muito respeitado, seria o sucessor do atual presidente – se a escolha fosse por eleição. Suas chances dependem de ele conseguir aumentar a fatia de mercado da empresa e elevar as margens de lucro. Ele precisa alcançar e superar seu principal competidor, que consegue o dobro do lucro com vendas 25% menores. Por sua vez, esses objetivos dependem de seu sucesso na transição para os novos produtos que Elizabeth Santana vem desenvolvendo. Tony vem trabalhando bastante e tudo indica que realizará esses objetivos.

6. No estudo de caso a seguir, indique como as diferentes partes interessadas devem se organizar em uma equipe de projeto para executar o processo de recrutamento dos 134 gerentes de contas. Complete a matriz RACI que se encontra no final do texto: identifique os entregáveis nas linhas, as partes interessadas nas colunas e assinale os diferentes graus de participação nos cruzamentos.

ESTUDO DE CASO:
RECRUTAMENTO DE GERENTES DE CONTAS

O Banco SX4 definiu o mercado das pessoas físicas de alta renda como um de seus alvos prioritários. Para viabilizar esse objetivo, dois projetos foram lançados: (1) dentro de seis meses, 13 agências exclusivas começarão a ser inauguradas e (2) serão contratados 134 gerentes de contas, com formação de nível superior e experiência com esse tipo de cliente, para trabalhar nessas agências. Esses profissionais serão recrutados no mercado externo e nos quadros do próprio banco. Seis meses depois do início do projeto, as seis agências deverão ter sido abertas. Assim, em um ano, todos os 134 gerentes deverão ter sido recrutados, selecionados, treinados e alocados às agências. Os coordenadores (gerentes) das 13 agências estão provisoriamente indicados e ajudarão a pilotar o processo de R&S dos 134 novos contratados.

Capítulo 13

Entregáveis

O projeto foi encomendado pela superintendência de operações para a superintendência de RH, que trabalha com uma agência de R&S e outros fornecedores, como clínicas de exames médicos admissionais. Foram definidos cinco entregáveis para o projeto:

1. *Definição dos perfis*: consiste na especificação das competências esperadas dos candidatos que irão preencher as vagas. O perfil deverá ser acordado com a diretoria do banco.

2. *Formação da base de candidatos*: consiste na definição dos candidatos que participarão do processo seletivo. São componentes deste entregável: recrutamento interno e externo, seleção prévia dos interessados e revisão semanal das candidaturas.

3. *Shortlist*: composição da lista final (e reduzida) de candidatos a serem encaminhados para a entrevista com os gestores da superintendência de operações e com os coordenadores provisórios das 13 agências. A *shortlist* é elaborada por meio de entrevistas presenciais e por telefone. Um laudo de cada candidato é preparado nesta fase.

4. *Avaliação de progresso*: consiste em acompanhar o andamento e o progresso do processo de seleção, conforme cada entrevista é realizada, avaliando a eventual necessidade do fornecimento de novos candidatos. Compreende informar os candidatos sobre sua situação – aprovado ou reprovado.

5. *Contratação*: etapa final do projeto em que os candidatos selecionados serão contratados. Abrange pesquisa de antecedentes, exames admissionais, entrevista para informação das condições de trabalho e contratação propriamente dita.

Na matriz RACI, use os códigos: R (responsável pelo entregável), A (aprova as decisões), C (deve ser consultado antes) e I (deve ser informado depois).

Entregáveis	Participantes – responsabilidades, autoridade, comunicação e informação					
	Rh	Operações	Coordenadores provisórios	Agência de r&s	(Complete)	(Complete)
Definição dos perfis						
Formação da base de candidatos						
Shortlist						
Avaliação de progresso						
Contratação						

Matriz RACI

REFERÊNCIAS

[1] DEJOUX, Cécile. Recrutement. In: THÉVENET, Maurice; DEJOUX, Cécile; MARBOT, Éléonore; BENDER, Anne-Françoise. *Fonctions RH – Politiques, métiers et outils des ressources humaines*. Pearson Education France, 2007.

[2] _____. *op. cit.*

[3] ARMSTRONG, Michael. *Armstrong's handbook of human resource management practice*. 11. ed. London and Philadelphia: Koogan Page, 2009.

[4] GLUECK, William F. *Personnel*: a diagnostic approach. Dallas: Business Publications, 1974.

[5] JACKSON, Susan; SCHULER, Randall S.; WERNER, Steve. *Managing human resources*. 11. ed. Mason: South-Western, Cengage Learning, 2012.

[6] _____. *op. cit.*

[7] HAEGEL, Annick. *La boîte à outils des ressources humaines*. Paris: Dunod, 2012.

CAPÍTULO 14

Aprendizagem e desenvolvimento

OBJETIVOS DO CAPÍTULO

Ao completar o estudo deste capítulo, você deverá ser capaz de compreender e explicar:

- Que é aprendizagem.
- Quais são as atividades educacionais que promovem a aprendizagem.
- Qual é o processo de gestão das atividades educacionais.
- As principais teorias ou perspectivas sobre a aprendizagem.
- Como as aptidões se transformam em competências.
- Os estilos de aprendizagem que determinam as preferências pelos métodos educacionais.
- Como planejar programas de T&D usando a taxonomia de Bloom e a estrutura de definição de objetivos de Mager.

Capítulo 14

INTRODUÇÃO

Educação é um dos pilares para a formação e desenvolvimento do capital humano, tanto na sociedade quanto nas organizações. Educação é o processo de promover a aprendizagem e transformar aptidões em competências – conhecimentos, habilidades e atitudes – e de aprimorá-las continuamente. Trata-se de processo sem fim: não há limite para o que se pode aprender.

Independentemente da qualidade do capital humano fornecido pela sociedade, todas as organizações, de uma forma ou de outra, investem em educação, para atender a suas necessidades específicas de competências. Veremos, em seguida, que há diferentes tipos de atividades educacionais nas empresas, com diferentes objetivos e impactos sobre as pessoas.

Nas organizações, as atividades educacionais compreendem desde explicar a organização aos recém-chegados até os programas de pós-graduação promovidos internamente ou em instituições de ensino contratadas. Assim como ocorre com o processo de recrutamento e seleção, as atividades educacionais podem ser realizadas emergencialmente ou de forma planejada, seguindo uma estratégia deliberada de formação e desenvolvimento de competências.

Neste capítulo, analisaremos os conceitos, mecanismos e ferramentas envolvidos na gestão das atividades educacionais nas empresas. Começaremos pela definição de aprendizagem, que representa a base de tudo, e passaremos para a apresentação das atividades que promovem a aprendizagem. Em seguida, iremos para o território da gestão dessas atividades. Finalmente, retornaremos ao mundo da aprendizagem, como porta de entrada para o planejamento didático dos eventos educacionais.

Usaremos de forma intercambiável as palavras educação, atividades educacionais, treinamento e desenvolvimento e outras similares, dependendo do contexto. Da mesma forma, usaremos as palavras treinando, participante, aluno, estudante e outras similares, para designar a pessoa que participa de atividades educacionais. A palavra *aprendiz* será usada para indicar crianças em processo de aprendizagem.

1 Aprendizagem

A aprendizagem é definida como mudança estável do comportamento, produzida pelo desenvolvimento das aptidões, que resulta na aquisição de conhecimentos, aprimoramento de habilidades e formação ou mudança de atitudes.

Respectivamente, o que chamamos de saber, saber fazer (incluindo o saber fazer-fazer) e saber ser. Conhecimentos, habilidades e atitudes, como também já vimos, são os domínios da aprendizagem. Ou competências.

A aprendizagem fica evidente quando a pessoa consegue demonstrar que sabe algo que não sabia, ou consegue fazer algo que não fazia,[1] ou aprecia e avalia o ambiente e a si mesmo de maneira diferente. O processo de aprendizagem é familiar a todos. "Aprendeu a andar de bicicleta; a nadar; a ler e interpretar balanços; a resolver equações; mudou seus hábitos alimentares e está fazendo regime; vejam, está falando!" – todos nós sabemos do que se trata quando ouvimos ou dizemos frases assim.

O processo de aprendizagem é contínuo. Os domínios da aprendizagem ou competências se expandem sem cessar. O "estoque" do que foi aprendido influencia a velocidade e a forma como os novos conhecimentos, habilidades e atitudes são processados e internalizados.

2 Atividades que promovem aprendizagem

Aprendizagem é resultado. Educação, formação, treinamento e desenvolvimento são processos, atividades ou meios de alcançar esse resultado. Há designações diferentes para esses processos e não há convenções universais, mas, de forma geral, as mais importantes são três:[2,3]

2.1 Treinamento

Compreende atividades que promovem a aprendizagem das competências relacionadas ao desempenho das tarefas do cargo. Em outras culturas, usam-se outras palavras (como adaptação, capacitação ou formação) para indicar o mesmo tipo de atividades. Treinamento tem caráter operacional e prático – é orientado para o trabalho e para o domínio de técnicas e ferramentas, sem preocupação com a teoria. Seus resultados podem ser mensurados de forma imediata e objetiva: "Ao final do programa de treinamento, você deverá ser capaz de usar o aplicativo Excel; deverá ser capaz de reconhecer as divisas dos diferentes postos da hierarquia, do soldado até o general".

2.2 Desenvolvimento

Abrange atividades que promovem a aprendizagem de competências relacionadas com o futuro da organização e da pessoa. Podem estar relacionadas com mudanças no cargo atual ou com responsabilidades que serão assumidas. Os resultados são medidos de forma subjetiva, muito mais pela evolução e comportamento da pessoa no tempo do que pelo desempenho imediato na própria atividade. "Ao final do programa, você deverá ser capaz de explicar e utilizar os conceitos de análise do ambiente aplicados ao processo de administração estratégica."

2.3 Educação

Educação é o processo mais amplo, que engloba os dois anteriores. No sentido formal do termo, educação é a instituição social que oferece oportunidades de aquisição e desenvolvimento de competências, que tornem o indivíduo útil para si mesmo e para a sociedade. Treinamento e desenvolvimento são orientados para as ocupações, para o trabalho; a educação está orientada para o indivíduo e os grupos, sem outra finalidade além do desenvolvimento das aptidões, para que o indivíduo e os grupos escolham seus próprios caminhos. A educação é o investimento que a sociedade faz na pessoa; ou o investimento que ela faz em si própria. Em certos casos, as organizações fazem investimentos educacionais, como os investimentos das forças armadas nas academias e das instituições religiosas nas escolas e seminários.

Neste livro, chamaremos de educacionais as atividades de treinamento e desenvolvimento (T&D) realizadas pelas organizações. Eventualmente, a palavra educação será usada, para indicar a instituição maior.

3 Gestão de atividades educacionais

As organizações gerenciam suas atividades educacionais por meio de um ciclo de quatro processos principais, como mostra a Figura 1: (1) definição e análise de necessidades, (2) planejamento de atividades educacionais, (3) execução das atividades e (4) avaliação e revisão das atividades.

3.1 Definição e análise de necessidades

A gestão dos processos de T&D começa pela identificação e análise de necessidades, que se originam da organização, dos cargos e dos indivíduos. Em seguida, indicaremos algumas necessidades específicas em cada uma dessas três dimensões.

Figura 1 Ciclo de processos da gestão de T&D.

Necessidades da organização

- Formação continuada de quadros técnicos ou de liderança, especialmente importantes nas organizações militares e religiosas, na diplomacia e nas universidades.
- Programas regulares de incorporação de *trainees* nas grandes empresas multinacionais.
- Formação de mão de obra para lidar com objetivos estratégicos, como o acréscimo de produtos na linha ou o ingresso em novos mercados.
- Treinamento e desenvolvimento para a realização dos planos de RH: promoções, substituições, transferências, sucessão e outros possíveis tipos de movimentação de pessoas.

Necessidades dos cargos (ou necessidades ocupacionais)

- Formação de pessoas para ocupar os cargos da estrutura organizacional, existentes ou em processo de criação.

- Implantação de novas tecnologias produtivas ou gerenciais, mudanças nos equipamentos, nas normas e procedimentos, necessidade de lidar com novas exigências legais – alterando o conteúdo e as competências dos cargos.

Necessidades dos indivíduos

- Atividades educacionais para suprir a lacuna entre o desempenho real e o desejado.
- Preparação de pessoas para assumir promoções, de imediato ou no futuro.
- Programas sabáticos, ou seja, licenças remuneradas para atividades de desenvolvimento.
- Programas de *outplacement*, preparação de pessoas para deixar a empresa.

3.2 Planejamento de atividades educacionais

O processo de planejamento das atividades educacionais é executado em três níveis principais: planejamento global das atividades, planejamento de eventos específicos e planejamento didático. Cada um desses níveis corresponde a uma perspectiva ou responsabilidade, que será explicada a seguir.

Planejamento global das atividades educacionais

É a perspectiva ou responsabilidade dos executivos de RH e T&D. Abrange o planejamento de todos os programas da organização, para realizar os objetivos que atendem a todas as necessidades: quais programas serão realizados, quando e a que custo; eventualmente, com quais parceiros externos. Este nível de planejamento corresponde à previsão de calendário e orçamento estimado de T&D, em geral com horizonte de um ano.

Planejamento de eventos específicos

É o planejamento das atividades individuais, com horizonte de tempo correspondente à duração de cada uma. O planejamento de atividades específicas é realizado com o uso das ferramentas de gestão de projetos: estrutura analítica, cronograma específico e orçamento específico (veja um exemplo na Figura 2). Neste nível, o planejamento é a perspectiva ou responsabilidade do responsável pela área de T&D ou do analista de RH, no papel de gerente de projeto. As atividades ou eventos específicos são chamados de *programas de T&D*.

Curso de gestão de equipes

Programa
- Contratação do docente
- Definição do conteúdo e dos métodos
- Preparação dos materiais
- Definição dos recursos

Participantes
- Divulgação
- Seleção
- Montagem do grupo
- Confirmação da presença
- Lista de presença
- Convocação

Logística
- Escolha do local
- Arranjo das instalações
- Reprodução do material
- Transporte do professor
- Pagamentos

Itens de custo	Valor (R$)
1. Mão de obra (tempo da equipe)	
2. Aluguel de instalações	
3. Aluguel de equipamentos	
4. Honorários do professor	
5. Livros e materiais	
6. Eventualidades	
7. Total	

Atividades	Semana 1	Semana 2	Semana 3	Semana 4
Preparação do programa	▲			
Convocação dos participantes			▲	
Contratação da infraestrutura			▲	
Organização do local				▲
Realização do curso				▲

Figura 2 Ferramentas da gestão de atividades específicas de T&D.

Eventos específicos, ou atividades individuais, são, entre outros:

- Cursos presenciais de todos os tipos, em formato clássico de sala de aula, desde cursos de curta duração, por exemplo, cursos introdutórios de um dia ou dois, até programas de especialização do tipo pós-graduação, lato ou estrito senso, financiados total ou parcialmente pela empresa para seus funcionários.
- Cursos *on-line* de todos os tipos, nas mesmas modalidades da educação presencial.
- Combinações de *on-line* e presencial, nas mesmas modalidades anteriores.
- Convenções e encontros de grupos especializados (promotores de vendas, secretárias, gerentes) ou de toda a empresa, para finalidades sociais, apresentação de novos produtos e sistemas, familiarização com novos dirigentes, planejamento estratégico.

- Congressos técnicos e científicos, realizados por associações profissionais ou empresas especializadas, para discussão de temas de interesse de uma profissão: médicos, gerentes de projetos, administradores financeiros.
- Demonstrações práticas de produtos e seu funcionamento ou operação em instalações produtivas.
- Estágios em processos produtivos ou gerenciais.
- Atividades ao ar livre para aquisição de competências como liderança, enfrentamento de desafios, trabalho de grupo.
- Atividades práticas orientadas, de média ou longa duração, com uso de equipamentos específicos de profissões – especialmente instrução militar, treinamento de atletas, formação de médicos e especialistas em trabalho de laboratório, aprendizagem de idiomas.
- Oficinas (*workshops*), em que os participantes devem construir algo, seja no plano conceitual (por exemplo, um plano de projeto) ou prático (por exemplo, um equipamento). As oficinas combinam o formato clássico de sala de aula com atividades práticas, de laboratórios ou oficinas propriamente ditas, daí o nome do evento.

Planejamento didático

É o detalhamento técnico dos eventos específicos ou programas de T&D. Aqui se encontra a responsabilidade ou perspectiva do instrutor ou professor, abrangendo, principalmente, os seguintes itens:

- Definição de objetivos específicos.
- Seleção de métodos e materiais.
- Seleção do sistema de avaliação.

No final deste capítulo, você encontrará uma seção dedicada especificamente ao planejamento de programas de T&D.

3.3 Execução das atividades

A execução das atividades abrange a aquisição, mobilização e ativação de recursos como instalações, materiais didáticos, instrutores, pessoal de apoio e estrutura técnica (equipamentos). Diversos fatores afetam o processo de execução. Entre os principais, a escolha que tiver sido feita entre recursos internos e externos, a divisão entre atividades presenciais e atividades a distância, a motivação e o perfil dos participantes, o tamanho do orçamento, a qualidade e a experiência dos instrutores e a natureza e o porte dos eventos. Executar um único programa de introdução a um assunto, com dois dias de duração, para 15 pessoas, requer esforço diferente do que é necessário para realizar um congresso com 5000 participantes e centenas de apresentadores de trabalhos. Imagine agora coordenar um programa de 15 cursos, com duração de um ano, para 40 pessoas cada um, em diferentes locais do país, sob contrato com uma empresa estatal de grande porte.

Tudo deve estar previsto no planejamento de eventos específicos. No entanto, a qualidade do planejamento não implica necessariamente sucesso da execução, devido à interferência desses inúmeros fatores. Quanto maior o porte da atividade educacional, em número de participantes, locais de realização e duração, maiores são os riscos: atrasos nos aeroportos, instrutores que faltam, participantes que não conseguem terminar, materiais que não chegam, porque os Correios entraram em greve, apagões de energia elétrica que impedem o uso de equipamentos – a lista é longa.

Para aumentar a probabilidade de sucesso, a qualidade da coordenação é determinante. Essa qualidade exige competência no uso das ferramentas da gestão de projetos:

- *Processos de gerenciamento de projetos*: planejamento, execução, monitoramento e controle, conclusão.
- *Áreas do conhecimento*: principalmente escopo, tempo, custos, riscos e relações com fornecedores.
- *Ciclo de vida*: pontos de início e conclusão do projeto; resultados esperados do projeto.

3.4 Avaliação e revisão das atividades

Avaliação e revisão são processos contínuos, não o estágio final do ciclo de gestão de atividades educacionais. Esses processos realimentam o ciclo de gestão, que se repete indefinidamente. Revisão, como sugere o nome, é o processo de utilizar os resultados da avaliação para aprimorar as atividades educacionais. Avaliação é o processo de analisar criticamente a atividade educacional para determinar seu desempenho. A avaliação tem dois focos principais: a gestão e a atividade.

- *Gestão*. Este tipo de avaliação focaliza a qualidade dos processos gerenciais. O plano da atividade previu adequadamente todos os aspectos da execução? A atividade começou e terminou nas datas e momentos previstos?

O orçamento foi corretamente dimensionado, de maneira suficiente para cobrir todas as despesas? Foi dado atendimento satisfatório para os participantes? Houve alguma falha nos serviços de terceiros? A equipe do projeto trabalhou de maneira satisfatória? É esse tipo de pergunta, entre muitas outras, que a avaliação da gestão deve procurar responder.

- *Atividade.* A atividade educacional é avaliada sob quatro perspectivas principais: reação, aprendizagem, comportamento e resultados. As três primeiras referem-se ao participante; os resultados são da organização. É tão importante essa ideia que reservamos o final do capítulo para apresentá-la.

4 Perspectivas sobre aprendizagem

Para lidar com a gestão de eventos educacionais específicos, e com a educação de forma geral, é necessário conhecer as teorias sobre como as pessoas aprendem. Há diferentes teorias ou perspectivas, sendo quatro as principais: behaviorista, cognitiva, social e construtivista.[4] Você pode fazer qualquer combinação das quatro e usá-las todas, para diferentes finalidades, já que não são mutuamente exclusivas. Os fundamentos dessas teorias foram lançados por teóricos da educação e do desenvolvimento psicológico das crianças; uma delas nasceu de experiências com animais em laboratórios. A aplicação dessas teorias à educação de adultos ocorre por um processo de adaptação.

4.1 Behaviorismo

Behaviorismo (ou comportamentalismo) é a escola que estuda a aprendizagem sob a perspectiva das causas do comportamento observável. Não há preocupação com os processos cognitivos; apenas o comportamento e suas causas. Os mais conhecidos representantes dessa escola são Ivan Pavlov e B. F. Skinner. Suas ideias a respeito da aprendizagem basearam-se em experiências com animais – cães e ratos em laboratórios.

- Pavlov é o criador da ideia do *condicionamento clássico*: a ideia de que uma resposta ou comportamento (no caso dos cães de Pavlov, a salivação) pode ser aprendido – ou condicionado. Em resumo, o condicionamento clássico significa aprender a associar uma resposta (reflexo = salivação) com um estímulo novo (condicionado). Na experiência de Pavlov, a campainha (estímulo condicionado) produzia a mesma resposta não condicionada (salivação) que era produzida pelo alimento. A resposta tornara-se um reflexo condicionado.[5]

- Skinner deu o nome de *condicionamento operante* ao efeito das causas ou estímulos sobre o comportamento. Aos estímulos Skinner nomeou de *reforços* e *punições*. Os reforços incentivam o comportamento; as punições o desestimulam.[6]

Transferidas para as pessoas, as ideias do behaviorismo podem ser exemplificadas com diferentes situações de aprendizagem nas organizações e na sociedade. As multas de trânsito funcionam como estímulos negativos ou punições; os prêmios por desempenho funcionam como reforços. A crítica que se faz a esta teoria baseia-se no fato de ser manipulativa e produzir apenas efeitos temporários, que se extinguem quando as punições ou reforços são suspensos.

Se você, como responsável por atividades educacionais, se alinhar com a perspectiva behaviorista, adotará métodos de ensino que privilegiam o reforço do comportamento, por meio das recompensas e castigos. Você não estará muito interessado em entender as pessoas e suas características individuais. Elas apenas deverão apresentar o comportamento desejado. Serão recompensadas se o fizerem e castigadas se não o fizerem. Você sabe: muito da educação acontece dessa forma.

4.2 Cognitivismo

A perspectiva cognitiva está interessada no que se passa nas cabeças das pessoas: como elas processam as informações, quais são suas motivações para aprender, como os conhecimentos e significados são codificados, armazenados e aplicados. É uma perspectiva de conteúdo e, ao mesmo tempo, de processo, que procura entender como a aprendizagem funciona, no nível dos processos mentais.

Como educador ou responsável por atividades educacionais, alinhado com a perspectiva cognitiva, você irá:

- Procurar entender as motivações e necessidades dos participantes de atividades educacionais: treinandos, alunos, estudantes etc.
- Reconhecer que os participantes controlam, até certo ponto, o que aprendem.
- Fornecer *feedback* aos participantes sobre seu desempenho, sabendo que é um ingrediente importante do processo de aprendizagem.
- Oferecer ideias e modelos conceituais para os participantes processarem.

Adiante, veremos um modelo específico de aprendizagem alinhado com a perspectiva cognitiva.

4.3 Perspectiva da aprendizagem social

Há diversas teorias da aprendizagem social. Uma das mais importantes é a *teoria do desenvolvimento social*, de Lev Vygotsky. Segundo Vygotsky, a aprendizagem precede o desenvolvimento psicológico e é influenciada pela vida social. Em essência, a interação, especialmente com pessoas com mais conhecimento e experiência, tem efeito positivo sobre a aprendizagem do indivíduo. O "outro com mais conhecimento" pode ser não apenas um instrutor ou professor, mas também um colega de grupo de estudos com mais competências.

O "outro com mais conhecimento" está diretamente relacionado com uma das ideias mais instigantes de Vygotsky: a *zona de desenvolvimento proximal* (ZDP). A ZDP é uma ponte entre o conhecimento (ou competência) real e o conhecimento (ou competência) potencial. Veja uma representação na Figura 3. O "outro com mais conhecimento" é quem ajuda a pessoa a transpor a ponte e transformar o potencial em real.

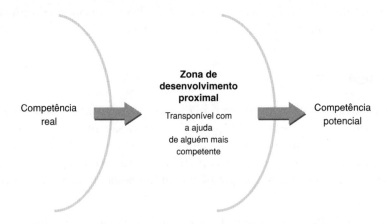

Figura 3 Zona de desenvolvimento proximal.

Outra ideia associada, que vem da pedagogia americana, é a *técnica do andaime* (*scaffolding*), que é intuitiva: o que se aprende é a base para o que se aprende em seguida. O aprendiz (estas teorias referem-se especificamente a crianças) passa por zonas de desenvolvimento proximal por meio de etapas (ou plataformas do *andaime*), que se tornam sucessivamente mais complexas. Quando isso é feito, o aprendiz ganha mais controle sobre a técnica e a aprendizagem torna-se mais eficaz.

No mundo atual, a tecnologia da informação, que oferece não apenas a informação e o conhecimento, mas também a oportunidade de interagir, desempenha, de certa forma, o papel do "outro com mais conhecimento".

Agora, alinhado com a perspectiva da aprendizagem social, você, como educador ou responsável por atividades educacionais, seria um adepto do trabalho de grupo. Sob sua orientação, ou dos instrutores de sua escolha, os conteúdos programáticos seriam divididos em tópicos de crescente complexidade, que os aprendizes deveriam estudar e pesquisar juntos. Certamente, você conhece essa ferramenta e já a usou.

4.4 Construtivismo

A perspectiva construtivista na educação (há construtivismo em várias disciplinas) tem elementos da perspectiva social e da perspectiva cognitiva. O construtivismo educacional parte do princípio de que a pessoa é parte ativa no processo de aprendizagem, que ocorre por meio da interação com a realidade e não da atuação diretiva de um instrutor. O conhecimento é construído com base na experiência, por meio da criação de "estruturas de significado", que explicam o mundo real. Novas informações ou realidades são integradas às estruturas de significado por meio de "esquemas de assimilação", segundo Jean Piaget. As estruturas de significado são construídas e reconfiguradas constantemente, mas podem rechaçar novas experiências que não conseguem explicar. Tornar explícitas as estruturas de significado ajuda a avaliá-las criticamente e reconstruí-las. A "elaboração cooperativa", que vem das ideias de Vygotsky, é outro princípio do construtivismo: trabalhando juntos, os aprendizes se ajudam e potencializam o processo de aprendizagem.

Agora você é um educador ou responsável por atividades educacionais que se alinha com o construtivismo. Eis algumas das técnicas que poderá usar:

- Atividades práticas das quais o conhecimento é abstraído: por exemplo, atividades ao ar livre, como caminhada e esportes, para a aprendizagem de liderança e trabalho de grupo; atividades no campo para aprendizagem de princípios de agricultura; construção de barcos ou qualquer tipo de veículo ou protótipo para aprendizagem de conceitos e técnicas de engenharia, matemática, física etc.
- Estudo de casos: contato indireto com a realidade, por meio de narrativas, para desenvolver habilidades analíticas, decisórias e prospectivas.
- Aprendizagem baseada em problemas (*Problem Based Learning* – PBL): variante do estudo de caso, em que os participantes constroem o caso usando perspectivas de diferentes disciplinas – economia, administração, finanças, contabilidade, por exemplo.
- Atividades de pesquisa e descoberta: visitas a museus, expedições, exploração de novas realidades, período de estudos em outro país, aulas de laboratório, visitas a instalações produtivas (fábricas, usinas) etc.

Capítulo 14

- Exercícios para fixação de conceitos.
- Projetos: elaborados em equipe ou individualmente, para desenvolvimento de produtos, eventos ou ideias, dentro de restrições de tempo e custo.

5 Como as aptidões se transformam em competências

Qualquer atividade educacional, seja qual for a perspectiva utilizada, tem duas finalidades básicas: (1) transformar as aptidões em competências e (2) aprimorar continuamente as competências adquiridas – processo que não tem fim. Das quatro perspectivas analisadas na seção anterior, é a cognitiva que nos ajuda a entender como essa transformação se processa. Além disso, a perspectiva cognitiva dá ênfase às características das pessoas, nisso se diferenciando das demais perspectivas. Nesta parte do Capítulo 14, estudaremos um *modelo de desenvolvimento das competências* que explica como as características individuais interagem dentro de um contexto para alcançar a transformação.[7] Depois do modelo, estudaremos outras concepções acerca das características individuais que afetam a aprendizagem.

O modelo, representado na Figura 4, tem cinco componentes principais, que explicam as características individuais: habilidades metacognitivas, habilidades de aprendizagem, habilidades de raciocínio, conhecimento e motivação. Separados aqui para finalidade de análise, os cinco são totalmente integrados e se influenciam. Por exemplo, a aprendizagem produz conhecimento, que produz mais aprendizagem. Além das características individuais, o modelo compreende sua interação com o contexto.

Até certo ponto, esses componentes são específicos de cada área do conhecimento ou de atividades humanas. O desenvolvimento de competências em uma área não leva necessariamente ao desenvolvimento em outras, embora possa haver algum grau de transferência, dependendo da proximidade ou familiaridade entre as áreas.

5.1 Metacompetências

As competências metacognitivas (ou metacomponentes) envolvem a capacidade de as pessoas entenderem e controlarem seus próprios processos cognitivos. Por exemplo, as metacompetências abrangem o que a pessoa sabe sobre escrever, resolver problemas matemáticos ou qualquer outra atividade. As metacompetências abrangem tanto conhecer as etapas envolvidas nessas atividades, quanto saber como essas etapas são percorridas.

Aprendizagem e desenvolvimento

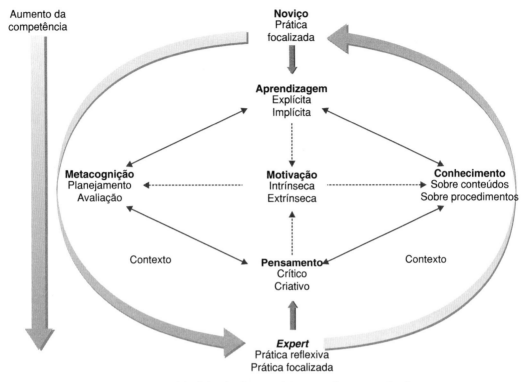

Figura 4 Modelo de desenvolvimento de competências.

Há sete habilidades metacognitivas mais importantes:

1. Reconhecimento de problemas.
2. Definição de problemas.
3. Representação de problemas.
4. Formulação de estratégias para resolver problemas.
5. Alocação de recursos.
6. Monitoramento da resolução do problema.
7. Avaliação da resolução do problema.

5.2 Habilidades de aprendizagem

As habilidades de aprendizagem (competências de aquisição de conhecimentos) são:

- Codificação seletiva: capacidade de distinguir a informação relevante da irrelevante.

- Combinação seletiva: capacidade de organizar a informação relevante.
- Comparação seletiva: capacidade de relacionar informações novas com a informação armazenada na memória.

5.3 Habilidades de raciocínio

As habilidades de raciocínio compreendem:

- Raciocínio crítico (analítico): analisar, criticar, julgar, avaliar, comparar e contrastar, e dimensionar.
- Raciocínio criativo: criar, descobrir, inventar, imaginar, supor e hipotetizar.
- Raciocínio prático: aplicar, usar, utilizar e praticar. As habilidades de pensamento prático constituem a primeira etapa na transformação do pensamento em ação.

5.4 Conhecimento

Dois tipos de conhecimento são importantes em situações de aprendizagem:

- "Saber o conteúdo ou saber que" abrange fatos, conceitos, princípios, leis e conceitos similares.
- "Saber o processo ou saber como" é o conhecimento dos procedimentos e das estratégias para fazer algo. Particularmente importante, segundo Sternberg (2005), é o conhecimento tácito de procedimentos, que envolve saber como funciona o sistema em que se está trabalhando.

5.5 Motivação

A motivação é o impulso interior para alcançar objetivos de diversas ordens ou para atender a necessidades: realização profissional ou financeira, ou em qualquer outro domínio de atividades; superação de desafios externos ou vulnerabilidades internas; aprimoramento das competências; busca de poder; reconhecimento social etc. A motivação é o elemento indispensável para o sucesso nas atividades educacionais: as pessoas se envolvem e se esforçam para aprender quando julgam a aprendizagem importante para a realização de seus objetivos ou atendimento de suas necessidades. O interesse e o esforço para aprender dependem não apenas da motivação intrínseca, mas de fatores externos, como a qualidade das atividades educacionais ou seu grau de dificuldade.

5.6 Contexto

Os cinco componentes aqui analisados são características do aprendiz, que definem seu nível de desempenho no processo de aprendizagem. O desempenho, no entanto, depende não apenas dessas características, mas também de fatores do contexto:

- O domínio do próprio idioma e de outros idiomas é determinante da qualidade da aprendizagem. Não se trata apenas de uma característica individual, mas do domínio do idioma em que as atividades educacionais são oferecidas.
- Nível educacional e apoio da família e dos grupos sociais dos quais a pessoa participa.
- Qualidade e metodologias utilizadas nas atividades educacionais, compreendendo a qualidade dos instrutores.
- Familiaridade do universo de referências da pessoa com os recursos empregados nas atividades educacionais.

O contexto pode potencializar ou dificultar o processo de aprendizagem. Dependendo de como se apresentem – em configuração favorável ou desfavorável à pessoa – podem criar facilidades ou dificuldades objetivas ou influenciar seu interesse e sua motivação.

5.7 Interação dos componentes

A pessoa que está nos estágios iniciais do processo de aprendizagem é um noviço. Por meio de ação deliberada, o noviço caminha para a competência e daí para a proficiência (que significa competência em nível superior, ou *expertise*). A ação do noviço envolve a interação das cinco características individuais. No centro do modelo, ativando as características, encontra-se a motivação. Sem motivação, não há ação – os componentes ficam dormentes.

- A motivação impulsiona as metacompetências, que ativam as habilidades de aprendizagem e de raciocínio. Por sua vez, estas realimentam as metacompetências, fazendo o nível de proficiência aumentar.
- O conhecimento de conteúdo e de processo, adquirido por meio da ampliação das habilidades de aprendizagem e de raciocínio, também contribui para que essas habilidades sejam usadas de maneira mais eficaz.
- Todos esses processos afetam e são afetados pelo contexto. Por exemplo, se a atividade didática é feita em inglês, o desempenho vai depender do

Capítulo 14

domínio que os estudantes tenham desse idioma. Se o material utilizado tem muito conteúdo teórico e a pessoa aprende mais por meio da prática, haverá prejuízo para a aprendizagem.

Por fim, a pessoa alcança um estágio de proficiência, no qual se torna um praticante maduro de determinado conjunto de habilidades. A proficiência pode ocorrer em diferentes níveis. O aluno brilhante do primeiro ano de engenharia, por exemplo, ainda está longe do profissional experiente e reconhecido. As pessoas operam o modelo muitas vezes, sempre avançando para níveis cada vez mais altos de proficiência.

6 Estilos de aprendizagem

O modelo de desenvolvimento das competências, que acabamos de estudar, utiliza as características genéricas das pessoas que participam de atividades de aprendizagem. O modelo, no entanto, não explicita diferenças entre pessoas. Precisamos de mais ideias e ferramentas, que permitam aprofundar o entendimento de como as pessoas aprendem. Entre essas ideias estão os estilos de aprendizagem, que se agrupam em modelos.

Há dois modelos teóricos mais conhecidos sobre os estilos de aprendizagem: VAK e o modelo da aprendizagem experiencial de Kolb.

6.1 Modelo VAK

O modelo VAK reconhece três estilos, com base nos canais da expressão humana, chamados de *modalidades* (Figura 5). Os três estilos de aprendizagem são sintetizados na sigla VAC: visual, auditivo e cinestésico (*Visual, Auditory and Kinesthetic* – VAK). São também chamados de VACT: visual, auditivo, cinestésico e táctil (*Visual, Auditory, Kinesthetic and Tactile* – VAKT). [8]

Visuais	Auditivos	Cinestésicos
• Facilidade ou preferência pela linguagem escrita ou • Facilidade ou preferência por símbolos	• Facilidade com a aprendizagem de informações transmitidas verbalmente • Facilidade para se exprimir verbalmente	• Facilidade com a aprendizagem por meio da experimentação e manipulação • Gosto pelo movimento

Figura 5 O modelo VAK.

6.1.1 Auditivos

Os auditivos têm preferência pela informação recebida pelo sentido da audição e aprendem mais com as técnicas tradicionais de ensino. Os auditivos têm melhor desempenho em atividades educacionais quando as instruções são transmitidas em voz alta, quando precisam falar em público ou quando as informações são apresentadas e exigidas no modo oral. Para lidar eficazmente com o estilo auditivo, o educador deve:[9]

- Começar novos assuntos pela explicação do que vai ser apresentado; concluir com a síntese do que foi apresentado.
- Usar o método socrático de fazer perguntas para extrair informação dos estudantes ou treinandos; organizar e complementar a informação por eles fornecida.
- Realizar atividades auditivas, como *brainstorming* e outras dinâmicas de grupo; reservar tempo para processar a informação assim produzida.
- Incentivar os estudantes ou treinandos a fazer perguntas.
- Dialogar com os estudantes ou treinandos.

6.1.2 Visuais

"Me mostre, faça um desenho para eu entender", é típico dos visuais. Os visuais utilizam dois subcanais: linguístico e espacial. Os *visual-linguísticos* aprendem por meio da linguagem escrita, em tarefas e problemas como ler e escrever. Lembram-se do que foi escrito, mesmo que só leiam uma vez. Gostam de fazer anotações e prestam atenção quando assistem a aulas e palestras. Os *visual-espaciais* têm dificuldade com a linguagem escrita e facilidade com gráficos, demonstrações, ilustrações e outros materiais visuais. São bons em gravar fisionomias e lugares. Para lidar eficazmente com o estilo visual, o educador deve:[10]

- Usar gráficos, tabelas, diagramas, ilustrações e outros auxílios visuais.
- Apresentar resumos, sinopses, mapas mentais, calendários e materiais para leitura e anotações.
- Distribuir material para leitura posterior.
- Distribuir material com espaço em branco para anotações.
- Estimular questões para mantê-los alertas em situações de predominância auditiva.

- Sempre que possível, suplementar a informação verbal com ilustrações.
- Incentivar o desenho.

6.1.3 Cinestésicos

Muitas pessoas entram no mundo da aprendizagem pela porta cinestésica: é o mundo do toque, do sentido táctil, do movimento, da experiência prática, dos trabalhos manuais. À medida que avançam, as pessoas passam a explorar o mundo visual e o auditivo. Muitos adultos, no entanto, permanecem cinestésicos.

Os cinestésicos têm mais facilidade e melhor desempenho quando se envolvem e participam de laboratórios de ciências, apresentações de teatro, excursões e atividades físicas, ou a "mão na massa".

Para lidar eficazmente com o estilo auditivo, o educador deve:[11]

- Realizar atividades que façam os estudantes-treinandos se movimentar.
- Tocar música, quando apropriado, durante as atividades.
- Usar pincéis coloridos para dar ênfase aos pontos principais, em *flip-charts* ou quadros brancos.
- Fazer intervalos frequentes.
- Usar recursos que possam ser manipulados: por exemplo, ensinar projetos por meio da construção da torre de papel.
- Usar gráficos que permitam a visualização de tarefas complexas.

Segundo os adeptos do modelo VAK, as pessoas usam as três modalidades para adquirir novas informações e processar novas experiências. Para cada pessoa, há predominância de um ou dois estilos, que definem a melhor maneira de aprender um assunto ou enfrentar uma tarefa. Essa preferência muda de um problema ou assunto para outro. No entanto, a ênfase exclusiva ou excessiva em um estilo pode ser prejudicial para a aprendizagem. As pessoas que participam de atividades educativas devem ser educadas também para pensar criticamente em seu próprio estilo, ou sua combinação de estilos, para se beneficiar dos outros.

Por essa razão, e também porque os estilos podem ser entendidos como preferências (que se reforçam com o hábito), os especialistas em educação recomendam que a informação seja apresentada nas três modalidades, não importa qual seja a preferência dos estudantes ou treinandos. Finalmente, ainda não está totalmente comprovado que a adequação do método de ensino ao estilo de aprendizagem produz os melhores resultados.

6.2 Modelo da aprendizagem experiencial de Kolb

O modelo proposto por David Kolb reconhece quatro estilos, que se baseiam no processamento de informações adquiridas por meio da experiência. "O conhecimento resulta do processo de adquirir experiência e transformá-la", segundo David Kolb, que usa a palavra *experiencial* para indicar a ênfase na experiência.[12] Trata-se de um modelo com forte orientação construtivista, mas não apenas isso.

O modelo de Kolb começa com uma matriz formada pelo cruzamento de duas escalas (Figura 6):

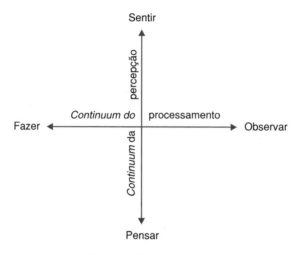

Figura 6 Matriz de Kolb.

1. No eixo horizontal, o *continuum do processamento* (como as pessoas enfrentam as tarefas; como adquirem experiência; preferência por aprender fazendo ou observando). No extremo esquerdo dessa escala, está a *experimentação ativa* (fazer); no extremo direito da escala, está a *observação reflexiva* (observar). Em outras palavras, as pessoas escolhem como enfrentar a tarefa ou experiência por meio de escolha entre:

   - observar outras pessoas envolvidas na experiência e refletir sobre o que acontece (observar – observação reflexiva).
   - "pular" a reflexão e partir diretamente para a ação (fazer – experimentação ativa).

Capítulo 14

- No eixo vertical, o *continuum da percepção* (resposta emocional às tarefas e problemas; como as pessoas transformam a experiência em conhecimento; preferência por aprender por meio de pensamento ou sentimento). No extremo superior da escala, está a experiência concreta (sentir); no extremo inferior, está a conceptualização abstrata (pensar). Simultaneamente à escolha anterior, as pessoas escolhem como transformar a experiência em conhecimento útil:

    - adquirindo novas informações por meio de raciocínio, análise e planejamento (pensar – conceptualização abstrata).

    - experimentando (*experiencing*) as qualidades concretas, tangíveis e sensíveis do mundo (sentir – experiência concreta).

A Figura 7 apresenta alguns exemplos desses quatro modos de aprendizagem.

Exemplos	Observação reflexiva	Conceptualização abstrata	Experiência concreta	Experimentação ativa
Aprender a andar de bicicleta	Pensar em pedalar e observar alguém pedalando.	Entender a teoria e o princípio da operação da bicicleta.	Ouvir os conselhos e dicas de um ciclista experiente.	Montar na bicicleta e sair pedalando.
Aprender um aplicativo	Refletir sobre o que você acabou de aprender.	Ler o manual do programa.	Usar a "ajuda" para se orientar; receber orientação de alguém.	Começar a usar e aprender com erros e acertos.
Aprender a ensinar	Observar seu professor ensinando.	Ler livros e artigos sobre a profissão de professor.	Alguém experiente, como seu orientador acadêmico, ensina você a ensinar.	Usar suas habilidades interpessoais para começar a praticar.
Aprender álgebra	Anotar suas reflexões e conceitos sobre equações.	Ouvir explicações sobre o que é.	Resolver uma equação passo a passo.	Praticar a resolução de problemas.

Figura 7 Exemplos dos quatro modos de aprendizagem.

A matriz transforma-se em ciclo que gira no sentido horário, fazendo surgir os quatro estilos de Kolb (Figura 8):

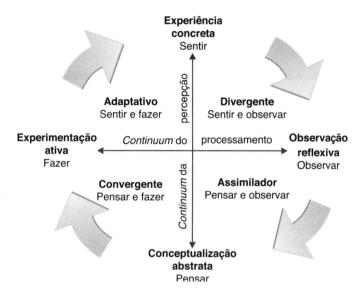

Figura 8 Modelo da aprendizagem experiencial de Kolb (adaptado).

6.2.1 Divergente (*diverging*, concreto, reflexivo)

O divergente enfatiza a maneira inovadora e imaginativa de fazer as coisas. Interpreta as situações concretas por meio de diferentes perspectivas e usa a observação mais que a ação. Gosta de trabalhar em grupo e é mais eficaz em situações que envolvem a geração de ideias, como *brainstorming*. Os divergentes têm interesses culturais amplos, gostam das artes, gostam de juntar informações, são interessados em pessoas, tendem a ser orientados por sentimentos, ouvem ideias alheias sem preconceitos e apreciam receber *feedback*.

6.2.2 Assimilador (*assimilating*, abstrato, reflexivo)

O assimilador compila diversas observações e reflexões e as junta em um todo integrado, conciso e lógico. Gosta de raciocinar indutivamente e criar modelos e teorias, assim como esquematizar projetos e experimentos. Para o assimilador, as ideias e conceitos são mais importantes que as pessoas. Os assimiladores são mais atraídos pelas teorias bem fundamentadas do que pelas orientações práticas sobre como realizar tarefas. É o estilo característico e importante para as pessoas que buscam carreiras científicas. Em situações formais de aprendizagem, os assimiladores preferem leituras, aulas expositivas, exploração de modelos e tempo para refletir.

6.2.3 Convergente (*converging*, abstrato, ativo)

As pessoas com estilo convergente interessam-se mais pelas tarefas técnicas do que pelas pessoas e relações humanas. Têm melhor desempenho quando procuram usar as ideias e teorias de forma prática, para tomar decisões e resolver problemas. São pessoas com habilidades técnicas e tendência para a tecnologia, que gostam de experimentar novas ideias e trabalhar de forma pragmática.

6.2.4 Adaptativo (*accommodating*, concreto, ativo)

Os adaptativos preferem fazer primeiro e pensar ou analisar depois. Usam o processo de tentativa e erro muito mais do que o pensamento e a reflexão. São eficazes para se acomodar a novas circunstâncias e situações de mudança; resolvem problemas de maneira impulsiva e intuitiva. Têm facilidade para trabalhar em grupo, para se relacionar com pessoas a quem recorrem para solicitar informações, em vez de fazer suas próprias análises.

Fique alerta:

- Assim como acontece com o modelo VAK, o de Kolb pressupõe que as pessoas tenham estilos preferidos. Uma pessoa adaptativa terá dificuldades se for submetida a processos de aprendizagem orientados para modelos teóricos; enquanto o assimilador ficará à vontade. A ideia de que os estilos são situacionais, isto é, as pessoas os adaptam a cada caso, não tem fundamento.

- Também não tem fundamento a ideia de que as pessoas sejam incapazes de reconhecer seu próprio estilo e avaliá-lo criticamente.

- Os modelos, assim como a própria ideia de modelos, não desfrutam de aprovação unânime. Muito pelo contrário, há quem os julgue metodologias sem comprovação suficiente, que podem causar prejuízos, especialmente se aplicadas sem critério aos mais jovens. No fundo, os modelos padecem do problema fundamental das ciências humanas: são constructos teóricos, que retratam realidades intangíveis. Até hoje ninguém viu um buraco negro, mas ninguém duvida de sua existência; nem há alguém que tenha visto um estilo andando à solta, mas há quem duvide da ideia. Podemos deduzi-los do comportamento observável e elaborar constructos para explicá-los, mas não podemos usá-los indiscriminadamente.

- No entanto, os modelos têm os entusiastas, que os julgam úteis para os educadores entenderem não só as pessoas em processo de aprendizagem, como também a si próprios.

Agora, você está equipado com as ideias, ferramentas e cautelas suficientes e pode, finalmente, avançar para o planejamento de eventos específicos de T&D. Este é o mundo dos educadores e outros profissionais envolvidos diretamente nas atividades educacionais. Você usará tudo o que aprendeu até aqui e mais alguns recursos.

7 Planejamento de programas de T&D

Usando as ferramentas do gerenciamento de projetos, você planeja, executa e controla qualquer atividade de T&D. Essa, como vimos, é a perspectiva do gerente de projeto. A perspectiva do instrutor ou professor focaliza o desenho, os métodos ou procedimentos de entrega e a avaliação do conteúdo do programa.

A situação é a seguinte: você foi contratado para ministrar um curso de um dia de introdução a qualquer assunto. Quem o contratou encomendou um plano didático. Por onde você começa? Há várias maneiras de preparar um plano didático (ou pedagógico). Uma delas consiste em preencher uma folha de programação. Na folha (ou tabela) de programação, você deve informar, pelo menos:[13]

- *Objetivos instrucionais*: o que você pretende alcançar com o programa.
- *Atividades instrucionais*: o que você e os treinandos ou estudantes deverão fazer durante o programa a fim de realizar os objetivos. As atividades refletem suas escolhas de métodos e perspectiva de aprendizagem.
- *Avaliação*: como as atividades e a realização dos objetivos serão analisados.

Analisemos agora cada um desses componentes. Para facilitar, a Figura 9 apresenta uma folha preenchida, usando as ferramentas que você vai estudar em seguida.

Objetivos instrucionais	Atividades instrucionais	Método de avaliação
Os estudantes deverão ser capazes de listar os seis fatores do Modelo de Engenharia do Comportamento de Thomas Gilbert, sem consulta a textos ou anotações.	1. Exibir o Modelo de Gilbert numa tabela. 2. Explicar a sequência proposta por Gilbert. 3. Dar um exemplo do uso dos seis fatores na ordem correta para diagnosticar um problema.	Mostrar a Tabela de Gilbert sem os títulos dos seis fatores. Pedir que os estudantes escrevam os títulos nas células corretas e as numerem na ordem correta.

Figura 9 Exemplo de folha de programação.

7.1 Objetivos

Benjamin Bloom, a quem você foi apresentado no Capítulo 9, é o autor da mais influente proposta para formular objetivos instrucionais, nos três domínios ou categorias da aprendizagem. Recapitulando: cognitivo (conhecimentos, habilidades mentais), afetivo (atitudes) e psicomotor (habilidades físicas).[14]

O domínio cognitivo, ao qual nos restringiremos neste capítulo, compreende a recordação e reconhecimento de fatos, fórmulas e ideias usadas no desenvolvimento de aptidões e habilidades intelectuais. Dentro do domínio cognitivo, há seis categorias principais, que vão da mais simples para a mais complexa, representando graus crescentes de dificuldade. É preciso superar cada grau de dificuldade para passar para o seguinte. Cada nível é designado por um substantivo. Uma modificação do modelo de Bloom, desenvolvida por seu discípulo Anderson e colegas (2000), troca os substantivos por verbos, muda a ordem das categorias e troca "síntese" por "criar".[15]

A Figura 10 apresenta a ordem e as definições originais de Bloom (1956), a modificação proposta por Anderson (2000), e os verbos associados a cada categoria. Agora, você pode usar os verbos do modelo de Bloom para preparar os objetivos instrucionais. Para isso, é preciso apresentá-lo a outro autor: Robert F. Mager. Originalmente, seu trabalho é de 1962. A edição mais recente é de 1997.[16] Foi Mager quem criou a maneira como os objetivos instrucionais são definidos na folha de programação:

> "Ao final do curso (programa, evento, exercício, leitura etc.), você (ou o estudante, o leitor) deverá ser capaz de..."

Essa estrutura bem conhecida define os objetivos como *comportamentos finais desejados*. Reforçando a ideia, é o que se espera que o treinando seja capaz de fazer ao final de um programa de treinamento. Segundo Mager, os objetivos instrucionais devem incluir os seguintes elementos:

1. *Desempenho*. O que o treinando deve ser capaz de fazer?
2. *Condições*. Em que condições o treinando deve ser capaz de fazer?
3. *Critério*. Qual o grau de acerto que o treinando deve alcançar? (*How well must it be done?*)[17]

Agora, um exemplo de objetivo escrito, segundo as especificações de Mager:

- *Em um mapa do Brasil com os estados delineados, sem nenhuma informação escrita (condição), o treinando deve ser capaz de dar o nome (desempenho) de todos os estados e suas capitais (critério).*

Bloom	1. Conhecimento	2. Compreensão	3. Aplicação	4. Análise	5. Síntese	6. Avaliação
Anderson	1. Lembrar	2. Compreender	3. Aplicar	4. Analisar	5. Avaliar	6. Criar
Verbos	• Descrever • Definir • Identificar • Reconhecer • Reproduzir • Ordenar • Relacionar • Repetir • Selecionar	• Classificar • Converter • Distinguir • Discutir • Explicar • Generalizar • Indicar • Reescrever • Resumir	• Aplicar • Mudar • Escolher • Calcular • Interpretar • Programar • Mostrar • Usar • Escrever	• Analisar • Decompor • Comparar • Contrastar • Criticar • Diagramar • Diferenciar • Discriminar • Separar • Subdividir	• Arranjar • Montar • Categorizar • Combinar • Construir • Criar • Planejar • Reorganizar • Sintetizar • Resumir	• Avaliar • Associar • Escolher • Contrastar • Defender • Estimar • Julgar • Justificar • Ponderar • Valorizar • Predizer

Figura 10 Taxonomia de objetivos para o domínio cognitivo.

7.2 Atividades instrucionais

As atividades instrucionais são os meios práticos para alcançar os objetivos. As atividades refletem as escolhas de métodos e materiais para a entrega do conteúdo programático aos treinandos. Ao escolher as atividades, métodos e materiais, o instrutor deve levar em conta as perspectivas sobre a aprendizagem e os estilos de aprendizagem. Há inúmeros tipos de atividades instrucionais, desde a exposição verbal até as atividades totalmente práticas, como os estágios profissionalizantes, considerados extensões da sala de aula.

Elemento fundamental nas atividades instrucionais é a interação. Tão importante é a interação que as horas dedicadas a atividades instrucionais presenciais são, em certos casos, chamadas de "horas de contato". Para planejá-las, as atividades educacionais podem ser agrupadas em três tipos principais de interação, todos podendo envolver equipamentos e, eventualmente, mediação com tecnologia da informação em algum grau: interação estudante-instrutor, interação estudante-conteúdo e interação estudante-estudante.[18] Dentro de cada modalidade de interação, o instrutor pode escolher as atividades, os métodos e os materiais mais apropriados para a realização dos objetivos. Por exemplo:

1. *Interação estudante-instrutor*: é a interação predominante e a mais importante para o processo de aprendizagem.
    - Aula expositiva clássica.

- Exposição dialogada.
- Aula prática (exercícios).
- Orientação de trabalhos em classe, oficinas.

2. *Interação estudante-conteúdo*: neste tipo de interação, é nula ou mínima a interferência do professor, que permanece no papel de orientador e monitor dos estudantes.

- Estudos independentes.
- Educação a distância.
- Projetos de conclusão de curso.
- Pesquisa bibliográfica.

3. *Interação estudante-estudante*: aqui, os estudantes trabalham na linha da aprendizagem social.

- Dinâmica de grupo de todos os tipos.
- Sessões abertas de discussão de estudos de casos.
- Exercícios coletivos de todos os tipos.

7.3 Avaliação

Uma conhecida ferramenta para avaliar atividades educacionais é o modelo proposto por Donald L. Kirkpatrick, publicado em forma de série de artigos, em 1959.[19] A série foi publicada em forma de capítulo de livro em 1975.[20] Como outros apresentados neste livro, é trabalho clássico, que não teve e provavelmente não terá substituto. Seus princípios são amplamente aceitos em todas as modalidades de atividades no mundo da educação e da aprendizagem e não apenas em T&D. O modelo de Kirkpatrick propõe quatro *níveis* de avaliação: reação, aprendizagem, comportamento e resultados. A Figura 11 apresenta os quatro níveis, associados a metas e objetivos de T&D.[21]

Avaliação de reação

Mede a satisfação dos participantes de atividades de T&D. Em essência, a pergunta é: Até que ponto você gostou do processo de aprendizagem? Literalmente, Kirkpatrick usou a palavra gostar (*like*). Em uma versão do modelo, é usada a palavra *motivação* em lugar de reação.[23]

Aprendizagem e desenvolvimento

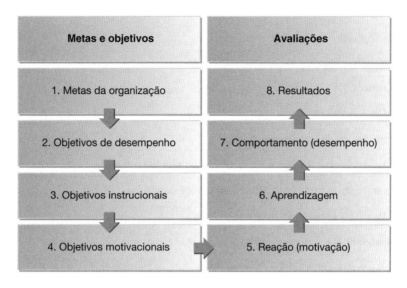

Figura 11 Modelo de Kirkpatrick em versão de Chyung.[22]

A motivação é determinada pela relevância da atividade para o participante. A relevância depende da contribuição que o participante percebe na atividade para o aprimoramento de seu desempenho. Se você, como educador ou responsável por atividades educacionais, tiver que recorrer a qualquer tipo de jogos e brincadeiras apenas para prender a atenção dos participantes e provocar reações de satisfação imediata, é necessário rever a finalidade e os métodos das atividades.

A reação é medida por meio de questionários atitudinais (ou "opinionários"), que fazem perguntas sobre o conteúdo e os métodos usados, a eficiência do instrutor, a qualidade dos materiais didáticos e da infraestrutura e até mesmo a qualidade das refeições e amenidades nos intervalos. Esses questionários são preenchidos pelos participantes no final de um programa de treinamento. A Figura 12 apresenta um exemplo de questionário de avaliação de reação.

Reação é sinônimo de satisfação, que se mede depois da atividade; motivação é condição prévia. Por esse motivo, antes da atividade, os instrutores ou responsáveis deveriam medir também o grau de motivação, interesse ou disposição dos participantes.

Avaliação de aprendizagem

Mede até que ponto os participantes adquiriram ou mudaram conhecimentos, habilidades e atitudes. Muito deste tipo de avaliação é realizado por meio de

Capítulo 14

Fatores de avaliação	1	2	3	4	5
1. O instrutor preparou adequadamente suas aulas.	1	2	3	4	5
2. O professor foi claro e objetivo em suas aulas.	1	2	3	4	5
3. O professor demonstra domínio do assunto.	1	2	3	4	5
4. O tempo de sala de aula é bem utilizado.	1	2	3	4	5
5. O professor cumpriu o programa apresentado no início do curso.	1	2	3	4	5
6. O professor manteve bom relacionamento com os estudantes.	1	2	3	4	5
7. Os métodos utilizados foram apropriados.	1	2	3	4	5
8. O conteúdo do curso é importante para a formação profissional.	1	2	3	4	5
9. O conteúdo do curso é inovador e relevante.	1	2	3	4	5
10. A infraestrutura oferecida é satisfatória.	1	2	3	4	5

Figura 12 Exemplo de questionário de avaliação de reação.

algum tipo de teste – questionários, exames de final de curso, exercícios de resolução de problemas, tarefas práticas, como desmontar e montar um equipamento ou arma, dirigir um veículo, reconhecer e interpretar um gráfico, mapa ou documento, como o código de trânsito.

Quem faz esse tipo de avaliação é um instrutor ou examinador, no final da atividade de T&D, ou em intervalos regulares, como as provas escolares parciais. A medição de conhecimentos, habilidades e atitudes também pode ser feita antes da atividade de T&D, como pré-teste, para comparação com os resultados alcançados ao final.

Embora a mudança de atitudes seja difícil de medir, a avaliação de aprendizagem tende a ser objetiva e diretamente associada aos conteúdos da aprendizagem. Certos conteúdos, no entanto, são avaliados de forma subjetiva. Por exemplo, a capacidade de escrever corretamente ou a capacidade de falar em público.

Avaliação do comportamento

A avaliação do comportamento focaliza as mudanças de desempenho produzidas pela aprendizagem. A pergunta neste nível é: "A pessoa está usando suas habilidades recém-adquiridas no trabalho?" Se a pessoa adquiriu ou modificou conhecimentos, habilidades e atitudes, é natural esperar que seu comportamento no trabalho mude também.

Na versão já citada, comportamento foi substituído por *desempenho*.[24] A avaliação do comportamento ou do desempenho se dá em situação do trabalho, por meio de entrevistas com o próprio participante, seu superior e seus subordinados, e outras pessoas que trabalhem com ele. Se possível, devem ser obtidos dados sobre o desempenho antes e depois da participação na ação de T&D. Isso permite medir objetivamente a mudança.

O objetivo não é avaliar o participante nessa situação, mas a eficácia da ação de T&D. A aquisição de conhecimentos e habilidades é condição necessária, mas não suficiente para a mudança de comportamento, que depende de atitude – a disposição para mudar.

É importante medir o desempenho das atividades de T&D, uma vez que o objetivo da aprendizagem é o aprimoramento de resultados, primeiramente no âmbito do participante e, finalmente, no âmbito da organização.

Avaliação de resultados

A pergunta-chave da avaliação de resultados é: "Quais são os resultados tangíveis do processo de aprendizagem, em termos de redução de custos, aprimoramento da qualidade, aumento da produção, eficiência etc.?" A avaliação de resultados, ou de impacto, mede a eficácia da aprendizagem. O foco não é mais o participante ou o programa, mas o desempenho da organização e o atendimento de suas necessidades, identificadas no início do ciclo.

A avaliação de resultados focaliza o retorno que a organização recebe do investimento nas atividades de treinamento e desenvolvimento. Há diferentes medidas para esse retorno, quantitativas e qualitativas. As medidas quantitativas são as indicadas por Kirkpatrick: custo, eficiência, qualidade, produção, aumento do valor da empresa. Medidas qualitativas são qualidade do serviço, lealdade dos clientes e funcionários, imagem da empresa, incremento do capital humano, qualidade do ambiente de trabalho, capacidade de inovação. Essas medidas só podem ser obtidas por meio de apreciação subjetiva. No entanto, é possível e recomendável fazer medições prévias e finais para comparação.

Os resultados nem sempre surgem imediatamente. Exemplo clássico, já citado neste livro, é a implantação de sistemas de produção enxuta, que demoram anos para fazer efeito e dependem, no fundo, de mudanças de habilidades, conhecimentos e atitudes. Visite a fábrica, espere um ou dois anos, visite de novo. Com o tempo, a fábrica ficou mais jovem...

Até aqui, você passou por conceitos e ferramentas de aprendizagem, atividades educacionais e processos de gestão. Leia e releia o modelo revisto de Kirkpatrick, que reúne os processos de planejamento e avaliação, sintetizando os componentes mais importantes da gestão das atividades educacionais.

Capítulo 14

> ## EM RESUMO
>
> Você terminou a leitura do Capítulo 14. O objetivo básico deste capítulo é apresentar o processo geral e as ferramentas específicas do processo que, no Capítulo 1, foi chamado de desenvolvimento. Esse processo integra uma instituição social muito maior, a educação. Chegando a este ponto, você deve ter alcançado uma compreensão clara dos seguintes conceitos e ferramentas:
>
> - Aprendizagem e atividades que promovem aprendizagem.
> - Processo de gestão das atividades educacionais: identificação de necessidades, planejamento de atividades, execução das atividades e avaliação e revisão das atividades.
> - Quatro perspectivas ou teorias sobre o processo de aprendizagem: behaviorismo, cognitivismo, aprendizagem social e construtivismo.
> - Métodos de T&D associados a cada perspectiva.
> - Componentes do processo de transformação das aptidões em competências e sua interação.
> - Estilos de aprendizagem – os padrões de preferências pelas diferentes formas de aprendizagem.
> - Processo de planejar programas de T&D.
> - Taxonomia de objetivos instrucionais de Bloom.
> - Modelo de definição de objetivos de Mager.

Responda agora aos exercícios e questões propostas para este capítulo e avance, em seguida, para o estudo da recompensa no próximo capítulo.

EXERCÍCIOS E QUESTÕES PARA FIXAÇÃO E REFLEXÃO

1. Há alguns anos, a construtora ACME atuava apenas no país. Naquela época, a ACME ofereceu para seus 120 executivos de empreendimentos (responsáveis por obras, como edifícios residenciais e comerciais, rodovias, barragens etc.) um programa de formação em gerenciamento de projetos,

com 96 horas presenciais de duração, divididas em seis fins de semana. O programa foi contratado com uma das mais importantes instituições de ensino do país. Problemas financeiros dos clientes impediram que o programa fosse executado totalmente e cerca de 60 executivos ficaram sem assisti-lo. Hoje, a empresa tem cerca de 300 executivos, que atuam em diversos países da África e da América Latina, além do país. Há ainda um grupo de cinco executivos que estão em uma grande obra no Canadá. Os novos executivos, assim como os antigos que não conseguiram assisti-lo, estão reivindicando uma nova rodada do programa. A empresa resolveu retomá-lo, mas, agora, com a dispersão geográfica, reunir todos os executivos durante seis fins de semana acarreta problemas de custo e logística difíceis de resolver. Você, como analista de T&D, está encarregado de (1) esclarecer as necessidades da ACME, especificamente na área de gerenciamento de projetos, e (2) esboçar uma proposta que possibilite retomar o programa. Quais são as suas ideias?

2. Você foi encarregado de organizar e realizar um encontro dos executivos da empresa (são cerca de 30), em uma pousada no litoral. O encontro consistirá em reuniões técnicas (planejamento estratégico, situação financeira, andamento dos principais projetos), atividades recreativas (leves, a turma é madura), duas palestras sobre assuntos não relacionados à gestão e um concerto de música erudita. A comida será preparada pelos próprios executivos. O presidente leu alguma coisa sobre construtivismo e achou que essa é uma boa maneira de eles praticarem trabalho de grupo. Todos deverão ir e voltar juntos, em transporte providenciado pela empresa. Desenhe a estrutura analítica do projeto, mostrando os principais "entregáveis".

3. Dos componentes do modelo de desenvolvimento de competências, a motivação é o mais importante. Usando suas próprias palavras, explique a razão.

4. Dê um exemplo de como o contexto impacta o desenvolvimento de competências.

5. Você sabe reconhecer seu próprio estilo de aprendizagem? Compare-o com os de seus colegas. Você acha que sua experiência de aprendizagem é compatível com seu estilo? Você acha que já usou mais de um estilo?

6. Faça uma folha de programação para um curso de quatro horas, de introdução ao assunto no qual você é especialista.

Capítulo 14

REFERÊNCIAS

[1] HONEY, P.; MUMFORD, A. *The manual of learning styles.* 3. ed. Maidenhead: Honey Publications, 1996.

[2] CARTWRIGHT, Roger. *Implementing a training and development strategy.* Oxford: Capstone Publishing, 2003.

[3] HAEGEL, Annick. *La boîte à outils des ressources humaines.* Paris: Dunod, 2012.

[4] TORRINGTON, Derek: HALL, Laura; TAYLOR, Stephen; ATKINSON, Carol. *Human resource management.* Harlow: Pearson Education, 2011.

[5] McLEOD, S. A. *Pavlov's Dogs – Simply Psychology,* 2007. Disponível em: <http://www.simplypsychology.org/pavlov.html>.

[6] _____. *B.F. Skinner – Operant Conditioning - Simply Psychology,* 2007. Disponível em: <http://www.simplypsychology.org/operant-conditioning.html>.

[7] STERNBERG, Robert J. Intelligence, competence, and expertise. In: ELLIOT, Andrew J.; DWECK, Carol S. *Handbook of competence and motivation.* New York: The Guilford Press, 2005.

[8] CARBO, Marie; DUNN, Rita; DUNN, Kenneth. *Teaching students to read through their individual learning styles.* Upper Saddle River: Prentice-Hall, 1986.

[9] Disponível em: <http://www.nwlink.com/~donclark/hrd/styles/vakt.html>.

[10] Disponível em: <http://www.nwlink.com/~donclark/hrd/styles/vakt.html>.

[11] Disponível em: <http://www.nwlink.com/~donclark/hrd/styles/vakt.html>.

[12] KOLB, D. *Experiential learning: experience as the source of learning and development.* Englewood Cliffs, New Jersey: Prentice Hall, 1984.

[13] CHYUNG, S. Y. *Foundations of instructional performance technology.* Amherst, MA: HRD Press Inc., 2008.

[14] BLOOM, B. S. *Taxonomy of educational objectives, Handbook I*: The cognitive domain. New York: David McKay Co Inc., 1956.

[15] ANDERSON, L. W.; KRATHWOHL, D. R.; AIRASIAN, P. W.; CRUIKSAHNK, K. A.; MAYER, R. E.; PINTRICH, P. R.; RATHS, J.; WITTROCK, M. C. *A taxonomy for learning, teaching, and assessing*: a revision of Bloom's taxonomy of educational objectives. New York: Pearson, Allyn & Bacon, 2000.

[16] MAGER, Robert F. *Preparing instructional objectives*: a critical tool in the development of effective instruction. Atlanta: The Center for Effective Performance, 1997.

[17] _____. *op. cit.*

[18] MOORE, M. G. Three types of interaction. *American Journal of Distance Education, 3*(2), 1989, p. 1-7.

[19] KIRKPATRICK, D. L. Techniques for evaluating training programs. *Journal of American Society of Training Directors,* 13 (3), 1959, p. 21-26.

[20] _____. In: KIRKPATRICK, D. L. (ed.). *Evaluating training programs.* Alexandria, VA: ASTD, 1975.

[21] CHYUNG, S. Y. *op. cit.*

[22] _____. *op. cit.*

[23] Disponível em: <http://www.nwlink.com/~donclark/hrd/isd/kirkpatrick.html>.

[24] Disponível em: <http://www.nwlink.com/~donclark/hrd/isd/kirkpatrick.htm>.

CAPÍTULO 15

Recompensa

OBJETIVOS DO CAPÍTULO

Ao completar o estudo deste capítulo, você deverá ser capaz de compreender e explicar:

- O significado das palavras pagamento, salário, compensação, remuneração e recompensa.
- De que forma as recompensas afetam as pessoas, as empresas e a sociedade.
- Como interagem a gestão das recompensas, a gestão das carreiras e a gestão do desempenho.
- Os principais componentes da remuneração e principais tipos de benefícios.
- A percepção dos funcionários a respeito dos benefícios.
- As principais dimensões da gestão das recompensas na sociedade global.

Capítulo 15

INTRODUÇÃO

No centro da relação de emprego, está um componente transacional: a troca do trabalho por algum tipo de pagamento. Pagamento? Ou será que deveríamos dizer salário, compensação, remuneração, ou ainda, recompensa? Há inúmeras palavras que descrevem o que o empregador oferece em troca do trabalho do empregado. Na sociedade global, as palavras variam com a geografia. Para começar, usaremos a palavra *retribuição* para designar essa transação.

- *Pagamento* é um termo limitado, que implica retribuição de natureza exclusivamente financeira. Embora o pagamento seja expressivo em muitos casos, os empregadores oferecem e os empregados esperam retribuições de natureza não financeira.

- A palavra *salário* é objetiva e indica o pagamento recebido periodicamente. É a contrapartida do trabalho em sentido estrito. Não é sinônimo de pagamento, que tem sentido mais amplo. Há muitas formas de pagamento e o salário é uma delas. Além disso, os salários assumem diferentes configurações.

- *Compensação* é a palavra usada comumente na literatura e na prática da gestão de pessoas nos Estados Unidos. No entanto, a palavra *compensação* costuma ter conotação negativa, já que implica alguma espécie de ressarcimento por prejuízo ou dano causado ao empregado.

- A palavra *remuneração* é usada, em geral, na França e na Inglaterra, para indicar a totalidade das retribuições – mais frequentemente, de ordem financeira – que o empregado recebe por seu trabalho. A *remuneração total* engloba salário e outras retribuições financeiras.

- Autores ingleses preferem a palavra *recompensa* para designar todas as retribuições, de natureza financeira ou não, oferecidas pelo empregador. *Recompensa total* é a soma das retribuições financeiras e não financeiras oferecidas aos empregados.

Neste capítulo, usaremos mais frequentemente as palavras *remuneração*, para fazer referência às retribuições financeiras regulares, em geral mensais, e *recompensa*, para designar a totalidade das retribuições, financeiras ou não. As recompensas serão separadas em remuneração e benefícios (Figura 1).

Figura 1 Recompensa é o total das retribuições pelo trabalho.

1 Impactos da recompensa

Equipados com vocabulário esclarecido, começaremos estudando os impactos da recompensa. Tanto para a organização quanto para os indivíduos e os grupos, e para a sociedade, a recompensa está entre os processos mais importantes da gestão de pessoas (Figura 2).

Pessoas	Empresa	Sociedade
• Poder de compra e capacidade de poupança • Equidade • Reconhecimento • Composição das retribuições	• Todos os problemas da gestão de pessoas • Preços • Lucros • Reputação como empregador	• Equilíbrio social • Emprego e competitividade • Consumo e padrão de vida • Crescimento econômico

Figura 2 Impactos da remuneração.

1.1 Impactos sobre as pessoas

Para as pessoas, a recompensa exerce diversos impactos e cria diversas expectativas. Entre outros pontos, devem ser considerados o poder de compra, a equidade, o reconhecimento e a composição das retribuições.[1]

- *Poder de compra.* Em termos absolutos, a remuneração é determinante da capacidade de consumo e do padrão de vida, preocupações importantes para a maioria das pessoas. Como "as necessidades são infinitas" – um dos princípios no estudo da economia – a expectativa costuma ser alta em relação ao poder de compra dos salários. O salário, de acordo com a teoria dos dois fatores e com o senso comum, não é fator de motivação, mas de insatisfação, em parte por causa do descompasso com o atendimento das necessidades. Entre outros motivos, é por isso que as pessoas se endividam.

- *Equidade.* As pessoas percebem a remuneração e a recompensa não apenas em termos absolutos, mas também de maneira relativa, primeiramente comparando as suas com o esforço que fazem com as dos outros e depois fazendo julgamentos sobre a justiça ou injustiça dos salários e benefícios. Esse julgamento se dá dentro da empresa, da sociedade imediata e até mesmo em escala global: as pessoas comparam seu salário com o que ganham seus colegas e os que têm a mesma ocupação, em outras empresas e países. O resultado é o sentimento de equidade ou iniquidade – o sentimento de que o esforço que se faz é recompensado de forma adequada ou não. Lembrando o Capítulo 7, esse sentimento compõe a dimensão psicológica da relação de emprego, afetando a satisfação e o desempenho das pessoas.

- *Reconhecimento.* Independentemente da equidade, que se refere à comparação com os outros, as pessoas esperam que sua remuneração e os benefícios exprimam adequadamente sua contribuição para os objetivos e o desempenho da empresa, suas qualificações e seus esforços de desenvolvimento. Essa expectativa vai além da remuneração imediata e alcança as perspectivas de avanço profissional. Uma reivindicação comum no serviço público é a implantação de planos de carreira.

- *Composição das retribuições.* A remuneração, restrita ao sentido de salário, é parte da retribuição que a empresa oferece e parte do que os empregados esperam. Os empregados têm expectativas em relação a outras formas de retribuição, como benefícios, horas extras, comissões, prêmios, licenças etc., que compõem o "pacote" de recompensas. As expectativas em relação ao "pacote" dependem de diversos fatores pessoais, como a idade e situação familiar. Pessoas veteranas, com situação financeira consolidada, preocupam-se com a complementação salarial depois de aposentados; os mais jovens, com filhos para criar e financiamentos para saldar, podem estar mais interessados em arranjos que possibilitem aumentar os ganhos.

1.2 Impactos sobre a organização

A recompensa interfere com todos os outros processos da gestão de pessoas da empresa:[2]

- *Recrutamento e seleção*: a capacidade de atrair e reter o capital humano desejado depende, entre outros fatores, da competitividade dos salários e do "pacote" de benefícios. Salários mais altos e benefícios tangíveis, associados a planos de carreira com perspectiva clara de avanço, significam maior capacidade de atrair e reter material humano de melhor qualidade.

- *Administração de carreiras*: depende, em parte, da estrutura salarial, que deve estabelecer níveis crescentes de remuneração, conforme aumentem as qualificações exigidas dos ocupantes dos cargos. A estrutura salarial deve tornar atraente a permanência das pessoas e despertar seu interesse em fazer carreira na empresa.

- *Administração do desempenho*: a determinação dos salários individuais, a definição dos benefícios e vantagens complementares e o próprio processo de avaliação do desempenho estão todos ligados à política e à estrutura de remuneração da empresa.

- *Aprendizagem e desenvolvimento*: integram-se com a administração de desempenho e de carreiras para formar um sistema sustentado pela política de aumento de salários.

No nível da empresa, a remuneração transcende essa interdependência com os demais processos da gestão de pessoas. Os preços dos produtos e serviços, os lucros e a reputação como empregador são aspectos importantes que os salários afetam.

1.3 Impacto social

Muito além de sua importância para as pessoas e para as empresas, os salários e a recompensa, em geral, estão no centro de algumas questões relevantes para a economia e para a sociedade:

- *Equilíbrio social.* Os salários impactam o equilíbrio e o nível de conflito na sociedade. As reinvindicações sindicais, a mobilização social e as manifestações, assim como as relações entre empregados, empregadores, centrais sindicais e governo, frequentemente têm os salários no centro da discussão.

- *Emprego e competitividade.* Como fator de custo na composição dos preços, os salários afetam os empregos e a competitividade das empresas. Repetindo o início do livro, muitas empresas transformaram os países em que os salários são mais baixos em suas áreas de produção. A fabricação de calçados, roupas, eletrodomésticos e aparelhos eletrônicos, a finalização da montagem de veículos, o desenvolvimento de *software* e a prestação de serviços de assistência aos clientes são alguns exemplos de atividades realizadas no "Terceiro Mundo", no qual não apenas os salários são mais baixos, como também os direitos básicos dos trabalhadores são desrespeitados. No Capítulo 7, também apresentamos a ideia da *cláusula social*, que obrigaria os países a respeitarem os direitos básicos dos trabalhadores. Os países do "Terceiro Mundo", Brasil entre eles, se opõem à *cláusula social* com o argumento de que anularia a vantagem de seus baixos salários.

- *Consumo e padrão de vida.* Os salários afetam a capacidade de consumo e, com isso, o padrão de vida da sociedade. Salários mais altos e igualitários significam poder de compra mais bem distribuído de bens e serviços – alimentação, habitação, entretenimento, educação e poupança se tornam acessíveis para todos ou, pelo menos, para a maioria, quando os salários são altos em escala social.

- *Crescimento econômico*. Além disso, há o efeito na economia, o que coloca os salários entre as principais dimensões da política macroeconômica. O aumento de salários e receitas constitui o motor do crescimento econômico, condicionando também o nível da inflação e os equilíbrios monetários.

Apesar de estarem no centro da relação de emprego, há muitas situações em que a remuneração e os benefícios são desimportantes. Voluntários, socorristas e religiosos trabalham pela realização de missões, sendo a remuneração ínfima ou inexistente. Algumas pessoas até mesmo usam seus próprios recursos e pagam para trabalhar, como os membros dos conselhos acadêmicos (*boards of trustees*) nas universidades americanas. Participar desses conselhos exige o pagamento de anuidades, que muitas pessoas se oferecem para fazer. A recompensa, nesses casos, é intrínseca – representa a satisfação pela própria participação e pela realização das missões das organizações.

2 Gestão das recompensas

A gestão das recompensas é um dos últimos elos na sequência de processos da gestão de pessoas, quando se estuda essa sequência de forma lógica: primeiro, planejamento de recursos humanos; em seguida, recrutamento e seleção, treinamento e desenvolvimento e, por fim, recompensas. Na vida prática das organizações, a gestão das recompensas é processo cotidiano, operado de forma regular, como sistema de apoio à vida das pessoas e da própria organização.

A regularidade envolve o pagamento sistemático dos salários e outras formas de retribuição, o cumprimento das obrigações legais, a gestão das movimentações dos funcionários, a atualização dos registros, a manutenção dos sistemas de informação sobre pagamentos, entre outras atividades.

Em sua operação cotidiana, a gestão das recompensas interage simultaneamente com todos os processos. Com dois deles, a interação é mais estreita: administração de carreiras e administração do desempenho.

2.1 Administração de carreiras

Carreira é a progressão de cargos que cada pessoa ocupa ao longo de sua vida profissional. Os cargos da carreira se dispõem em patamares crescentes. Transitar de um patamar para outro requer desenvolvimento de competências e acarreta evolução das recompensas. As organizações e as pessoas veem as carreiras de modo diferente.[3]

- *Carreiras do ponto de vista da organização.* Para a organização, parte importante do processo de gerenciar carreiras consiste em definir os patamares e as regras para a progressão. Por exemplo, o primeiro patamar é o de *trainee*, para os recém-formados. O patamar seguinte é o de analista. Em seguida, está o patamar dos gerentes. No patamar mais elevado, estão os cargos executivos. Para passar de um patamar a outro, há regras ou condições: as pessoas precisam desenvolver competências, adquirir experiência, atingir os objetivos de desempenho e atender as regras de conduta estabelecidas pela organização. As carreiras planejadas por muitas organizações preveem todo o ciclo de vida dos indivíduos, desde o ingresso até a aposentadoria. Por exemplo, em certas organizações, 65 anos é a idade limite para a permanência em cargos executivos.

- *Carreiras do ponto de vista do indivíduo.* Para a pessoa, a carreira é a sequência de patamares ou etapas que ela quer seguir. Os interesses do indivíduo podem coincidir ou não com a carreira oferecida pela organização. Assim, a pessoa pode ter interesses temporários em uma organização, mas procurar o patamar seguinte em outra; ou pensar em alternativa completamente diferente, como abrir uma empresa e abandonar o emprego atual; continuar trabalhando ou se estabelecer como consultor após a aposentadoria forçada aos 65 anos. Por outro lado, a pessoa pode não ter interesse em cumprir os requisitos para avançar na carreira. A progressão pode exigir um período de trabalho no exterior, que algumas pessoas não estão dispostas a enfrentar, por razões familiares. Ou é necessário concluir um curso, mas a pessoa não consegue aprovação. No caso de coincidência, os vínculos da pessoa com a organização podem ser duradouros e alcançar todo seu ciclo de vida. Provavelmente, nesse caso, a maioria dos empregados passa toda a vida em uma organização.

As carreiras propostas por uma organização tornam-se atraentes quando há coincidência com os interesses e as âncoras de carreira dos indivíduos. Essa coincidência, além disso, é influenciada pelas perspectivas de progressão e pelas recompensas oferecidas em cada patamar. Em essência, a construção das carreiras – a quantidade de patamares, a velocidade para ir de um a outro, a remuneração e os benefícios oferecidos em cada um – é fator crítico de sucesso na atração e retenção de pessoas.

2.2 Administração do desempenho

O processo da administração de desempenho tem vários componentes. Os mais importantes são: (1) definição de critérios para medir o desempenho, (2) avaliação do desempenho e (3) tomada de decisão sobre a informação produzida pela avaliação do desempenho. O processo é o mesmo em diferentes tipos de organizações.

Você pode fazer uma analogia com a vida escolar, que, de certa forma, é uma carreira: (1) os critérios de mensuração abrangem entrega de trabalhos, presença nas aulas e notas nas provas, (2) avaliação é o processo de comparar o desempenho dos estudantes com os critérios e (3) com base na avaliação, a decisão é tomada: aprovar, reprovar ou fazer reavaliação. É o *seu* desempenho que está sendo avaliado – para determinar seu avanço de um período de estudos para outro.

Nas relações de emprego, o processo compreende:

1. Definir critérios de avaliação, como:

    - Quantidade e qualidade dos resultados produzidos, transformados em objetivos de desempenho. Os resultados podem ser individuais ou coletivos.

    - Rapidez, eficiência, cortesia no atendimento a clientes e usuários, satisfação dos clientes e usuários, assiduidade, uso de equipamentos e observação de regras de segurança, conduta.

    - Aplicação e desenvolvimento de competências: capacidade analítica, trabalho em equipe, colaboração com os colegas, pensamento estratégico, domínio de técnicas e ferramentas conceituais.

2. Avaliar o desempenho, comparando-o com os critérios. A comparação busca determinar se o desempenho é igual ou está acima ou abaixo dos critérios e objetivos estabelecidos.

3. Tomar decisões sobre a carreira dos funcionários, com base na avaliação. Há diferentes decisões e diferentes estratégias para tomá-las. As decisões podem abranger promoções, oportunidades de treinamento avançado ou distribuição de recompensas, incluindo o montante das recompensas. As estratégias, em certos casos, envolvem o funcionário no processo da avaliação de seu próprio desempenho, assim como nas decisões que se seguem.

A administração do desempenho é o processo que traz a gestão das recompensas para o plano do indivíduo e operacionaliza a gestão das carreiras. Dependendo das carreiras e das regras da empresa, a administração do desempenho pode resultar em benefícios, promoções horizontais (dentro do patamar) e verticais (para outro patamar) e recompensas financeiras, que podem ser de três tipos:

1. Aumentos por mérito: associados a promoções; aumentam o salário base e se tornam permanentes.

2. Remuneração variável: consiste em pagamentos que correspondem a prêmios pelo desempenho, principalmente a realização de objetivos, e não alteram o salário base.

3. Incentivos: consistem em sistemas nos quais a remuneração recebida é função de variáveis como o volume de peças produzidas, horas trabalhadas, vendas efetuadas ou qualquer outra forma substantiva de medição do desempenho.

Passaremos agora para o estudo da remuneração e, em seguida, para os métodos de avaliação de cargos.

3 Remuneração

O principal componente da recompensa é a remuneração. O principal componente da remuneração, embora possa não ser a maior parte, é o *salário*. No Brasil, o salário é assunto dos artigos 457 a 467 da CLT, que o define como *"contraprestação do serviço efetuado pelo empregado no decorrer do mês"*. Assim, não havendo serviço a ser retribuído, o pagamento efetuado ao empregado, em certos casos, é incorretamente chamado de salário: salário-família e salário-educação, por exemplo, não são salários. O salário é formado por um valor principal, chamado de salário básico, salário-base, salário contratual ou vencimentos (no Brasil), e pelos complementos.

3.1 Salário-base

O salário básico é definido em função do cargo, mas varia segundo a situação do cargo na estrutura salarial da empresa e da legislação, que define, por exemplo:

- O salário mínimo no Brasil e em outros países.
- Os pisos salariais (ou valor mínimo) para determinadas profissões, como policiais e professores, também chamados de *salários profissionais*.
- Os pisos salariais para determinadas categorias profissionais, como bancários ou metalúrgicos, chamados de *salários normativos*.

No Brasil, os salários pagos na administração pública são sujeitos a um *teto* – o valor máximo que pode ser pago a um funcionário.

3.2 Complementos

Os complementos são agregados ao salário básico em função do empregado e não do cargo. Abrangem valores fixos e reversíveis. Por exemplo:

- Remuneração adicional por tempo de serviço.
- Remuneração adicional transitória ou permanente, por características do local de trabalho, como periculosidade ou missões no exterior.
- Gratificação por cargo de chefia paga quando o ocupante de um cargo especializado ocupa transitoriamente um cargo gerencial, retornando depois desse mandato ao cargo original.
- Valores incorporados ao salário por disposição legal, regulamentos da organização ou decisão judicial.

3.3 Salário variável

Há diferentes tipos de salários variáveis, que podem ser atribuídos aos indivíduos, às equipes e mesmo a todos os funcionários da empresa. Em certos casos, o salário é exclusivamente variável, como no caso dos vendedores que só ganham comissão. Em outros, há um salário básico, fixo, ao qual se agregam valores variáveis. Um dos mais importantes mecanismos de remuneração variável é a participação nos lucros e resultados. Na Mercedes-Benz, por exemplo, a remuneração variável para os executivos é formada por três partes: os resultados locais da unidade de negócios, os resultados mundiais da empresa e o nível individual de desempenho. Há diferenças na forma de calcular a remuneração variável entre os executivos (supervisor, gerente, diretor, vice-presidente e presidente) e os horistas (montadores, mestres e inspetores de qualidade). Os resultados nos quais a remuneração variável se baseia são: volume de vendas/produção, absenteísmo e qualidade dos veículos montados. Provavelmente, esse caso reflete as práticas de outras empresas.

Outras formas de salário variável são:

- Dividendos de participação acionária. Algumas empresas oferecem aos funcionários a possibilidade de participar da sociedade e dos lucros. Se o funcionário se demitir, a empresa tem a opção de comprar suas ações.
- Todas as formas de participação em receitas, como comissões sobre vendas, direitos autorais e direitos sobre patentes.
- Auxílios e diárias.

- Remuneração de acordo com a produção: peças produzidas, horas trabalhadas, clientes atendidos.
- Gorjetas e gratificações de forma geral (desde que legais).
- Abonos e outros tipos de prêmios.

3.4 Quanto se leva para casa

O salário total é relativizado pelos descontos que produzem o *salário líquido*, ou seja, quanto se leva para casa. Os descontos são valores subtraídos do salário total. São pagamentos efetuados, em sua maioria, ao governo e a instituições como sindicatos e associações profissionais. O *salário líquido* é uma proporção variável do salário total. A variação depende, principalmente, do valor do salário total e da geografia, como sempre. O valor que se leva para casa, proporcionalmente, varia muito de um país para outro. O Brasil é um dos países em que a proporção está entre as menores.

No Brasil, a relação de emprego tem alto custo tanto para empregadores quanto para empregados. "É o chamado *Custo Brasil*, definido como o custo agregado por força de lei a contratos de trabalho, desconsiderando os adicionais que têm propósito específico e não se aplicam a todos os trabalhadores, como, por exemplo, adicionais de periculosidade e insalubridade, adicional de transferência etc. O Custo Brasil compreende todos os encargos trabalhistas básicos os quais o empregador está obrigado a observar por lei, ou seja, (1) décimo terceiro salário, (2) bônus de férias, (3) depósitos no FGTS, (4) multa decorrente da rescisão imotivada do contrato de trabalho, (5) contribuições previdenciárias e (6) férias de trinta dias, dependendo do propósito do cálculo e das circunstâncias do caso concreto."[4]

A esses custos do empregador somam-se os descontos que incidem sobre o salário que o trabalhador recebe. Os custos desses descontos e acréscimos são criticados tanto por seu valor quanto pela falta de retribuição – o que é pago pelos dois lados na relação de emprego não se traduz em benefícios a não ser para o governo e outras instituições, como os sindicatos. Os custos encarecem os produtos e serviços e comprometem a competitividade da produção local; a falta de retribuição compromete a qualidade de vida dos trabalhadores.

3.4.1 Custos para o empregador

"No Brasil, um empregado custa ao empregador 54,43 % do seu salário, sem contar com o custo das férias anuais, que pode ser desconsiderado em algumas análises, por ser um custo comumente encontrado em outros países. Em outras palavras, cada R$ 1,00 pago a um empregado custa ao seu empregador R$ 1,54, aproximadamente."[5] Esse acréscimo é representado pelos seguintes itens:

- 0,30 = previdência social.
- 0,13 = conta vinculada do FGTS.
- 0,03 = bônus de férias de 1/3.
- 0,08 = décimo terceiro salário.

Desses R$ 0,54, o empregado recebe aproximadamente R$ 0,11 por ano. No final do ano, recebe a parte relativa ao décimo terceiro salário (R$ 0,08). A cada 12 meses de trabalho, recebe a parte relativa ao bônus de férias de 1/3 (R$ 0,03). Repetindo, dos R$ 0,54 adicionados a cada R$ 1,00 pago a um empregado brasileiro, o empregado recebe aproximadamente R$ 0,11 anualmente. Outra parcela do Custo Brasil corresponde aos depósitos na conta vinculada do FGTS e à multa por rescisão imotivada. A parcela do FGTS é desembolsada pelo empregador mensalmente e depositada em uma conta em que rende juros e correção monetária pelos menores índices do mercado, de modo a proporcionar ao governo a utilização desse valor a custo muito reduzido. O FGTS é, na realidade, um empréstimo compulsório que os trabalhadores concedem ao governo com juros altamente subsidiados.[6]

3.4.2 Custos para o empregado

Sobre os valores que o empregado recebe, incidem dois descontos principais: previdência social (INSS) e imposto de renda retido na fonte (IRRF). Esses descontos são proporcionais aos valores dos salários. A situação em 2012 está retratada na Figura 3. Exemplos para diferentes valores de salários estão na Figura 4.[7]

Por exemplo, você leva para casa, mensalmente, 85 % de um salário de R$ 4.000,00, se tiver dois dependentes. Para o governo, ficaram 15 %. Seu empregador, sobre os mesmos R$ 4.000,00, pagou 54 %. No final das contas, o governo levou 69 % = 54 % + 15 % = R$ 2.760,00. Mais da metade de seu salário... Mas, espere, ainda não terminou. Os sindicatos levam um dia do seu salário por ano, compulsoriamente, e você sofrerá outros descontos no caso de pagar plano de saúde ou outro benefício. Seu empregador também terá outras despesas, se ele assumir o pagamento do plano de saúde ou oferecer outros benefícios. A cada ano, dependendo do total de seus rendimentos e descontos no ano anterior, você ainda poderá ter que pagar mais imposto de renda, ou receber uma restituição do governo.

	INSS		IR		
	Salários	Descontos (%)	Base de cálculo (salários menos descontos do INSS)	Alíquota (%)	Valor deduzido do imposto
1	Até 1.174,86	8,0	1.637,11	0,0	
2	De 1.174,87 até 1.958,10	9,0	De 1.637,12 até 2.453,50	7,5	122,78
3	De 1.958,11 até 3.916,20	11,0	De 2.453,51 até 3.271,38	15,0	306,80
4	Acima de 3.916,20	Desconto máximo de R$ 430,78	De 3.271,39 até 4.087,65	22,5	552,15
5	Para cada dependente do assalariado, deduz-se o valor de R$ 164,56.		Acima de 4.087,65	27,5	756,53

Figura 3 Descontos sobre salários no Brasil.

Salário	Dependentes	Desconto INSS	Desconto IR	Líquido
2.000,00	0	220,00	10,72	1.769,28
2.000,00	1	220,00	0,0	1.780,00
4.000,00	0	430,78	250,92	3.318,29
4.000,00	2	430,78	179,21	3.390,00
10.000,00	0	430,78	1.784,50	7.784,72

Figura 4 Exemplos de descontos sobre salários no Brasil.

Empregados que trabalham em países mais desenvolvidos podem ter descontos maiores, chegando a 40 %–50 % da renda bruta. Você leva menos para casa trabalhando nesses países, mas, em compensação, o dinheiro subtraído de sua remuneração bruta é usado para beneficiá-lo. Por exemplo:

- Na Itália, todas as despesas da maternidade, em hospitais públicos, são pagas pelo governo. Em caso de parto prematuro, acontece o mesmo para as despesas de internação, medicação e atendimento médico. Saindo da maternidade, a mãe pode receber assistência gratuita de enfermeira, durante uma quinzena. Toda criança nascida na Itália tem direito a pediatra público. Havendo necessidade de consultas com especialistas, indicados pelo pediatra, os pais pagam taxas de acordo com sua renda. Muitos tipos de atendimento médico no caso de acidente ou emergência também são pagos pelo governo.

- Na França, você vai ao médico ou dentista de sua escolha, paga a consulta ou tratamento e apresenta o recibo ao governo, que devolve o que você pagou.
- Você pode cruzar praticamente toda a Europa e todos os Estados Unidos, em rodovias de excelente qualidade, sem pagar pedágio. Só há pedágio em grandes autoestradas, mas você não é obrigado a usá-las.

3.5 Diferenças de salários entre países

O valor dos salários tem grandes variações de um país para outro. A Figura 5 fornece uma aproximação das diferenças salariais na sociedade global. São dados de 2005, os últimos disponíveis, sobre os custos horários de compensação de trabalhadores da produção industrial. Essa tabela mostra dados relativos, que usam os custos horários dos Estados Unidos, equivalentes a 100 %, como base para a comparação com todos os outros países. Se, nos Estados Unidos, os trabalhadores industriais recebem 100 %, seus colegas do Brasil recebem 17 %. Os do México, apenas 11 % do que ganham os americanos. Os trabalhadores noruegueses ganham 166 % do que ganham os americanos, logo depois dos dinamarqueses, que ganham 150 %. São os trabalhadores mais bem remunerados da sociedade global: um norueguês "vale" aproximadamente 10 brasileiros ou 15 mexicanos...

A tabela explica muito:

- Competitividade dos países com base no custo da mão de obra.
- Diferenças no poder de compra e qualidade de vida entre países mais e menos desenvolvidos.
- Transferência de fábricas de automóveis americanos para o México, para consumo nos Estados Unidos e exportação.
- Por que pessoas com qualificações avançadas abandonam suas profissões originais nos países da América Latina e preferem ocupações mais simples nos Estados Unidos e na Europa.
- Destruição de ramos de negócios como a fabricação de pianos na Europa ou de calçados e tecidos no Brasil.

Estados Unidos	100
Brasil	17
Canadá	101
México	11
Austrália	105
Hong Kong	24
Israel	53
Japão	92
Coreia	57
Nova Zelândia	63
Cingapura	32
Taiwan	27
Áustria	124
Bélgica	130
República Checa	26
Dinamarca	150
Finlândia	120
França	104
Alemanha	140
Hungria	26
Irlanda	96
Itália	89
Luxemburgo	117
Holanda	135
Noruega	166
Polônia	19
Portugal	31
Espanha	75
Suécia	129
Suíça	129
Reino Unido	109

Figura 5 Comparação dos salários no mundo com os dos Estados Unidos.[8]

A tabela não tem dados sobre países como China, Vietnã ou Malásia, mas pode-se presumir que sejam inferiores aos menores da tabela. É o que explica a hegemonia das etiquetas *Made in China* em inúmeros tipos de produtos.

Estudemos agora os métodos para definir a remuneração.

4 Como definir a remuneração

A base para definir a remuneração é a avaliação dos cargos da empresa. Avaliação de cargos é o processo de definir o valor relativo dos cargos, para implantar a estrutura de cargos e, paralelamente, a estrutura de salários da organização. A avaliação de cargos pode ser realizada informalmente, por imitação das práticas do mercado ou por uma ordenação sem nenhum método. Há, em contraste, os métodos formais ou sistemáticos, que se dividem em duas categorias: não analíticos e analíticos.

Os métodos não analíticos, ou globais, são assim chamados porque consideram os cargos como entidades indivisíveis, ou que se pode estudar sob o ponto de vista de apenas um fator, como a complexidade das tarefas. Os métodos analíticos, como indica o nome, decompõem os cargos em diversos *fatores compensáveis*, ou *fatores remuneráveis*, aqueles relacionados com as competências exigidas dos ocupantes, as qualificações, as responsabilidades e outros. Entre os fatores mais frequentemente utilizados nos métodos analíticos, estão os seguintes:

- Habilidade exigida.
- Esforço exercido.
- Complexidade das tarefas.
- Responsabilidade.
- Treinamento ou qualificações exigidas.
- Condições de trabalho.

Em seguida, analisaremos dois métodos não analíticos (escalonamento ou ordenação simples e classificação) e dois analíticos (método dos pontos e método da comparação de fatores).

4.1 Escalonamento ou ordenação simples (*job ranking*)

A ordenação, ou escalonamento simples, é a forma mais primitiva de avaliação de cargos. Consiste em comparar cada cargo com todos os outros, com base em algum critério, e organizá-los em ordem crescente ou decrescente. A ordenação simples, ao contrário dos métodos analíticos, tem como base julgamentos subjetivos sobre o critério escolhido para comparação. O método da ordenação é denominado, também, comparação simples ou comparação cargo a cargo.

Neste método, uma comissão formada por administradores e empregados começa comparando dois cargos e decidindo qual dos dois é mais importante, em função do critério escolhido, que pode ser o nível de responsabilidade ou a dificuldade para executar as tarefas. Em seguida, um terceiro cargo é comparado com os dois primeiros e assim sucessivamente, até que todos os cargos sejam julgados e ordenados.

Os principais problemas do método da ordenação são:

- Dificuldade de lidar com grande número de cargos.
- Subjetividade.
- Dificuldade ou impossibilidade de medir a distância entre os cargos ordenados.

4.2 Classificação

O método da classificação consiste em:

1. Primeiro, definir as categorias da estrutura salarial, nas quais os cargos serão colocados. Qualquer estrutura com níveis pode ser criada. Por exemplo: executivos, gerentes, supervisores, analistas, operadores. As categorias, também chamadas de níveis, graus, ou classes, são concebidas com base em características ou fatores dos cargos, como habilidade exigida, responsabilidade por decisões ou responsabilidade por pessoas. Esses fatores não são analisados separadamente nem hierarquizados.

2. Segundo, colocar os cargos dentro de cada categoria. Cada cargo é comparado com as características definidas para cada categoria e inserido dentro da categoria da qual mais se aproxima. Os cargos não são comparados entre si, mas com as categorias.

O método da classificação é diferente dos métodos analíticos, porque estes graduam os fatores que compõem os cargos e avaliam os cargos de acordo com cada um dos fatores. No entanto, as diferenças diminuem quando a classificação é realizada com cargos que foram analisados sistematicamente com base em fatores. Os fatores podem não ser comparados, mas, explícita ou implicitamente, serão levados em conta.

4.3 Método dos pontos

O método dos pontos baseia-se em selecionar um conjunto de fatores remuneráveis e em verificar até que ponto esses fatores estão presentes nos diferentes cargos. Os fatores são divididos em graus ou níveis. Um valor máximo é atribuído a cada fator. Esse valor máximo é dividido entre os graus ou níveis, de forma a compor uma escala. Finalmente, os cargos são avaliados de acordo com a escala. As etapas no processo de usar o método dos pontos são as seguintes:

1. *Escolha e organização dos cargos a serem avaliados.* Em todas as organizações, há uma hierarquia dos cargos, do presidente ao porteiro, cada um deles construído com diferentes habilidades, responsabilidades, esforços e condições de trabalho. Os cargos se agrupam em categorias, como já vimos no método da classificação: executivos, gerentes e assim por diante. Cada organização tem sua hierarquia e suas categorias de cargos. Para cada categoria, deve haver um tratamento específico pelo método dos pontos. Dentro de cada categoria, são escolhidos os cargos que retratam os principais fatores: habilidades, responsabilidades e assim por diante.

2. *Escolha dos fatores.* O fator é uma característica que singulariza o cargo. A escolha dos fatores deve atender a quatro critérios: (a) divisibilidade, (b) número reduzido, (c) não redundância e (d) atendimento dos requisitos dos empregados e do empregador. A escolha do número de fatores é difícil, porque há muitos que poderiam ser considerados. A legislação americana e a literatura fazem referência a quatro fatores básicos: habilidade, esforço, responsabilidade e condições de trabalho.

3. *Divisão dos fatores.* Os fatores são divididos em subfatores, ou fatores específicos, que devem ser descritos com total precisão, para que diferentes avaliadores possam fazer a mesma avaliação. Eis um exemplo de fatores específicos, sem descrição:

   - Habilidades: educação, experiência, treinamento, julgamento.
   - Responsabilidades: sobre máquinas e equipamentos, materiais e componentes, qualidade dos resultados e trabalho de outras pessoas.
   - Esforço: físico e mental.
   - Condições de trabalho: ambiente de trabalho, riscos de acidentes, desconforto.

4. *Construção das escalas dos fatores.* A etapa seguinte consiste em construir as escalas dos fatores – com quatro a seis pontos, em geral. Cada ponto da

escala corresponde a um número de pontos, que definem o valor do fator. Por exemplo (Figura 6):

- O fator educação pode ser dividido nos seguintes cinco pontos:
  1. Formação básica: 20 pontos.
  2. Curso médio incompleto: 40 pontos.
  3. Curso médio completo: 60 pontos.
  4. Educação universitária: 80 pontos.
  5. Pós-graduação: 100 pontos.

- O fator experiência pode ser dividido nos seguintes cinco pontos:
  1. Sem experiência: 10 pontos.
  2. 1–3 anos: 20 pontos.
  3. 3–5 anos: 40 pontos.
  4. 5–10 anos: 60 pontos.
  5. Acima de 10 anos: 100 pontos.

Fator	Níveis e pontos				
	1º nível	2º nível	3º nível	4º nível	5º nível
Educação	20	40	60	80	100
Experiência	10	20	40	60	100

Figura 6 Exemplo de escala para dois fatores.

5. *Ponderação dos fatores para cada cargo ou categoria de cargos.* Depois da construção das escalas começa o trabalho propriamente dito de avaliar os cargos. É aqui que o adjetivo analítico começa a fazer sentido. A informação produzida pela análise de cargos é examinada criteriosamente e comparada com as definições dos níveis. Decide-se, em seguida, de que forma os fatores são importantes para cada cargo ou categoria de cargos. Para isso, usa-se a técnica da ponderação: cada ponto da escala tem um peso de acordo com a importância do fator para cada cargo – o total dos pesos deve ser igual a 1,0 ou (100,0 %). Por exemplo: se o cargo de gerente de operações exige educação universitária, recebe 80 pontos. Se a educação é mais importante do que os outros fatores, teria peso 0,50 (ou 50 % do total de fatores). O valor final dos pontos

Capítulo 15

para o fator educação, do cargo do gerente de operações, é 80 pontos × 0,50 = 40 pontos. O processo é repetido para todos os fatores (Figura 7).

Cargo	Gerente de operações		
Fatores	Peso	Pontos	Total ponderado
Educação	0,50	80	40,0
Supervisão	0,20	60	12,0
Responsabilidade	0,20	80	12,0
Experiência	0,10	80	8,0
Total	1,0 (100 %)	300	72,0 (720)

Figura 7 Exemplo de pontuação ponderada para um cargo.

6. *Avaliação dos cargos*. Ao final da ponderação, o cargo de gerente de operações tem apurado seu total de pontos: 720. O processo é repetido para todos os cargos. Os cargos similares são agrupados em uma *faixa salarial*.

7. *Pesquisa salarial*. O valor do cargo em pontos é convertido em valor financeiro com base em pesquisa salarial, que identifica quanto se está pagando para o mesmo cargo em empresas do mesmo ramo de negócios. A pesquisa levanta os dados relativos apenas aos cargos escolhidos para representar cada categoria.

8. *Montagem da estrutura salarial*. Com base na pesquisa salarial e no posicionamento dos cargos na tabela de pontos, uma estrutura salarial é construída. Há duas modalidades principais de estruturas salariais: (a) os mesmos salários são pagos aos cargos que se situam dentro de cada categoria e (b) os salários são diferentes, não apenas de uma categoria para outra, mas também dentro de cada categoria.

9. *Adaptação da estrutura existente*. A nova estrutura salarial substitui a existente, por um processo de adaptação. As pessoas que ganham menos devem ter seus salários aumentados e as que ganham mais continuam como estão. No entanto, os cargos que pagam mais podem ser alterados ou eliminados, quando os ocupantes atuais são movimentados ou deixam a empresa. Alterar significa ajustar o salário pago a esses cargos à nova estrutura implantada na empresa.

4.4 Método da comparação de fatores

O método da comparação de fatores, essencialmente, consiste tanto em definir o posicionamento dos cargos em relação a uma escala monetária quanto em combinar os métodos da ordenação e dos pontos. Como na ordenação, os cargos são comparados entre si; como no método dos pontos, os cargos são divididos em fatores aos quais são associados números. É um método complexo, já que a ordenação é realizada várias vezes, tantas quantas forem os fatores escolhidos. É também considerado dispendioso e demorado. Não é muito usado, mas você precisa conhecer os fundamentos.

As etapas para a aplicação deste método, em versão simplificada, são as seguintes:[9]

1. *Escolha dos fatores.* Podem ser os quatro fatores básicos indicados anteriormente, ou cinco, como (a) requisitos mentais, (b) habilidades, (c) requisitos físicos, (d) responsabilidades e (e) condições de trabalho.

2. *Escolha dos cargos.* Alguns cargos-chave, ou cargos de referência (*benchmark jobs*), são escolhidos como modelos para comparação com todos os outros cargos. O cargo é chave se o conteúdo tem permanecido estável durante um bom tempo e se o salário é considerado adequado tanto pela empresa quanto pelos empregados e, eventualmente, pelo sindicato dos empregados.

3. *Ordenação dos cargos em relação a cada um dos fatores.* Se a avaliação estiver sendo conduzida em grupo, cada integrante faz a sua ordenação. Por fim, todos procuram chegar a um consenso. O resultado é uma tabela como a mostrada a seguir, na qual "1" indica o fator mais importante.

Cargos	Requisitos mentais	Requisitos físicos	Habilidades	Responsabilidades	Condições de trabalho
Eletricista	1	4	1	1	2
Operador de empilhadeira	3	1	3	4	4
Operador de escavadeira	2	3	2	2	3
Segurança	4	2	4	3	1

Figura 8 Exemplo de tabela de ordenação dos fatores.

4. *Distribuição de salários de acordo com os fatores.* São definidos salários para os diferentes fatores de cada cargo-chave. A Figura 9 exemplifica esta etapa,

com uma coluna que mostra hipotéticos salários para os diferentes cargos. Nas colunas seguintes, os salários são distribuídos de acordo com a importância do respectivo fator para cada cargo. Para o eletricista, o fator requisitos mentais está em primeiro lugar; para o segurança, está em último. Esta etapa também ocorre, primeiro, de forma independente pelos integrantes do grupo de avaliação e, ao final, por consenso.

Cargos	Salário-hora	Requisitos mentais		Requisitos físicos		Habilidades		Responsabilidades		Condições de trabalho	
Eletricista	9,80	1	4,00	4	0,40	1	3,00	1	2,00	2	0,40
Operador de empilhadeira	5,60	3	1,40	1	2,00	3	1,80	4	0,20	4	0,20
Operador de escavadeira	6,00	2	1,60	3	1,30	2	2,00	2	0,80	3	0,30
Segurança	4,00	4	1,20	2	1,40	4	0,40	3	0,40	1	0,60

Figura 9 Divisão do salário-hora em pagamentos para os fatores.

5. *Comparação dos cargos*. Finalmente, todos os cargos da mesma categoria são comparados, em termos de cada um dos fatores. Por exemplo, o cargo de ferramenteiro é avaliado como igual ao do eletricista em termos de habilidade (3,00), operador de empilhadeira em termos de esforço físico (2,00), operador de escavadeira em termos de requisitos mentais (1,60) e segurança em termos de condições de trabalho (0,60) e habilidades (0,40). O salário para esse cargo seria = 3,00 + 2,00 + 1,60 + 0,60 + 0,40 = 7,60. O processo é repetido até que todos os cargos sejam classificados.

5 Benefícios

Benefícios constituem a outra parte das recompensas, ao lado da remuneração. Há inúmeras formas de benefícios, que podem ser individualizados ou atribuídos às equipes, e que dependem de fatores como o cargo ocupado, o desempenho e o local de trabalho, entre muitos outros. Os benefícios podem ser significativos em relação aos salários, podem ser materiais e financeiros, ou intangíveis, como a qualidade de vida no local de trabalho e mesmo na comunidade em que a empresa está localizada. Alguns benefícios são compulsórios; outros dependem da liberalidade da empresa; outros, ainda, são fruto de negociações coletivas; alguns são taxados como renda. Na sociedade global, como comentaremos adiante neste capítulo, os benefícios variam conforme a geografia, mas alguns deles são oferecidos em muitos países. Entre muitos outros, são benefícios:

- Licenças remuneradas: licenças maternidade e paternidade, licença sabática, licença para educação continuada.
- Diferentes tipos de complementação salarial: auxílio doença, maternidade, educação, transporte, alimentação. Às vezes, incorretamente chamados de "salários".
- Patrocínio de programas de T&D e outras atividades educacionais.
- Carro da empresa e, em certos casos, motorista.
- Blindagem do carro: uma peculiaridade do Brasil e outros países perigosos.
- Mensalidades escolares para a família.
- Aluguel de residência.
- Assistência médica e odontológica.
- Diferentes tipos de seguros.
- Complementação da aposentadoria por meio da participação em fundos de pensão.
- Cartões corporativos de crédito.

Se ninguém discorda de que os salários são importantes, com as ressalvas do início do capítulo, não há unanimidade em relação aos diferentes tipos de benefícios. As pessoas os relativizam de acordo com sua situação pessoal, como a idade. Os jovens adultos com filhos valorizam mais a possibilidade de aumentar sua remuneração; os veteranos dão mais valor aos planos de aposentadoria. Como todos se preocupam com a saúde, os planos de saúde estão entre os benefícios mais valorizados.

Um estudo da empresa MetLife com 250 empregadores e 500 empregados no Brasil, em organizações com 50 funcionários ou mais, analisou as práticas e as expectativas dos empregados em relação aos benefícios oferecidos. A Figura 10 mostra alguns resultados desse levantamento: o que as empresas mais oferecem, o que os empregados mais valorizam e o que eles mais adquirem, no caso dos benefícios oferecidos como opcionais pelas empresas. Além disso, o estudo revelou que no Brasil:

- 90 % dos empregadores usam os benefícios para estimular a satisfação profissional e 85 % para estimular a produtividade do trabalhador.
- 60 % dos empregados não estão satisfeitos com os benefícios que recebem, proporção mais alta que no México (50 %) e no Chile (46 %).

- 57 % dos empregados que recebem benefícios declaram estar extremamente satisfeitos com seus empregos; 52 % dos que não recebem benefícios dão a mesma resposta.

- 70 % preocupam-se com a renda depois da aposentadoria; 75 % preocupam-se com a forma de pagar pela assistência médica depois da aposentadoria.

- Devido à preocupação com o que acontece depois da aposentadoria, 49 % dos entrevistados considerariam fortemente pagar por um plano pessoal de previdência. Entre os empregadores, 60 % oferecem seguro de vida e 45 %, seguro dental pelo modelo do benefício voluntário.[10]

O que as empresas mais oferecem		O que os empregados mais valorizam		O que eles mais adquirem	
Plano de saúde	71 %	Plano de saúde	84 %	Plano de saúde	78 %
Seguro de vida	71 %	Plano de aposentadoria	39 %	Auxílio refeição	73 %
Assistência odontológica	59 %	Seguro de vida	21 %	Assistência odontológica	63 %
Seguro por acidentes pessoais	46 %	Auxílio refeição	19 %	Seguro de vida	63 %
Plano de aposentadoria	15 %	Auxílio supermercado	13 %	Auxílio supermercado	53 %

Figura 10 Benefícios em empresas brasileiras.

6 Recompensa na sociedade global

A globalização dos negócios implica o desafio de elaborar sistemas de recompensas que funcionem em todo o mundo, adaptados a diferentes contextos. Além disso, os sistemas globais de gestão de recompensas enfrentam o desafio da competitividade: todas as empresas globais têm os mesmos objetivos, procurando atrair e reter as mesmas pessoas. Mesmo as empresas que pretendem continuar locais precisam levar em conta as práticas globais ao implantar seus sistemas de gestão de recompensas, porque concorrem com os conglomerados globais.

Na criação e operação de sistemas de gestão de recompensas na sociedade global, que dimensões a empresa e o estudante de gestão de pessoas devem considerar? Analisemos algumas respostas para essa pergunta.[11]

1. A comparação é inevitável. As recompensas oferecidas em qualquer lugar são comparadas não apenas com as recompensas, mas também com o poder aquisitivo de todos os outros lugares, o que é particularmente relevante quando se trata de construir sistemas de remuneração para expatriados. Pode-se avaliar o custo de vida em diferentes países e cidades, mas uma forma criativa de tratar esse tema é o Índice do Big Mac (*Big Mac Index*),

um levantamento semestral feito pela *The Economist*. O índice converte em dólares o preço do conhecido sanduíche em praticamente todo o mundo. O Brasil tem um dos cinco preços mais altos para o Big Mac.[12] Ao mesmo tempo, os salários estão entre os mais baixos...

2. As diferenças salariais entre países podem ser ilusórias. A remuneração mais baixa pode parecer atraente e justificar a transferência de fábricas para outros países. No entanto, a baixa eficiência anda junto com a baixa remuneração. Se os salários podem ser mais baixos, a avaliação da produtividade e da qualidade pode indicar vantagens nos países em que as recompensas são maiores. Além disso, na falta de mão de obra qualificada, o que explica a baixa eficiência, as empresas são obrigadas a contratar especialistas nos Estados Unidos e na Europa, aumentando seus custos de produção.

3. As diferenças culturais influenciam a percepção das pessoas sobre as recompensas que recebem e o que é necessário para recebê-las. Por exemplo, algumas culturas são orientadas para o desempenho, e as recompensas são definidas de acordo com o desempenho. Outras são orientadas para a experiência, e as pessoas são valorizadas de acordo com o tempo de serviço, independentemente dos resultados que apresentam. Algumas culturas são orientadas para o risco e valorizam os sistemas de pagamento por incentivos; outras são orientadas para a segurança e valorizam os pagamentos estáveis.

4. Além da cultura, a legislação varia substancialmente de um país para outro. Em alguns, a relação de emprego é extremamente regulamentada e difícil de romper; em outros, a legislação permite mais flexibilidade às empresas para lidar com admissões, demissões e movimentações. Sindicalização, negociações coletivas, segurança no emprego, representação dos empregados, benefícios compulsórios, salário mínimo e tributação sobre benefícios são algumas dimensões da gestão da remuneração que sofrem o impacto da legislação.

5. A proporção entre remuneração e benefícios também é uma variável importante a considerar. Salários adicionais, como décimo terceiro e mesmo décimo quarto salários, fazem parte da remuneração, independentemente do desempenho. Em outros, fazem parte do salário variável e dependem dos resultados da empresa.

6. Um grande desafio na gestão da remuneração na sociedade global é o ponto por onde começamos: a concepção e a construção de sistemas de recompensas que funcionem bem em todo o mundo e sejam percebidos como justos pelos empregados em todos os locais de operação da empresa global. Mesmo o conceito de justo, no entanto, pode ser culturalmente determinado. Se a remuneração dos executivos é milhares de vezes mais alta que a dos empregados no fim da escala salarial, isso pode ser aceitável nos países com grande distância do poder, mas totalmente impensável em outros.

Capítulo 15

Para concluir o capítulo e o texto do livro, se você procura desafios profissionais, vai encontrá-los no departamento de gestão de pessoas das grandes empresas globais. Boa sorte.

EM RESUMO

Você terminou a leitura do Capítulo 15, no qual se procurou definir recompensa e seus componentes. Chegando a este ponto, você deve ter alcançado uma compreensão clara dos seguintes conceitos e ferramentas:

- Significado de pagamento, salário, compensação, remuneração e recompensa.
- Impactos da gestão das recompensas sobre as pessoas, as empresas e a sociedade.
- Interação da gestão de recompensas com a administração das carreiras e a administração do desempenho.
- Os dois componentes principais das recompensas: remuneração e benefícios.
- Quatro métodos para definir a remuneração: *ranking*, classificação, pontos e comparação de fatores.
- Principais tipos de benefícios e como os empregados percebem os benefícios.
- Principais variáveis da gestão das recompensas na sociedade global.

Responda agora aos exercícios e questões propostas para este capítulo.

EXERCÍCIOS E QUESTÕES PARA FIXAÇÃO E REFLEXÃO

1. Usando suas próprias palavras, descreva o procedimento de ponderação usado no método dos pontos de avaliação de cargos.

2. Usando suas próprias palavras, explique como a administração de recompensas, a administração do desempenho e a administração das carreiras formam um sistema integrado.

3. Usando suas próprias palavras, explique quais são os principais componentes da remuneração.

4. Há 15 anos, antes de terminar o curso de administração, N. C. montou uma agência de turismo e a especializou em roteiros para clientes de alta renda: jazz em Nova Orleans, museus em Nova York, castelos e regiões vinícolas na França, cidades renascentistas na Itália e assim por diante. Os "pacotes" vendidos compreendem toda a viagem, desde o traslado nos aeroportos, hospedagem e alimentação até os ingressos para as visitas. Sua equipe permanente abrange funcionários administrativos (atendimento, processamento de pedidos, contabilidade) com nível médio de escolaridade, pelo menos, e agentes de turismo. Os agentes de turismo têm nível superior e falam inglês, para se comunicar com os fornecedores de serviços e com os funcionários permanentes no exterior. Há um funcionário permanente em Nova York (americano e morador da cidade) e outro em Paris (francês e morador da cidade), para cuidar das providências locais. Além disso, a agência conta com consultores eventuais, em geral professores de artes e história, que orientam os clientes durante as visitas. Cada grupo sempre é acompanhado por um desses consultores, que tem todas as despesas pagas e recebe um pagamento por viagem. A empresa cresceu lentamente. N. C. agora está preocupado com a concorrência, que já levou dois funcionários e usa os mesmos consultores por ele desenvolvidos. N. C. acha que sua empresa precisa de um plano competitivo de cargos e salários, para reter sua equipe. Você foi consultado e propôs começar pela avaliação dos cargos que existem na agência. Como são poucos, você decidiu adotar, primeiramente, o método da ordenação e confirmar os resultados com o método da classificação. Após usar esses dois métodos, quais são suas conclusões sobre a avaliação dos cargos da agência de N. C.?

5. Complete a tabela a seguir e coloque em ordem os cargos de acordo com os valores totais alcançados.

Cargos	Gerente geral			Cientista chefe			Chefe da segurança		
Fatores	Peso	Pontos	Total	Peso	Pontos	Total	Peso	Pontos	Total
Escolaridade		80	40	0,60		60	0,30	40	
Supervisão	0,30		18	0,10	80			100	30
Responsabilidade	0,10	80			80	16	0,20		16
Experiência		80	8		80		0,20	80	
Total						92			74

6. Coloque em ordem, do menos para o mais importante para você, os benefícios listados a seguir. Compare com o que sua empresa oferece e avalie até que ponto você está satisfeito com o programa de benefícios de sua empresa. Compare suas conclusões com as de seus colegas.

Benefício	Importância para você: 1 = mais importante	Marque aqui se sua empresa oferece ou não
A. Plano de aposentadoria		
B. Plano de saúde		
C. Plano odontológico		
D. Auxílio escola		
E. Auxílio supermercado		
F. Auxílio refeição		
G. Patrocínio de programas de treinamento		
H. Seguros		

7. Explique como os fatores pessoais afetam a importância relativa dos benefícios para diferentes pessoas. Use o exercício anterior para sustentar suas respostas.

8. Explique o que significa "Custo Brasil".

9. Explique quais são os impactos das diferenças de salários entre países.

10. Muitos brasileiros trabalham em outros países, mesmo que na condição de ilegais. Explique se você estaria disposto a trabalhar em outro país e que fatores impulsionariam ou impediriam essa decisão. Compare suas respostas com as de seus colegas.

REFERÊNCIAS

[1] TORRINGTON, Derek; HALL, Laura; TAYLOR, Stephen; ATKINSON, Carol. *Human resource management*. 8. ed. Harlow: Pearson Education, 2011.

[2] ROMAN, Bernard. *Bâtir une stratégie de rémunération*. 2. ed. Paris: Dunod, 2010.

[3] MATHIS, Robert L.; JACKSON, John H. *Human resource management*. Cincinnati: South-Western College Publishing, 2000.

[4] MIGLIORA, Luiz Guilherme. Relações de trabalho. Disponível em: <http://academico.direito-rio.fgv.br/ccmw/images/b/b6/Rela%C3%A7%C3%B5es_de_Trabalho_I.pdf>.

[5] _____. op. cit.

[6] _____. op. cit.

[7] Disponível em: <http://noticias.uol.com.br/empregos/dicas/descontos.jhtm>.

[8] Disponível em: <ftp://ftp.bls.gov/pub/special.requests/ForeignLabor/industrynaics.txt>.

[9] DESSLER, Gary. *Human resource management*: global edition. 13. ed. Harlow: Person Education, 2013.

[10] JORNAL VALOR ECONÔMICO. *Benefícios são pouco reconhecidos no país*. Matéria de Edson Valente, publicada em 13 nov. 2013.

[11] BRISCOE, Dennis; SCHULER, Randall; TARIQUE, Ibraiz *International human resource management:* policies and practices for multinational enterprises. New York: Routledge, 2012.

[12] Disponível em: <http://www.economist.com/content/big-mac-index>.

Bibliografia

AMBROSINI, Véronique. The resource-based view of the Firm. In: JENKINS, Mark; AMBROSINI, Véronique; COLLIER, Nardini. *Advanced strategic management*: a multi-perspective approach. 2. ed. London: Palgrave MacMillan, 2007.

AMERICAN HERITAGE. *The American Heritage Dictionary of the English Language*. New York: American Heritage Publishing, 1969.

ANAND, Gopesh; CHHAJED, Dilip; DELFIN, Luis. *Job autonomy, trust in leadership, and continuous improvement*: an empirical study in health care. Operations Management Research, dec. 2012, v. 5, issue 3-4, p. 70-80.

ANBARI, Frank T.; KHILKHANOVA, Erzhen; ROMANOVA, Maria V.; RUGGIA, Mateo; TSAY, Crystal Han-Huey; UMPLEBY, Stuart A. *Cultural differences in projects*. Washington, DC: PMI 2010 Research and Education Conference, 2010.

ANDERSON, Lorin W.; KRATHWOHL, David R.; AIRASIAN, Peter W.; CRUIKSHANK, Kathleen A.; MAYER, Richard E.; PINTRICH, Paul R.; RATHS, James; WITTROCK, Merlin C. *A taxonomy for learning, teaching, and assessing*: a revision of Bloom's taxonomy of educational objectives. New York: Pearson, Allyn & Bacon, 2000.

ARMSTRONG, Michael. *A handbook of human resource management practice*. London: Kogan Page, 2007.

_____. *Armstrong's handbook of human resource management practice*. London: Kogan Page, 2009.

ATCHISON, Thomas J.; BELCHER, David W.; THOMSEN, David J. *Internet based benefits & compensation administration*. ERI Economic Research Institute, 2013. Disponível em: <http://dlc.erieri.com/index.cfm?FuseAction=textbook.main>.

BARNEY, J. B. Firm resources and sustained competitive advantage. *Journal of Management*, 17, 1991, p. 99-120.

_____. *Gaining and sustaining competitive advantage*. 2. ed. Englewood Cliffs: Prentice-Hall, 2002.

BARUCH, Lev. *Intangibles*: management, measurement, and reporting. Washington, D.C.: Brookings Institution Press, 2001.

BECKER, Gary S. Investment in human capital: a theoretical analysis. *The Journal of Political Economy*. v. 70, issue 5, part 2: Investment in human beings, oct. 1962, p. 9-49.

_____. *Human capital*: a theoretical and empirical analysis with special reference to education. 3. ed. Chicago: The University of Chicago Press, 1964, 1993.

BELL, Daniel. *The coming of post-industrial society*. New York: Basic Books, 1999, 1973.

BENSON, G. S.; YOUNG, S. M.; LAWLER, E. E. *High involvement work practices and analysts' forecasts of corporate performance*. Human Resource Management, 45 (4), 2006, p. 519-27.

BERNINI, Ferdinando. *Dizionario della Lingua Latina*. Torino: Societá Editrice Internazionale, 1940.

BLOOM, Benjamin S. *Taxonomy of educational objectives, Handbook I*: the cognitive domain. New York: David McKay Co. Inc., 1956; Longman, 1984.

Bibliografia

BOHLANDER, George; SNELL, Scott. *Managing human resources*. 15. ed. Mason: South-Western Cengage Learning, 2010.

BONHOEFFER, Dietrich. *Ética*. São Leopoldo, RS: Sinodal, 2005.

BORBELY, Jack; GOULD, Stephen J. Implementing web-based knowledge management. In: WALKER, Alfred J. *Web-based human resources*: the technologies and trends that are transforming HR. New York: McGraw-Hill, 2001.

BOUDREAU, John W. *IBM's global talent management strategy*: the vision of the globally integrated enterprise. Alexandria: SHRM Academic Initiatives, 2010.

BOYATZIS, R. *The competent manager*. New York: Wiley, 1982.

BRISCOE, Dennis; SCHULER, Randall; TARIQUE, Ibraiz. *International human resource management*: policies and practices for multinational enterprises. New York: Routledge, 2012.

BULMASH, Julie; SPEERS, Elizabeth; CHHINZER, Nita. *Strategic planning for human resources*. Toronto: McGraw-Hill Ryerson, 2010.

CADIN, Loïc; GUÉRIN, Francis; PIGEYRE, Frédérique. *Gestion des ressources humaines*. 3. ed. Paris: Dunod, 2007.

CARBO, Marie; DUNN, Rita; DUNN, Kenneth. *Teaching students to read through their individual learning styles*. Upper Saddle River: Prentice-Hall, 1986.

CARTWRIGHT, Roger. *Implementing a training and development strategy*. Oxford: Capstone Publishing, 2003.

CHANDLER, Alfred. *Strategy and structure*: chapters in the history of the american industrial enterprise. Cambridge: MIT Press, 1962.

CHARTERED INSTITUTE OF PERSONNEL AND DEVELOPMENT. *HR Profession Map*: Our professional standards. London: CIPD, 2012. Disponível em: <www.cipd.co.uk>.

CHYUNG, S. Y. *Foundations of instructional performance technology*. Amherst, MA: HRD Press Inc., 2008

CULLEN, John B.; PARBOTEEAH, K. Praveen. *Multinational management*. Mason: Thomson Higher Education, 2008.

DALKEY, Norman; HELMER, Olaf. An experimental application of the Delphi method to the use of experts. *Management Science*, v. 9, issue 3, apr. 1963, p. 458-467.

de SOLLA PRICE, Derek. *A ciência desde a Babilônia*. Belo Horizonte: Itatiaia, 1976.

DEJOUX, Cécile. Recrutement. In: THÉVENET, Maurice; DEJOUX, Cécile; MARBOT, Éléonore; BENDER, Anne-Françoise. *Fonctions RH*: Politiques, métiers et outils des ressources humaines. Pearson Education France, 2007.

DELBECQ, Andre L.; VAN de VEN, Andrew H. A group process model for problem identification and program planning. *Journal of Applied Behavioral Science VII*, jul.-aug. 1971, p. 46691.

DESSLER, Gary. *Human resource management*: global edition. 13. ed. Harlow: Person Education, 2013.

_____; COLE, Nina D. *Human resources management in Canada*. 11. ed. Ontario: Pearson Canada, 2008.

DRURY, Horace Bookwalter. *Scientific management*. 3. ed. New York: Columbia University, 1922.

du COLOMBIER, Pierre. *Les chantiers des cathédrales*. Paris: Picard, 1973.

DUBRIN, Andrew J. *Essentials of management*. 9. ed. Mason: South-Western, 2012.

DUMAZEDIER, Joffre. *Vers une civilization du loisir?* Paris: Editions du Seuil, 1962.

DURANDO, Celestino. *Vocabulario Italiano-Latino*. Torino: Sociétá Editrice Internazionale, 1926.

DURKHEIM, Émile. *De la division du travail social*. Paris: Presses Universitaires de France, 1987.

ECHEGARAY, Don Eduardo de. *Diccionário General Etimológico de la Lengua Española*. Madrid: José María Faquineto, 1889.

ELDER, Linda; PAUL, Richard. Critical thinking: competency standards essential for the cultivation of intellectual skills, Part 1. *Journal of Developmental Education*, v. 34, issue 2, 2010, p. 38-39.

FIÉVET, Général Gil. *De la stratégie*: l'expérience militaire au service de l'entreprise. InterEditions, 1993.

FLANAGAN, J. C. The Critical Incident Technique. *Psychological Bulletin*, 51, 1954, p. 327-358.

FREIDSON, Eliot. *Professionalism, the third logic*: on the practice of knowledge. Chicago: The University of Chicago Press, 2001.

GAFFIOT, Felix. *Dizionario Illustrato Latino-Italiano*. Padova: Piccin Editore, 1934.

GARCIA, Santiago Roldán. *Teologia e Bioética*. São Leopoldo, RS: UNISINOS, Cadernos Teologia Pública, ano 2, n. 14, 2005, p. 1-21.

GLUECK, William F. *Personnel*: a diagnostic approach. Dallas: Business Publications, 1974.

GOMES, Luiz Flávio; LOCHE, Adriana. *A falácia do efetivo policial e a segurança pública*, 2011. Disponível em: <http://jus.com.br/revista/texto/18542/a-falacia-do-efetivo-policial-e-a-seguranca-publica>.

GRATTON, Lynda. *Living strategy*: putting people at the heart of corporate purpose. Harlow: Pearson Education, 2000.

GREEN, Toby. *Inquisição*: o reinado do medo. Rio de Janeiro: Objetiva, 2011.

GREENHOUSE, Steven. *O sindicato dos freelancers*. Matéria do New York Times, publicada no jornal *O Estado de S. Paulo*, Negócios, 1 abr. 2013.

GROVE, Andrew S. *High output management*. New York: Random House, 1983.

HACKMAN, Richard; OLDHAM, Grec R. *Motivation through the design of work*: Test of a theory. Organizational Behavior and Human Performance 16, 1976, p. 250-279.

HAEGEL, Annick. *La boîte à outils des ressources humaines*. Paris: Dunod, 2012.

HAMMEL, G.; PRAHALAD, C. K. *Competing for the future*. Boston: Harvard Business School Press, 1994.

_____. *The core competence of the corporation*. Harvard Business Review, 68, 3, 1990, p. 79-91.

HELLRIEGEL, Don; SLOCUM, Jr., John W.; WOODMAN, Richard W. *Organizational Behavior*. Cincinnati: South-Western College Publishing, 2001.

HERZBERG, Frederick. *The motivation to work*. New York: John Wiley, 1959.

HITT, Michael; IRELAND, R. Duane; HOSKISSON, Robert E. *Strategic management*: Competitiveness and Globalization (Concepts and Cases). 6. ed. Mason: Thomson South Western, 2005.

HOBSBAWM, Eric J. *The age of capital*. New York: Scribner, 1975.

HODSON, Randy; SULLIVAN, Teresa A. *The social organization of work*. Belmont: Wadsworth Cengage Learning, 2012.

HOFSTEDE, Geert; HOFSTEDE, Gert Jan; MINKOV, Michael. *Cultures and organizations, software of the mind*. The McGraw-Hill Companies; eBook, 2010.

HONEY, Peter; MUMFORD, A. *The manual of learning styles*. 3. ed. Maidenhead: Honey Publications, 1996.

Bibliografia

HUSELID, Mark A. The impact of human resource management practices on turnover, productivity, and corporate financial performance. *Academy of Management Journal*, 38, 1995, p. 635-673.

JACKSON, Michael P. *Industrial relations.* 2. ed. London: Croom Helm, 1977, 1982.

JACKSON, Susan E.; SCHULER, Randall S.; WERNER, Steve. *Managing human resources.* 11. ed. Mason: South-Western, Cengage Learning, 2012.

JORNAL VALOR ECONÔMICO. *Profissional de mão cheia requer anos de formação.* Matéria de Katia Simões, publicada em 30 ago. 2013, p. F6.

_____. *Mão de obra vira principal dor de cabeça de executivos.* Caderno especial, 8 mai. 2012, p. A16.

_____. *Benefícios são pouco reconhecidos no país.* Matéria de Edson Valente, publicada em 13 nov. 2013.

JOSAPHAT, Carlos. *Ética mundial* – Esperança da humanidade globalizada. Rio de Janeiro: Vozes, 2010.

KATZ, Robert L. *Skills of an effective administrator.* Harvard Business Review, jan.-feb. 1955, p. 33-42.

_____. *Cases and concepts in corporate strategy.* New Jersey: Prentice Hall, 1970.

KIRKPATRICK, D. L. Techniques for evaluating training programs. *Journal of American Society of Training Directors*, 13 (3), 1959, p. 21-26.

_____. Techniques for evaluating training programs. In: D. L. Kirkpatrick (ed.). *Evaluating training programs.* Alexandria, VA: ASTD, 1975.

KLEIN, Lisl. *The meaning of work.* London: Karnak Books, 2008.

KOLB, David. *Experiential learning*: experience as the source of learning and development. Englewood Cliffs, New Jersey: Prentice Hall, 1984.

LABRUFFE, Alain. *Management des compétences.* La Plaine Saint-Denis: AFNOR, 2010.

LAWLER, Edward E. *High involvement management.* Jossey-Bass: San Francisco, CA, 1986.

LE BOTERF, Guy. *Construire les compétences individuelles et collectives.* Paris: Editions d'organisation, 2006.

LE LOUARN, Jean-Yves. *Gestion stratégique des ressources humaines.* Rueil-Malmaison: Éditions Liaisons, 2010.

LUNDY, Olive; COWLING, Alan. *Strategic human resource management.* London: Routledge, 1996.

MACAULAY, David. *Naissance d'une cathédrale.* Paris: l'École des Loisirs, 2005.

MAGER, Robert F. *Preparing instructional objectives*: a critical tool in the development of effective instruction. Atlanta: The Center for Effective Performance, 1997.

MARBOT, Éléonore. Compétences: la référence de la gestion des emplois. In: THÉVENET, Maurice; DEJOUX, Cécile; MARBOT, Éléonore; BENDER, Anne-Françoise. *Fonctions RH*: Politiques, métiers et outils des ressources humaines. Paris: Pearson Education, 2007.

MARTINS, Sergio Pinto. *Fundamentos de direito do trabalho.* São Paulo: Atlas, 2003.

MARX, Karl. *Capital.* New York: International Publishers, 1967.

MATHIS, Robert L.; JACKSON, John H. *Human resource management.* Cincinnati: South-Western College Publishing, 2000.

MCCORMICK, Ernest J.; JEANNERET, Paul R.; MECHAM, Robert C. A study of job characteristics and job dimensions as based on the Position Analysis Questionnaire (PAQ). *Journal of Applied Psychology*, vol. 56(4), aug. 1972, p. 347-368.

_____. *The development and background of the position analysis questionnaire (PAQ)*. Lafayette, Indiana: Purdue University, 1969.

McLEOD, S. A. *B. F. Skinner – Operant conditioning - Simply psychology*, 2007. Disponível em: <http://www.simplypsychology.org/operant-conditioning.html>.

_____. *Pavlov's dogs – Simply psychology*, 2007. Disponível em: <http://www.simplypsychology.org/pavlov.html>.

MEZZOMO, Dr. Pe. Augusto Antonio. *Humanização hospitalar*: fundamentos antropológicos e teológicos. São Paulo: Edição do autor, 2010.

MIGLIORA, Luiz Guilherme. *Relações de trabalho*. Disponível em: <http://academico.direito-rio.fgv.br/ccmw/images/b/b6/Rela%C3%A7%C3%B5es_de_Trabalho_I.pdf>.

MINCER, Jacob. Investment in human capital and personal income distribution. *The Journal of Political Economy*. v. 64, n. 4, aug. 1958, p. 281-302.

MINTZBERG, Henry. *The nature of managerial work*. New York: Harper & Row, 1973.

MITCHELL, Terence R.; HOLTOM, Brooks C.; LEE, Thomas W.; SABLYNSKI, Chris J.; EREZ, Miriam. Why people stay: using job embeddedness to predict voluntary turnover. *Academy of Management Journal*, 44, 2001, p. 1102-1122

MON FIGARO DIGITAL. Matéria de Suzanne Daley e Nicholas Kulish, publicada em 4 maio 2012.

MOORE, M. G. Three types of interaction. *American Journal of Distance Education*, 3(2), 1989, p. 1-7.

MORGENSON, Frederick P.; HUMPHREY, Stephen E. The work design questionnaire (WDQ): developing and validating a comprehensive measure for assessing job design and the nature of work. *Journal of Applied Psychology*, 91, 2006, p. 1321-1339.

NATIONAL RESEARCH COUNCIL. *The changing nature of work*. Washington, D.C.: National Academy Press, 1999.

OHNO, Taiichi. *Toyota production system*. Cambridge, Massachusetts: Productivity Press, 1998.

OSTERWALDER, Alexander; PIGNEUR, Yves. *Business model generation*. Hoboken, New Jersey: John Wiley & Sons, Inc., 2010.

PARKER Sharon K.; AXTELL, Carolyn M.; TURNER, Nick. Designing a safer workplace: importance of job autonomy, communication quality, and supportive supervisors. *Journal of Occupational Health Psychology*, v. 6, n. 3, 2001, p. 211-228.

PENROSE, Edith T. *A theory of the growth of the firm*. New York: Blackwell, 1959.

PHÉLIZON, Jean François. *L'action stratégique*. Paris: Economica, 1998.

POLLARD, Sidney. Factory discipline in the industrial revolution. *The Economic History Review*, New Series, v. 16, n. 2, 1963, p. 254-271.

PORTER, Michael E. *Competitive advantage*. New York: Free Press, 1985.

_____. *What is strategy*. Harvard Business Review, nov.-dec. 1996, p. 61-78.

RANKIN, N. Benchmarking survey. *Competency and emotional intelligence*, 12 (1), 2004, p. 4-6.

ROBINS, Nick. *A corporação que mudou o mundo*. Rio de Janeiro: Difel, 2005.

ROETHLISBERGER, Fritz J.; DICKSON, W. J. *Management and the worker*. New York: Routledge, 2003.

ROMAN, Bernard. *Bâtir une stratégie de rémunération*. 2. ed. Paris: Dunod, 2010.

ROTHWELL, William; STAVROS, Jacqueline M.; SULLIVAN, Roland L. Organization development and change. In: ROTHWELL, William; STAVROS, Jacqueline M.; SULLIVAN,

Roland L.; SULLIVAN, Arielle. *Practicing organization development*: a guide for leading change. San Francisco: John Wiley and Sons, 2010.

SCHEIN, E. H. *Career dynamics*: matching individual and organizational needs. Reading: Addison-Wesley, 1978.

SCHULTZ, T. Investment in human capital. *The American Economic Review*, v. 51, n. 1, 1960, p. 1-17.

SELZNICK, P. *Leadership in administration*: a sociological interpretation view. New York: Harper and Row, 1957.

SIMON, Yves René Marie. *Work, society, and culture*. Fordham University Press, 1971.

SKEAT, Walter W. *An etymological dictionary of the english language*. London: Oxford University Press, 1888.

SÓCRATES, segundo XENOFONTE. *Xenophon IV*: memorabilia, oeconomicus, symposium, apology. Tradução de E. C. Marchant. Cambridge: Harvard University Press, Loeb Classical Library n. 168, 1923.

STERNBERG, Robert J. Intelligence, competence, and expertise. In: ELLIOT, Andrew J.; DWECK, Carol S. *Handbook of competence and motivation*. New York: The Guilford Press, 2005.

TAYLOR, Stephen. *People resourcing*. 3. ed. London: Chartered Institute of Personnel and Development, 2005.

THE BOSTON CONSULTING GROUP, Inc.; EUROPEAN ASSOCIATION FOR PEOPLE MANAGEMENT. *Creating people advantage 2011*. Boston: The Boston Consulting Group, Inc., 2011.

THÉVENET, Maurice. L'entreprise, la gestion et les ressources humaines. In: THÉVENET, Maurice ; DEJOUX, Cécile; MARBOT, Éléonore; BENDER, Anne-Françoise. *Fonctions RH* – Politiques, métiers et outils des ressources humaines. Paris: Pearson Education France, 2007.

THOMPSON, M.; HERON, P. Management capability and high performance work organization. *The International Journal of Human Resource Management*, 16 (6), 2005, p. 1029-1048.

THOMPSON, Paul. *The nature of work*. 2. ed. London: MacMillan Education, 1989.

THUCYDIDES. *History of the peloponnesian war, Books 1-2*. Cambridge: Harvard University Press, 2003.

TORRINGTON, Derek; HALL, Laura; TAYLOR, Stephen; ATKINSON, Carol. *Human resource management*. 8. ed. Harlow, England: Pearson Education, 2011.

U. S. DEPARTMENT OF LABOR. *The revised handbook for analyzing jobs*. Indianapolis: JIST Works, 1991.

ULRICH, Dave; BROCKBANK, Wayne. *The HR Value Proposition*. Boston: Harvard Business School Publishing, 2005.

_____; YOUNGER, Jon; BROCKBANK, Wayne. *The Twenty-First-Century HR Organization*. Human Resource Management, v. 47, n. 4, 2008, p. 829-850.

ULRICH, David. *Human resource champions*. Boston: Harvard Business School Press, 1996.

UNITED STATES DEPARTMENT OF LABOR (2013). Disponível em: <http://www.bls.gov/respondents/iif/annualavghours.htm>.

VALPY, Rev. F. E. J. *An etymological dictionary of the english language*. London: A. J. Valpy, 1828.

VAZ, Pe. Henrique C. de Lima. *Escritos de filosofia IV*: Introdução à ética filosófica 1. São Paulo: Edições Loyola, 2002.

WACK, Pierre. *Scenarios:* uncharted waters ahead. Harvard Business Review, sep.-oct. 1985, p. 72-89.

WEEKLEY, Ernest. *An etymological dictionary of modern english*. London: John Murray, 1921.

WERNERFELT, Birger. A resource-based view of the firm. *Strategic Management Journal*, 5, 1984, p. 171-180.

WILTON, Nick. *An introduction to human resource management*. London: Sage Publications, 2011.

WOMACK, James P.; JONES, Daniel T.; ROOS, Daniel. *The machine that changed the world*. New York: Rawson Associates, 1990.

WOOD, S. High commitment management and organization in the UK. *The International Journal*, 7(1), 1996, p. 41.58.

WRIGHT, Patrick M. *Human resource strategy*: adapting to the age of globalization. Alexandria: SHRM Foundation, 2008.

WRIGHT, Patrick M.; STEWART, Mark; MOORE, Ozias A. *The 2011 CHRO Challenge*: Building Organizational, Functional, and Personal Talent. Ithaca: Cornell University, IRL School, Center for Advanced Human Resource Studies, 2011.

WRZESNIEWSKI, Amy; DUTTON, Jane E. Crafting a job: revisioning employees as active crafters of their work. *The Academy of Management Review*, apr. 2001, p. 179-201.

Sites pesquisados na internet:

http://www.dsi.cnrs.fr/methodes/ergonomie/definition.htm

http://www.honda.com.br

http://www.hondatrading-jp.com/english/business/index.shtml

http://archive.unctad.org/Templates/Page.asp?intItemID=3148&lang=1

BUSINESSWEEK ONLINE : JUNE 5, 2000 ISSUE

http://www.shrm.org/Research/SurveyFindings/Articles/Pages/sharedservices.aspx

http://www.shrm.org/Research/SurveyFindings/Articles/Pages/sharedservices.aspx

http://sustainability.daimler.com/reports/daimler/annual/2010/nb/English/2040/human-resources-management.html

http://www.shrm.org/Research/SurveyFindings/Articles/Pages/CountryReportsTOC.aspx

http://www.shrm.org/Research/SurveyFindings/Articles/Documents/HR%20Profession%20Brazil%20final.pdf

http://www.shrm.org/Research/SurveyFindings/Articles/Documents/HR%20Profession%20North%20America%20final.pdf

http://www.shrm.org/Research/SurveyFindings/Articles/Documents/HR%20Profession%20Japan%20final.pdf

http://www.shrm.org/Research/SurveyFindings/Articles/Documents/HR%20Profession%20China%20final.pdf

http://www.shrm.org/Communities/StudentPrograms/Pages/careersinHRM.aspx

http://www.microsoft-careers.com/job/Chicago-HR-Business-Partner-Job-IL-60290/2609269/.

http://www.shrm.org/Communities/StudentPrograms/Pages/careersinHRM.aspx

http://www.shrm.org/Communities/StudentPrograms/Pages/careersinHRM.aspx

www.cipd.co.uk

Bibliografia

http://books.google.fr

http://www.museecompagnonnage.fr/

www.granapadano.com ou www.fromage-normandie.com

http://www.guardian.co.uk/world/2012/jan/12/xbox-assembly-workers-threaten-mass-suicide

http://www.lefigaro.fr/social/2012/04/03/09010-20120403ARTFIG00514-suicides-perquisitions-en-cours-chez-france-telecom.php

http://www.experience.com/alumnus/article?channel_id=technology&source_page=home&article_id=article_1203699431751

http://www.infoworld.com/t/information-technology-careers/the-6-hottest-new-jobs-in-it-052?page=0,0

http://www.genome.gov/11006939

http://www.forbes.com/global2000/list/

http://portal.mj.gov.br/sedh/ct/legis_intern/ddh_bib_inter_universal.htm

http://www.unglobalcompact.org/docs/news_events/8.1/GC_brochure_FINAL.pdf

www.ilo.org

www.wto.org

http://jus.com.br/revista/texto/6548/a-adocao-de-uma-clausula-social-nos-tratados-da-omc#ixzz2HLDpBH9H

www.wto.org

http://europa.eu/about-eu/institutions-bodies/index_pt.htm

http://europa.eu/legislation_summaries/justice_freedom_security/combating_discrimination/l33501_en.htm

http://www.coe.int/T/DGHL/Monitoring/SocialCharter/

http://ec.europa.eu/social/main.jsp?catId=157&langId=en

http://www.eeoc.gov/

www.paq.com

http://dlc.erieri.com/index.cfm?FuseAction=textbook.main

http://www.incoseonline.org.uk/Program_Files/Publications/zGuides_6.aspx?CatID=Publications

http://www.nestlecareers.co.uk/html/graduate/graduate-what-we-look-for-nestle-jobs.htm

www.ecompetences.eu

http://www.compagniedrh.com/definitionssavoiretre.php

www.hrci.org

www.hrci.org.

http://rbl.net/index.php/hrcs/index/overview

www.shrm.org

http://www.cipd.co.uk/NR/rdonlyres/3BF07636-4E9A-4BDB-8916-95CC94F72EC9/0/profstands.pdf

http://www.shell.com/home/content/aboutshell/our_business/

http://www.pepsico.com/Company/Our-Mission-and-Vision.html

Bibliografia

http://www.novartis.com/about-novartis/our-mission/index.shtml

http://barillagroup.com/corporate/en/home/chisiamo/vision.html

http://www.henkel.com.br/cps/rde/xchg/henkel_brb/hs.xsl/nossas-reas-de-foco-563.htm

http://www.thecoca-colacompany.com/careers/our_strategy.html

http://www.carrefour.com/cdc/group/our-strategy/

https://www.credit-suisse.com/who_we_are/en/continuity.jsp

http://www.airbus.com/

http://www.csgconsult.com/ezone/documents/CIPDThinkingPerformer.pdf

www.workinfo.com

http://jus.com.br/revista/texto/18542/a-falacia-do-efetivo-policial-e-a-seguranca-publica

http://www.bls.gov/respondents/iif/annualavghours.htm

http://www.simplypsychology.org/pavlov.html

http://www.simplypsychology.org/operant-conditioning.html

http://www.nwlink.com/~donclark/hrd/styles/vakt.html

http://www.nwlink.com/~donclark/hrd/isd/kirkpatrick.html

http://academico.direito-rio.fgv.br/ccmw/images/b/b6/Rela%C3%A7%C3%B5es_de_Trabalho_I.pdf

http://noticias.uol.com.br/empregos/dicas/descontos.jhtm

ftp://ftp.bls.gov/pub/special.requests/ForeignLabor/industrynaics.txt.

http://www.economist.com/content/big-mac-index

http://sustainability.daimler.com/reports/daimler/annual/2010/nb/English/2040/human-resources-management.html

Índice

A

Acionistas, 74
Adaptação, 197
Adaptativo, 326
Aderência ao cargo, 174
   ajuste, 174
   sacrifício, 175
   vínculos, 174
Administração
   alta performance, 232
   alto comprometimento, 232
   alto envolvimento, 233
   conhecimento, 244
   desempenho, 6, 184
   estratégica, 223
   talentos, 244
Ajuste, 174
ALCA (Área de Livre Comércio das Américas), 139
Amplitude das tarefas, 156
Análise, 197
   cargos, 163
      funcional, 164
Analista
   business intelligence, 118
   cargos e salários, 163
Aprendiz, 144
Aprendizagem e desenvolvimento, 303-335
   aptidões que se transformam em competências, 316
      conhecimento, 318
      contexto, 319
      habilidades
         aprendizagem, 317
         raciocínio, 318
      interação dos componentes, 319
      metacompetências, 316
      motivação, 318
   definição, 304
   desenvolvimento, 305
   educação, 306
   estilos, 320
      experiencial de Kolb, 323
         adaptativo, 326
         assimilador, 325
         convergente, 326
         divergente, 325
      modelo VAK, 320
         auditivos, 321
         cinestésicos, 322
         visuais, 321
   gestão de atividades educacionais, 306
      avaliação e revisão das atividades, 311
      definição e análise de necessidades, 306
      execução das atividades, 310
      planejamento de atividades educacionais, 308
   perspectivas, 312
      aprendizagem social, 314
      behaviorismo, 312
      cognitivismo, 313
      construtivismo, 315
   planejamento de programas de T&D, 327
      atividades instrucionais, 329
      avaliação, 330
      objetivos, 328
   promoção, 305
   treinamento, 305
Aptidões, 287
   transformação em competência, 316
Aquisição de informação, 164
Áreas
   competência, 193, 194
   conhecimento, 22-27
      áreas de aplicação, 27
      ciências do comportamento, 25
      direito do trabalho, 24
      eficiência, 23
      ergonomia, 24
      filosofia e ética, 26
      processos gerenciais, 22
      produtividade, 23

Índice

Arquiteto
    aplicativos, 117
    negócios, 118
    nuvem, 118
    redes sociais, 118
    talentos, 70
Assimilador, 325
Associações e tratados regionais, 139
Atividades que promovem
    aprendizagem, 305
        desenvolvimento, 305
        educacionais, 306
            avaliação e revisão, 311
            definição e análise das necessidades, 306
            execução, 310
            planejamento, 308
            treinamento, 305
Atores da gestão de pessoas, 72
Atração e retenção, 6, 7
Auditivos, aprendizagem, 321
Autonomia, 157
Avaliação
    atividades educacionais, 330
        aprendizagem, 331
        comportamento, 332
        reação, 330
        resultados, 333
    conhecimento dos candidatos, 293

B

Balanço social, 15
Behaviorismo, 312
Benefícios, 358
Blocos
    construção, 53
    econômicos, 139
Bloom, Benjamin, 328
Business partners, 54, 57, 71

C

Candidatos, recrutamento, 281
Capital humano, estratégia, 237
    perspectiva
        econômica, 238
        gerencial, 239
        humanista, 242
        indivíduo como criador de valor, 241

    valor
        econômico, 239
        intelectual, 240
        social, 240
Captação, 7
Características sociais, 160
    interação, 161
    interdependência, 161
Cargos, 153-181
    características sociais, 160
        interação, 161
        interdependência, 161
    competências, 158
        complexidade, 159
        especialização, 160
        processamento de informações, 159
        resolução de problemas, 160
        variedades, 159
    contexto, 161
        condições de trabalho, 162
        equipamentos, 162
        ergonomia, 161
        exigências físicas, 162
    descrição, 169
    desenho, redesenho e enriquecimento, 175
        elaboração, 177
    impacto sobre o desempenho, 172
        aderência ao cargo, 174
        modelo das características do cargo (JCM), 173
    método de análises, 163
        análise funcional de cargos, 164
        observação estruturada, 167
        questionário de análise de posição, 163
        técnica do incidente crítico, 167
    O*NET, 170
    posições, 154
    processos da gestão de pessoas, 154
    projeto, 154
    tarefas, 155
        amplitude, 156
        autonomia, 157
        feedback do trabalho, 158
        identidade, 158
        significado para outras pessoas, 158
Carreira, 342
    dupla, 17
    pontos de vista
        indivíduo, 343
        organização, 343

Centros
    competências, 50, 51
    serviços, 47, 51
Certificações, competências, 198
Ciências do comportamento, 25
Cientista de dados, 118
Cinestésicos, aprendizagem, 322
CIPD (Chartered Institute of Personnel and Development), 72, 202
Códigos
    civis e trabalhistas, 133
    religiosos, 133
Cognitivismo, 313
Compensação, 244, 338
Competências, 158
    áreas, 194
    complexidade, 159
    definição, 185
    domínios da aprendizagem, 188
    escola francesa dos saberes, 191
    especialização, 160
    exemplos, 195
    gestão de pessoas, 197
        associações de profissionais, 201
        certificações, 198
        estudos em recursos humanos, 199
    graduação, 192
    habilidades gerenciais, 189
    limitações da ideia, 187
    modelos, 193
    processamento de informações, 159
    resolução de problemas, 160
    tipos, 188
    variedades, 159
Competitividade, 236
Comportamento, 25
Computadores, 117
Comunicação, 195
Condições de trabalho, 162
Confidente e orientador da diretoria, 70
Conhecimento
    aprendizagem, 318
    candidatos, seleção, 287, 293
Consórcio de empregadores rurais, 145
Construtivismo, 315
Consultor estratégico da diretoria, 70
Consultorias de recrutamento e seleção, 285
Consumo e padrão de vida, 341
Contexto, 161
    aprendizagem, 319

condições de trabalho, 162
    equipamentos, 162
    ergonomia, 161
    exigências físicas, 162
Convergente, 326
Crescimento
    econômico, 342
    empresa, 234
Cultura, 38
    empresa e modelo de gestão, 237
Custos
    empregado, 348
    empregador, 347
    ocultos, 14

D

Decisões, 26, 39
Descrição de cargos, 163, 169
Desempenho, 172
    administração, 343
Desenvolvedor de aplicativos móveis, 118
Desenvolvimento, 6, 7
    aprendizagem, 305
    lideranças, 10
    organizacional, 8, 244
    sustentável, 196
Dignidade, 26
Dinâmica de grupo, 290
Direito
    consuetudinário, 132
    trabalho, 24, 140
Diretor de sociedade, 145
Disponibilidade para atender às exigências do cargo, 287
Divergente, 325
Domínios da aprendizagem, 188
    afetivo, 189
    cognitivo, 188
    psicomotor, 189

E

e-RH, 48, 51
Economia e sociedade, 36
Educação, 304, 306
Eficiência, 23
Elaboração de cargos, 177
Elemento, 155

Empregador
   custos, 347
   doméstico, 145
   equiparação, 146
   rural, 145
Empregado(s), 77
   custos, 348
   doméstico, 144
   domicílio, 144
   estrangeiros, 35
   locais, 35
   público, 145
   rural, 144
Emprego e competitividade, 341
Empresas globais, 31
   contexto da sociedade global, 35
   gestão de pessoas, 34
      empregados
         estrangeiros, 35
         locais, 35
      expatriados, 34
      integrada, 33
      multinacional, 33
Enriquecimento, cargos, 175, 176
Entrevista de seleção, 289
Equidade, 339
Equilíbrio social, 341
Equipamentos, 162
Era digital, 120
Ergonomia, 24, 161
   cognitiva, 24
   física, 24
Escalonamento, 352
Especialistas
   gestão de pessoas, 72
   tecnologia móvel, 118
Especialização, 160
Estado, 77
Estágio do ciclo de vida, 234
Estatuto
   direitos fundamentais, 140
   social europeu, 140
Estratégias, 9
   competitiva, 234
   definição, 210
   empresarial, 209-226
      modelo
         negócios, 216
         organização do ramo de
            negócios, 212

   perspectiva(s), 211
      da administração, 223
      visão baseada em recursos, 212
   gestão de pessoas, 227-248
      capital humano, 237
      específicas de recursos humanos, 243
      genéricas associadas ao modelo
         universalista, 232
      modelos de recursos humanos, 229
      uso do modelo situacional para o
         alinhamento estratégico, 234
Estrategos, 210
Ética, 26
Evolução
   tecnologia, 13
   trabalho, 94
      idade média, 99
      pré-história, 96
      renascimento, 101
      revolução agrícola e urbana, 97
Executivo principal
   empresa (CEO), 75
   recursos humanos, 78
Executores operacionais, 51
Exigências físicas, 162
Expatriados, 34
Experiência, seleção, 287
Extraterritorialidade, 142

F

Fábricas, primeiras, 110
Feedback do trabalho, 158
Filosofia e ética
   decisões, 26
   efeitos
      comunidade, 27
      pessoas, 27
Finanças, 14
Força de trabalho, planejamento
   estratégico, 11
Ford, Henry e a linha de montagem, 113
Função de gestão de pessoas, 4, 11
   financeira, 14
   operações, 11

G

Generalistas da gestão de pessoas, 67
   business partners, 71
   gerentes de recursos humanos, 68

Gerência, 22
    local de RH, 55
Gerentes
    desenvolvimento de aplicativos, 117
    rede, 117
    recursos humanos, 68
        papéis gerenciais segundo
            Cornell University, 69
            Ulrich, 68
Gestão de pessoas
    atividades educacionais, 306
    capital humano, 185
    competências, 197
        associações profissionais, 201
        certificações, 198
        estudo em recursos humanos, 199
    conhecimento, 120
    empresas globais, 34
        empregados
            estrangeiros, 35
            locais, 35
        expatriados, 34
    estratégias, 227-247
        capital humano, 237
        genéricas associadas ao modelo
            universalista, 232
        recursos humanos, 229, 243
        uso do modelo situacional para o
            alinhamento estratégico, 234
    processos, 3-20
        administração do desempenho, 7
        atração e retenção, 7
        balanço social, 15
        carreira dupla, 17
        condições diferenciadas de trabalho, 17
        definição, 6
        desenvolvimento, 7
            organizacional, 8
        estratégia, 9
        evolução da tecnologia, 13
        finanças, 14
        força de trabalho, 11
        funções, 4
        influências mútuas, 11
        lideranças, 10
        manutenção, 8
        marketing, 15
        operações, 11
        organizações grandes e pequenas, 4
        parceiros estratégicos, 10

patrimônio intangível e custos
    ocultos, 14
pesquisa e desenvolvimento, 16
principais, 6
prioridades, 9
relações humanas, 18
talentos, 10
trabalho
    burocrático e mecanicista, 13
    personalizado e criativo, 13
unidade especializada, 5
recompensas, 342
    administração
        carreiras, 342
        desempenho, 343
Globalização e gestão de pessoas, 30-39
    contexto da sociedade global, 35
    decisões, 39
    empresas, 31
Grandes corporações, 112
Grupo de empresas, 145

H

Habilidades
    aprendizagem, 317
    gerenciais, 189
        conceitual, 190
        humana, 189
        importância, 190
        técnica, 189
    raciocínio, 318
    seleção (cargos), 287
HPWS (sistemas de trabalho de alto
    desempenho), 232

I

Imigração, 111
Impactos sociais do trabalho, 92
Imprensa, recrutamento, 284
Interação, 161
Interdependência, 161
Interesses, 287

J

JCM (modelo das características do cargo), 173
Job boards, 284

K

Kolb, estilo de aprendizagem, 323
    adaptativo, 326
    assimilador, 325
    convergente, 326
    divergente, 325

L

Legislação do trabalho na sociedade global, 133
    associações e tratados regionais, 139
    extraterritorialidade, 142
    organismos e tratados internacionais, 134
Lideranças, desenvolvimento, 10
Líderes de áreas funcionais de RH, 55
Ligação com a diretoria, 70

M

Manutenção, 6
Mapa de profissões do CIPD, 72
Marketing, 15
Meios de comunicação, recrutamento, 283
Mercosul, 141
Metacompetências, 316
Modelador de dados, 117
Modelos
    negócios, 216
        clientes e mercados, 220
        proposição de valor, 218
        vantagens competitivas, 220
    organização do ramo de negócios, 212
Monitor da força de trabalho, 70
Motivações, 287
    aprendizagem, 318
Multinacional, empresa, 33

N

NAFTA (acordo de livre comércio da América do Norte), 140
Natureza do trabalho, 86
Necessidades
    indivíduos, 308
    ocupacionais, 307
    organização, 307
Negociação, 197

Níveis da gestão de pessoas, 44
    administrativo, 45
    estratégico, 44
    operacional, 45

O

Observação estruturada, 167
Ocupação, 156
Oferta de recursos humanos, 262
    externa, 267
    interna, 262
        análise de Markov, 265
        inventários de competências, 263
        organogramas de sucessão, 265
        rotatividade, 263
O*NET, 170
Operários, primeiros, 110
Ordenação simples, 352
Organização
    internacional do trabalho (OIT), 136
    mundial do comércio (OMC), 137
    nações unidas (ONU), 134
Organizações e gestão de pessoas, 4, 43-60
    estrutura, 46
        matricial nas grandes empresas, 52
        modelo de Ulrich, 46
            centros de competências, 50
            centros de serviços/e-RH, 47
            executores operacionais, 51
            RH corporativo, 48
            RH residente, 50
    estudo de caso, 52
        blocos de construção, 53
        organização do RH, 55
    níveis, 44
        administrativo, 45
        estratégico, 44
        operacional, 45
Orientação para resultados, 197

P

Pagamento, 338
PAQ (Questionário de Análise de Posição), 163
Parceiros estratégicos, 10
Pavlov, 312
Pensamento crítico, 196
Pesquisa e desenvolvimento (P&D), 16
    condições diferenciadas de trabalho, 17
    relações humanas, 18

Piaget, Jean, 315
Planejamento
    atividades educacionais, 308
        didático, 310
        eventos específicos, 308
        global, 308
    estratégico da força de trabalho, 11
    programas de T&D, 327
    recursos humanos, 184, 249-273
        estudo da oferta, 262
        execução de ações, 268
        processo, 251
        projeção da demanda, 252
        variáveis, 250
Poder de compra, 339
Política e instituições, 36
Posições, 154, 156
Pré-requisitos, seleção, 287
Princípios de fabricação, 196
Prioridades, 9
Processos
    gestão de pessoas, 3-20
        administração do desempenho, 6, 7
        atração e retenção, 6, 7
        balanço social, 15
        carreira dupla, 17
        condições diferenciadas de trabalho, 17
        definição, 6
        desenvolvimento, 6-8
        estratégia e prioridades, 9
        evolução da tecnologia, 13
        funções, 4, 11
        gerenciais, 22
        lideranças, 10
        manutenção, 6, 8
        marketing, 15
        operações, 11
        organizações grandes e pequenas, 4
        parceiro estratégico, 10
        patrimônio intangível e custos
            ocultos, 14
        pesquisa e desenvolvimento, 16
        pessoas e finanças, 14
        planejamento estratégico da força de
            trabalho, 11
        relações humanas, 18
        talentos, 10
        trabalho
            burocrático e mecanicista, 13
            personalizado e criativo, 13

        unidade especializada, 5
    mentais, 164
Produtividade, 23
Profissionais da gestão de pessoas, 63-81
    acionistas, 74
    atores, 72
    diretores, 76
    empregados, 77
    especialistas, 72
    estado, 77
    executivo principal
        empresa, 75
        recursos humanos, 78
    generalistas, 67
    gerentes, 76
    mapa de profissões do CIPD, 72
    representantes sindicais, 76
    tipos, 22
    vice-presidentes, 76
Profissionalismo, 64
    modelo de Freidson, 64
Profissionalização da gestão de pessoas, 65
    América do Norte, 67
    Brasil, 66
    China, 67
    Japão, 67
Projeção da demanda de recursos
  humanos, 252
    técnicas
        qualitativas, 253
            análise de cenários, 256
            grupo nominal, 254
            método Delfos, 253
        quantitativas, 258
            análise de tendências, 258
            índices, 259
Projeto
    cargos, 154, 184
    homem fabril, 114
Proposição(proposta) de valor, 218

Q

Questionário de análise de posição, 163

R

Recompensa, 337-365
    benefícios, 358

gestão, 342
    administração
        carreiras, 342
        desempenho, 343
    impacto, 339
        organização, 340
        pessoas, 339
        social, 341
    remuneração, 345
        complementos, 346
        custos
            empregado, 348
            empregador, 347
        definição, 352
            classificação, 353
            comparação de fatores, 357
            escalonamento ou ordenação
                simples, 352
            método dos pontos, 354
        diferenças de salários entre países, 350
        salário
            base, 345
            total, 347
            variável, 346
    sociedade global, 360
Reconhecimento, remuneração, 340
Recrutamento, 184, 277-286
    atividades, 294
    consultorias, 285
    definição, 279
    emergência, 279
    fontes, escolha, 282
        externas, 283
        internas, 282
    imprensa, 284
    meios de comunicação, escolha, 283
    obrigação legal, 280
    on-line, 284
    planejado, 279
    processo, 280
        definição do cargo e dos
            requisitos, 281
        objetivos, 281
Recursos humanos, 185
    estratégias
        específicas, 243
        modelos, 229
            capital humano, 229, 231
            situacional, 229, 230
            universal, 229

estudo de competências, 199
planejamento, 249-273
    estudo da oferta, 262
    execução de ações de RH, 268
    processo, 251
    projeção da demanda de recursos
        humanos, 252
    variáveis, 250
Redes sociais, recrutamento, 285
Relações
    emprego (empregados e empregadores),
        125-148
        Brasil, 143, 144
        dimensões, 127
            cultural, 128, 131
            econômicas, 127, 128
            legal-contratual, 128, 129
            psicológica, 128, 130
            sociopolítica, 128, 129
        legislação do trabalho na sociedade
            global, 133
        sistemas legais na sociedade
            global, 132
        trabalho, 126
    humanas, 18, 164
Remuneração, 338, 345
    complementos, 346
    custos
        empregado, 348
        empregador, 347
    definição, 352
        classificação, 353
        comparação de fatores, 357
        escalonamento ou ordenação
            simples, 352
        métodos dos pontos, 354
    salário
        base, 345
        diferenças entre países, 350
        total, 347
        variável, 346
Representantes
    empresa, 70
    sindicais, 76
Resolução de problemas, 160
Responsabilidade social, 245
Resultados do trabalho, 164
Retribuição, 338
    composição, 340

Revolução
  digital, 116
    gestão do conhecimento, 120
    novas profissões, 117
    tecnologia da informação, 116
      para a gestão de pessoas, 119
    trabalho virtual, 119
  industrial, 107, 109
    grandes corporações, 112
    imigração, 111
    primeiros operários, 110
    revolução gerencial, 112
RH
  corporativo, 48, 51
  gestão
    global, 57
    local, 55
  líder
    áreas funcionais, 55
    função, 70
  organização, 55
  residente, 50, 51

S

Saber(es), 191
  fazer, 191
  fazer-fazer, 191
  ser, 191, 197
Sacrifício, 175
Salário, 338
  base, 345
  complementos, 346
  diferenças entre países, 350
  total, 347
  variável, 346
Seleção, 184, 277, 286-301
  aptidões ou potencial, 287
  atividades, 294
  avaliação de conhecimentos, 293
  conhecimentos, 287
  consultorias, 285
  critérios, definição, 287
  definição, 286
  dinâmica de grupo, 290
  disposição e disponibilidade, 287
  entrevista, 289
  experiência, 287
  habilidades e competências, 287
  motivações e interesses, 287
  pré-requisitos, 287
  processo, 286
  técnicas e procedimentos, 288
  testes, 293
  triagem preliminar, 288
  verificação de credenciais e antecedentes, 288
Senso relacional, 197
Serviços de RH, 55
SHRM (*Society for Human Resource Management*), 201
Síntese, 197
Sistemas legais na sociedade global, 132
  códigos
    civis e trabalhistas, 133
    religiosos, 133
  direito consuetudinário, 132
Skinner, 313
Sociedade global, 35
  cultura, 38
  economia, 36
  política e instituições, 36
  transculturalismo, 38

T

Talentos, 10
Tarefas, 155
  amplitude, 156
  autonomia, 157
  feedback do trabalho, 158
  identidade, 158
  significado para outras pessoas, 158
Taylor, Frederick, 114
Técnica do incidente crítico, 167
Tecnologia
  informação, 116
    gestão de pessoas, 119
  evolução, 13
Tempo e gestão de pessoas, 27
  cultura, 28
  funções da empresa, 30
  imediato, 29
  lugar, 28
  organização, 29
  pessoas, 29
  resultados, 29
Testes de seleção, 293
Thinking performer, 202
Tino comercial, 195

Tomada de decisão, 197
Trabalhador
    autônomo, 144
    avulso, 145
    eventual, 145
    temporário, 144
Trabalho, 85-105
    burocrático e mecanicista, 13
    conteúdo, 88
        extensão e profundidade, 88
        satisfação, 88
    contexto, 89
    definição, 87
    direito, 24
    equipe, 197
    evolução, 94
        idade média, 99
        pré-história, 96
        renascimento, 101
        revolução agrícola e urbana, 97
    impactos sociais, 92
    macrocontexto, 89
    natureza, 86
    personalizado e criativo, 13
    sentido para as pessoas, 90
    virtual, 119
Transculturalismo, 38
Transformar a organização, 236
Treinamento e desenvolvimento (T&D), 184, 305
    avaliação e revisão das atividades, 311
    definição e análise de necessidades, 306
    execução das atividades, 310
    planejamento de programas, 327
        atividades instrucionais, 308, 329
        avaliação, 330
        objetivos, 328

U

Ulrich, modelo de organização para gestão de pessoal, 46
    centros
        competências, 50
        serviços/e-RH, 47
    executores operacionais, 51
    papéis gerenciais, 68
    RH
        corporativo, 48
        residente, 50
União europeia (UE), 139
Unidade especializada, 5

V

VAK, estilo de aprendizagem, 320
    auditivos, 321
    cinestésicos, 322
    visuais, 321
Valor global da empresa, 239
    econômico, 239
    intelectual, 240
    social, 240
Vantagens competitivas, 220
Vínculos sociais, 174
Visão baseada em recursos, 212
    características dos recursos, 213
    estratégia competitiva, 215
Visuais, aprendizagem, 321
VRIN, 214
VRIO, 215

Z

ZDP (Zona de Desenvolvimento Proximal), 314

ROTAPLAN
GRÁFICA E EDITORA LTDA

Rua Álvaro Seixas 165 parte
Engenho Novo - Rio de Janeiro - RJ
Tel/Fax: 21-2201-1444
E-mail: rotaplanrio@gmail.com